1974년 전후
고신교회의 내분과 분열

1974년 전후 고신교회의 내분과 분열

초판1쇄 인쇄 2024년 10월 11일
초판1쇄 발행 2024년 10월 21일
편저자 이상규
발행인 이성만
발행처 굿트리
등록번호 제2007-000306호
주소 서울특별시 강남구 강남대로 320, 1108호(역삼동)
이메일 colorcomuni@gmail.com
편집 이의현
마케팅 이재혁 김명진
디자인 최건호
인쇄 성광인쇄
ISBN 979-11-988421-0-7 (03230)
값 27,000원

굿트리는 (주)칼라커뮤니케이션의 임프린트 브랜드입니다.

1974년 전후
고신교회의 내분과 분열

이상규 편저

굿트리

목차

제3부 1974년 전후 교계 언론에 비친 고신교회의 실상

맺는 말

서문

　이번에 『1974년 전후 고신교회(敎團)의 내분과 분열』이라는 책을 출판하게 된 것을 기쁘게 생각합니다. 제목과 부제가 제시하는 바처럼, 이 책은 송상석 목사의 이사장 임기논란, 불신법정 소송 문제 및 경남노회와 부산노회의 대결, 총회의 특별재판국의 설치, 송상석 목사 재판과 제명, 그리고 그 이후의 교회 분열에 관한 1970년대 초·중반기 문서를 편집한 것입니다. 이 시기 일련의 과정에서 거론되는 중심인물이 송상석 목사였고 그에 대한 논(論)과 설(說)이 이 책의 중심을 이루지만, 이 책은 특정인을 지지하거나 변호하기 위한 의도로 편집된 것이 아닙니다.

　송상석 목사는 1934년 평양신학교를 29회로 졸업하고 절제운동을 전개했던 사회운동가였고, 해방 이후에는 월남하여 고신교단 형성기부터 교단의 지도자로 활동하면서 고신교회의 논객으로 교단의 존립과 생존을 위해 헌신했던 인물이었습니다. 그랬던 그가 총회특별재판국에 의해 목사 면직과 제명이라는 극단적인 판결을 받게 되는데, 그때 그는 78세의 고령이었습니다. 따라서 이때는 목회 현장에서 은퇴하여 제일문창교회 원로목사로 있었을 뿐입니다. 반면 그를 재판했던 특별재판국장 민영완 목사는 일본 간사이 성서학원 출신으로 당시 56세였으나, 재판국 서기로 재판 실무를 총괄했던 신현국 목사는 고려신학교 23회(1968. 12.) 졸업생으로 목사 안수를 받은 지 2년밖에 되지 않은 때였고, 재판국원이었던 심군식 목사도 그러했습니다. 이런 점을 헤아려볼 때, 송상석 목사의 유무죄와 상관없이 인간적인 동정이 가는 것은 사실입니다. 하지만 앞서도 말했듯이, 이 책은 그를 일방적으로 옹호하기 위한 의도로 편집된 것이 아닙니다. 그래서 송상석 목사의 주관적인 혹은 자기중심적인 사적 기록은 포함하지 않았습니다.[1]

이 책은 1974년을 전후하여 고신교회에서 발생했던 불행한 사태의 발전 과정을 독자들이 이해하고 판단하는 데 도움을 주기 위해 그동안 수집한 모든 유관 자료를 시간 순서로 정리한 것입니다. 그것은 오직 한 가지 이유, 즉 지난 50년 전 고신교회의 역사를 균형 있게, 그리고 공정하게 이해하고, 당시 고신교회의 의식이 어떠했는지를 헤아릴 수 있도록 하기 위한 것입니다. 이 책의 서두에서 사건의 배경, 사건화 과정, 교회의 내분과 분열 등에 관해 설명한 것은 독자들을 위한 안내라고 할 수 있습니다. 그러나 불신법정 소송 문제에 대한 교회의 입장이나 총회특별재판국의 설치 과정, 재판의 공정성, 절차상의 합법성,

---

1. 이런 문서까지 열람하기 원한다면, 송상석, 『법정소송과 종교재판』(대한예수교장로회 경남법통노회, 1976)을 참고할 것.

송상석 목사에 대한 면직의 타당성, 교회 분열의 책임 소재 등의 문제는 독자들이 판단하도록 하였습니다.

이 책은 크게 3부로 구성되었습니다. 제1부는 1974년 전후 소송 문제와 교회 분열의 배경 및 사건의 전개 과정을 정리한 필자와 강종환 장로의 글, 그리고 1974년 전후 고신교회의 대립과 내분, 대결과 분열의 전개 과정을 시간순으로 정리한 연표를 수록하였습니다. 이 연표만 보더라도 1974년 전후 고신교회의 지루하고도 불행한 쟁투가 어떠했는지를 헤아릴 수 있을 것입니다.

제2부는 화란 자유개혁(31조파) 교회의 고려신학대학 교사 신축을 위한 기금 후원 소식 이후 전개된 송상석 이사장의 임기 문제로 촉발된 1974년 전후 교회의 갈등, 총회특별재판국의 설치, 송상석 목사 재판, 그리고 교회의 분열에 대한 각종 문서를 시간순으로 정리하여 그 당시의 상황을 헤아려 볼 수 있게 하였습니다. 중요한 문건은 원본 이미지를 제시하였습니다.

제3부는 1974년 전후 교계 언론에 비친 고신교회의 실상을 소개하였습니다. 이를 위해 고신교회 문제를 취급한 당시 교계 신문기사를 그대로 전재하였습니다. 모든 신문기사를 섭렵한 것은 아니지만 이를 통해 교계 언론에 비친 고신의 모습을 알 수 있을 것입니다. 공식 문서라고 할 수 있는 성명서나 항의서, 신문기사 등은 원문 그대로 전재하였습니다(단, 오탈자는 바로 잡음).

이 책을 출판하기까지 여러분들의 도움을 입었습니다. 친구인 조종현 목사는 쓰레기로 버려지기 직전의 송상석 목사 재판과 관련된 소중한 문서를 확보하여 필자에게 제공해 주었습니다. 그의 도움이 없었다면 이 책의 출간은 생각하지도 못했을 것입니다. 그리고 이 책의 출판을 위해 기꺼이 재정적으로 후원해 주신 경기도 성남의 좋은 나무교회 이성만 장로님께 깊은 감사를 드립니다. 송상석 목사로부터 은혜를 입었던 그의 후원이 없었다면 이 책의 출판은 불가능했을 것입니다. 또 이 책을 출판하도록 격려해 주시고 배려해 주신 '송상석 기념강좌' 준비위원장 허성동 목사님(제일문창교회)께 이 자리를 빌어 감사를 드립니다.

그 외에도 여러분들의 도움을 입었습니다. 창원 가음정교회 강종환 장로님은 귀한 원고도 주셨을 뿐 아니라 이 책에 수록된 문서의 성격을 해명하는 데도 도움을 주었습니다. 그 외에도 교단의 원로인 조긍천 목사님은 지난 고신 역사의 뒤안길을 헤쳐가는 데 자문해 주시고 이면의 역사에 대해 증언해 주셨습니다.

그리고 이 책의 출판을 위해 수고해 주신 굿트리 출판사의 이의현 목사님과 최성욱 목사님, 그리고 직원들에게 감사를 드립니다. 이 책이 지난 역사를 뒤돌아보고 후일의 우리 교회를 새롭게 세워가는 작은 징비록이 되었으면 합니다. 그런 뜻에서 "지난 일을 잊지 않는 것이 후일에 가르침이 될 것(前事不忘 後事敎也)"으로 확신합니다.

2024년 10월

이상규

추천의 글

　이번에 '제2회 송상석 목사 기념 포럼'을 계기로 『1974년 전후 고신교회의 내분과 분열』이라는 책을 출판하게 된 것을 진심으로 축하하고 또 적극 추천합니다. 저는 작년에 열린 제1회 송상석 포럼에 참석하였고, 그 결과 이런 포럼은 한두 회로 마치면 안 된다고 생각했습니다. 왜냐하면 이런 포럼을 통해 잊혀진 역사를 회고하고 지난 세월을 반추하는 일은 오늘날 바른 역사 정립을 위해 반드시 필요한 일이기 때문입니다. 저는 오랜 세월 동안 고신교회, 고신총회, 고려신학교와 신학대학원의 울타리에서 지내왔고, 그곳에서 공부하고 목회하고 가르쳐왔습니다. 따라서 저의 생애는 고신역사와 함께 한 세월이었다 해도 과언이 아닙니다. 그 동안 여러 지도자들을 만났고, 대면했으며, 그들의 삶의 행로를 보고 알고 있습니다.

　그분들 중 어떤 분들은 합당한 대우나 예우를 받았는가 하면, 다른 분들은 잊혀지고 제대로 예우를 받지 못하고 연구되지도 못하였습니다. 이런 현실에서 제일문창교회가 중심이 되어 고신 인물들을 연구하고 포럼을 개최하게 된 일은 매우 잘된 일이라고 생각합니다. 지난해에 이어 이번에도 이상규 교수님의 수고가 매우 컸고, 그 결과물로 이렇게 『1974년 전후 고신교회의 내분과 분열』이라는 책자가 출판된 것을 매우 기쁘게 생각합니다. 저는 이 책의 원고를 미리 살펴볼 기회를 가졌습니다. 1974년 전후 고신교회의 분열과 대립, 그리고 불행한 교회 분열의 역사와 관련된 그 숱한 문서들을 수집하고, 이를 다시 시간순으로 배열하고 편집하는 등 엄청난 수고를 감내하신 편집자 이상규 교수님께 마음 깊이 감사를 드립니다.

우리 교단이 배출한 역사학자 이상규 교수님은 사실을 중시하는 역사학자로서 살아있는 사람뿐만 아니라 세상을 떠난 인물에 대해서도 정확하고 공정하게 평가하고 판단해야 한다는 신념으로 해외의 각종 도서관 혹은 고문서관을 뒤지면서 사료를 발굴하고 사실에 근거한 역사기술을 위해 노력해온 학자인데, 이번에도 그런 노력의 결과물로 이런 자료집을 출판하게 된 것은 그야말로 축하할 일이 아닐 수 없습니다.

불신법정의 소송 문제는 우리 교단의 중요한 논쟁점이었습니다. 이와 관련한 지도자들 간의 견해차가 심각한 대립을 초래한 일도 있었습니다. 이상규 교수님은 여러 기록에서 한상동(신앙), 박윤선(신학), 송상석(행정) 세 목사를 초기 고신교회의 중요한 지도자들로 언급했는데, 안타깝게도 이들 간의 견해차가 고신교회 분열의 내인이었다고 할 수 있습니다. 결국 박윤선 목사님은 1960년에 우리 교단을 떠나셨고, 1970년대 이후에는 다른 두 지도자 간의 대립으로 우리 교단의 아픈 역사를 엮어왔습니다. 그로부터 50년이 지난 지금, 지난 역사를 뒤돌아보고 오늘 우리의 현실을 성찰하는 일은 매우 필요한 일이라고 생각합니다. 이런 점에서 이 책이 좋은 안내자가 되어 주기를 기대하고 기도하면서 추천의 글을 대신합니다.

2024년 10월

부산 영도에서

조긍천 목사

(대한예수교장로회 총회 제49대 총회장,

부산 제4영도교회 원로목사)

제1부

배경:
뒤돌아보는
고신교회의
내분과 분열

1. 1974년 전후 소송 문제와 교회의 분열[1]

이상규

들어가면서

1952년 9월, 대한예수교장로회 총로회라는 이름으로 출발한 고신 교회는 외부로부터의 도전이 아니라 내부에서 제기된 이견과 대립, 분리와 분열로 어려움을 겪으면서 고신(苦辛)의 아픔을 경험하였다. 이런 대립이 공개적으로 제기된 때가 1956년이었다. 고려신학교가 설립된 지 10년, 이른 바 고신측이 별도의 교회조직(敎團)을 갖춘 지 4년 후의 일이었다. 이때 제기된 가장 심각한 문제는 불신법정 소송건이었다. 이 소송 문제는 이후에도 거듭 문제시되고 사건화되었는데, 그 첫 번째 경우가 1956년부터 시작되어 1960년 박윤선의 고신 철수로 마감되는 제1 논쟁기이고, 두 번째가 1973년 한상동 목사를 축으로 하는

---

1. 이 글은, 미래교회포럼 편, 『고신교회 어디서 와서 어디로 가고 있는가』(미포, 2014), 224-47에 게재된 글의 일부를 취하되 서론 등을 약간 수정했다.

부산노회와 송상석 목사를 축으로 하는 경남노회 간의 대립과 갈등, 1974년 송상석 목사에 대한 면직 처분, 그리고 1975년 교단 분열로 마감되는 제2 논쟁기이다. 이 글에서는 두 가지 경우 중 후기의 쟁론에 대해 소개하고자 한다.

송상석 목사의 이사장 임기 문제로 촉발되어 송상석 목사를 불신법정에 고소하고 총회특별재판국을 설치하여 78세 고령의 송상석 목사를 제명하는 일로 발전된 소송 문제 및 총회와 교회의 내분은 결국 교회의 분열로 발전되었고, 많은 이들에게 지울 수 없는 상처를 남겼다. 문제는 송상석 목사의 고소를 정당화하기 위해 고려신학대학 교수회는 "신학적으로 본 법의 적용 문제"라는 논문으로 불신법정 소송을 신학적으로 정당화했다는 것과, 고신 제23회 총회(1973. 9. 20-22)에서는 "성도간의 법정 제소는 이유 여하를 막론하고 신앙적이 아니며 건덕상 방해됨으로 하지 아니하는 것이 본 교단 총회의 입장"이라고 결정하고 재론하지 않기로까지 결의했으나, 제24회 총회(1974. 9. 19-26)에서는 이를 번복하고 한학수 목사의 주도로 재론 동의를 얻어 재론한 뒤, "사회법정에서 성도간의 소송행위가 결과적으로 부덕스러울 수 있으므로 소송을 남용하지 않도록 하는 것이 총회의 입장이다."라고 수정하여 사실상 불신법정 소송의 길을 열었다는 것이다. 이는 송상석 목사를 고소하기 위한 정지 작업이었다. 그리고 김희도 목사와 유은조 장로는 송상석 목사에 대하여 형·민사에 걸쳐 고소하고, 한학수, 전성도 목사는 기소위원이 되었으며, 총회는 총회특별재판국을 설치하여 민영완(위원장), 신현국(서기) 목사를 중심으로 송상석 목사를 목사 면직 판결함으로써 그를 제거하였으나, 이로 말미암아 교단은 심각한 혼란에 휩싸였고 급기야 교회 분열이라는 결과를 낳고 말았다. 이러한 일련의 사태는 송상석 목사의 유·무죄 여부나 그의 불신법정 소송건과 상관없이 고신교단의 정신사적 변화를 반영하고 있다고 할 수 있다.

이 글에서는 화란31조파 교회의 고려신학교 교사 신축을 위한 후원, 송상석 목사의 이사장 임기 문제, 부산노회와 경남(법통)노회의 대립, 송상석 목사의 재판, 그리고 교회의 분열로 이어지는 일련의 사태를 간략하게 정리하고자 한다. 이를 통해 50년 전에 발생했던 고신 총회의 불행한 역사를 재(再) 검(檢) 찰(察) 논(論) 평(評) 하는 기회가 되기를 바란다.

1. 배경

고신교회가 합동(1960년)과 환원(1963년)으로 아직 교단의 분위기가 쇄신되지 못하고 있을 때 고려신학교와 이사, 그리고 교수단 안에서는 '학교법인 고려학원의 인가'건, 고려신학교의 문교부 인가건을 둘러싸고 심각한 다툼이 일어났다. 좀 더 구체적으로 설명하면, 1946년 설립된 이래 18년간 사설신학교로 있던 고려신학교는 1964년 9월 총회 직영신학교로 가결되었고, 1955년 이래로 칼빈학원으로 있던 학부과정의 교육기관은 1964년 3월 학기부터 고려신학교에 편입되어 '대학부'로 불리기 시작했다. 그리고 1965년 9월 6일에 총회유지재단을 구성했다. 이사장은 한상동 목사였다. 이렇게 되자 총회가 이사회를 통해 신학교를 운영·관리하게 되었고, 이런 변화에 부응하여 신학교의 대학 인가를 추진하게 되었다. 그래서 한상동 이사장은 1966년 제16회 총회에 고려신학교가 대학령에 의한 대학 인가를 받을 수 있도록 총회유지재단을 교육재단으로 명의변경하게 해 달라고 청원했고, 총회는 이 청원을 이사회에 맡겨 처리하도록 했다.

그런데 이 총회에서 이사들이 교체되었고, 송상석 목사가 유지재단 이사장으로 선임되었다.[2] 그러나 고려신학교측은 송상석 목사가 유지재단을 학교재단으로 변경하는 일에 소극적이라고 판단하고,[3] 이사장(송상석)이나 이사회와 사전 협의 없이 당국의 인가를 얻기 위한 편법을 사용하였다. 즉 당시 사무처장 도군삼을 통해 가짜(假) 이사회(이사장 한상동, 이사 홍반식, 도군삼, 주경효, 김진경, 감사 오병세, 이근삼)를 조직하고 인가청원서를 문교부에 제출하였다. 그런데 학교법인 인가를 받기 위해서는 총회유지재단 명의의 재산을 학교법인에 양도하는 법적과정이 필요했다. 이를 위해 이사회 회록을 허위로 작성하고 이사장과 이사들의 인장을 무단 사용했다. 이런 절차를 거쳐 1967년 5월 17일, 학교법인 고려학원이 인가를 받았다.

이 사실이 신문에 보도되자 그제야 송상석 이사장은 이 거짓된 사실을 알게 되었고, 즉각 긴급 이사회를 소집하여 이를 문제시했다. 이것이 '소위 사조(私造)이사회' 사건이다. 허순길 교수는 이를 두고 "학교당국은 학교법인 인가를 위한 선한 목적을 위해서 편법을 사용했다."

2. 허순길, 『고려신학대학원50년사』(고려신학대학원출판부, 1996), 181. 이사회 서기는 남영환 목사, 회계는 지득용 장로였고, 이사는 윤봉기, 박손혁, 유윤욱, 장정실, 이재술(이상 4년조), 손명복, 한학수, 유선호, 김은도, 박갑수, 박승문(이상 2년조)였다. 실행 이사는 송상석, 한상동, 박손혁, 지득용, 총무처장은 도군삼이었다.

3. 이것은 남영환의 해석이다. 허순길, 182.

라고 하여, 방법은 편법이었으나 동기는 선했다고 판단하였다.[4] 하지만 이것은 명백한 부정이었다. 이 사건은, 한상동 측에서는 송상석 목사를 배제하고자 했음을, 송상석 측에서는 한상동의 의도를 의심하고 있었음을 보여준다. 송상석 목사는 이 '사조이사회' 사건을 총회 재산을 사유화하기 위한 계략으로 이해하였다. 그는 이렇게 썼다.

> 한상동 목사를 중심한 당시 고려신학교 교직원들이 교단소속 기관(고려신학교 복음병원 복음간호학교) 등이 운영권 및 총회소유재산을 사유화하기 위하여 소위 사조이사회를 구성하여, 총회 및 재단 이사장 송상석 목사도 모르는 사이에 총회 재산을 사조이사회에 기부하였다는 허위 이사회 회의록을 작성하여 당시 총회유지재단의 주무 감독청인 부산시 교육위원회를 경유하여 문교부에 등록한 것인데, 이 사실이 뒤늦게 발각된 것이다.[5]

이 사건이 확대되어 송상석 목사는 이사장직에서, 한상동 목사는 이사직에서 물러났고, 한상동 목사측은 총회 앞에 공개 사과함으로 일단락되었다.[6] 이것이 송상석과 한상동 간의 불신의 시작이었다. 1967년 7월 10일에 개최된 이사회에서는 윤봉기 목사를 새 이사장으로 선

---

4. 그러면서도 허순길은, "학교법인을 설립하고자 한 목적은 선했다. 그러나 목적을 이루기 위한 수단은 정당하지 못했다. … 주님의 교회 건설을 위해 이런 편법을 사용한 것은 큰 불행이었다. … '생활의 순결과 순교적 이념으로 교역자 양성'을 위해 설립된 신학교의 아름다운 이념이 편법의 사용을 통해 흐려지는 순간을 맞은 것이다. 더욱이 신학교 설립자 한상동 목사가 이 편법 사용에 관련된 것은 큰 불행이었다." 라고 말하고 있다. 허순길, 184.

5. 송상석, 『법정소송과 종교재판』(경남법통노회, 1976), 78.

6. 제17회 총회회록(1967.9), 184. 고려(반고소) 역사편찬위원회, 『고려25년사』, 66.

출하였다. 이렇게 하여 편법사건은 일단 마무리되었으나, 송상석 목사와 한상동 목사 간의 불신의 벽은 견고해졌고, 결국 두 사람의 대립이 이후 고려신학교의 역사에서 재연되었다. 이 사건은 송상석과 한상동의 상호 대립과 불신의 중요한 사례였다. 필자는 이런 사안들을 고신성(高神性)의 변화를 보여주는 변질의 조짐이라고 평가한 바 있다.[7]

1968년에는 고려신학교 교수 음주사건이 터졌다. 이 사건의 처리 과정에서도 송상석 목사와 한상동 목사는 대립했다. 이 점에 대해 허순길도 부정하지 않는다. 그는 이 사건의 저변에 "송 목사가 배경이 된 경남노회 측과 한상동 목사를 수장으로 하는 신학교 측 사이에 첨예한 대립과 심한 불신감이 자리 잡고 있었다."[8]라고 평가했다. 1968년 12월에는 학교법인의 정관 변경 시 '고등교육'을 삭제했다는 이유로 고려신학교 대학부 교수들이 송상석 목사를 공격하면서 이사장 퇴임을 요구하였다. 뿐만 아니라 교수들은 유인물을 제작하여 배포하는 등 사건을 확대시켰다. 결국 교수들은 송상석 목사의 명예를 훼손한 일에 대하여 사과 성명을 내고, 홍반식 교장과 신학부 교수들도 도의적 책임을 지고 전국교회 앞에 사과했다.

두 사람의 대립은 여기서 종료되지 않았다. 고려신학교 교수들은 1969년 새 학기를 앞두고 송상석 이사장 퇴임을 주장하며 총사퇴로 맞섰다. 오직 오병세 교수만이 동참하지 않았다. 1969년 3월 12일에 소집된 이사회는 홍반식의 교장 사임서는 받되, 홍반식, 이근삼의 사

---

7. 이상규, "고신대학 40년사, 1946-1986," 『논문집』 14 (고신대학, 1986), 14.
8. 허순길, 186.

퇴는 반려하였다. 하지만 대학부 5명의 사퇴서는 수리했다. 이렇게 되어 김진경, 김영재, 홍치모 교수 등이 고신을 떠났다. 이런 난국에서 한상동 목사를 교장으로 하여 신학교는 평소보다 한 달 늦은 4월 8일에서야 학기를 시작하였다. 이런 위기를 몰고 온 근본 원인은 역시 송상석 목사와 한상동 목사 간의 대립이었다.[9]

두 지도자의 대립은 송상석 목사의 양해 아래 한상동 목사가 1969년 3월 27일에 고려신학교 교장으로 취임하면서 완화되는 듯했으나, 곧 다시 재현되었다. 그것이 1973년 초 법정 소송이라는 극단으로 발전하였고, 결국 교회 분열을 초래하게 된다.

2. 이사장의 임기 문제

불행한 대립과 분열로 치닫게 되는 사건의 발단은 1972년 9월에 모인 제22회 총회였다. 총회는 학교법인 고려학원의 이사를 개편하였다. 곧 15명의 이사를 선출하였고,[10] 1968년 9월부터 이사로 선임되어 4년이 경과한 송상석 목사 대신 김희도 목사가 새 이사장으로 선임되었다. 그러나 송상석 이사장은 자신의 이사장 임기가 남아있다고 주장하면서 인수인계를 거부하였다. 문제는 총회가 정한 임기와 문교부에 등록된 임기가 달랐다는 데 있었다. 송상석 이사장의 경우 문교부

---

9. 허순길, 190.

10. 선임된 이사는 김희도(이사장), 권성문(서기), 김경래, 주영문(회계), 김주오, 박찬규, 박현찬, 서영태, 이기진, 조규태, 최만술, 최영구, 현기택 등이었다.

가 인정한 정관에 의하면 1971년 9월 30일에 이사 승인을 받았기 때문에 그의 임기는 1975년 9월 29일까지였다. 따라서 자신이 아직 합법적인 이사장이라고 주장하였다. 이사장 임기에 대한 문제가 제기되자 송상석 목사는 1972년 11월 3일자로 문교부에 '이사장 임기에 관한 질의'를 했고, 문교부는 "귀 법인 이사장의 임기를 71. 9. 30. - 75. 9. 29.까지로 결정하고 취임을 승인한 바 있으므로 동 이사장의 임기에 대한 의문이 있을 수 없으며 따라서 귀 질문의 내용을 이해하기 곤란하여 반려하오니 양지하시기를 바랍니다."라고 답변하였다.[11] 송상석은 감독기관인 문교부로부터 임기보장을 받은 셈이다. 따라서 그가 물러갈 이유가 없었다.

송상석 목사는 이를 근거로 김희도 이사장에게 사임을 요구하였고, 김희도 이사장은 12월 20일자로 총회장에게 이사장 사임서를 제출하였다. "사임서, 본인은 거(去) 22회 총회시 고려재단 및 학교법인 이사장 임직에 대하여 본 교단 평화를 위하여 이사장직을 사면하나이다." 김희도 목사는 덕성을 지닌 목회자로서 교단 평화를 위해 사임을 결심하였다. 그러나 주변의 만류로 김희도 목사는 결국 이를 번복하였다. 이로 말미암아 총회가 인준한 김희도 측과 국가법이 인정한 송상석 측이 대립하게 되었다. 송상석 이사장은 문교부 공문에 근거하여 1973년 1월 2일 법인 산하 기관에 "송상석의 이사장직이 계속되니 사무 처리에 참고하라."는 공문을 하달하였다.

이런 상황에서 한상동 목사로 대표되는 부산노회 측은 송상석 목

---

11. 송상석, 109.

사에게 이사장 사임을 강력하게 요구하고 김희도 이사장을 지지했다. 하지만 송상석 목사 편에서 볼 때, 이는 의도적으로 이사장을 교체하려는 것으로 인식되었다. 한상동 목사를 대변해 왔던 허순길은, 송상석 목사가 이사장 직을 고집한 것을 두고 "신학교 신축의 영예를 같이 누리고자 하는 의도였을 것으로" 해석했다.[12] 그러나 송상석 목사는, 이사장 교체 시도를 "이사장 쟁탈전"이라고 부르면서 화란 원조금 관리 주도권을 잡기 위한 의도로 해석하였다.[13] 류윤욱 목사는, 송상석 목사의 이사 임기에는 아무런 이의를 제기하지 않고 이사장 임기만을 문제시하는 것은 숨은 '속사정'이 있다고 판단하고, 이를 '이사장 쟁탈 문제'라고 본다. 그러면서 그는 몇 가지 증거를 제시한다.[14]

당시 학장이었던 한상동 목사는 화란 캄펜신학교 교수회의 초청을 받고 1972년 3월 20일부터 5월 26일까지 화란을 방문하게 되었다. 이때 정홍권 교수의 수고로 급하게 제작된 것이 「고신학보」(1972. 3.)라는 홍보물이었다. 한상동 목사는 화란에 약 두 달간 체류하였고, 화란 자유개혁교회(31조파)에 미화 25만불에 해당하는 약 90만 길더의 고려신학대학 교사 신축 기금을 요청하였다. 화란 31조파 교회는 이를 이해하고 전 교회가 헌금하여 이를 후원하게 되었다. 그러나 이 기금을 어느 개인에게가 아니라 이사장 명의로만 보낼 수 있다고 하였다. 이런 상황에서 이사장이 누구냐 하는 것은 중요한 문제였다. 이것이 이사장 교체가 불가피했다고 보는 속사정이었다고 류윤욱 목사는 이해하고 있다.

---

12. 허순길, 211.

13. 송상석, 106. 류윤욱, 『역사는 잠들지 않는다』(쿰란출판사, 2011), 94.

14. 류윤욱, 94-95.

3. 불신법정 고소

이런 상황에서 송상석 목사가 자신을 지지하는 학교법인 이사 수를 확보하기 위해 문서를 위조했다고 말하는 사건이 알려졌다. 곧 송상석은 자신과 이기진 이사 두 사람만 모였으나 불참한 두 사람, 곧 류윤욱과 지득용 이사도 참석한 것처럼 하여 최영구 목사와 김해룡 장로를 새 이사로 선임하여 이사회록을 작성하였다는 것이다. 그리고 이 이사 승인 신청서를 당국에 제출하였다. 앞서 한상동 측에서 벌였던 사조이사회 사건의 재현이었다. 당시 그 위조는 재단 서기 이현준이 이사장에게 보고하지 않고 자신이 한 일이라고 증언하였지만(후에는 이를 번복하였다), 이번의 사문서 위조는 송상석 목사에게 책임이 없다고 할 수 없었다. 이 사실이 알려지자 어떻게 해서든 송상석을 이사장직에서 물러나게 하려고 기회를 엿보던 부산노회 측은 호기를 잡았고, 1973년 6월 9일에 김희도 목사와 윤은조 장로 명의로 송상석 목사를 사문서 위조 혐의로 부산지방 검찰청에 고발하였다. 이로부터 12일 후에는 송상석의 이사장 직무 집행 정지 가처분 신청을 제기하였다. 이것이 고신교회를 지루한 전투장으로 만들어갔던 추한 싸움의 시작이었다.

부산노회와 경남노회의 대립이 다시 재현되었는데, 이때의 소송은 1950년대의 법정고소와는 다른 것이었다. 1950년대 말의 소송은 교회당을 확보하기 위한 나름대로의 명분이 있었으나, 이때의 소송은 교권 싸움이었다. 또한 전자는 다른 교단과의 싸움이었으나, 이때의 싸움은 형제와의 내분이었다. 그리고 전자는 민사소송이었으나, 이번에는 형사소송이었다.

당시 박정희 정권은 수출주도형의 경제성장을 추진하고 다른 교단은 일만 교회 운동, 백만 성도 운동을 벌이고 있었을 때, 고신교회는 이사아활(你死我活)의 대립으로 교계신문을 어지럽게 장식하고 있었다. 난무하는 성명서는 고신의 선명성을 스스로 부정하는 추태였다. 그래서 필자는 교단이 조직된 지 불과 20년이 못되어 고신성(高神性)의 변화가 뚜렷이 나타났다고 지적한 바 있다.

4. 고소의 정당성 주장

경남노회와 부산노회를 배경으로 송상석, 한상동 두 지도자가 첨예하게 대립하고 있을 때, 고려신학대학 교수회 이름으로 "신학적으로 본 법의 적용 문제"라는 제목의 논문이 1973년 6월 13일에 발표되었다. 집필자는 오병세 교수였다. 이 논문에서 그는 신구약 성경, 특히 로마서 13장과 고린도전서 6장, 그리고 장로교회와 개혁교회 전통의 신앙고백에 근거하여 성도 간의 사회 법정 소송이 가능하다고 판단하였다. 즉 바울은 오직 광적인 소송을 금지했을 뿐, 공의를 세우려고 할 때 법의 보호를 거절할 필요가 없다고 주장한 것이다. 특히 하나님의 대리자인 국가 위정자들을 통해 범법자를 징벌하는 것은 합당하다고 주장하였다. 한 마디로 이 논문은 하나님의 공의를 위해서는 소송이 불가피하다는 입장을 피력한 것이다.[15] 하지만 이러한 논지는 고린도전서 6장에 대한 박윤선의 해석과는 완전히 상반된 것이었다.

고소의 정당성을 주장했던 이 논문이 고려신학대학 경건회 석상에서 낭독되던 일을 필자는 기억하고 있다. 예배방식으로 시작되었으나 어색한 분위기에서 이 논문을 읽고 경건회를 마쳤는데, 그 현장에 필자가 있었다. 당시 이 논문이 이사들에게 전달되었고, 그해 9월 총회 전에 총대 전원에게 발송되었다. 이런 점에서 이 논문은 송상석 목사 고소의 정당성을 신학적으로 확인받으려는 의도였음을, 그리고 각 총대들에게 발송한 것은 그해 총회에서 고소불가론을 잠재우기 위한 의도였음을 알 수 있다.

당시 고려신학대학원 3학년에 재학하고 있던 최갑종 전도사 또한 「고신대학보」 1973년 7월호에 "소송 문제에 대한 주석학적 연구"라는 제목의 논문을 기고하여 소송 자체가 절대적으로 금지된 것은 아니라고 판단하였다. 또한 그해 「고신대학보」 9월호에 게재한 "개혁주의 성경관"에서도 자신에 대한 비판을 변호하고 나섰다.[16] 반면, 고려신학대학 교수회 이름으로 성도 간의 법정소송이 가능하다는 논문이 은밀하게 배포되고 있을 때, 서울에서 경향교회를 개척하고 있던 석원태 목

---

15. 신재철 박사와의 대화(2005년 6월 17일)에서, 이 논문의 집필자인 오병세 교수는 자신의 주장이 잘못된 것임을 시인하였다고 한다.

16. 그러나 최갑종(전 백석대학교 총장)은 「기독교보」 1066 (2013. 3. 30.)에 기고한 "성도 간의 고소 고발 유감"이라는 논설에서 "소송 문제가 교단과 학교의 주요 이슈가 되었을 때 고린도전서 6:1-11에 관한 설익은 논문을 통해 마치 성경이 특수한 경우에 한하여 성도 간의 문제를 사회법정에 고발 및 소송하는 것을 허용하고 있다는 인상을 주었다."라고 말하면서 "그로부터 40년이 지난 지금 … 신학교 시절 소송 문제와 관련하여 발표했던 사려 깊지 못한 글을 깊이 반성한다."라고 썼다.

사는 "고려파가 서 있는 역사적 입장과 소송건"(1973. 9.)이라는 소론을 발표하고 소송불가론을 주장하면서 송상석 목사에 대한 고소건을 취하해야 한다고 주장하였다.[17] 경기노회 서울제일교회 하찬권 목사의 "기독신자 간의 불신법정 소송 문제 연구"(1975. 3.)의 논지도 동일하게 소송불가론이었다.

5. 고소 문제에 대한 총회의 결의

그렇다면 고소 문제에 대해 고신교회 총회는 어떤 결정을 내렸을까? 1973년 9월 20일, 고신교회 제23회 총회가 마산의 제일문창교회에서 소집되었다. 당시 이 총회에는 경남법통노회가 상정한 소송금지 긴급건과 경동노회가 해명을 요구한 김희도, 윤은조 제 씨가 송상석, 류윤욱 두 사람에 대해 형사 고소 및 민사 소송 한 것의 정당성 여부에 대한 해답건이 상정되어 있었다.[18] 하지만 이 총회에서 송상석 목사에 대한 형사소송건으로 논란이 일어났고 회의 진행이 어렵게 되자, 총회장은 비상 정회를 선언하였다. 그해 12월 17일에 속회 된 총회에서도 불신법정 고소에 대한 논란이 일어났다. 진해제일교회 권성문 목사는 세상 법정에 교단 지도자를 고소하는 일은 부당한 일이라며 강

---

17. 신재철은 자신의 『불의한 자 앞에서 소송하느냐』(2014. 2.), 232-35에서 석원태는 진정한 의미의 소송 반대론자로 볼 수 없다고 주장한다.
18. 제23회 총회록, 17. 류윤욱 목사를 증거도 없이 공금유용죄로 고발한 사건이 무혐의로 처분되자, 고소 당사자인 윤은조 장로는 총회 앞에서 사과하였다고 한다. 류윤욱, 57.

력하게 항의하였고, 경남노회가 이에 동조하였다. 소송은 신학적으로 가능하다는 논문을 썼던 오병세 교수는 침묵으로 일관했다. 결국 회의는 불신법정 소송은 불가하다고 결의하고, 이 건을 김경래, 박은팔, 류윤욱, 손명복, 이경석 등 5인에게 일임하여 결의문을 작성하여 보고케 하였다. 5인 위원회는 소송건에 대해서는 재론하지 않는다는 단서를 붙여 총회에 보고하였고, 총회는 이 보고의 원안대로 가결하였다. 그 내용은 다음과 같다.

> 성도와 성도 간의 소송 문제에 있어 이의 신학적 해석이냐 성경적이냐 아니냐에 대한 주장을 투표로 결정짓는 일은 신중을 기해야 하는 성질이므로 하지 않기로 한다. 그러나 성도 간의 소송 행위가 결과적으로 그 원인 여하에 고사하고 신앙적이 아니며 건덕상 소망스럽지 못하다는 사실에 유의하여 아니하는 것이 총회의 입장이다. 이 기본 정신에 따라 금번 소송 사건에 관련된 인사는 교단의 평화와 단결을 위하여 또한 건덕을 위하여 총회 앞에서 유감의 뜻을 표하기로 하고, 이를 사랑의 박수로 환영함으로써 이 문제와 노회장 회의가 총회에 보고한 관련건을 일괄하여 재론하지 않기로 결의 동의한다.

이로써 소송불가론이 확인되었으며, 동시에 위의 결의에 근거하여 소송에 관여하였던 당사자 김희도 목사와 윤은조 장로가 총회 앞에 사과하고 일단락되었다. 그런데 1974년 9월 19일, 부산남교회당에서 소집된 제24회 총회에서는 이 건에 대해서 재론하지 않는다는 이전의 회의 결의를 무시하고 재론하였다. 이 일에 앞장선 이들이 경북노회

노회원, 특히 한학수 목사였다.[19] 즉 경북노회장 한학수 목사는 송상석 목사의 비행에 대한 처리건과 함께 소송에 관한 결의 시정건의안을 제출하였는데,[20] 본회에서 가 74표, 부 25표, 기권 1표로 재론이 가결되었다. 이때 "소송하지 않는 것이 총회의 입장이다."를 "소송을 남용하지 않는 것이 총회의 입장이다."로 수정 결의하였다.[21] 이전 해의 소송 불가에서 소송을 제기할 수 있는 여지를 남긴 것이다. 그러나 이런 결의는 파장을 몰고 왔다. 곧바로 경남법통노회 총대 20명이 이 결의에 불복하며 퇴장하였고, 경동노회도 이 결의가 시정될 때까지 조건부로 행정보류를 선언하고 퇴장하였다.[22] 일 년 만에 이런 상반된 결의를 하게 된 것은 막후에서 소송지지 측의 조직적인 활동이 있었기 때

---

19. 송상석 목사 고소와 처리 문제에 앞장섰던 한학수 목사는 대구 K2 공군기지 군목으로 활동하던 중 대구성남교회(현 성동교회)의 청빙을 받아 3년간(1968. 11.-1971. 10. 5.) 시무했고, 이후 대구대현교회(1972. 1.-1975. 2.), 서울북교회(1975. 3. 17.-1976. 3. 12.)를 거쳐 1976년 등촌교회에 부임했으나, 이듬해인 1977년 10월 13일에 심장마비로 세상을 떠났다.

20. 제24회 총회록, 12.

21. 제24회 총회록, 23. 이때 결의한 전문은 다음과 같다. "제23회 총회결의(회의록 31페이지) 98항 '성도와 성도 간의 소송 문제에 있어 이의 신학적 해석이냐 성경적이냐 아니냐에 대한 주장을 투표로 결정짓는 일은 신중을 기해야 하는 성질이므로 하지 않기로 한다. 그러나 성도 간의 소송행위가 결과적으로 그 원인 여하에 고사하고 신앙적이 아니며 건덕상 소망스럽지 못하다는 사실에 유의하여 아니하는 것이 총회의 입장이다. 이 기본 정신에 따라 금번 소송사건에 관련된 인사는 교단의 평화와 단결을 위하여 또한 건덕을 위하여 총회 앞에서 유감의 뜻을 표하기로 하고 이를 사랑의 박수로 환영함으로써 이 문제와 노회장 회의가 총회에 보고한 관련건을 일괄하여 재론하지 않기로 결의 동의한다.'를 '사회 법정에서의 성도 간의 소송행위가 결과적으로 부덕스러울 수 있으므로 소송을 남용하지 않도록 하는 것이 총회의 입장이다.'라고 수정하자는 동의가 성립되어 가부로 투표로 하기로 하고 투표하니 가 72표 부 7표 기권 1표로 동의가 가결되다. 본 건에 대하여 경남노회 총대 정재영 외 20명이 본 건에 한하여 결의를 거부하고 항의서를 제출하고 총퇴장하다."

22. 그러나 이때의 경동노회의 행정보류 선언이 총회록에 누락되어 있어 경동노회 제25회 정기노회에 이 점이 보고되었고, 노회는 이 보고를 채택 확정하였다고 한다. 류윤욱, 98. 참고 경동노회, 『경동노회40년사』(2003), 99.

문이다.

2년 후인 제26회 총회(1976년)에서는 이전의 결의를 약간 수정하여 "부득이한 경우를 제외하고는 소송하지 아니하는 것이 총회의 입장이다."로 재결의하였다. 그러나 여기서 '부득이한 경우'가 어떤 경우인지에 대한 명시적 지침이 없었기 때문에, 이것이 소송 불가론의 입장으로 돌아간 것이라고 말할 수는 없다. 그리고 이것이 현재 고신교회의 입장이다.

6. 송상석 목사 제명과 교회의 분열

송상석 목사건은 논란을 거듭했다. 그러던 중 1974년 9월에 모인 제24회 총회에서 경북노회장 한학수 목사는 '송상석 목사 비행에 관한 처리건'을 상정했고, 총회는 특별재판국을 설치했다. 국원은 민영완(국장), 신현국(서기), 강호준, 심군식, 박은팔 목사와 김기복, 변종수, 손기홍, 조인태 장로 등 9명이었다. 목사 5명, 장로 4명으로 구성된 것이었다. 이들은 3차례의 재판회를 열어 1974년 12월 4일에 송상석 목사에게 '목사 면직'이라는 판결을 내렸다.[23] 기소 위원은 전성도와 한학수 목사였다. 당시 목회 일선에서 은퇴했던 78세의 송상석에게 교회 치

---

23. 송상석 재판에 앞장섰던 신현국 목사(1932-2022)는 고려신학교 제23회 졸업생(1968. 2. 20.)으로 1972년 10월 부산노회에서 목사 안수를 받았다. 한상동 목사 휘하에서 전도사, 부목사로 시무하였고(1963. 1.-1973. 8.), 동부삼일교회(1973. 8.-1976. 10.), 대구서교회(1976. 10.-1983. 2.)를 거쳐 도미하여 산호세한인장로교회(1984. 4.-2003. 5.)를 담임했고, 에방겔리아대학교 총장(2007. 4.-2019. 9.)으로 활동했다. 그리고 재미고신총회장 등 여러 교단 교정(敎政) 활동을 감당하다 2022년 5월 20일에 세상을 떠났다.

리회의 가장 무거운 형벌이 내린 것이다. 주문과 판결 이유는 다음과 같다.

<주문>

경남노회 목사 송상석씨는 1) 총회 결정 불순종, 2) 문서 위조, 3) 거 짓증거, 4) 공금유용죄의 충분한 증거가 들어났으므로 본 특별재판국 은 심사한 결과 송상석씨는 그리스도교회의 목사직을 수행하는 것이 천부당 만부당한 줄로 확인하는 고로 송상석씨의 목사직을 파면하고 그 직분 행함을 금하노라.

<판결 이유>

1. 피고 송상석씨는 총회 결정에 불순종한 사실과
2. 문서 위조를 함으로써 제9계명을 범한 일과
3. 거짓 증거를 되풀이함으로써 제9계명을 범한 일과
4. 공금을 유용함으로써 제8계명을 범한 사실 때문임.
5. 적용 법조문
   신앙고백 제31장 3항, 정치 13장 61조, 64조, 65조
   정치문답 조례 185문, 420문, 421문, 424문, 428문, 429문, 435문
   대요리문답 제145문
   대요리문답 제142문

송상석 목사에 대한 극단적인 치리는 반발을 불러왔다. 경남(법통) 노회는 재판국 지시를 거부하고(1974. 12. 26.) 특별재판국의 위법성을 주 장하며 행정보류를 행하였다. 이에 총회는 경남노회 행정의 정상화라

는 이름으로 총회의 지시에 순응하는 이들을 규합하여 이른바 '정화노회'(혹은 '계승노회')를 조직하였다. 당시 경남(법통)노회에는 62개의 교회(조직 29개, 미조직 24개, 개척 8개, 기도소 1개)가 있었고, 목사 20명, 강도사 7명, 목사후보생 5명, 남녀전도사 19명이 있었다. 정화노회에 가담한 목사는 11명인데, 노회장은 옥치정 목사였다. 총회는 이 정화노회가 경남(법통)노회를 계승한다고 인정하였다. 그리고 정화노회는 법통노회에 속하여 송상석 목사를 지지하는 12명의 목사를 제명하였다. 이때 제명당한 이들이 정재영, 김선규, 김태윤, 최상수, 손명복, 박장실, 권성문, 정판술, 서봉덕, 이기진, 송명규, 이백수 목사였다.

이런 혼란한 교단 현실에서 경기노회의 하찬권 목사는 『기독신자 간의 불신법정 소송 문제 연구』(1973. 3.)라는 소책자를 발간하여 불신법정 소송은 비성경적이라고 주장하였다. 뿐만 아니라 경기노회의 성도 간의 불신법정 소송에 대한 연구위원회(위원장 하찬권, 위원 박성호, 석원태, 정승벽, 김만우) 또한 "성도 간의 불신법정 소송에 대한 연구위원 보고"(1975. 9.)를 통해 불신법정 소송이 성경적이지 않다고 주장하였다.

1975년 9월에 소집된 제25회 총회가 소위 정화노회 총대를 인정하고 본래의 경남(법통)노회 총대를 거부하자, 이들은 9월 26일에 행정보류 결의문을 내고 총회를 떠났다. 고신교회 분열의 시작이었다. 이때 경남노회의 지역 교회들을 중심으로 약 70여 교회가 가담하여 소위 반고소(反告訴) 고신교회가 출발되었다. 여기에 석원태 목사를 비롯한 경기노회 일부도 합류하였다. 비록 이들이 '반고소'라는 이름으로 분열하긴 했지만, 사실 그것이 분열의 진정한 동기라고 말하는 것은 정직하지 못할 것이다. 여하튼 분열된 반고소측은 서울에 고려신학교를 설립하고, 별도의 신학교육을 실시하는 등 발빠른 행보를 시작하였다. 하지만 이들 또한 곧 자체 분열되어 경기노회측(석원태 목사 중심)과 경남노회측(손명복 중심)으로 재 분열되었다.

나가면서

이상에서 소송건이 고신 역사에서 어떻게 취급되어왔는지를 고찰하였다. 앞에서 살펴보았지만, 현재 고신의 입장은 소송을 남용하지 않는다는 것일 뿐 소송 자체를 금하고 있지는 않다. 따라서 고신교회에서의 소송 문제는 소송건 그 자체의 문제라기보다는 교회의 내분, 분열과 대립, 파벌, 주도권 장악 등의 문제와 관련되어 있다고 할 수 있다. 또 한편으로 고신교회의 문제는 고려신학교(고신대학)와 복음병원(고신의료원)을 둘러싼 내분과 갈등이었다. 학교와 병원은 그야말로 분열과 대립의 현장이었다. 지도자들 간의 반목, 총회와 이사회의 구성에 있어서 노출되었던 잡음들, 그것이 오늘 우리 고신교회의 자화상이지 않는가? 과연 1974년을 전후한 대립과 분열, 반목과 질시가 교회의 본질과 사명을 완수하며 교회의 순수성을 지키기 위한 것이었다고 말할 수 있는가? 이런 우리에게 다른 교회(教團)와 다른 고유한 이념이나 정신이 있는가 반문하지 않을 수 없다. 신사참배 거부? 순교신앙? 코람데오? 이 귀한 전통들 이면에서 뒤돌아보는 우리의 지난 역사는 '인간의 전적 타락과 무능력'을 확인시켜 줄 뿐이다.

2. 고려학원 이사장 임기 문제와 송상석 목사에 대한 고소 사건

강종환

법무사, 창원가음정교회 원로장로, 창원지방법원 부이사관 퇴임

1. 학교법인 고려학원의 이사장 임기 문제

(1) 고려학원의 출발과 고려신학대학교의 문교부 대학인가

박윤선 박사가 주일성수 문제 등으로 고신을 떠난 이후 교회가 어려움을 겪게 되자 고신의 지도자들은 승동측과의 합동으로 그 어려움을 극복하고자 하였다. 그러나 불과 2년 만인 1962년 10월, '신학교의 일원화 문제'가 불거지면서, 고신은 부산 고려신학교의 복교를 선언하고, 이어서 합동 이전 고신총회로의 환원을 선언하였다. 이 환원에 반대와 우려가 없지 않았지만, 고신총회는 1963년 9월 17일에 남교회당에서 제13회 환원총회를 개최하면서 새로운 출발을 하게 되었다.

환원총회를 마친 후 1963년 12월, 칼빈학원과 고려신학교의 교수들은 고려신학교가 칼빈학원을 흡수하여 대학을 설립할 것을 총회에 건의하기로 합의하였다. 이에 따라 한명동 목사가 칼빈대학이라는 이

름으로 독립적으로 운영하면서 고려신학교의 예과 과정 역할을 했던 칼빈대학은 1964년 1월 8일, 제52회 교수회의를 끝으로 고려신학교 4년제 예과 학부과정으로 편입되었다.[24] 이후 1964년 제14회 총회에서 경기노회(윤봉기 목사)와 경남노회(이성욱 목사) 및 고려학원 이사장 황철도 목사는, 고려신학교와 고려고등성경학교, 복음병원 운영을 총회가 맡아 달라고 청원하였으며, 총회는 고려신학교, 고려고등성경학교, 복음병원 등의 재산 일체를 총회에 기부하는 각서를 받기로 하고 허락하였다.[25] 이에 따라 1965년 9월 6일, 고려학원 이사회가 조직되어 이때부터 고려신학교는 이사회를 통하여 총회의 지도와 감독을 받게 되었다.

그러나 예과 4년 과정에 재학 중인 재학생들의 병역 문제를 해결해 주기 위하여 문교부로부터 대학인가를 받고자 하였으나, 한상동 목사와 한부선 선교사는 대학인가를 받으면 국가로부터 여러 가지 간섭을 받는다는 이유로 이를 반대하였다.[26] 그러나 고려신학교 재학생들의 학력인가에 대한 요구가 계속되자 당시 총회 유지재단 이사장이었던 한상동 목사는 고려신학교(대학부)를 대학령에 기한 학력인가를 받기 위해 1966년 제16회 총회에 총회 유지재단을 학교재단으로 명의를 변경하도록 청원하였다.[27]

---

24. 그러나 칼빈대학이 이와 같이 고려신학교 대학부로 편입된 것은 칼빈대학이 사용하던 부지인 부산시 서구 감천동 506번지 등의 약 15,000평의 부지에 대한 법적 문제 때문이었다고 한다. 허순길, 『한국장로교회사』(서울: 도서출판 영문, 2008), 517.
25. 제14회 총회록 55, 64항 정치부 보고1 참고.
26. 남영환, 『한국교회와 교단』(서울: 소망사, 1988), 506.
27. 허순길, 『고려신학대학원 50년사』(서울: 도서출판 영문, 1996), 181.

총회는 이 청원을 실행 이사에게 맡겨 처리하도록 가결했는데, 제16회 총회에서 이사들이 교체되면서 송상석 목사가 유지재단 이사장이 되었다.[28] 당시 고려신학교 총무처장 도군삼은 서류를 구비하면 4년제 정규대학 인가를 받을 수 있다고 이사회에 건의하였으나, 송상석 이사장은 유지재단을 학교재단으로 변경하는 데 소극적이어서 법인설립 추진이 진행되지 못하고 있었다.[29] 고려신학교의 대학인가를 초기에는 한상동 목사가 반대했으나, 이번에는 이사장 송상석 목사가 반대하게 되었다.

그러나 대학인가의 필요성을 깊이 느낀 고려신학교(교장 한상동 목사)는 중앙 인맥을 통해 학교재단 설립인가가 가능한 길이 있음을 알고, 도군삼을 내세워 현존하는 이사장 및 이사회와는 아무런 협의도 하지 않고 가이사회(假理事會)를 만들고 허위이사록[30]을 작성하여 유지재단을 학교재단으로 변경하여 대학인가 청원서를 만들었다. 이 허위이사록에는 출석한 이사가 이사장 송상석, 이사 한상동, 박손혁, 권성문, 김희도로 되어 있었으나, 한상동 목사 외에는 모두 총무처장 서리 이재술 장로가 보관하고 있던 인장을 도용하여 작성한 것이었다.[31] 그리고 도군삼은 당시 경제담당 무임소장관실 기획관리실장이었던 주경효

---

28. 제16회 총회록, 154.

　　이사장 송상석, 서기 남영환, 회계 지득용

　　4년조 : 윤봉기, 박손혁, 류윤욱, 장정실, 이귀술

　　2년조 : 손명복, 한학수, 유선호, 김은도, 박갑수, 박승문

29. 허순길, 『한국장로교회사』, 518.

30. 송상석, 『법정소송과 종교재판』(마산: 경남법통노회, 1976), 81에 허위이사록의 전문이 수록되어 있다.

31. 송상석, 78. 이에 대하여 류윤욱은 위조인장을 사용했다고 한다. 류윤욱, 『역사는 잠들지 않는다』(서울: 쿰란출판사, 2011), 68.

장로에게 허위이사록을 포함하여 학교법인 신청서 등 요식행위를 갖추어 인가를 추진하였는데, 이때 주경효 장로는 이사장 한상동 목사, 이사로 홍반식, 도군삼, 주경효, 김진경, 감사에는 오병세, 이근삼으로 이사회를 구성하여 인가청원서를 제출하였다.[32] 이런 경위로 1967년 6월 1일, '학교법인 고려학원'의 인가가 나게 되어 일간신문에 보도되었는데, 이것이 소위 '사조이사회' 사건이었다.[33]

그때야 이 사실을 알게 된 송상석 목사는 긴급 이사회를 소집하고 '사조이사회'를 조직하여 학교재단 설립인가를 추진한 것에 대한 책임을 묻게 되었다. 이 일이 발각된 후에 변명하는 과정에서 "각서를 써두고 했다",[34] "학교법인 인가를 받기 위한 선한 목적을 위해서 편법을 사용했다"[35]라고 하지만, 설령 긴급하고 불가피한 이유가 있었다 하더라도 제16회 총회에서 정당하게 구성된 이사회로 인가를 받았다면 '선의'로 볼 수 있는 여지가 있지만, 제16회 총회의 이사가 한 사람도 포함되지 않은 것은 변명의 여지가 없는 일이었다. 목적이 선하면 방법도 선해야 하는 것이 개혁주의 신앙원리이므로 백번 양보하여 동기가 선했다고 하더라도 이는 명백한 잘못이었다.[36]

---

32. 허순길, 『고려신학대학원50년사』, 182.

33. 사조이사회에 관한 더 상세한 내용은 류윤욱, 67-68 참조.

34. 이 '각서'는 유지재단 서무과장 유현철 장로가 당시 이사회 서기였던 남영환 목사(당시 여수 충무동교회 시무)에게 문교부인가가 나는 대로 재단을 이사회에 반납하겠다는 내용의 각서를 등기 우편으로 보내었는데, 공교롭게도 남영환 목사가 위 교회를 사면하고 거창교회로 이사한 뒤라서 분실되었다고 한다. 그러나 그 뒤에도 발견된 적이 없다. 남영환, 『한국교회와 교단』(서울: 소망사, 1988), 507.

35. 허순길, 『고려신학대학사』, 182.

36. 허순길, 『고려신학대학사』, 183. 남영환 목사도 고려신학교 설립 초기의 '하나님 앞에서의 삶'의 방식이 1960년대를 거의 마감하는 시기에 있었던 정치적 대립으로 고려신학교 정신의 변화를 반영한다고 보았다(남영환, 507).

이와 관련해 송상석 목사는 '각서'에 대해 이사장과 총회가 모르고 있으며, 정당한 일이라면 각서를 써둘 이유가 없고, 긴급하면 마산에 있는 이사장에게 전화로 충분히 협의할 수 있었으나 전체 진행 과정이 50일 이상 소요되었음에도 총회와 이사장에게 알리지 않은 것은 부정적인 의도가 아니고서는 있을 수 없는 일이라고 보았다. 또한 이 사건의 진상을 "한상동 목사를 중심으로 당시 고려신학교 교직원들이 총회 소속기관(고려신학교, 복음병원, 복음간호학교)의 운영권 및 총회소유 재산을 사유화하기 위하여, 소위 사조이사회를 구성하고 총회 재산을 사조이사회에 기부하였다는 허위 이사회록을 작성하여 주무 감독청인 부산시교육위원회를 경유하여 문교부에 등록한 것인데 이 사실이 뒤늦게 발각된 것이다."라고 하면서,[37] 이 사실을 전국교회에 밝혔다.

이처럼 문제가 되자 '학교법인 사조이사회' 이사 전원을 사임시키고,[38] 1967년 7월 9일에 새로운 이사로 취임등기가 이루어졌다.[39] 그러나 송상석 목사가 "사조이사회를 구성한 것은 사설학교 설립을 위한 것이라고 비난하여 한상동 목사와 송상석 목사 사이에는 돌아올 수 없는 심각한 대립 관계가 만들어지게 되었다."[40] 1967년 9월, 제17회 총회에서는 사조이사회를 조직하여 일을 진행하였던 전원에게 총회 앞에 서면 사과서를 제출하게 하였으며, 이사회는 박찬규, 손명복, 류

37. 송상석, 78.
38. 제17회 총회록, 184.
39. 학교법인 고려학원 폐쇄등기부, 1967. 7. 29. 이사장 및 이사 취임등기 이사장 윤봉기, 이사 송상석, 김은도, 남영환, 박손혁, 윤봉기. 그리고 문제를 확대시켰다는 책임으로 송상석 목사는 1966년 9월 이사장으로 선임되었으나 불과 1년이 안 되어 이사장은 윤봉기 목사로 교체되었다.
40. 허순길, 『한국장로교회사』 519.

윤욱, 김은도, 김서원을 징계위원으로 선정하였으며, 징계 결과는 송상석 목사를 통해 문교부에 제출되었고, 문교부는 김진경과 도군삼을 징계함으로써 이 일을 마무리하였다.[41] 그러나 사조이사회 사건은 이를 전국교회에 알린 송상석 목사에게도 비난의 화살이 돌아가게 되어 한상동 목사는 이사직을, 송상석 목사는 이사장직을 사임함으로써 사조이사회 사건은 외형적으로는 종결되었다.[42] 그러나 이 모든 일의 근본 원인은 누구나 한상동 목사와 송상석 목사 간의 내적인 대립에 있다고 인식하였다.[43]

한편 이러한 과정을 거치는 동안 학교법인 고려학원은 1968년 2월 28일, 대학에 준한 각종 인가를 얻었고, 1969년 9월, 대학 동등 학력 인정 지정학교가 되었다. 나아가 정규대학인가를 받기 위하여 1970년 9월, 제20회 총회는 이사회의 청원으로 "고려신학교 정규대학 촉진을 위한 청와대 및 기타 요로에 진정하도록 하고 그 위원 선출은 임원회에 맡겨 선처토록 가결"하였다.[44]

그리하여 마침내 1970년 12월 31일, '고려신학대학' 설립인가가 나게 되었다. 1955년에 대학설립을 목적으로 예과 2년제를 4년제로 개편하여 칼빈학원(명칭은 대학)을 세운 지 15년 만에 그 목적을 이룬 것이었다. 그리고 1971년 1월 12일, 부산 남교회당에서 고려신학대학 인가 취득 축하예배를 드리고 3월 4일에 개교식을 가졌다.[45]

41. 신재철, 『불의한 자 앞에서 소송하느냐』 (서울: 쿰란출판사, 2014), 182-183.
42. 허순길, 『한국장로교회사』, 519.
43. 허순길, 『한국장로교회사』, 520.
44. 대한예수교장로회 총회록(1961-1970), 315.
45. 허순길, 『고려신학대학원50년사』, 196.

(2) 제22회 총회(1972년)의 이사진 선임 과정

1972년 9월 22일, 제22회 총회가 부산 부민교회에서 개최되었다. 총회에서 고려신학대학 학교법인 이사회 개편에 관한 결의가 있었는데, 1968년부터 이사로 선임되어 4년의 임기를 마친 송상석 목사를 퇴임시키고 15명의 새로운 이사가 선임되어 총회에 보고되었다. 새로운 이사로 한명동 목사가 이사장, 김은도 장로가 회계로 선임되었으며, 이사에는 김희도, 김주오, 주영문(부산), 이기진, 권성문, 현기택(경남), 최만술, 조규태(경북), 최영구, 김경래(경기), 박헌찬(경동), 박찬규, 서영태(진주)가 선출되었고, 전라노회는 선정 후 통보하기로 하였다.[46] 그런데 이러한 이사 선출에 문제가 제기되어 총회는 새로 선임된 이사 15인을 모두 사퇴시키고 이사진을 다시 선출하여 김희도 목사를 새로운 이사장, 서기 권성문, 회계 주영문을 선출하고 나머지 이사도 다시 선출하였다. 한편 앞서 이사장으로 선출되었던 한명동 목사와 회계 김은도 장로는 선출에서 제외되었다.[47]

이렇게 이사 선출을 다시 하게 된 경위에 대해서는 견해가 나누어진다. 먼저 허순길 박사는 송상석 목사가 피선된 한명동 이사장이 사전 선거운동을 했다는 것, 그리고 형제간에 이사장과 학장(당시 학장은 한상동 목사)이 되는 것은 민법 777조에 저촉된다는 강한 논리를 폈다고 하였다. 그런데 당시 총회는 사전 선거운동에는 별 호응을 하지 않았지만 법에 저촉이 된다는 말에 이사들이 총사퇴하기로 하고 다시 이사들을

---

46. 제22회 총회록 48-49. 서기를 선임하지 않은 것으로 보아 기존 서기였던 류윤욱 목사에 대하여 사임 여부를 정하지 않은 상태였던 것으로 보인다.
47. 제22회 총회록 50, 184항.

선출하였다고 한다.[48] 남영환 목사의 주장도 허순길의 주장과 거의 같으면서, 여기에 첨언하여 "앞서 선출된 이사가 송상석 목사의 강력한 항의로 이사 전원이 인책 사면을 하고"라고 하며, 또 "민법을 모르는 소경은 그대로 놀아난 셈이다. 후에 알고 보니 그러한 민법 조항이 없었다는 것이다."라고 주장한다.[49]

양낙홍 교수는, 제22회 총회에서의 경과는 설명하지 않고 결론적인 부분만 기록하여, 송상석 목사가 이사로 선임된 것이 1968년 9월 총회였으므로 1972년 9월 총회로 4년의 임기가 만료되어 이사장과 이사에서 물러나야 했고, 그래서 김희도 목사가 신임 이사장이 되었으나 송상석 목사가 이사장직에 대한 욕심으로 사무인계를 하지 않았는데, 이때 송상석 목사는 이사장 임기가 1968년 9월부터임에도 1971년 9월 문교부에 이사장직 승인요청을 함으로 말미암아 교회의 내부 사정을 모르는 문교부는 이사장 임기가 1971년 9월부터 시작한 것으로 인지할 수밖에 없었다고 주장한다.[50]

그러나 류윤욱 목사의 주장은 이와 다르다. 즉 송상석 목사가 총회 석상에서 피선된 이사장이 사전선거운동을 했다는 것과 민법 777조에 의하여 형제간에 학장과 이사장이 될 수 없다고 강력히 주장했다는 내용은 사실을 왜곡한 것이라고 주장한다. 또 총회록을 보아도 총회 석상에서 '사전선거운동'이나 '민법 777조'란 말이 없다고 하면서 이

48. 허순길, 『고려신학대학원50년사』, 205. 각주 292 참조. 그러나 허순길의 다른 책 『한국장로교회사』, 531에는 모든 과정을 생략하여 기술하고는 김희도 목사가 이사장으로 선임되었으나 송상석 목사가 사무인계를 하지 않았다고 하였다.
49. 남영환, 534.
50. 양낙홍, 『한국장로교회사』(서울: 생명의 말씀사, 2008), 698.

는 송상석 목사를 형사 고소한 사건을 정당화하기 위하여 조작한 교묘한 방법이었다고 주장한다.[51] 그보다 류윤욱 목사는 당시 이사장 선출의 전말을 이렇게 설명한다.

제22회 총회가 개회된 이튿날 부민교회당 2층에서 송상석 목사의 인도로 이사회가 개회되었고, 그곳에서 이사장을 개선해야 한다는 주장이 나왔는데, 송상석 목사는 본인의 이사장 임기가 남아있다고 설명하였으나, 누군가가 그것은 정관상의 임기이고 총회법으로는 임기가 끝났다고 주장함으로써 이사장 개선을 위한 투표를 강행하였다.[52] 하지만 이사장 선출의 결과는 송상석 목사와 한명동 목사 어느 쪽도 이사 2/3의 득표가 없었고 다만 한명동 목사가 다수를 득표하였다. 그런데 이사들 중 한명동 목사가 이사장에 당선된 것이라고 주장하는 사람이 있었으므로, 송상석 목사는 "이사장은 2/3의 득표를 얻어야 하므로 불법이다."라고 선언하고는 자리를 떠났다. 이에 류윤욱 목사 본인도 송상석 목사가 이사회를 떠나면 같이 물러나겠다고 구두 사면을 선언하고 회의록을 남겨둔 채 자리를 떠나 지하 식당에 있었다. 그때 한명동 목사가 찾아와 "류 목사, 아무리 교회 일이라고는 하지만 형은 학장, 동생은 이사장으로 형이 동생에게 지시를 받는 입장이 되고 동생은 형을 지시하는 입장이 되면 어색하고 부자연스러우니 재투표를 해서 송 목사를 이사장으로 재선출해서 일하게 하는 것이 좋겠다."라고 말하였다고 한다.

그 말을 들은 류윤욱 목사는 송상석 목사가 이사장이 되는 것을 가장

---

51. 류윤욱, 114.
52. 류윤욱, 115.

반대하는 남영환 목사를 어떻게 설득할 것인지 되물으니, 한명동 목사는 자신이 책임질 것이니 류윤욱 목사에게는 송상석 목사가 이사회에 다시 참석하여 이사회를 주재하도록 해달라고 부탁하였다. 한명동 목사의 말을 믿은 류윤욱 목사는 송상석 목사를 찾아가 한명동 목사의 말을 전달하고 재투표를 주재해 달라고 부탁하였는데, 재투표를 실시한 결과 한명동 목사가 2/3가 되어 이사장으로 당선되었다. 결과적으로 류윤욱 목사의 선의가 한명동 목사의 이사장 당선을 외형상 합법화시켜 준 결과가 된 것이다. 잠시 후 송상석 목사와 류윤욱 목사가 다 물러간 후 이사회 임원을 조직해서 본회의에 조직 보고를 했는데, 이사장에 한명동 목사, 회계 김은도 장로만 선정하고 서기 류윤욱 목사의 사면은 처리하지 않고 있었다. 그때 류윤욱 목사는 총회 석상에서 신상 발언을 신청하여 한명동 목사의 이사장 선임 과정에 속임수가 있었음을 밝혔고, 이를 들은 석원태 목사가 이사 15인 전원을 사퇴시키도록 동의하였으며, 이어 재청이 나와 전격적으로 이사 총사퇴가 가결되었다.[53]

이에 대해 송상석 목사의 주장은, 한명동 목사의 이사장 기만 투표로 인하여 총회 석상에서 논쟁이 되었을 때, 자신은 이사장으로서 1972년 문교부에서 소관 각 학교법인에 보낸 '법인운영지침'의 내용 중 제2장 이사회 운영, 6. 임원 선임의 제한, ②항의 '이사회의 공공성 유지를 위한 이사회 구성상의 제한'에 따른 다음과 같은 범례, 즉 외국인에 대한 제한으로 "이사 정수의 반수 이상은 대한민국 국민이라야 한

---

53. 류윤욱, 115-17.

다.”(사립학교법 제21조 1항)라는 것과 친족관계에 대한 제한으로 “이사 상호 간 민법 제777조에 규정된 친족관계나 처의 3촌 이내의 친족은 1/3을 초과할 수 없다.”라는 것을 설명한 후에, 이사장에 당선된 한명동 목사는 당시 학장인 한상동 목사의 동생이므로 형인 학장이 동생인 이사장에게 지시 감독을 받게 되는 것은 어색하지 않겠느냐고 설명했을 뿐인데, 이것을 두고 자신이 총회원들이 법률을 모르는 것을 기회로 총회를 속이고 한명동 목사가 이사장이 되지 못하게 했다고 중상모략하였다는 것이다. 특히 이사회가 개최된 날 오전에 이사회 간사 이현준으로 하여금 문교부의 지침서를 대독까지 하게 하였다고 한다.[54]

송상석 목사가 선임된 이사장의 사전선거운동을 문제 삼았다면, 이는 한명동 이사장만의 문제이지 이사 전원이 ‘인책 사퇴’할 이유는 없었으며, 당시 민법 777조는 없는 조항이 아니라 현행 민법 제정 당시부터 ‘친족의 범위’에 관한 규정으로서 그 외 다른 내용은 없었다. 다만 이 조항은 1990년 1월 13일에 개정되어 친족의 범위가 달라졌을 뿐이다.[55] 또 선출된 이사의 사퇴 방법도 이사들이 자진하여 사퇴한 것이 아니라, 총회록에 따르면, “재단이사회 임원개선 보고를 아래와 같이 하니 이 문제에 관하여 장시간 논의한 끝에 현 이사진은 총사퇴하도록 가결하다.”[56]라고 기록하고 있는 것으로 보아, 총회가 장시간 논의

---

54. 송상석, 290-91.

55. 1972년에 시행된 민법 777조(친족의 범위)는 다음과 같다.
   “친족관계로 인한 법률상 효력은 본법 또는 다른 법률에 특별한 규정이 없는 한 다음 각호에 해당하는 자에 미친다. 1. 8촌 이내의 부계혈족, 2. 4촌 이내의 모계혈족, 3. 부의 8촌 이내의 부계혈족, 4. 부의 4촌 이내의 모계혈족, 5. 처의 부모, 6. 배우자”

56. 제22회 총회록 48, 167항

하여 이사진을 사퇴시킨 것이었다. 그런 다음 총회는 이사진을 다시 선출하여 이사회를 조직하였는데, 이사장 김희도, 서기 권성문, 회계 주영문, 4년조에 최만술, 현기택, 권성문, 최영구, 서영태, 김경래, 박헌찬, 김희도, 2년조에 이기진, 김주오, 주영문, 박찬규, 조규태, 전라노회 목사, 장로(미정)로 하여 한명동 목사와 김은도 장로 외의 나머지 이사를 다시 선출하였다.[57]

(3) 송상석 목사의 법정 이사장직 주장과 그에 따른 분란

총회가 끝나고 1972년 9월 27일, 김희도 목사가 신임 이사장에 취임하였으나 주무 부서인 문교부에 새 이사장과 이사의 취임을 보고할 수가 없었다. 송상석 목사가 법적 이사장임을 주장하고 이사장 업무인계를 미루었기 때문이다. 송상석 목사는 문교부가 인정한 정관에 따라 1971년 9월 30일 이사 승인을 받았기 때문에, 그의 임기는 1971년 9월 30일부터 1975년 9월 29일까지가 되므로 문교부가 승인한 이사장의 임기가 아직 3년이나 남아있다고 주장하면서, 1972년 10월 20일에 총회가 자신을 이사장직에서 해임한 것에 대하여 총회에 재심을 청구하였다.[58]

그렇다면 송상석 목사는 왜 본인의 이사장 임기가 남아있다고 주장했는지 살펴보자. 1968년 제18회 총회회록에 따르면, 이사회 조직은 이사장 송상석 목사, 부이사장 한상동 목사, 서기 류윤욱 목사, 회

---

57. 제22회 총회록 50. 184항
58. 송상석, 110.

계 지득용 장로, 4년조 이사에 송상석, 손명복, 김은도, 김영식, 박갑수, 양진환, 2년조 이사에 한상동, 한명동, 류윤욱, 지득용, 윤봉기, 박찬규, 전성도, 박은팔, 이귀술 등 15인이며,[59] 이중 법정 이사는 이사장 송상석, 이사 윤봉기, 박손혁, 남영환, 김은도 등 5인으로 이들의 등기는 1968년 11월 12일에 이루어졌다.[60] 그리고 1970년 9월 24일에 개최된 제20회 총회에서 2년조 이사가 임기를 마치고 새로운 이사가 선출되어 남영환, 한명동, 전성도, 류윤욱, 박은팔, 민영환 목사, 정채립, 이귀술, 지득용 장로 등 9인이 신임 이사가 되었다.[61] 그래서 1970년 9월, 제20회 총회부터 이사회는 이사장 송상석, 이사 손명복, 남영환, 한명동, 전성도, 류윤욱, 박은팔, 민영환 목사, 김은도, 김장수, 박갑수, 양진환, 정채립, 이귀술, 지득용 장로 등 총 15인이 되었다.

그러나 1970년 9월, 제20회 총회 이후 고려신학교에 중대한 변화가 생겼는데, 그것은 고려신학교가 1970년 12월 31일, 문교부로부터 '고려신학대학으로 설립인가'를 받았기 때문이다. 그에 따라 1971년, 제21회 총회에서 그에 따른 정관을 변경하여 학교명을 '고려신학교'에서 '고려신학대학'으로 변경하여 인준받았으므로,[62] 앞서 있던 '고려신학교'의 법인과 문교부에서 '고려신학대학'으로 설립 인가된 학교법인은 성격이 완전히 달라졌다. 그런데 제21회 총회에서 송상석 목사가 학

---

59. 제18회 총회록 221, 이사회 조직, 회록에는 계 15명으로 되어 있으나 명단은 13인이며 216쪽을 참조하면 손명복 목사가 누락되었고, 제20회 총회회록 315쪽에 임기 만료된 이사 중 한명동 목사가 기록된 것으로 보아 한명동 목사도 18회 회록에서 누락된 것으로 보인다.
60. 학교법인 고려학원 폐쇄등기부 1968. 11. 12. 등기사항 참조
61. 제20회 총회록, 318.
62. 제21회 총회록 36. 149-1항.

교법인의 이사장과 헌법수정위원장을 사면하였으나 총회는 그 사면을 받지 않기로 가결하였고,[63] 총회에서 새로이 이사진을 선정하지 않았으므로 학교법인 고려신학대학의 이사진이 교체되지 않은 채 1970년 9월, 제20회 총회 결과에 따른 이사진 15인이 그대로 유지되었다.

이에 따라 제21회 총회를 마친 후 1971년 7월 9일자로 종전 고려신학교의 정관에 의한 학교법인의 이사장 및 이사 김은도, 류윤욱, 지득용, 송상석, 남영환은 퇴임하고, 정규대학인가에 따른 학교법인의 정관에 의해 문교부의 승인을 받아 1971년 9월 30일 취임을 원인으로 법정 이사인 이사 겸 이사장 송상석, 이사 류윤욱, 지득용, 김은도의 취임 등기가 1971년 10월 14일에 이루어졌다.[64] 따라서 총회에서 선임한 15인 이사의 신분은 총회법에 따른 임기 4년의 이사였지만, 그중 법정 이사는 사립학교법이 인정하는 학교법인의 이사라는 2중 신분이 되면서 임기가 다르게 되었는데, 당시 법정 이사(실행 이사)는 송상석, 박찬규, 류윤욱, 지득용, 김은도 5인이었다. 즉 송상석 목사는 '고려신학대학'으로 출발하기 전의 총회 규정에 따른 이사 임기로는 1972년 9월 총회로서 마치는 것이 맞지만, '고려신학대학'으로 출발하면서 사립학교법에 의해 문교부로부터 인가받은 정관에 따르면 이사의 임기가 1971년 9월 30일부터 새로이 시작된 것이었다.

당시 고려학원 정관 13조 2항은 "임기 전 임원의 해임은 이사회의 의결을 거쳐 감독청의 승인을 받아야 한다."라고 규정하고 있었으므

---

63. 제21회 총회록 37. 152항.
64. 학교법인 대한예수교장로회총회 고려학원 폐쇄등기부등본 1971년 7월 14일 등기사항.

로,[65] 이 정관에 따르면 이사를 임의로 해임하거나 교체할 수 없었다. 또한 문교부의 회신에서 학교법인 고려신학대학의 이사 임기가 1971년 9월 30일부터인 것은 문교부에서 인가한 정관의 규정에 따른 것이었는데, 이 정관은 이미 고려신학대학으로 인준을 받을 때 주무 장관의 인가를 받은 것이었으므로 이 정관을 위배하는 것은 위법한 행위가 되는 것이었다. 송상석 목사는 총회 전에 이러한 점을 설명하였으나 총회는 송상석 목사의 이러한 설명을 외면하고 이사장 개편을 강행한 것이었다.

(4) 제46회 실행 이사회와 제39회 비상이사회의 조치

이사장을 두고 송상석 목사와 개편된 이사가 양립되자 1972년 10월 17일, 신임 이사장 김희도 목사, 이기진 목사, 주영문 장로, 현기택 장로, 권성문 목사가 참석한 가운데 제46회 실행 이사회가 소집되었다. 이 자리에는 전 이사장 송상석 목사, 전 서기 류윤욱 목사가 합석하여 업무인계가 이루어졌으며, 이와 함께 송상석 전 이사장의 '임기 전 해임'에 관하여 주무 당국인 문교부장관에게 질의키로 하였다. 이에 관한 제46회 실행 이사회 회록은 다음과 같다.[66]

> 1. 전 이사회에서의 시무를 인수하기 위하여 전 이사장 송상석 목사, 서기 류윤욱 목사를 청하여 합석하여 별지 인계서와 같이 인수하기로 결의하다.

---

65. 송상석, 107, 현재 고려학원의 정관에는 13조가 삭제되고 없다.
66. 송상석, 108. '제46회 실행 이사회 회의록'

2. 이사장 갱신에 대하여 문교부에 유권적 해석을 문의하기로 가결
   하다.

따라서 제46회 실행 이사회의 회록에 따르면, 전임이사회는 후임 이사회에 일단 업무인계를 하도록 결의하였으며, 1972년 10월 27일, 문교부에 이사장의 임기에 관해 질의한 것은 송상석 목사가 독단으로 한 것이 아니라 실행 이사회의 결의에 의한 것이었다.[67] 또한 제46회 실행 이사회에서 송상석 목사가 1971년 9월 30일부터 임기가 4년간 보장된 법정 이사라는 주장에 대하여 이를 질책하지 못하고 문교부에 질의하게 된 것은 송상석 목사의 주장이 합당했던 까닭이라고 보아야 한다.

고려학원의 이 질의에 대해 1972년 11월 3일, 문교부는 고려학원 이사장에게 보낸 회신에서 "귀 법인 이사장의 임기를 71. 9. 30. 75. 9. 29.로 결정하고 취임을 승인한 바 있으므로 동 이사장의 임기에 대한 의문이 있을 수 없으며"[68]라고 답해 왔다. 문교부로부터 받은 '이사장 임기에 관한 질의'에 대한 회신으로 인하여 송상석 목사의 학교법인 이사장으로서의 임기는 총회결의와는 다름이 확인되었다. 그런데 1971년 9월 21일자로 승인신청을 하고 같은 해 9월 30일자로 승인된 문교부의 승인서에는 이러한 임기가 이사장 송상석 목사뿐만 아니라 이사였던 류윤욱 목사, 지득용, 김은도 장로에도 적용되어 그들의 임

---

67. 송상석, 109. 이사장 임기에 관한 문교부의 회신의 수신인도 '학교법인 대한예수교장로회 총회 고려학
    원 이사장'으로 되어 있다.
68. 송상석, 109.

기 또한 1971년 9월 30일로부터 1975년 9월 29일로 되어 있다.[69] 그러나 1972년 11월 3일, 문교부에서 이사의 임기에 관한 공식 답변이 회신되었음에도 이사장으로 선임되었던 김희도 목사는 새로이 개편된 이사와 임원들에 대하여 1972년 12월 6일, 문교부에 임원 취임 승인신청을 하였다. 그리고 그런 상황에서 아직 문교부에서 답신이 오기 전인 1972년 12월 20일에 김희도 목사는 고신총회의 평화를 위한다는 명목으로 손명복 총회장에게 이사장 사임서를 제출하였다.[70]

이렇게 되자 1972년 12월 26일, 총회장 손명복 목사는 자신과 법적 이사장 신분인 송상석 목사, 개편 이사장 김희도 목사 3인의 명의로 제39회 이사회를 비상이사회로 소집하였다. 이 비상이사회에는 송상석, 김희도, 박헌찬, 권성문, 김주호, 최만술, 이기진 목사, 주영문, 현기택, 서영태, 정남수 장로 계 11명이 모였으며 감사인 조인태 장로가 방청하였다.[71] 그때 이사회 회의록에 기재된 제39회 이사회가 결정한 9가지 중 2항과 3항의 내용은 김희도 목사가 이사장을 사임한 경위이므로 그대로 전재하면 다음과 같다.[72]

  2. 개편 이사장 김희도 목사의 이사장 사면서를 제출한 실정설명과
     총회장 손명복 목사가 김희도 목사의 이사장직 사면서를 받아 접
     수하게 된 경위를 설명하고 법적 이사장 송상석 목사가 자신의 신

69. 송상석, 110.
70. 송상석, 111. "사면서, 본인이 거(去) 22회 총회시 고려재단 및 학교법인 이사장 임직에 대하여 본교단 평화를 위하여 이사장직을 사면하나이다."
71. 송상석, 112. 제39회 이사회 회의록.
72. 송상석, 112. 제39회 이사회 회의록.

상문제에 관한(이사장 해임권) 소원 및 재심청원에 대한 실정을 호소함을 청취하다.

3. 거(去) 제22회 총회시에 개편된 이사장 김희도 목사의 별지 이사장 직위 사면서를 제출한 이유에 대하여 거(去) 총회시에 이사장 개편이 합법적으로 되지 못한 것이 사실이니 김희도 이사장 직위 사면서는 받는 것이 가한 줄 알고 수리하기로 회중이 가결하다. 이에 따라 송상석 목사의 법적 이사장 직위는 자동적으로 존속된 것을 사회자가 선언하다.

위 이사회록의 문맥으로 보아 김희도 목사가 자신의 이사장 선임이 '합법적으로 되지 못한 것이 사실'이라고 스스로 인정하고 사임한 것이다. 어떤 점이 합법적이지 못하였는지에 대해서는 제39회 이사회록 외에는 아무런 자료가 남아있지 않고 아직 문교부에서 김희도 목사 등 신임 이사에 대해 취임 승인을 거부하기 전이었으므로 알기가 어렵다. 다만 최소한 김희도 목사의 '실정설명'과 총회장 손명복 목사가 이사장 사면서를 받을 수밖에 없는 '경위'에 '합법적으로 되지 못한 사실'이 설명되었을 것이다. 아마도 이사회는 그때야 종전 학교법인의 이사와 새로이 정규대학이 인가된 이후의 학교법인 이사의 법적인 차이를 깨닫게 되었고 그에 따라 이사장과 이사의 선출 과정이 잘못되었음을 알게 된 것으로 보인다.

이 모든 문제의 발단은 총회가 종전의 학교법인 이사와 사립학교법에 따른 대학으로 설립 인가된 학교법인의 이사를 구별하지 않고 같이 취급하였기 때문이며, 또한 이사회에서 송상석 목사가 법적인 차이점을 설명할 때 자신들의 목적 때문인지 몰라도 송상석 목사의 설명을 외면하였기 때문이다. 사립학교법의 보장을 받는 정관의 규정은 효력규정이므로 지켜야 하는 것이었다. 따라서 아무리 총회의 규정에 따른 이사장의 임기가 있다 하더라도 정관에 의해 문교부가 승인한 이사장의 임기와 맞지 않으면, 경과규정을 두던지 총회의 규정을 고쳐 문교부의 승인을 받은 정관의 규정에 일치시켜 임기를 맞추든지 해야 했음에도 이를 알지 못하고 그냥 지나친 것이었다. 그렇다면 이는 송상석 목사에게 책임을 돌릴 것이 아니라 종전 '고려신학교 시절의 학교법인'과 '고려신학대학의 학교법인'의 이사가 법적으로 차이가 있음을 알지 못하고 단순히 종전에 하던 대로 총회법에 따라 선출하려 했던 총회의 잘못이었다고 하는 것이 올바르다.

더구나 제21회 총회에서 송상석 목사가 이사장직의 사면을 청원했을 때, 총회는 그의 사면을 수리하지 않았을 뿐만 아니라,[73] 제22회 총회 때 송상석 목사가 이사장으로 회의를 소집하고 회무를 처리하려 했음에도 아무도 반대하지 않았다. 따라서 송상석 목사로서는 지난 총회에서 자신의 사임을 받아주지 않은 것이 새로이 시작되는 사립학교법에서 정한 임기를 보장해 주는 것으로 인식할 수도 있었을 것이며, 또 송상석 목사에게 이사회를 소집하고 회무를 시작할 때까지 아무런 이의가 없었다면 최소한 송상석 목사의 이사 재직을 허용한 것으로 볼 수도 있었을 것이다. 그러므로 결국 이 사건은 이사장 임기에 따른 문제가 아니라 이사장을 양보하지 않아서 발생한 문제라고 볼

---

73. 제21회 총회록 152항

여지도 있다.[74] 왜냐하면 만약 이사 임기가 끝났다면 이사회의 주재는 물론 이사회에도 참석할 수 없었기 때문이다. 또한 문교부에서 허가한 정관에는 이사회가 이사를 선임하고 임기 만료로 물러나는 이사장은 차기 이사장을 선임하고 물러나게 되어 있지만,[75] 총회는 그때까지 이를 무시하고 총회가 이사를 선임하고 임기 만료된 이사와 이사장은 자동적으로 물러나도록 하고 있었기 때문이다.

결과적으로 제39회 이사회 결의처럼 김희도 목사는 합법적으로 선출되지 않았기 때문에 이사장직을 자진 사면하였고, 이사회는 송상석 목사의 법정 이사장직이 존속됨을 확인한 것이었다. 그러나 이렇게 절차상 정리되었음에도 이사장직을 누가 갖느냐에 대한 분란은 계속되어 총회가 인준한 김희도 목사와 뜻을 같이하는 측과 문교부와 이사회가 인준한 송상석 목사의 대립이 계속되었다.

이러한 중에 김희도 목사가 이사장을 취임할 수 없는 결정적인 문제가 발생하였다. 제39회 비상이사회가 개최되기 전인 1972년 12월 6일, 김희도 목사는 신임 임원에 대하여 문교부에 임원 취임 승인신청을 하였는데, 이에 대하여 문교부는 1973년 1월 25일, 신임 임원인 법정 이사에 대하여 사립학교법 제21조 3항 "이사 중 적어도 1/3 이상은 교육에 경험이 있는 자라야 한다."라는 규정에 저촉된다는 이유로 임원 전체에 대한 승인을 반려한 것이었다.[76] 즉 신임 이사 전체가 사립

---

74. 류윤욱, 97.

75. 학교법인 대한예수교장로회총회 고려학원 정관 제20조(임원의 선임방법) 4항 "임원의 선임은 임기만료 2개월 전에 하여야 하며, 늦어도 임기 개시 1개월 전에 관할청에 취임 승인을 신청하여야 한다"

76. 문교부차관, '임원취임승인', 이 공문은 1973년 2월 3일 학교법인에 접수되었다. (송상석, 113에서 전재)

학교법 규정을 위반하여 자격 미달로 이사 취임이 거부된 것이다.[77]

그에 앞서 송상석 목사는 제39회 이사회 결의를 근거로 1973년 1월 2일, 법인 산하 기관들 앞으로 "송상석 목사의 (법적) 이사장직이 계속되니 사무처리에 참고하라."는 공문을 보내었다.[78] 허순길 박사는 이 공문을 받은 신학대학에서는 총회 직영학교로서 총회의 법과 규칙을 부정하고 정관을 빙자하여 이사장직을 계속하는 송상석 목사의 입장을 지지할 수 없었다고 하였다. 즉 교회치리회의 결정은 교회의 법이요, 하나님 앞에서 행한 상호간의 약속이므로 교회는 이 결정이 성경과 신앙고백과 교회법에 위배된 증거가 없는 한 그대로 수락하고 순종하는 것이 개혁주의 교회 생활의 원리라고 주장한 것이었다.[79]

그러나 허순길 교수의 견해는 '교회법'과 '교회에 관한 법'을 구별하지 못한 것이다. 다시 말해 고려신학대학은 문교부에서 설립인가를 받을 때 국가의 법령, 즉 사립학교법 등을 지키기로 하고 설립인가를 받았으므로 국가의 법령을 지켜야 할 의무가 있음을 간과한 것이다. 정부로부터 학교의 인가를 받아 학교를 운영하면서 행정은 총회의 규정에 따라 처리한다는 것은 분명히 잘못된 것이다. 그럴 경우 정부의 인가를 받아 정부의 법령을 따르면 총회에서 불법이 되고, 정부

---

77. 1972년 12월 28일 개정된 사립학교법 21조(이보다 직전 1967년 시행된 법과 내용이 같음)
제21조 (임원선임의 제한) ① 이사 정수의 반수 이상은 대한민국 국민이어야 한다. ② 이사회의 구성에 있어서 각 이사 상호간에 민법 제777조에 규정된 친족관계나 처의 3촌 이내의 혈족 관계가 있는 자가 그 정수의 3분의 1을 초과하여서는 아니 된다. ③ 이사 중 적어도 3분의 1 이상은 교육에 경험이 있는 자라야 한다. ④ 감사는 감사 상호간 또는 이사와 민법 제777조에 규정된 친족관계나 처의 3촌 이내의 혈족 관계가 있는 자가 아니어야 한다.

78. 허순길, 『고려신학대학원50년사』 206. 양낙홍, 699.

79. 허순길, 『고려신학대학원50년사』 207.

의 인가를 받은 후 총회의 규정에 따르면 국가법령을 어기는 불법이 되는 모순된 결과가 나올 수 있다. 그보다 정부의 인가를 받았으면 성경과 신앙원리에 저촉되지 않는 한 '교회에 관한 법'인 정부가 정한 법대로 운영해야 하는 것이 오히려 개혁주의 신앙원리에도 일치하는 것이다.[80]

(5) 이사장직을 둘러싼 대립의 배경

그렇다면 양측이 왜 이렇게까지 학교법인의 이사장직을 두고 치열하게 대립하게 되었을까? 그 배경을 찾아보면 직접적으로 2가지를 들 수 있다. 첫째는 고려신학대학을 위한 화란교회의 원조금 문제이며, 둘째는 화란원조금과 결부된 고려신학대학의 서울 이전 문제이다.

1) 고려신학교 교사 신축과 화란교회의 후원

경남(법통)노회는 1952년 4월 29일, 대구 서문교회당에서 열린 제37회 총회에서 완전히 단절되었으며, 이에 따라 1952년 9월 11일, 진주 성남교회당에서 320개 교회의 대표자들이 모여 대한예수교장로회 총노회를 조직하였다. 당시 총노회는 고려파의 미래를 바라보고 고려신학교와 복음병원의 부지를 구하기 위해 애쓰던 중 1954년 5월, 부산시 서구 암남동 34번지의 대지 15,000평을 300만 원에 매입하였고, 이듬해 594평의 교사(校舍)를 착공하였다.[81] 이 건축공사는 건축기성회 회원

---

80. 류윤옥, 149.

81. 이상규, 『한상동과 그의 시대』(서울: SFC 출판부, 2066), 212. 당시 고려신학교 1년 예산이 100만 원 정도였으므로 당시에는 거금을 주고 구입한 것이었으며, 이 땅의 매입자금과 건축자금의 마련에는 한명동

들과 전국교회의 헌신, 그리고 한국 전쟁 후 재건을 돕던 주한미군 군사원조단(AFAK)이 건축 자재를 지원해 주었고, 미국개혁교회(CRC) 등이 도움을 주어 1956년 3월에 완공되었다.[82]

고려신학교가 새 교사로 이전하였으나 10년이 지나게 되자 이 교사는 처음 건축 때와는 달리 학교의 규모가 커지고, 부산이 급격히 도시화 됨에 따라 낡고 좁은 시설물이 되었으며, 학생들이 기거할 기숙사 또한 시급히 해결해야 할 문제가 되었다. 거기에 더하여 1964년 3월, 한명동 목사가 이사장으로 있던 칼빈학원이 고려신학교 대학부로 흡수되면서 교사의 사정이 더욱 악화되었다. 그러던 중 1969년, 고려신학교 대학부에 대해 대학 동등 학력인가가 나자, 1970년 9월, 제20회 총회는 대학인가를 목표로 요건에 맞는 시설을 갖추기 위해 총 3천만 원의 예산이 드는 3층 교사 610평을 신축하기로 결정하고, 총회는 이를 위하여 전국교회가 헌금하자고 하였다.[83] 그러나 당시 한국 경제는 어려운 상태가 계속되었고 고신총회에 속한 교회 역시 어려운 교회가 대부분이었으므로, 교회의 지원에는 한계가 있을 수밖에 없었다. 따라서 고려신학교 교수회는 외국교회의 도움을 받을 수 있는 길을 찾기 시작하였다.

당시 총회는 1966년부터 화란개혁교회(Reformed Church in the Netherland)[84] 와 친선 관계를 유지해 오던 중 1969년에 화란개혁교회와 정식 자매

목사의 공이 컸다고 한다.

82. 고신대학교 70년사 편찬위원회, 『고신대학교 70년사』(부산: 고신대학교, 2017), 142.

83. 『대한예수교장로회 총회회록』 제11-20회, 315

84. 이 개혁교회를 일반적으로 '31조파 개혁교회'라고도 하고 '자유개혁교회'라고도 한다. 여기서 '31조'란 교회가 가진 교회법조문을 말한다.

교회 관계를 맺게 되었고, 이때 화란개혁교회는 고려신학교를 위해 매월 미화 500불의 원조를 제공하기로 하였다. 그리고 1971년 6월, 화란개혁교회의 캄펜신학대학원 두커스 교수(Dr. L. Doekes)와 반 구르프(P. van Gurp) 목사가 화란개혁교회의 친선사절로 방한하여 고려신학교를 방문하게 되었는데, 이때 고려신학교 교수회는 이들에게 교수 1인 파송, 월 미화 500불의 보조금을 월 1,500불로 증액, 고려신학교 본관 신축을 위해 전체 3,000만 원 중 2,000만 원의 원조를 요청하기로 하였다.[85]

1971년 말, 캄펜신학대학원 교수회에서 서로의 교류 협력을 위해 고려신학대학장 한상동 목사를 초청하였다. 이 초청은 당시 캄펜신학대학원에서 박사과정을 밟고 있던 허순길 목사와 박성복 전도사의 요청에 의한 것이었다. 캄펜신학대학원 교수회가 이 요청을 받아들이고 이사회가 승인함으로써 한상동 목사는 1972년 3월에 화란개혁교회를 방문하게 되었는데,[86] 한상동 목사는 이 기회에 고려신학교 증축을 위한 도움을 요청하기로 하였다. 마침 당시 캄펜신학대학원 교수회는 고려신학교에 큰 관심을 갖고 있었고, 화란개혁교회도 한국교회에 큰 관심을 갖고 있었다. 왜냐하면 화란개혁교회는 고신교회와 동질성을 갖고 있다고 인식했기 때문이다. 고신교회가 진리 운동을 하다가 1951년 총회에서 축출된 것과 같이, 화란개혁교회 역시 자유주의적 노선을 지향하는 총회에서 진리 운동을 하다가 1944년 총회로부터 축출되어 세워진 교회였기 때문이다.[87] 더군다나 이 개혁교회가 역

85. 허순길, 『고려신학대학원 50년사』, 200
86. 허순길, 『고려신학대학원 50년사』, 201
87. 허순길, 『고려신학대학원 50년사』, 201

사와 문화적 배경이 다른 외국교회를 자매교회로 받아들인 것은 고신교회가 처음이었다.

고려신학교에서는 화란교회의 이러한 분위기를 알고 학교 건물을 제대로 건축하기 위하여 지난 번 친선사절에게 요청한 바 있었던 건축비의 6배가 되는 1억 2천만 원(당시 화란의 화폐로 약 90만 길더, 미화 약 25만 불)을 요청하기로 하였는데,[88] 학교의 현황과 미래의 전망을 설명할 때 캄펀신학대학원 교수회가 이를 먼저 이해하고 전적으로 뒷받침하기로 하였다. 그 뒤 화란개혁교회 총회가 이 청원을 듣기 위하여 모였을 때 캄펀신학대학원의 교수 중 몇 사람이 위원회의 위원으로 참석하여 이 청원을 지원함으로써 고려신학교의 요청이 받아들여졌다. 그래서 총회 개회 전에 이미 고려신학교를 위한 '건축실행위원회'를 구성하여 고려신학교 건축을 적극 돕기로 결론내렸다.

한상동 목사는 5월 19일에 열린 총회에 참석하여 한국교회와 고려신학교의 현황에 대해 설명할 기회를 가졌다. 또한 그는 거의 2개월간 (1972. 3. 20.-5. 26.) 화란에 머물면서 거의 매주 전국의 여러 교회에서 초청을 받아 설교하는 등으로 고려신학교 신축 헌금 외에 신학교 운영비, 도서비, 잡지출판 등의 운영비를 위해 매년 미화 21,600불의 도움을 받기로 했을 뿐 아니라, 고신교회를 돕기 위해 화란교회의 전교인이 매년 1인당 1길더(당시 한화 약 500원)의 헌금을 하기로 하였다.[89]

화란개혁교회에서 예상치 못한 성과를 이룬 한상동 목사는 귀국한

---

88. 허순길, 『고려신학대학원 50년사』, 202
89. 허순길, 『고려신학대학원 50년사』, 203

후 1972년 6월 14일에 교수회를 소집하여 그 성과를 보고하였고, 교수회는 교사신축위원회를 구성하여 홍반식, 오병세, 이근삼, 김성린 교수를 위원으로 세웠다.[90] 그리고 1972년 9월 21일, 부민교회당에서 개최된 제22회 총회에서도 자매교회인 화란개혁교회가 학교신축을 지원해 주기로 했다는 한상동 목사의 보고와 화란개혁교회 총회의 한국위원회가 보내온 고려신학교 신축지원에 대한 공식서한을 받았고, 고신총회는 신학교 부지조성비 1,500만 원을 전국교회로부터 모금하기로 결의하였으며, 모금 방법은 학교법인 재단이사회에 일임하기로 하였다.[91] 이사회는 1972년 9월 28일, 고려신학교 건축위원으로 한상동, 김희도, 권성문 목사, 주영문, 현기택 장로 5인을 택하고, 부지조성비 1,500만 원을 건축위원회가 맡아서 관리하도록 결정하였다.

그 결과 건축공사를 시작한 지 1년 만에 지하 1층, 지상 3층, 연건평 1,700여 평의 신학교 교사를 완공하여, 1975년 8월 15일에 새 교사로 들어가게 됨으로써 당시 한국에 있는 신학교들 가운데 가장 훌륭한 교사를 가지게 되었다.[92] 또 건축이 완공되어 감에 따라 기숙사도 착공하자는 의견이 많아져 기숙사의 신축계획을 준비하고 있었는데, 마침 1975년 3월 내한하였던 화란 캄펀신학대학원의 캄파이스 교수의 주선으로 화란개혁교회 총회에서 기숙사 건축비 6,500만 원(당시 화란화폐 325,000길더)을 더 지원하기로 결의하여 기숙사도 건축할 수 있었다.[93]

---

90. 허순길, 『고려신학대학원 50년사』, 204.

91. 대한예수교장로회(고신) 총회회록(총회 출판부), 제22회 회록 41-43.

92. 허순길, 『고려신학대학원 50년사』, 204

93. 고려신학대학원 도서관, 『고신교회역사자료집』 제2권 433.

문제는 이러한 화란개혁교회의 원조금의 수령과 집행 권한이 이사장에게 있다는 점이었다. 애초 화란개혁교회의 원조금을 확보한 것은 한상동 학장이었으나, 그 원조금을 수령하여 신학교를 건축하는 일은 대외적으로는 이사장의 권한이었다. 그런데 한상동 목사는 송상석 목사의 명의로는 원조금을 수령하지 않겠다고 보류해 놓은 상태였으므로, 이 원조금을 받기 위해 총회로서는 다급할 수밖에 없었다. 이에 따라 제21회 총회 때까지만 해도 송상석 목사의 이사장직에 아무런 이의가 없었다가, 갑자기 제22회 총회에 와서 무리수를 쓰면서까지 송상석 목사의 이사장직을 바꾸려 하였다.[94]

이 점은 김희도 목사가 송상석 목사를 상대로 부산지방법원에 제출한 '이사장직무집행정지 가처분신청서'에도 분명히 나타나 있다. 이 사건의 가처분신청서 이유 중, 나) 강폭과 손해의 뒷부분에서 "1972. 9. 중의 제22회 총회 결의대로, 내외적으로 공포되어 알려져 있는 이사장 김희도 명의로 개혁파 교회로부터의 60길 30만 불, 1억5천만 원 해당의 모금도 받아들여 오지 못하고 있는 현재 일뿐만 아니라 분쟁 장기화로 위 양 법인이 입고 있는 손해는 현저한 형편에 있다."라고 주장하였다.[95] 따라서 이사장을 둘러싼 분쟁의 원인은 화란개혁교회의 원조금이었음이 드러났다고 하겠다.

또 송상석 목사도 서울 성원교회에서 개최된 분열된 이사회 문제의 공청회가 있었을 때 본인이 이사장으로 있어야 할 이유를 설명한

94. 류윤욱, 187.
95. 송상석, 280.

사실이 있다. 그때 화란개혁교회에서 반데르 콜크 목사가 협력차 방한하고 있었는데, 자신이 이사장으로 있으면 화란에서 원조금을 당장 보내주겠다는 약속을 했다고 공언하였다. 그러나 그 이야기는 잘못된 것이었기에 그 자리에 참석하였던 허순길 박사는 이에 대하여 그러한 약속이 없었음을 밝히기도 하였다.[96]

상황이 이렇게 돌아갈 때 이사회와 신학교의 분쟁이 화란교회 원조금의 주도권 때문인 것을 알게 된 고려신학교 재학생들은, 재학생 일동의 이름으로 1973년 6월 13일, '화란 31조파 교인들의 헌금을 욕되게 할 수 없다'라는 제목의 취지문을 발표하였다. 신학생들의 취지문이 알려지게 되자 송상석 목사를 반대하였던 인사들이 명분이 서지 않게 되었고, 이에 학생회 간부들에게 해명서를 내게 하였다. 그래도 여론이 돌아서지 않자 학교 당국은 수업을 중단하고 여름방학을 앞당겨 실시하였다.[97]

2) 고려신학교의 서울 이전 문제

또 하나 화란원조금과 관련하여 한상동 목사가 부담스러운 일이 있었는데, 곧 고려신학대학의 서울 이전 문제였다. 1967년 제17회 총회 때 경기노회장 민영완 목사가 고려신학교 서울분교의 설립 안건을 제출하였는데, 총회는 이에 대해 학교법인 이사회에 일임하였다.[98] 이사회에서는 서울신학교 분교연구위원회를 구성하여 장시간 동안 논

---

96. 허순길, 『은혜로만 살아온 길』(광주: 셈페르 레포르만다, 2014), 178-179.

97. 송상석, 120-122에 취지문과 해명서 전문이 수록되어 있음.

98. 대한예수교장로회(고신) 총회회록(제11-20회), 제17회 회록 180, 행정부보고 6항

의하다가 무기명 투표로 고려신학교의 서울분교설립을 허락하여 고려신학교 서울분교가 개설되었다.[99] 그리고 1969년 제19회 총회에서 경기노회장 최영구 목사가 고려신학교의 서울 이전을 건의하여 안건이 이사회에 회부되었으나, 이사회는 고려신학교의 서울 이전 건에 관한 결정을 보류하였다.[100]

그러자 이듬해인 1970년 12월 16일, 고려신학교의 서울분교를 반대하던 한상동 목사로부터 재단이사회에 교수들의 출장 강의에 무리가 있고 또 문교 당국의 허가도 없는 불법이기 때문에 폐쇄해야 한다는 건의가 있었으나, 1971년 제21회 총회시까지 결정을 보류하였다.[101] 그러나 1971년 제21회 총회에서 경기노회에서는 서울분교에 대해 교직원 20여 명, 학생 27명으로 잘 운영되고 있다고 보고하면서, 오히려 부산의 고려신학교를 서울로 이전해야 할 것을 건의하였다.[102] 그리고 제22회 총회 때도 경기노회장 홍반식 목사는 부산고려신학대학을 서울로 이전하자는 안건을 총회에 제출하였다. 이 안건에 대해 경기노회 최영구 목사가 총회 앞에서 건의안을 설명하였을 때,[103] 한상동 목사는 반대의견을 밝혔다.[104] 그러나 고려신학대학의 서울 이전에 대해 이를 수긍하고 동조하는 총대들이 많아지면서 신학교 이전에 대해 동

---

99. 송상석, 96-97. 당시 선출된 고려신학교 서울분교 연구위원은 홍반식, 현호택, 김영식, 안명술, 민영완, 윤봉기 7인이었다.

100. 대한예수교장로회(고신) 총회회록(제11-20회), 제19회 회록 270, 이사회보고 69-1항.

101. 송상석, 97, 고려신학교장 한상동 목사의 '고려신학교의 서울분교 폐쇄 건의.'

102. 송상석, 97-98.

103. 대한예수교장로회(고신) 총회회록, 제22회 회록, 행정부보고 56-2, 57항.

104. 송상석, 99.

의와 재청까지 나온 상태에서, 한상동 목사는 다시 발언권을 얻어 고려신학대학의 수도권 이전의 당연성에 동의하긴 하지만, 자신은 부산을 떠나지 않을 것이라고 하였다.[105]

이에 한명동 목사가 교단발전연구위원회를 구성하여 연구한 결과를 보고 결정하기로 하고, 위 안건의 결정을 1년간 보류하고 교단발전연구위원회를 구성하였는데 그 위원장에 송상석 목사가 피선되었다.[106] 그리고 교단발전연구위원회는 고려신학교의 서울 이전 문제를 토의하여 서울로 이전하는 부분에 의견 일치를 보고 구체적인 계획을 세웠으나, 이를 보고할 제23회 총회에서 불신법정 소송 문제로 총회가 분란에 빠져 보고하지 못한 상태에서 1974년 8월 12일, 부산에서 고려신학대학 신축기공식을 거행하여 사실상 유야무야(有耶無耶)되고 말았다.

1974년 8월 9일, 진주 중부교회당에서 개최된 교단발전연구위원회 최종회의 결과 4항은 이렇게 기록하고 있다. "총회에서 고려신학대학 이전 관계 제반 문제는 본 연구위원회에 일임했음에도 본 연구위원회가 총회에 보고하여 총회가 어떤 결의를 한 후에 고려신학대학을 신축하는 것이 절차였으나 총회 전에 고려신학대학 신축기공식을 한다기에 교단발전연구위원회에서 연구한 결과를 총회장에게 제출하고 사본을 고려신학대학 이사장에게와 학장 및 각 노회장에게 보내기로

---

105. 신재철, 189. 류윤욱, 189.

106. 대한예수교장로회(고신) 총회회록, 제22회 회록, 행정부보고 86, 87, 162항. 당시 조직된 교단발전연구위원회 명단은 위원장 송상석, 서기 겸 회계 김장수, 위원 한명동, 이선, 류윤욱, 남영환, 최영구 목사 등 7인이었다.

하다."[107] 따라서 상식대로라면 총회에서 고려신학대학을 서울로 이전하는 문제를 긍정적인 상태에서 유보하고 이에 대하여 교단발전연구위원회에 위임하였으므로, 교단발전연구위원회로부터 이에 관한 보고를 받고, 그대로 부산에 잔류하던지 아니면 서울로 이전하던지 총회의 결의 후 화란개혁교회 원조금으로 고려신학대학을 신축했어야 했지만, 이 절차를 무시하고 제24회 총회 직전인 1974년 8월 12일에 고려신학대학의 신축기공식을 거행했던 것이다.

결과적으로 한상동 목사는 화란원조금으로 고려신학교 교사를 부산 송도에 건축하겠다는 강한 의지를 가지고 있었으나, 송상석 목사는 화란원조금으로 서울 근교에 고려신학대학교를 건축하여 옮기려고 했던 것이다. 특히 송상석 목사는 안양에 부지를 물색해 놓고 있었는데 수포로 돌아가고 말았다.[108]

2. 송상석 목사에 대한 사문서위조 고소와 형사재판의 결과

(1) 형사고소의 배경

이사장을 사이에 두고 부산노회 측은 송상석 목사에게 이사장 사임을 강력하게 요구하고 김희도 이사장을 지지하였다. 그러나 이미 제39회 이사회에서 김희도 목사는 합법적이 아님을 확인하고 사면서

---

107. 송상석, 101-104, 교단발전종합연구위원회 회의록 참조
108. 류윤옥, 188

를 제출하였고, 송상석 목사는 법적 이사장직이 자동적으로 존속되었음을 확인하였다. 이런 상황에서 1972년 12월 26일, 김희도 목사가 이사장을 사면한 후 송상석 목사가 법적 이사장직을 행사하기 시작하였고, 1973년 1월 2일, 재단법인 산하 기관에 자신의 이사장직이 계속되니 사무처리에 참고하라는 공문을 발송하였다.

그러자 이사장 송상석 목사에 대한 조직적인 반발이 시작되었다. 먼저 고려신학대학이 송상석 목사의 이사장직에 대해 반발하여 학교 업무가 마비 상태에 들어가게 되었으며,[109] 또한 1973년 2월 19일에 사립학교법 위반을 이유로 문교부로부터 이사회 구성에 관한 반려 통지(1973년 1월 25일자)가 있었음에도 일부 목사와 장로들이 모여 '이사간담회 합의사항'을 만들어 제22회 총회에서 선출된 김희도 이사장 체제를 인정하려 하였다. 그 합의사항의 내용을 보면, 김희도 목사가 사임한 제39회 이사회 결의를 무효화하고, 김희도 목사를 이사장으로 선임한 총회의 결의를 유효로 하자는 것이었다.[110]

1. 우리 총회가 최고결정권을 가지고 있으므로 제22회 총회에서 결의한 본 법인 이사회에 관한 제반사항을 그대로 순복하기로 한다.
2. 우리는 1972년 12월 26일에 소집된 이른바 비상전체이사회(제39회 이사회를 지칭)는 합법적인 회의가 아니므로 이를 무효화한다.

---

109. 허순길, 『고려신학대학원50년사』, 207.
110. 송상석, 114. 이때 참여한 목사와 장로는 김주오, 박찬규, 김희도, 최만술, 조규태, 서영래, 주영문, 김경래, 정남수, 이선 이상 10명이었는데, 정남수와 이선은 이사가 아니었던 것으로 보인다.

또 다른 반발은 복음병원 의사들이 고려신학대학 교수들과 합세하여 이사장을 반대한 것이었다. 이는 송상석 목사가 장기려 원장 중심 체제로 된 복음병원을 고신총회 중심으로 바꾸기 위한 인사이동에 대해 신학교 일부 교수들이 곡해하여 복음병원 의사들을 선동하여 일어난 일이었지만, 다행히 이를 깨달아 알게 된 의사들이 박영훈을 의료부장으로 세워 해결되었다.[111] 이런 상황에서 1973년 3월 1일에 개최된 이사회의 이사회록이 위조되었다는 소식이 고신교회 내에 널리 퍼졌다. 즉 송상석 목사가 총회에서 선출된 이사가 아닌 송상석 목사 측근 목사, 장로들이 임기를 연장하고 이사회 결의도 없이 사문서를 위조해 이사들을 취임시켜 이사회를 완전히 장악했다는 내용이었다.[112] 이 같은 이사회록의 위조 문제가 의도적이었는지는 몰라도 여하튼 사실 관계에 대하여 아무도 살펴보지도 않은 채 이 소식이 고신교회 안팎에 널리 알려지게 되었다.

(2) 김희도 목사와 윤은조 장로에 의한 형사고소와 진정서

그런데 이사회록이 위조되었다는 내용을 자세히 들여다보면 상식적으로 이해되지 않는 의문점을 몇 가지 발견할 수 있다. 먼저 유지재단 이사회록에 대한 고소 사실을 살펴보면,

---

111. 송상석, 118.

112. 윤은조, "송상석 목사의 징계는 합법적이며 불가피한 조치였다."(류윤옥, 『빛 되신 주, 내 길을 비추시다』[한국교회와 역사연구소, 2021], 152에서 전재)

피고소 고발인은 재단법인 대한예수교장로회(고려파)총회 유지재단 이사장 겸 학교법인 대한예수교장로회총회 고려학원 이사장의 직에 있는 자로서, 1973년 3월 1일경 부산시 서구 암남동 34 동 재단 사무실에서 재단법인 대한예수교장로회(고려파)총회 유지재단 이사회를 소집하였으나, 이사 7명 중 피고소인과 이기진 2명밖에 출석하지 않았으므로 이사회 개최를 하지 못하였음에도 불구하고 행사할 목적으로, 동일 오전 10시부터 오후 3시 30분까지 간(間) 동소에서 이사 5명이 출석하여 이사회를 개최한 양 공석인 이사 1인에 최영구 목사를 보선하고 이사 지득용의 사임원을 수리하는 동시에 동인의 위임이사로 김해룡 장로를 선임한다는 내용의 동일자 이사회 회의록을 작성 동 회의록 말단에 동 이사회에 출석하였던 피고소인과 이사 이기진 및 출석하지 않은 이사 류윤욱, 동 주영문 및 고소인 김희도의 성명을 각 기재하고 그전부터 다른 목적에 사용키 위하여 보관하게 된 동 류윤욱, 동 주영문 및 고소인 김희도의 사인을 임의로 각 동인 등의 이름 하에 날인하여 동인 등 명의의 사실증명에 관한 사문서인 이사회 회의록 1통을 위조하고

라고 되어 있으며,[113] 또 학교법인 이사회록에 대한 고소사실은,

동년 3월 1일경 전시 재단사무실에서 학교법인 대한예수교장로회총회 고려학원 이사회를 소집하였으나 이사 6명 중 피고소인과 이기진 2명밖에 출석하지 않으므로서 이사회 개최를 하지 못하였음에도 불

---

113. 송상석, 275, 김희도 목사와 윤용조 장로 이름으로 작성된 고소 및 고발장은 송상석, 275-276에 전문이 수록되어 있다.

구하고, 행사할 목적으로 동일 오후 2시부터 오후 9시 20분까지 간 ㈃ 동소에서 이사 4명이 출석하여 이사회를 개최한 양 공석 중인 이사 1인에 김해룡 장로를 보선하고 이사 김장수의 사임원을 수리하는 동시에 동인의 위임이사로 최영구 목사를 선임한다는 내용의 동일자 이사회 회의록을 작성, 동 회의록 말단에 동 이사회에 출석하였던 피고소인과 이사 이기진 및 출석하지 않은 이사 김장수 및 류윤욱의 성명을 각 기재하고 그전부터 다른 목적에 사용키 위하여 보관하게 된 동 김장수 및 동 류윤욱의 사인을 임의로 각 동인 등의 이름 하에 날인하여 동인 등 명의의 사실증명에 관한 사문서인 이사회 회의록 1통을 위조하고

라고 되어 있다.[114] 즉 김희도 목사와 윤용조 장로의 이름으로 부산지방검찰청에 제출된 '고소 및 고발장'에 의하면, 1973년 3월 1일에 개최된 이사회가 개회 성수가 부족하였음에도 개회하여 유지재단 이사회록과 학교법인 이사회록 2개 모두를 위조하였다고 고소한 것이었다.

그런데 1973년 7월, 마찬가지로 윤용조 장로와 김희도 목사의 명의로 제출된 진정서에는,

위 진정인 등의 고소 고발에 의한 귀청 1973년 형제 호 피진정인에 대한 사문서위조 등 피의사건에 관하여 피진정인의 범행의 수법이 아주 지능적이고 또 그의 죄책을 면할려는 행적 있음이 발견되었으므로 이 사실을 진정하여 동 사건의 수사에 참고하고자 다음과 같이 진

---

114. 송상석, 275.

정합니다. 위 고소사실의 요지는 1973. 3. 1. 학교법인 대한예수교장
로회(고려파)총회 유지재단의 이사회를 개최한 바 없으면서 피진정인
송상석은 참석하지도 않은 동 이사 류윤욱, 동 주영문, 동 김희도 등
이 참석하여 이사회를 개최한 것 같은 이사회 의사록을 작성하여서
사문서를 위조하고

라고 하여 앞서 제출한 고소 및 고발장과는 다르게 학교 법인은 배제
하고, 1973년 3월 1일 유지재단 이사회를 아예 개최하지 않았음에도
개최한 것처럼 가장하고 유지재단 이사회록 모두를 완전한 허위 문서
인 것처럼 주장하며 엄중한 처벌을 요청하였다.

(3) 고려신학교 교수들의 논문과 제23회 총회의 결의

송상석 목사에 의하여 이사회록이 위조되었다는 소식이 무차별 퍼
져 나가자 그때까지 송상석 목사의 이사장직에 불만을 가진 쪽에서는
송상석 목사를 불신법정에 사문서위조로 고소하기로 하였다. 그러나
교회가 세운 신학대학의 이사회가 교회 내부의 문제를 해결하기 위하
여 불신법정에 고소한다는 것이 성경의 가르침과 개혁주의 교리에 저
촉되지 않는지 생각하지 않을 수 없었으므로 이사회는 고려신학대학
교수회에 이에 대하여 자문을 구하였다. 당시 교수회로서는 학교가
외국의 자매교회로부터 거액의 원조를 받았고, 또 고신총회에 속한 교
회들의 도움을 받아 교사 등을 신축해야만 했던 처지였으므로 이사장
문제로 학교가 마비되어 있음을 심각하게 생각하지 않을 수 없었을 것
이다. 따라서 그 판단에는 화란의 원조금을 누가 수령하고 집행하는

것이 신학교에 유익한지, 1년간 결론을 유보한 채로 논의되고 있는 고려신학교의 서울 이전 문제 등 여러 가지가 고려되었을 것이다.[115]

고려신학대학 교수회는 결론내리기 전 교수들이 지방의 이사와 교회의 지도자들을 찾아가 문제 해결을 위하여 송상석 목사가 교회법대로 법적 이사장직을 포기하도록 힘써 줄 것을 호소하였으나 결실을 보지 못하였다. 교수들의 이 같은 모습에 대해 경남노회는 교수들이 전국에 산재한 이사들을 설득하여 이사회의 분열을 책동하였다고 말하였다.[116]

마침내 고려신학교 교수회는 1973년 6월 13일, 성경이나 웨스트민스트 신조에서 볼 때 불신법정 소송이 가하다는 주장을 담은 "신학적으로 본 법의 적용 문제"라는 논문을 작성하여 이사회에 전달하였다. 이 논문은 오병세 박사가 주도하였으며 로마서 13장과 고린도전서 6장, 장로교회와 개혁교회 전통의 신앙고백을 근거로 교회가 해결할 수 없는 사건의 문제 해결을 위해서는 불신법정인 국가사법권에 호소할 수 있다고 하였다. 또 성경과 전통 신앙고백서를 근거로 바울은 오직 광적인 소송만을 금지했을 뿐, 공의를 세우기 위하여 법의 보호를 받는 일은 거절할 이유가 없다고 했다. 특별히 하나님은 국가위정자에게 사회의 범죄자를 징벌하는 일과 정당방위의 전쟁을 허락하셨다고 주장하였다.[117]

115. 허순길, 『고려신학대학원 50년사』, 208.
116. 허순길, 『고려신학대학원 50년사』, 208, 각주 296.
117. 신재철, 193-194. 오병세 박사는 고신대 학생 파동 때에는 교수들의 이사장 퇴진 주장이 잘못된 것이라고 하여 송상석 목사의 입장을 두둔했으나, 이번에는 송상석 목사가 총회의 결정에 불복했기 때문에 한상동 목사의 입장을 지지하였다고 한다.

문제는 이 논문이, 법정소송 문제 등으로 고려신학교를 떠난 박윤선 박사를 되돌리기 위해 1957년 9월 13일, 고려신학교 이사회와 교수회가 공동명의로 결의한 예배당 쟁탈을 위한 세상 법정에서의 소송은 하나님께 영광이 되지 않으므로 고려신학교는 이런 소송을 하지 않기로 하는 교육이념을 세우고 교육한다는 '법정소송 불가의 선언'[118]을 했었는데, 이제 이를 번복하여 교회법의 판단을 받지 아니하고도 불신법정에 소송할 수 있다고 결론을 내렸다는 것이다. 이러한 결론은 불신법정 소송은 성경적이 아니며 신앙인의 도리가 아니라고 가르치며 지켜왔던 고신 신앙의 정체성을 스스로 허무는 일이 되었을 뿐 아니라, 더 나아가 교회와 성도들이 불신법정에 소송하는 일을 신앙 양심에 가책받지 않고 할 수 있는 길을 터놓게 되었다.

그리고 이 논문은 고려신학대학 전 학생이 모인 경건회에서 공개적으로 낭독되었고,[119] 1973년 총회의 전 총대에게 발송되었다. 이 논문은 고려신학대학 교수회의 결론이라는 명목 아래 송상석 목사에 대한 고소의 정당성을 신학적으로 확인받으려는 의도였으며, 또한 총대들에게 이를 발송한 것은 그해 총회에서 고소불가론을 제기하지 못하게 하기 위함이었을 것이다.[120]

총회파의 예배당 명도요구 때 교회의 '건덕'을 위하여 교회당을 은

118. 허순길, 『고려신학대학원 50년사』, 122-123.
119. 고려신학대학 오병세 박사에 의하여 작성된 이 논문은, 이상규 교수의 증언에 의하면, 이사회에 전달될 즈음 고려신학대학 경건회 시간에 낭독되었다고 한다. 당시 이상규 교수는 신학과 3학년이었다. 이상규, "고신교회의 법정소송 문제", 미래교회포럼 편, 『고신교회 2, 어디로 가는가?』(서울: 미포 2014), 242.
120. 이상규, 앞의 글 "고신교회의 법정소송 문제" 참조.

혜롭게 비워주었던 한상동 목사는 송상석 목사를 불신법정에 고소하기 위하여 고려신학대학의 교수들이 불신법정에 소송이 가능하다고 결의하고 발표함에도 아무런 제지나 유감의 표시를 하지 않았다. 더구나 두 사람 사이에 사조이사회 사건 이후로 여러 가지 부분에서 부딪쳐왔다는 사실이 널리 알려져 있었음에도 이러한 입장을 취했다는 것은, 불신법정 송사 문제에 있어서 가장 중요하게 생각해야 할 성경의 가르침과 신학적 입장을 무시하고 불신법정 송사를 묵인했음을 보여주는 것이었고, 이로써 그는 자신의 신사참배 반대 전력까지 훼손하는 결과를 낳고 말았다.[121]

(4) 송상석 목사에 대한 형사판결 결과

그런데 송상석 목사에 대한 사문서위조 사건의 수사 결과 학교법인의 이사회록 위조 사실에 대하여 검사의 공소제기가 없었다. 따라서 이현준이 처음 이사회에 제출한 전말서의 내용처럼, 학교법인 이사회록은 정당하게 작성되어 검찰에서 수사 결과 혐의가 없는 것으로 결론지었으며, 다만 유지재단 이사회록의 위조 부분만 기소되어 유죄로 인정되었는데, 그에 대한 판결문의 범죄사실은 다음과 같았다.

피고인 송상석은 대한예수교장로회(고려파)총회 유지재단 이사장으로 동 이현준은 동 재단 간사로 각 종사하여 오던 자인바, 1973. 3. 1. 14:00경부터 동일 17:00경까지 간(間) 부산 서구 암남동 34번지 소재

---

121. 신재철, 195.

위 재단 사무실에서 동 재단이사회를 소집하였는바, 동 재단 이사 7
명 중 실제 참석한 이사는 피고인 송상석, 이기진, 류윤욱(불참하였으나
의결권을 송상석에게 위임함) 뿐이었고 따라서 과반수 미달로 합법적인 이
사회를 개최할 수 없음에도 불구하고 행사할 목적으로 불참한 이사
주영문, 동 김희도가 참석한 양 회의록을 작성키로 상호 공모하여,
1973. 3. 2. 10:00경 전시 재단이사장 피고인 송상석 사무실에서 이
사 지득용의 사임을 받아들이고 김해룡, 최영구를 이사로 선임을 결
의하였다는 내용의 이사회록을 타이프로 작성하고 동 회의록 말미
에 위 불참한 주영문, 동 김희도의 성명을 기입하고 동인 등 이름 밑
에 피고인 송상석이 보관 관리 중이던 동인 등의 인장을 압날하여서
1973. 3. 1.자 동인 등 명의의 사실증명에 관한 사문서인 이사회 회의
록 1통을 위조한 후 이를 동년 3. 8. 임원 취해임허가신청서에 첨부하
여 그 정 부지의 문화공보부장관에게 제출하여서 이를 행사하고

라고 되어 있다.[122] 앞서 설명한 것처럼 당시에는 법정 이사(실행 이사)
가 대부분 학교법인과 유지재단 양 법인의 법정 이사를 겸하고 있었
으므로, 이사회는 같은 시간, 같은 장소에서 유지재단 이사회와 학교
법인 이사회를 함께 개최하였다. 따라서 양 법인에 해당하는 이사회
록은 각기 해당 부분을 작성하여 하나는 학교법인 이사회록으로, 다
른 하나는 유지재단 이사회록으로 사용한 것임에도 학교법인 이사회
록은 정당하여 무혐의가 되고 유지재단 이사회만 사문서위조가 인정
된 셈이다.

---

122. 송상석, 277. 이 사건 판결문 전문이 수록되어 있다.

상식적으로라도 두 이사회를 함께 개최한 상황에서 학교법인 이사회록에는 의결 내용과 출석한 이사가 이상이 없었다면 유지재단 이사회의 출석 이사를 허위로 할 이유가 없다고 보아야 한다. 앞서 설명하였듯이, 한명동 목사가 이사장으로 선임되었다가 총회의 결의로 취소되었고, 김희도 목사가 이사장으로 선임되었으나 송상석 목사의 법정 이사장직이 문교부로부터 확인되어 이사장으로 취임하지 못하는 등 이사장직에 따른 충돌이 여러 차례 있었으므로, 송상석 목사는 자신을 공격하는 측으로부터 약점을 잡히지 않으려고 조심하였을 것은 인지상정(人之常情)이며 유지재단 이사회록의 내용에 잘못이 없도록 극도로 유의하였을 것이다. 따라서 송상석 목사가 유지재단 이사회록에 사실과 다르게 출석 이사를 기재하도록 지시했다고 하는 것은 터무니없는 주장으로 보아야 한다.

그리고 백번을 양보하여 유지재단 이사회록에 문제가 있어 송상석 목사가 의도적으로 출석한 이사를 교체할 필요가 있었다고 하더라도, 1972년 제22회 총회의 이사회에서 이사장으로 선임되었으나 송상석 목사의 법적 이사장 주장으로 이사장으로 취임하지 못한 김희도 목사와 한상동 목사가 시무하던 삼일교회의 주영문 장로로 교체하지는 않았을 것이다. 따라서 이 사건의 진실은, 사건 발생 후 이현준이 작성한 전말서와 검찰에서 조사받은 최초 피의자신문조서의 내용처럼,[123] 이사 2인이 정당하게 선임되었으나 유지재단의 이사회록에 출석한 이사를 교체하여야 할 어떤 (개인적인) 사유가 있어 별생각 없이 이사회록

---

123. 송상석, 124-127.

의 형식을 갖추기 위하여 기명날인하여 발생한 것으로 보아야 한다.[124]

초기 이사회 구성은 총회에서 15인 이사를 선임하지만 사무간소화와 경비 절감을 위해 그중에서 5인을 선임하여 법정 이사(실행 이사)로 양 법인등기부에 이사로 등재하였다. 그러다가 그중 임기 만료 등 유고가 생기면 그 결원을 총회에서 선임된 이사 중에서 선출하여 당국의 승인을 받아 전체 이사회에 보고하는 한편 등기부에 등재하도록 하였다. 그러나 제22회 총회 이후로는 실행 이사 정수를 7인으로 확대하였다.[125] 그런데 문제가 된 1973년 3월 1일(오전 10시-오후 3시 30분) 이사회실에서 모인 이사회는 송상석 목사와 이기진 목사가 참석하였고 류윤욱 목사와 지득룡 장로는 참석결의권을 위임하였으므로 실행 이사 정수 7명 중 4인으로 개회되었다. 이 이사회에서 공석인 이사에 최영구 목사, 이사직 사임을 한 지득룡 장로 대신 김해룡 장로를 이사로 선출한 것이었다.[126]

이에 대하여 이현준은 1973년 7월 6일, 이사회의록의 위조 문제를 다루는 이사회에 전말서를 제출하였는데, 거기서 그는 문교부에 제출하는 학교법인 이사회록에는 이사장 송상석 목사가 지시한 대로 회의록을 작성 제출하였으나, 문공부에 제출하는 유지재단의 '재단법인 임원 취, 해임 신청서'에 첨부하는 이사회의록에는 이사장의 지시를 따르지 않고 자신의 부주의와 불찰로 이사장에게 보고 없이 김희도 목사와 주영문 장로의 인장을 사용하였다고 자백하고 분명히 자신의 잘

---

124. 출석한 이사 2인의 임의 교체에 관한 원인과 경과는 송상석, 306에 수록되어 있다.
125. 류윤욱, 191.
126. 1973년 3월 1일 이사회의록(송상석, 298에서 전재).

못임을 밝혔다.[127] 즉 문교부에 보고한 이사회록은 아무 문제가 없으나 문공부에 제출하는 이사회록은 자신이 임의로 작성했다는 것이었다. 그리고 1973년 8월 9일, 부산지방검찰청에서 조사를 받을 때 같은 취지로 진술하면서 마지막에 "종교재단의 내분으로 실무자가 희생된다는 것은 매우 억울합니다."라고 진술하였다. 그리고 이현준은 사문서 위조 등 혐의로 구속되었다.[128]

이현준이 검찰수사관 앞에서 조사받고 마지막에 "종교재단의 내분으로 실무자가 희생된다는 것은 매우 억울합니다."라고 진술한 것은, 자신도 이사장직을 놓고 양측이 날카롭게 대립하고 있다는 것을 잘 알고 있었으며, 자신이 크게 의도치 않게 작성한 이사회록이 양측이 대립하고 있는 사이에서 문제가 되었고 거기에 자신이 얽매였다는 사실을 표현한 것이었다. 따라서 그의 마지막 말은 진심을 표현한 것이라고 볼 수 있다.

그런데 얼마 후 이현준은 갑자기 태도를 180도 바꾸어 1973년 8월 14일, 수사 검사에게 제출한 탄원서에서 자신이 김희도 목사와 주영문 장로의 인장을 찍은 것은 이사장 송상석 목사의 지시에 따른 것이라고 번복하면서, 오히려 본인이 이를 만류하였음에도 송상석 목사가 관계없다고 하면서 날인을 지시하였으므로 모든 책임이 송상석 목사에게 있다고 주장하였다. 그리고 종전 자신이 사실과 다르게 진술한 것은 자신의 책임이라고 하면 모든 것이 간단히 해결될 것이라고 믿

---

127. 송상석, 124, 이현준의 '전말서'
128. 송상석, 125, 이현준에 대한 '피의자신문조서.' 유윤욱, 138-40에는 본인인 이현준과 대면한 당시 상황을 기록하고 있다.

었기 때문이라고 하였다.[129]

　특별권력관계가 아닌 한 상사의 지시에 따른다 하더라도 위법한 사실을 알고도 행하면 형법상의 공동정범이 되므로 함께 처벌을 받아야 한다. 이현준이 어떤 경위로 진술을 번복하였는지 알 수 없어도, 이러한 법리를 모르고 자신이 진술을 번복하면 자신은 처벌을 면할 것으로 생각했거나 진술을 번복해야 할 만한 다른 사정이 있었을 것이다. 1심 재판의 결과 송상석 목사는 징역 10월 및 집행유예 2년, 이현준은 징역 8월 및 집행유예 2년의 형을 선고받았는데, 두 사람 모두 항소를 제기하지 않아 1심 판결이 확정되었다.

　당시 송상석 목사는 억울한 혐의에 대해 고소해야 하는지 또 재판 결과에 대해 상소해야 하는지, 반고소자로 선회해서 고소하지 않고 반고소자로 남아 지난날 교회당 명도소송에서 얻은 고소자의 불명예를 벗을 것인지 여러 가지를 고민하였지만, 반고소자로 남기로 하고 눈물을 삼키면서 1심 형사판결에 항소하지 않았다.[130] 그러나 송상석 목사가 성경의 가르침에 따라 선택한 결과는 자신의 권징 재판에 이용되고 말았다. 뿐만 아니라 앞서 '사조이사회 사건' 때 송상석 목사가 고신총회와 신학교의 앞길을 위해서 이사장의 요구를 받아들여 재단 이사진용을 바꾸어 나간다면 사조이사회에 관한 법적인 책임을 묻지 않겠다고 한 선의(善意)[131] 또한 외면되었다.

---

129. 송상석, 128, 이현준의 '탄원서'(종전 진술을 번복한 탄원서이다).

130. 류윤욱, 140. 그런데 송상석 목사에 대한 권징 재판의 죄증설명서 3), (2)항에는 '공소심(항소심)에서도 유죄판결'이라 표기하였는데, 바로 아랫부분에 '항소심 재판 계류 중'이라고 표기하고 있다.

131. 류윤욱, 141.

(5) 사문서위조 사건의 결론

송상석 목사가 어떤 사심이 있어서 선임된 유지재단의 이사를 임의로 변경했다면 잘못이 분명하지만, 위에서 밝힌 것처럼 당시 최영구 목사와 김해룡 장로의 유지재단 이사선임은 정당하게 이루어져 이에 대하여 아무도 잘못된 것이라고 이의를 제기한 적이 없다. 이사 변경등기도 그대로 이루어져 최영구 목사와 김해룡 장로는 이 사건 유지재단 이사회록을 근거로 하여 1973년 3월 23일에 취임 등기를 마쳤다. 그 후 최영구 목사는 1976년 4월 20일에 사임 등기가 이루어져 3년간 이사로 재임하였고, 김해룡 장로는 1977년 10월 24일에 퇴임 등기가 이루어져 4년 7개월 동안 이사로 재임하였다.[132] 만약 최영구 목사와 김해룡 장로의 유지재단 이사선임이 잘못된 것이었다면 이렇게 오랫동안 이사로 재임하게 할 수 없었을 것이며, 이사로 재임하도록 방치하는 것도 잘못이었을 것이다.

제24회 총회에서 이기진 목사, 최영구 목사, 김해룡 장로에 대해 이사직을 해임하도록 결의하였는데, 이 해임결의는 형사고소의 대상이 된 1973년 3월 1일에 개최된 유지재단 이사회 결의를 무효라고 확인하고 그에 따라 해임결의를 한 것이 아니다. 제23회 총회에서 이사로 선출된 자는 총회 결의에 순응한다는 서약문을 제출하고 취임해야 한다고 결의했기 때문에,[133] 각서를 제출하지 않은 이사에 대해 총

---

132. 학교법인 대한예수교장로회총회 유지재단 폐쇄등기부 등본, 1973. 3. 23.자 등기사항, 1976. 4. 20.자 등기사항, 1977. 10. 24.자 등기사항 각 참조.
133. 제23회 총회록, 24. "서약문: 본인은 이사로 취임 중 법적권리를 주장하지 아니하고 총회결정에 절대 복종할 것을 서약합니다."

회 결의에 불복한 것이라는 이유로 해임한 것이었다.[134] 하지만 이기진 목사는 제23회 총회에 앞서 1973년 2월 26일에 취임 등기가 되었으며, 최영구 목사와 김해룡 장로 또한 1973년 3월 23일에 취임 등기가 이루어졌으므로 제23회 총회 결의가 있기 훨씬 전에 이사로 취임하였다. 따라서 제23회 총회는 이들에 대해 이사 취임 이후에 결의된 내용으로 소급효를 적용하여 이사직에 대하여 해임결의를 한 것이다. 그러나 이 같은 총회의 해임결의가 있었지만 이는 부당하므로 해임등기로까지는 이어지지 못하였다. 그럼에도 이러한 해임결의를 통하여 등기부상 이사로 재임하고 있음에도 불구하고 이기진, 최영구, 김해룡 세 사람의 이사직을 사실상 박탈하여 이사직을 수행하지 못하도록 한 것이었다.

결과적으로 이 건은 유지재단 이사의 선임은 정당하게 되었으나, (누구의 의도로 되었는지는 불문하고) 유지재단 이사회에 출석하지 않은 이사를 출석한 것으로 이사회록을 작성하였을 뿐이다. 그렇다면 사문서위조가 인정된다고 하더라도 위조된 내용은 유지재단 이사회에 출석하지 않았음에도 출석한 것으로 기재된 이사 두 사람, 즉 김희도 목사와 주영문 장로가 출석하였다는 부분만이 사문서위조에 해당할 뿐이다. 만약 출석한 이사를 허위로 기재하였으므로 유지재단의 선임된 이사를 인정할 수 없다면, 이사회를 개최하여 위조된 이사회록을 취소하고 이사 변경등기를 말소하는 한편 정당한 이사를 선임하여 이사 변경등기를 하여야 한다. 그러나 이러한 절차가 없었다는 것은 최영구 목사

---

134. 24회 총회록, 11. 34항.

와 김해룡 장로는 적법하게 선임된 이사로서 이사 변경등기가 합법적이었음을 반증하는 것이었다.

이 사건의 경우 유지재단 이사회록의 작성자는 이사장 송상석, 이사 류윤욱, 이기진, 주영문, 김희도 등 5인이었지만, 이 중 김희도와 주영문이 출석하였다고 하는 부분은 (누구에 의해서 이루어졌든지) 엄격하게 본다면 사문서(유형)위조가 인정될 수 있다. 그러나 이사회록에는 적법하게 선출한 최영구 목사와 김해룡 장로가 이사가 되었음이 기재되어 있으므로, 이사 5인 중 2인이 참석하지 않았음에도 참석한 것으로 기재했다 하더라도 이는 교회 내부에서 처리할 사안이지 불신법정에서 처벌할 가치가 있는 사건이라고 할 수는 없다.[135]

따라서 80세에 가까운 송상석 목사에 대하여 형사고소를 제기하고 이현준이 진술을 번복하여 이를 근거로 수사기관이 기소하여 상대적으로 중형이 선고된 것은 일련의 과정에서 우리가 잘 알지 못하는 정당하지 않은 목적과 과정이 있지 않았을까 하는 충분한 의심이 든다. 특히 형사고소장에는 이사회를 개최하였으나 사실 구성원의 미달로 이사회를 개최할 수 없었던 것이라고 하였다가, 다시 제출된 김희도 목사와 윤용조 장로의 진정서에서는 이사회 자체를 개최한 사실이 없었다고 진정한 것은 상당 부분 악의가 엿보인다고 하겠다.

또 하나 의문이 드는 것은, 이 사건은 수사 과정에서 처음에는 이현준이 단독범행으로 조사를 받다가 진술을 번복하여 송상석 목사와

---

135. 대법원 1984. 4. 24. 선고, 83도2645 판결, "피고인들이 작성한 회의록에다 참석한 바 없는 소외인이 참석하여 사회까지 한 것으로 기재한 부분은 사문서의 무형위조에 해당할 뿐이어서 사문서의 유형위조만을 처벌하는 현행 형법하에서는 죄가 되지 아니한다."

함께 기소되어 재판받게 되었다는 것이다. 따라서 송상석 목사가 1심 판결에 불복하여 항소심 재판에서 진술이 번복된 내용에 대하여 이현준을 증인으로 세우고 사실을 밝히고자 했다면 그에게 진술할 의무가 있는데도, 이에 따른 진실을 밝히고자 하는 송상석 목사의 모든 시도를 가로막을 수밖에 없도록 이현준이 행방을 완전히 감추었다는 것이다.[136] 당시 이현준이 브라질 또는 캐나다에 이민을 갔다는 등 그의 행방에 대해 온갖 억측이 떠돌았다. 1970년대 초 우리나라의 사정에서 외국 여행이 결코 쉽지 않은 때였는데, 그가 사전에 준비를 했으면 몰라도 그렇지 않고 그렇게 갑자기 이민을 간 것은 누군가가 조직적으로 돕지 않았다면 불가능한 일이었을 것이다. 이런 점에서 이현준이 행방을 감춘 것이 혹 자신의 이 사건에 관한 진술의 번복과 관련된 것이 아니었을까 충분히 의심스러운 정황이다.

결과적으로 이사회록 위조 사건은 지금까지 고신총회뿐만 아니라 많은 교회 관계자들에게, 송상석 목사가 학교법인에 대하여 법적 이사장이라고 주장하면서 학교법인의 이사회가 총회에서 선임한 이사장과 법적 이사장이 대립하게 되었고, 이에 송상석 목사가 주도권을 잡기 위해 학교법인 이사의 수를 확보하려고 학교법인의 이사회록을 불법으로 위조하여 선임되지 않은 이사를 선임한 것으로 알려져 있다.[137] 그러나 분명한 것은 학교법인의 이사회록에 대하여 사문서위조의 형사고소를 하였으나 수사기관에서 혐의를 인정하지 않아 아예 기

---

136. 송상석, 124, 송상석 목사는 당시 김희도 목사에 대해 '사문서위조'로 형사고소를 제기하였으나 이현준이 행방을 감추어 기소중지가 되었다고 한다.
137. 천헌옥 목사, "고소인가? 반고소인가?", 「코람데오닷컴」 2008. 9. 17.

소조차 되지 않았고, 다만 유지재단 이사회록의 출석 이사 중 2인인 김희도 목사, 주영문 장로가 출석하지 않았음에도 출석한 것으로 기재되어 사문서위조가 인정되었을 뿐이라는 것이다.

　다시 말해 이 사건에서 유지재단 이사회록은 적법하게 선출된 이사의 변경등기를 위하여 작성된 것으로, 유지재단 이사회록에 선임되지 않은 이사를 선임한 것처럼 허위의 이사회록을 만든 것이 아니라 이사회록에는 적법하게 선임된 이사를 표기하였으나, 다만 그 이사회에 출석한 이사 대신 출석하지 않은 이사를 출석한 것처럼 이사회록이 만들어졌다는 것이다. 그러나 여러 상황과 몇 가지 의문점에 비추어 볼 때 과연 유지재단 이사회록에 출석하지 않은 두 이사의 허위 출석이 이현준의 번복된 진술과 같이 이사장인 송상석 목사의 뜻에 의하여 이루어졌는지 깊은 의문이 든다. 그럼에도 당시 고신총회 누구도 이를 세밀하게 살피지 아니하였고, 국가 법정에서 유죄판결이 확정되었다는 것을 핵심적인 이유로 총회특별재판국은 송상석 목사에 대하여 목사 면직을 선고하게 되었다.

3. 1974년 전후 고신교회의
내분과 분열 전개 과정

작성: 이상규

월	일	사건 적요
<1971년>		
9	23-29	대한예수교장로회 제21회 총회 개최(서울 성원교회당) 당시 학교법인 재단이사: 송상석, 김은도, 김장수, 남영환, 민영완, 박갑수, 박은팔, 손명복, 양진환, 유윤욱, 이귀술, 전성도, 정채림, 지득용, 한명동 감사: 옥치묵, 현호택 실행 이사: 송상석, 류윤욱, 김장수, 지득용, 김은도
	24	학교법인 고려학원이 문교부에 송상석 이사장 등 임원 취임 승인 요청
	30	문교부차관 명의로 송상석 목사의 학교법인 대한예수교장로회 총회 고려학원 이사 및 이사장 취임 승인(임기: 1971. 9. 30.~1975. 9. 29.). 동일자로 문교부는 유윤욱, 지득용, 김은도 이사의 취임을 승인함.
<1972년>		
3/20 - 5/26		한상동 목사 화란 자유개혁교회(31조파) 방문
6	14	한상동 목사, 고려신학대학 교수회에서 화란 자유개혁교회(31조파) 방문 결과 보고, 교사신축연구위원회 구성
9	21-28	대한예수교장로회(고신) 제22회 총회 개최(부산 부민교회당) 한상동 목사, 화란 자유개혁교회(31조파)의 신학교 신축 지원 약속 사실 보고

	27	제22회 총회, 송상석 이사장(1968년 이후 이사) 경질, 김희도 목사 이사장 선임
10	17	제46회 실행 이사회 소집, 김희도 이사장 사회로 모인 이사회에서 송상석 이사장의 임기전 해임에 대해 문교부장관에게 "이사장 갱신에 대하여 문교부에 유권적 해석을 문의하기로" 결의
	27	위 결의에 따라 문교부에 이사장 임기에 대해 질의
11	3	문교부장관은 답변에서 "(송상석) 이사장의 임기를 1971년 9월 30일부터 1975년 9월 29일까지로 승인한 바 있다고 확인
	27	송상석 목사, 임기 만료전 이사장 해임에 대한 소원 및 재심청구서를 총회장에게 제출
12	6	김희도 목사, 22회 총회에서 새로 선임된 이사들에 대하여 문교부에 임원 취임승인 요청(고려 제 72-85)
	20	임원취임 승인 요청 중 김희도 목사는 "교단 평화를 위하여" 이사장직을 사임한다며 총회장에게 사임서 제출
	26	총회장 손명복 목사는 자신과 법적 이사장 신분인 송상석 목사, 개편 이사장 김희도 목사 명의로 '비상 이사회' 소집, 김희도 이사장의 사임서 수리하고 송상석 목사의 법적 이사장 직위는 자동적으로 존속된 것 선언
<1973년>		
1	2	제39회 이사회 결의를 근거로 산하 기관에 "송상석 목사의 법적 이사장직이 계속되니 사무처리에 참고하라"는 공문 발송
	25	문교부차관은 1972년 12월 6일자로 요청한 김희도 이사장의 '임원 취임 요청'에 대하여 사립학교법 제21조 3항 위반 자격 미달 이유로 승인 거부, 이사장 취임요청서 반려

2	19	오병세, 허순길, 홍관표 주도로 비공개로 부산 송도 남궁호텔에서 이사 간담회 개최 15명 이사 중 10명(김주오, 박찬규, 김희도, 최만술, 조규태, 서영태, 주영문, 김경래, 정남수, 이선[138])은 1972년 12월 26일자 소집된 '비상 이사회' 무효화 선언 1972년 12월 20일 사임서 제출했던 김희도 목사 사임 번복, 이사장으로 재등장
	20	정기 전체 이사회 소집, 다수 불참으로 유회, 이사 아닌 오병세 목사 주도로 김희도 중심의 이사회 모임
5	21-22	대구성남교회에서 고려신학교 총동창회(회장 박치덕) 모임
6	9	김희도 목사와 윤은조 장로는 송상석 목사를 '사문서 위조' 등의 이유로 부산검찰청에 고소
	13	고려신학대학의 오병세 교수가 쓴 "신학적으로 본 법의 적용 문제"라는 제목의 논문 발표, 이 논문에서 신자들 간의 세상 법정 고소 정당하다고 주장
	15(?)	위의 오병세 교수의 논문, "신학적으로 본 법의 적용 문제" 고려신학대학 경건회에서 낭독
	19	고려신학대학 본전수과 학생 일동 명의로 발표한 '화란 성도들의 헌금을 욕되게 할 수 없다'는 제목의 성명서 발표 경위에 대한 해명서 발표
	25	김희도 목사와 윤은조 장로는 '송상석 목사와 류윤육 목사를 이사장 및 이사 직무집행정지 가처분 신청'을 부산지방법원에 제소(민사 소송)
7	6	이사회 사무간사 이현준, 이사회에 '전말서' 제출하고, 자신의 부주의로 이사장에게 보고하지 않고 김희도 목사와 주영문 장로의 인장을 도용하였다고 자백

---

138. 당시 정남수와 이선은 공식적인 '이사'가 아니었다.

8	9	이현준, 부산지방검찰청에서 조사받을 때도 '전말서'와 동일한 취지로 진술
	14	이현준은 태도를 바꾸어 수사 검사에게 제출한 탄원서에서 김희도, 주영문의 도장을 사용한 것은 송상석 이사장의 지시라고 주장.
9	18	석원태 목사, 『고려파가 서 있는 역사적 입장과 소송건』 발간, 배포, 불신 법정소송 반대
	20-22	제23회 총회 제일문창교회에서 개최. 경남노회측과 부산노회측의 충돌로 비상 정회. 동 12월 17-21일 마산 제일문창교회에서 속회 총회 개최
11		송상석 목사 (법적) 이사장직 사임(?)
12	12	부산지방법원 송상석 목사에게 징역 10개월에 집행유예 2년의 형을 선고(이현준은 징역 8월, 집행유예 2년을 선고받음. 두 사람 다 항소하지 않아 1심 판결이 확정됨.)
	18	제23회 속회 총회(마산 제일문창교회)에서 "성도간의 법정 소송은 이유여하를 막론하고 비신앙적이며 건덕상 방해됨으로 소송하지 않는 것이 총회 입장이다"라고 결의. 불신 법정 소송을 제기한 김희도 목사와 윤은조 장로 총회 앞에 공개 사과
<1974년>		
3		경남노회 정화위원 심상동, 전재린, 남경원, 정주성, 박찬규, 권오정 목사와 조학천 등 13명의 장로 명의로 경남정화노회 조직 의사를 드러내는 성명서 발표
	26	마산 성막교회당에서 목사 6명(심상동, 전재린, 남경원, 정주성, 박찬규, 권오정), 장로 6명이 모여 경남정화노회 조직, 노회장 심상동 목사, 서기, 정주성 목사
4	16	경남정화노회 목사 5명(심상동, 정주성, 남경원, 박찬규, 전재린), 장로 5명이 모여 정기노회 개최, '경남정화노회 100회'라고 명명함.
8	12	고려신학대학 신축 기공식(부산 서구 암남동 34번지)
	29	경남(법통)노회 제100회 노회원 일동은 7가지 항의 '선서문' 발표

9	19	경남(법통)노회장은 송상석 목사에 대해 제기된 의혹들의 사실 여부를 철저히 규명해 달라는 건의서 제출 제23회 총회장 강용한 목사, 총회임원선거 전에 선행되어야 할 7개 조항의 긴급제안, '성명 발표'
	19-25	대한예수교장로회 제24회 총회 개최(부산 남교회당)
	21	경북노회장 한학수 목사가 송상석 목사 비행에 대한 처리건 헌의, 헌의안은 본회로 보내기로 결의 경북노회장 한학수 목사가 제출한 소송에 관한 결의 시정 건의 건은 본회로, 심상동 정주성 박찬규 권오정 제 목사가 제출한 경남노회장에 대한 고소건은 본회로, 경남노회장 송상석 목사가 제출한 '건의서'는 본회로 보내기로 결의 경북노회장 한학수 목사가 제출한 송상석 목사 비행에 대한 처리건은 "서기가 본건을 본회에서 낭독하고 본건 취급에 대한 적법 여부를 논의 중 감사 권혁수 장로의 신상 발언 신청을 허락", 신상 발언(제24회 총회록, 43)
	24	전성도, 한학수 목사, 총회장에게 송상석 목사에 대한 고소장 제출 경북노회장 한학수 목사가 제출한 "송상석 목사 비행에 대한 처리 건의건(회록 42와 83호 참조)은 특별재판국을 설치하여 처리키로 가결. 특별재판국원, 국장: 민영완, 서기 및 회개: 신현국, 국원: 강호준, 심군식, 박은팔, 김수복, 변종수, 손기홍, 조인태"로 구성. 기소위원, 한학수, 전성도 목사로 가결 경북노회장 한학수 목사가 건의한 소송에 관한 결의 시정 건의 건은 재론 동의가 성립되어 가 74, 부 25, 기권 1표로 재론하기로 가결. 제23회 총회 결의("성도간의 법정 소송은 이유여하를 막론하고 비신앙적이며 건덕상 방해됨으로 소송하지 않는 것이 총회 입장이다." 회록 31쪽, 98항)를 "소송을 남용하지 않도록 하는 것이 총회의 입장이다"로 수정 동의가 성립되어 가 72, 부 7, 기권 1표로 가결(제24회 총회록, 109) 본 건에 대하여 경남(법통)노회 총대, 정재영 외 20명이 본 건에 한하여 결의를 거부하고 항의서를 제출하고 총퇴장(제24회 총회록, 23)

10	2	송상석 목사, 윤봉기 총회장에게 소송기록 청구서를 내용증명으로 발송
	4	피고 송상석에게 소환장 발부(신현국) 재판국원 전원에게 재판국원 개국 통지서 발부(신현국) 기소위원 전성도 한학수에게 출두 통지서 발송(신현국) 증인(김희도, 백옥태, 윤은조)에게 소환장 발송(신현국)
	5	윤봉기 총회장은 송상석의 소송기록 청구 서한을 한학수 목사에게로 보냄
	6	경기노회, '성도간의 불신법정 소송에 대한 교단 입장'을 연구토록 하찬권, 박성호, 석원태, 정승벽, 김만우에게 위임
	17	원고 전성도와 한학수 목사가 김희도 목사와 윤은조 장로를 원고 변호인으로 신청 송상석 목사의 피고인 제1차 진술서 발송 총회특별재판국 제1차 재판회(부산 복음병원 이사장실)
11	7	총회특별재판국 제2차 재판회(대구 서문로교회당) 특별재판국원 박은팔, 강호준, 조인태, 특별재판국장 민영완에게 항의서 발송 피고 송상석 목사의 윤봉기 총회장 및 민영완 특별재판국장에게 피고 2차 진술서 발송 피고 송상석 목사가 총회장 윤봉기 목사에게 소원장 발송
	12	피고 송상석 목사, 특별재판국장 민영완 목사에게 '재판 진행절차 위법에 대한 항의' 발송
	21	피고 송상석 목사, 총회장 윤봉기 목사에게 '소원 및 재심청구서' 보냄
	27	김선규 목사와 조규태 장로, (송상석 목사) 대변자 피선에 대하여 거부 답신 보냄

12	3	총회특별재판국 제3차 재판회(부산 복음병원 이사장실) 총회특별재판국원 박은팔, 강호준, 조인태, 특별재판국장(민영완 목사)에 대한 항의서 제출 총회특별재판국원 박은팔, 강호준, 조인태 장로, 총회장 윤봉기 목사에게 소원장 발송
	4	총회특별재판국(국장 민영완, 서기 신현국), 송상석 목사에 대하여 '목사직 면직' 판결
	6	총회특별재판국, 경남(법통)노회에 판결집행명령서 하달
	7	총회특별재판국, 총회 산하 각 교회에 '죄증설명서 공고 이유' 발송
	12	송상석 목사, 총회장과 총회 특별재판국장에게 '총회특별재판에 대한 항변서' 제출
	16	경남법통노회 노회장 정재영 목사, 서기 김선규 목사가 총회 총회장 윤봉기 목사와 재판국장 민영완 목사에게 '총회재판국 지시에 대한 결의 회답' 발송
	30	총회특별재판국장 민영완 목사 명의로 경남노회에 '총회특별재판국 판시 불복 거부 회신 및 송상석씨 항변서 전국교회 통보에 대한 문의'서 보냄 총회특별재판국장 민영완 명의로 경남노회장 정재영 목사에게 '재판건 신문광고 게재 문의건'이라는 문서 발송 총회특별재판국장 민영완 명의로 총회장에게 '총회특별재판국 판결건, 송상석 씨 시벌 집행명령에 대한 경남노회 거부건 전말 보고서(임시)' 보냄
<1975년>		
1	6	경남법통노회장 정재영 목사가 총회특별재판국장 민영완 목사에게 보낸 '1974년 12월 20일자 재판건 신문 광고 게재건 및 총회특별재판국 판시 불복 회신 및 송상석 씨의 항변서' 전국교회 통보에 대한 문의건에 대한 답변 및 반문 발표

	12(21)	경남법통노회장 등이 윤봉기 총회장과 민영완 특별재판국장에게 보낸 '총회특별재판국 재판 안건에 대한 사실 진상 조사 결과 발표와 공개 항의' 발표
	20	경남(법통)노회 조사위원장 송명규 목사의 '조사보고서' 발표
	27	총회특별재판국장의 송상석 목사 면직 판결에 대한 '해명서' 전국교회에 보냄
2	15	총회 사무부가 송상석 면직에 대한 '재판 전말서'를 3월 1일자 「크리스찬신문」에 발표토록 함
	17	경남법통노회장 등이 '고려파총회특별재판국의 거짓 해명을 경고한다'를 「크리스찬신문」에 발표
	23	총회 사무부 명의로 '송상석 목사 면직에 대한 재판 전말서'를 「교회연합신문」에 게재
3	17	경남법통노회원 중 총회 지지자들의 성명서 발표
	20	서울제일교회 하찬권 목사, 『기독신자간의 불신법정 소송 문제 연구』 발간 및 배포
4	3	총회대책위원장 박두욱 목사가 총회 사무부 결의사항을 경남노회 산하 교회에 통지하면서 총회특별위원회 구성이 불법이며 재판국 판결을 거부한 것 취소할 것을 요구함
	8	경동노회는 성도 간의 소송에 대한 24회 총회결의는 비정상적이므로 23회 총회대로 소송불가 입장으로 환원해 줄 것을 건의함 그리고 제23회 총회가 특별재판부를 설치하고 경남노회 소속 목사 송상석 목사직을 파면한 것은 권징조례 제4장 19조에 위반된 판결이므로 취소해 줄 것을 건의함
5	1	총회 경남노회 대책위원회(위원장 박두욱)의 경남(법통)노회 산하의 총회에 순종적인 각 교회 목사, 장로, 집사, 전도회, 청년 등의 비상노회 소집 총회장 윤봉기 목사는 기존의 경남(법통)노회를 부정하고, 새로운 경남노회를 조직한다는 이른바 계승노회 조직 지지함

		1-2(29)	송상석 목사를 반대하는 경남(법통)노회 소속 목사회원 11명, 장로총대 14명, 계 25명이 마산 신광교회에 모여 '경남계승노회' 조직, '경남(법통)노회 제 102회'로 칭함. 노회장: 옥치정 목사, 부회장: 남경원 목사, 서기: 김응수 목사, 회록서기: 박찬규 목사, 회계: 박종갑 장로 선출
		16	총회 사무부는 새로 조직한 경남노회(노회장 옥치정)가 경남(법통)노회를 계승하는 노회로 인정한다는 경남(법통)노회 계승권 인정 지시문을 경남노회 산하 각 교회 및 각 노회장에게 발송
		29	새로 조직된 경남(법통)노회는 노회장 옥치정, 서기 김응수 목사 명의로 송상석 목사에게 '목사 면직'을 통보함. 내용: 본 노회 제 102회 정기노회는 대한예수교장로회 총회 특별재판국 판결 집행명령서(1974. 12. 6.)에 의하여 귀하를 목사직에서 면직 처분하였으니 이후 목사직 행사를 교회의 머리 되신 그리스도의 이름으로 금함(노회장 옥치정, 서기 김응수) 또 동일자로 새로 조직된 이른바 경남(법통)노회장 옥치정 목사 명의의 통고서에서 총회 결의와 지시를 거부하며 교회를 선동하여 오도하고 노회와 총회의 질서를 파괴한 주동 목사 정재영, 김선규, 김태윤, 최상수, 손명복, 박장실, 권성문, 정판술, 서봉덕, 이기진, 송명규, 이백수 목사 제명을 각 교회 목사 장로에게 통보함
	6	6	대한예수교장로회 총회 대책위원장 박두욱 목사 명의로 경남노회 각 교회 목회자와 평신도들에게 송상석을 지지하는 '경남 평신도 대회' 불참 지시 공문 보냄
		9	오전 11시, 송상석 지지자들이 경남대학 강당에서 '경남 평신도 대회' 개최 경남(법통)노회 평신도 일동이 경남노회장에게 보내는 '건의서' 발표 경남(법통)노회 평신도대회(위원장 박윤섭 장로)의 '결의문' 발표 경남(법통)노회 소속 평신도 일동의 '전국장로회 회장과 각 노회 장로회장에게 드리는 메시지' 발표 총회 산하 경남(법통)노회가 '해명서' 발표
		28	경남노회(계승노회)장 옥치정 목사가 '해명서' 발표

8	15	고려신학교 신축 교사 준공식 거행
9	16	경기노회, 『성도간의 불신법정 소송에 대한 연구위원 보고』 발간 금호중앙교회에서 개최된 경동노회 제24회 1차 임시노회, 총회 사무부가 기존의 경남(법통)노회를 무시하고 '경남계승노회'를 조직한 것은 교단 헌법 위반이므로 '계승노회' 해체를 총회에 건의키로 결의
	25-30	제25회 총회 부산 남교회당에서 개최
	26	제25회 총회에서 경남노회 총대는 기존의 법통노회가 아닌 새로 조직한 '계승노회 총대'를 받기로 가결 경남(법통)노회는 총회석상에서 행정보류 선언, 고신교회의 분열로 이어짐
	30	제25회 총회는 불신법정 소송을 비성경적이라고 비판한 하찬권 목사의 유인물에 대한 해명서 작성하여 전국교회에 배부키로 하고, 하찬권 목사의 노회 언권 중지하도록 가결 그리고 경동노회가 건의한 계승노회 조직은 정치문답조례 제13장 65조 위반이므로 해체해 달라는 청원은 기각하기로, 경동노회가 건의한 송상석 목사의 목사직 파면 판결은 권징조례 제4장 19조를 위반한 판결이므로 취소해 달라는 건도 기각하고,
		경동노회가 건의한 소송 문제에 대한 제23회 총회 결의를 제24회 총회서 번복하여 '남용하지 말라'는 것으로 완화한 것은 고전 6:1-7, 마18:15-17 위배됨으로 제23회 총회 결의대로 환원해 달라는 헌의안도 기각하기로 결의
10	9	경남(법통)노회는 총회가 불법으로 특별재판국을 설치하고 목사를 파직한 일과 경남(법통)노회를 폐쇄하고 '계승노회'라는 불법집단을 구성한 일에 대하여 「기독신보」1975년 10월 25일에 성명서 발표
	12	경남(법통)노회는 왜 총회에 행정보류를 선언했는가를 밝히는 '호소문' 발표

	27	반고소 경기노회 조직, 경기노회(반고소측) 계승취지문 발표 대한예수교장로회 고려파 경기노회 고려신학교추진위원회(위원 장 김주락 목사) 명의로, '고려신학교 복교선언'(같은 내용의 복교선언이 1976 년 1월 다시 발표되었음.) 고려신학교 이사회, 이사장: 손명복, 부이사장: 이기진, 서기: 박 성호, 회계: 지득용, 이사: 김주락, 권성문, 송명규, 김낙선, 감사: 김석환 교직원, 교장: 최의원, 부교장: 황성수, 교무과장: 김주락, 학생 과장: 박성호, 감사: 이호기, 이종숙, 서무과장: 옥치묵
<1976년>		
1		대한예수교장로회 고려파 경기노회, 고려신학교 복교추진위원 회 명의로 '고려신학교 복교 선언' 다시 발표
	6	한상동(1901-1976) 목사 소천
7		최갑종 전도사, 「고신대학보」 1976년 7월호에 "소송 문제에 대 한 주석학적 연구"(8-46쪽) 발표하여 불신법정 소송지지
8	9	부산노회(반고소측) 계승취지문 발표
9		최갑종, 「고신대학보」 1976년 9월호 부록으로 "개혁주의 성경 관" 발표하고 「고신대학보」 7월호에 게재된 "소송 문제에 대한 주석학적 연구" 주 54항의 비판에 대한 답변으로 자신의 입장을 변호
	10	강영식, 손상률, 주종근 3전도사, 전국교회에 드리는 공개서한, 『파수군의 절규』 발간 배포
	23-29	부산남교회당에서 제26회 총회 개최 제26회 총회에서 소송 문제에 대한 이전의 결의를 약간 수정하 여, "부득이한 경우를 제외하고는 소송하지 아니하는 것이 총회 의 입장이다."로 재결의

10	19	반고소 고려측 기존의 대한예수교장로회 고신측으로부터 분리를 밝히는 '선언문' 발표
	19-20	대한예수교장로회 반고소 고려측 제일신마산교회에서 제26회 총회 개최, 반고소 고신 교단으로 출발
	27	대한예수교장로회 고려파 경기노회, 경기노회(반고소) 계승취지문 발표
<2007년>		
10	15	마산노회 정기노회에서 고 송상석 목사 복권을 제58회 총회(2008)에 청원키로 결의
<2008년>		
2	14	총회운영위원회는 마산노회의 송상석 목사 복권 청원에 대한 총회임원회의 보고를 받고 제32회 총회(1982)의 영입정신에 따라 고 송상석 목사 해벌을 만장일치로 결의
9	22	총회운영위원회의 고 송상석 목사 해벌 결의를 제58회 총회(2008)에 보고, 총회는 고 송상석 목사 해벌 결의

제2부

1974년 전후
교회의 갈등, 송상석 재판,
교회의 분열에 대한 제 문서

1. 화란 31조파 교회의 후원과 고신교회(敎團)의 내분에 대한 고려신학대학 학생들의 성명과 해명

고려신학대학 한상동 학장의 화란 방문(3. 20.~5. 26.)의 결과 화란의 자유개혁교회(31조파)가 고려신학교 교사건축을 위해 후원해 주기로 결의한 이후 이 건으로 교단의 내분이 야기되었을 때, 고려신학대학 본, 전수과 2학년 일부 학우들은 1973년 6월 13일, "화란 31조파 교인들의 헌금을 욕되게 할 수 없다"라는 아래의 성명서를 배포하였다. 이 문서가 배포되자 이날 오후 5시 교수회가 소집되었다. 6월 14일 8시 30분부터 전학생들에게 이사회(理事會) 관련 경위를 설명하기로 결의하였다. 또 성명서 배포건과 불법집회건을 조사하기로 하였다.

(1) '고려신학대학 재학생 일동' 명의의 취지문(1973. 6. 13.)

취지문
"화란 31조파 교인들의 헌금을 욕되게 할 수 없다"

우리는 어느 누구보다도 우리 학교와 교단을 사랑합니다. 우리가 몸을 담고 있는 학교와 교단이 가난한 한국에 순결의 복음을 전해주던 과거의 교단으로 돌아가기를 원합니다. 지상의 어느 곳에서는 600,000 킬드를 헌금하는 교단이 있는데, 또 다른 곳에 그것 때문에 문제가 생기고 있다는 것은 얼마나 불행한 사실입니까? 우리 교단의 문제가 존경하는 교단의 어른들과 은사님들이 아무도 가르쳐주지 않은 방향으로 흘러가고 있는데 우리는 어떻게 당황하지 않을 수 있겠습니까? 과연 지금 이 시점에서 고려신학교의 학생 된 우리는 어떻게 처신해야 된다는 말입니까?

우리는 신앙과 양심에 순결을 배워왔습니다. 그런데 돈이 오게 되어지자마자, 교단 교회가 기도할 문제가 생겨 버렸습니다. 산간벽지에서 목사님을 도우며 학업에 열중하고 있는 것만 해도 시간이 벅찬 우리들이 교단의 문제에 대해서 학교를 위해 변명해야 할 정력까지는 너무나 지나친 육신의 학대입니다. 그리고 순진한 교인들의 원망스러운 눈초리가 몸서리치도록 두렵습니다. 침묵을 지키고 학업에만 열중하며 기도하는 태도로 기다리는 것이 최선의 방법이라 생각해서 지난 6개월 동안은 기도로 기다려 왔습니다. 그런데 사태는 더욱 악화되고 있는 실정이며 이젠 여러 지상에까지 알려져서 세인들의 조소거리가 되어지고 교단 내의 분규가 타 교파의 설교의 제목이 되어 하나님의 영광을 가리고 있습니다. 교단의 문제가 생겼는데 아무도 잘못했다는 분이 없군요. 우리가 잘못했습니다. 이 모든 문제의 책임이 우리 학생들에게 있는 줄 알고 우리가 교문을 나가겠습니다.

우리는 황금 같은 수업시간을 희생하고 화란의 성도들이 피땀 흘려 모든 헌물을 은혜스럽게 받아드려 사반세기에 있어서 온 교단의 숙원이던 신학교 교사를 영광스럽게 신축하여 가장 은혜스러운 학풍 조성과 온 교회의 성도들이 기뻐할 수 있을 때까지 기다리겠습니다.

1973. 6. 13.
고려신학대학 재학생 일동

(2) 위의 문서에 대한 해명(1973. 6. 14.)

위의 문서에 대하여 고려신학대학 학생회장 윤정태와 본,전수과 학우회장 이병길 명의로 6월 14일 아래와 같은 해명서를 발표하였다.

해명서

주님의 은혜와 평안이 함께 하시기를 원합니다. 다름이 아니옵고, 1973년 6월 13일자 고려신학대학 재학생 일동 명의로 유인 배포된 "화란 31조파 교인들의 헌금을 욕되게 할 수 없다"라는 제하의 취지문으로 말미암아 교계의 지도자와 총회 산하 교회에 심려를 끼치게 된 데 대하여 죄송하게 생각하여 아래와 같이 해명합니다.

아래

위의 유인물은 본 대학 신학과 및 본·전수과 학우회 총회와 관계없이 일부 학생들이 자행한 것이므로 이에 해명합니다.

1973년 6월 14일

고려신학대학 본·전과 학우회

회장 이병길

신학과 회장 윤정태

(3) 고려신학대학 본·전과 학우회장의 6월 14일자 해명에 대한
해명(1973. 6. 19.)

> 6월 14일자 해명서에 이어 고려신학대학 본,전수과 2학년생 일동은
> 다시 6월 19일에 아래와 같은 해명서를 발표하고 이를 인쇄하여 배포
> 하였다.

해명서

6월 13일 "화란 성도들의 헌금을 욕되게 할수 없다"라는 題下 재학생
一同으로 보낸 취지서에 대하여 이 문항을 작성하고 이를 토의하여
문항을 작성한 우리는 그 경위에 대하여 아래와 같이 해명합니다.

지난 학기가 시작된 3월 후부터 한 학기의 종강이 끝나기까지 저
희들은 다른 분들과 마찬가지로 교단 내의 불의스러운 분위기가 시정
되어지고 은혜로운 화목을 열망하였습니다. 많은 분들의 모임과 노
력이 수포로 돌아가고 교단이 분열하는 것과 같은 위기감마저 감돌게
될 때 (起居 동작을 같이하고 있는 기숙사 1호실의) 우리들은 이 문제에 대하여 생각
해보지 않을 수 없었습니다.

우리들은 수업의 정상화로써 1학기의 종결을 바랐던 것입니다. 그
러나 순교자들의 피로 세워진 이 교단이 그 한 세대가 다가기 전에 구
설의 대상이 된다는 것에 대해 의분을 금할 수 없었습니다.

파멸이 눈앞에 보이는데 교단은 내분으로 말미암아 화해의 교차점

이 보이지 않았으며 화란 성도들의 모금이 완료된 때에 세상에는 마치 이러한 금전 문제로 인해 분쟁하는 인상을 주게 되니 실로 통분을 금할 수 없었습니다. 그리하여 (기숙사 1호실 소속의) 학우들은 앞뒤를 가릴 사이 없이 이미 배포된 취지서를 작성하기를 원했던 것입니다. 우리들은 폭로, 규탄, 정죄 어느 방법도 택할 수도 택할 처지도 아니었습니다.

그래서 "우리가 잘못했습니다"라고 느끼고 쓰게 되고 우리들의 의사를 강하게 표현하는 방법으로 교문밖이란 말을 사용하게 된 것입니다. 이렇게 되기까지 우리들에게 어느 누구도 그 진상에 대하여 설명한 일이 없습니다. 우리들이 학생 신분을 벗어난 행동으로써 취지서를 만들고 배포하여 물의를 일으키게 된 원인은 우리들이 너무 진상을 몰랐는데 있었던 것입니다.

우리는 죄가 회개 되지 않는 곳에 진정한 융합이 있을 수 없다는 것을 알았습니다. 불법이 용납되는 곳에 질서의 확립을 기대할 수 없었다는 것도 이제는 명백히 드러났음을 보았습니다.

그것은 '아멘' 기도로 총회가 선출한 이사진이 정상적 운영이 되지 않음으로 인한 것이며 이 책임이 어디에 있는가를 말하는 것입니다. 저희들의 처음 의도도 불법을 용납하라는 것이 아니고 회개할 자는 회개하고, 사랑을 베풀자는 사랑을 베풀어 달라는 것이었습니다.

학생들의 순수하고 철없는 취지를 도리어 그릇되게 이용하는 죄를 범하는 일이 없도록 여기에 취지서를 초안한 사람들은 그 경위와 내용에 대해서 해명하는 바입니다.

1973. 6. 19.
고려신학대학 본전수과 2년생 일동.

해 명 서

6월 13일 "학생 신도들의 판단은 옳다지 않을 수 없다." 라는 뜻으로 제학을 一部으로 보낸 경위서에 대하여 이 문항을 작성하고 이를 교화하여 문항을 작성한 우리는 그 경위에 대하여 아래와 같이 해명 합니다.

지난 격거가 시작된 후 3개월부터 한 국가의 종감이 끌어져 가져 저희들은 서로 분등의 대항거지로 피단국의 동의스런 분위기가 사정되어져고 은예로운 효과를 얻을 하였습니다. 많은 분들의 묘력과 노력이 수포로 돌아가고 교 신여 분열하는 것과 같은 의거검거의 검등에 핀 때 (천중동작은 갈다체고 갯는 가속사 /교은의) 우리들은 이 문에 대하여 一眼하 보지 않을 수 없었습니다.

우리들은 수업의 장상교로서 /국가의 종감을 내켰던 것입니다. 그러나 선교자동의 교로 서처련 이 교단여 그 관 새때가 다거저면서 구성의 대상이 된다는 것에 대해 의분은 금할 수 없었습니다.

교릏이 눈앞에 보이는데, 교류은 배은으로 탄겨없어 효례의 교차련이 보이져 었으며, 학건 신도들의 모금이 묘멸 진 때에 서상에는 더거 여러운 금전문제로 언제 분결하는 현상을 주거되니 실로 좋은은 금할 수 없었습니다.

그러하여 (가속사 /교은 소속의) 우리들은 모멸을 가린수이 없이 여기 배꼬련 최처서를 작성하겠을 건켰던 것 입니다. 우리들은 쪽긱, 구른, 결거 어느 방법도 택항 수도, 택항 거서도 아니었습니다.

그래서 "우리가 갈 못 했구나", 라고 느거고 쓰거지고 우리들의 의사를 강하게 표현하는 방법으로 "교문부" 이런 말을 사용하게 된 것입니다. 이름에 묵거까지 우리들에게 어느 누구도 그 건엥에 대하여 설면한 들여 없읍 니다. 우리들의 작성 신문은 봐이난 행동으로써 최처서를 단들고 배꼬적 분쟁를 믿어져서 된 천단은 우리들이 더 무 진상을 믿꼿거는데 생겼던 것입니다.

우리는 과가 회개하지 않은 곳에 진정한 중감이 있을 수 없다는 것은 물꼿습니다. 불법과 용납각는 것에 줄서의 확립은 가져올 수 없었다는 것도 이제나 명박하 드러갔음 믿았습니다.

그것은 "여런, 거도 종거나 사은건 아사런이 정상적 운영이 되지 않으므로 인한 것이며, 이 책임이 어가에 있는가를 탐하는 것입니다. 저려들의 처음 의도도 불법을 용납각각는 것이 아니고 교처항 자는 교처하고, 사랑을 내 줄 자는 사랑을 배물어 달라는 것이었습니다.

작성문의 선후맥과 진뜻는 적자를 드려거 그렇게 이용하는 과를 밝히는 일이 있도록 여기에 최처서를 교각한 사련들은 그 경위와 내용에 대해서 해명하는 바 입니다.

1973. 6. 19

교려신복대학 본전수과 그국변성 일동

2. 고려신학대학 교수회가 발표한 논문 "신학적으로 본 법의 적용문제"[1] (1973. 6. 13.)

고려신학대학 교수회 명의로 1973년 6월 13일에 발표된 "신학적으로 본 법의 적용 문제"는 성도 간의 불신법정 소송을 정당화한 논문으로서 고소론을 확산하고 송상석 목사에 대한 고소를 위한 전거로 활용되었다. 이 널리 배포된 논문의 집필자는 고려신학대학의 오병세 교수였다. 이 논문은 고려신학대학 경건회에서 낭독되었는데, 그 전문은 다음과 같다.

I. 법의 성격

창조주와 구속주가 되시는 하나님께서는 법을 세우시고 이 법을 따라 사람과 우주를 통치하신다. 그러므로 이사야 선지자는 하나님을 입법, 행정, 사법의 삼권을 장악하고 계신 이름으로 말하였다(사33:22). 이 하나님께서 세우신 법은 우주의 질서유지를 위해서 필요한 것이다.

바울 사도는 하나님께서 법을 세우신 것은 선한 사람을 위한 것이 아니고 불법자 곧 불순종하며 불경건하며 모든 부도덕한 자들을 위해

---

1. 이 글은 송상석, 『법정소송과 종교재판』(대한예수교장로회 경남법통노회, 1976), 205-208, 강영식, 손상률, 주종근, 『파수병의 절규』(대한인쇄사, 1976), 79-82, 그리고 『고려신학교 복교 20주년 기념 논문집』(경향문화사, 1996), 539-547, 『고려총회 40년사』(총회출판국, 2018), 162-173 등에도 전문이 수록되어 있다.

서 세우신 것이라고 하였다(딤전1:9-10). 하나님께서는 이 법을 통해서 파괴된 우주의 질서를 회복하려는 것이다. 바울 사도는 또한 예수 그리스도는 법의 종국이나 성취가 되신다고 하였다(롬10:4). 이것은 예수 그리스도 안에서 하나님의 공의와 사랑의 법이 성취되었기 때문이다.

장로교는 어느 사람을 중심하거나 권리를 따라 다스리는 단체가 아니다. 법치주의로서의 하나님의 법을 중심하며, 법의 테두리 안에서 움직이는 단체이다. 이제 우리는 법의 적용문제에 대해서 신구약 성경을 비롯하여 역사적인 교회의 신앙고백을 살펴서 오늘 우리 시대에 어떻게 대처할 것을 생각코자 한다.

II. 구약의 고찰

구약에 나타난 이스라엘 국가는 하나님 중심의 신정정치 체제를 취하고 있다. 그러므로 그 입법이나 사법제도가 종교법과 깊은 관련을 가진 복잡한 양상을 띠고 있다. 출애굽기 18:13-27을 보면, 모세는 입법자로 뿐만 아니라 사법자로서 이스라엘 백성의 종교, 생명, 재산 및 치안 문제를 취급하였다. 그리고 이스라엘 백성을 위한, 사회생활에 관련된 가장 광범위한 입법의 내용은 출애굽기 21:1-23:13에서 찾아볼 수 있다. 이 부분에서는 사회윤리법을 위시하여 보안법, 재산 관리법, 토지법 등이 기록되어 있다. 그런데 이 부분에서 법적용에 대한 황금률을 출애굽기 21:22-25에서 볼 수 있다. 그 내용은 재판장의 판결이 중요하다는 것과, 생명은 생명으로, 눈은 눈으로, 이는 이로, 손은 손으로, 발은 발로, 데운 것은 데움으로, 상하게 한 것은 상함으로, 때린 것은 때린 것으로 갚으라는 것이다. 이것은 하나님의 뜻을 따라 공정하게 보응하라는 것을 역설하는 내용이다.

구약에서 말하는 법의 적용 문제를 요약해서 말한다고 하면, 사형을 포함한 모든 판결이 매우 준엄하여, 악에 대한 응징이 철저하며, 하나님의 거룩과 공의가 그대로 드러나도록 하는 데 있는 것이다.

III. 신약의 고찰

1. 예수님

예수님께서는 법을 완전히 이행하시면서 교훈을 하였다. 복음서에 기록된 것을 보면 예수님께서는 사람들의 개인적인 보복행위를 금하셨으며, 폭력으로 자기의 옳은 것을 주장하는 방법을 쓰지 말라고 하셨다. 도리어 사랑으로 양보하는 자가 되라는 것을 강조하셨다. 그러나 정당방위도 하지 말라는 것은 아니며 악행이나 비행에 대해서 시정이나 교정도 하지 말라는 것은 아니다. 예수님께서는 사법제도를 인정하셨으며(마5:25) 악을 징계하는 전쟁 행위를 당연한 것으로 말씀하셨다(눅12:51-53, 14:31-32). 예수님께서는 국법이나 사회법을 무시해도 좋다는 말씀을 하신 일이 결코 없으시다. 신자들이 법정투쟁을 전혀 할 수 없는 것이었다면, 예수님께서 사법제도를 거부하셨을 것이다. 비록 불의한 재판관들이 그를 정죄하였을 때에도 주님은 그 판결을 따라 사형을 받으신 것은 재판제도 자체가 나쁜 것이 아님을 보여 주시는 예이다. 정당한 이유로써 공적 이익을 위해서 하는 법적 소송이 부당하다고 할 근거는 없다(John Calvin, *Commentary on a Harmoney of the Evangelist*, 133-139).

종교개혁자 마르틴 루터도 예수님께서는 정당방위 당위성을 인정하셨다고 다음과 같이 설명하였다. "예수님은 수난자이나 악한 것에 대하여 말씀하신다. 그의 입으로 악한 것을 시정하도록 말씀하셨으나, 복수하는 손을 쓰지는 않았다. 나는 입과 손의 차이를 말한다.” 고 루터는 예수님께서 사람들의 악한 행동에 항의하시고 시정을 촉구하신 것이 마땅하다고 하면서, 만일 그렇지 않으면 우리가 도적을 향하여 “선생님 우리 집에 와서 내 옷을 도적해 가시오 하지 않겠느냐”고 반문하여 설명했는데, 이 해석은 타당한 것이다. 예수님께서는 또한 가이사의 것은 가이사에게 바치라(마22:21)고 한 말씀은, 하나님께서 모든 합법적인 권위의 근원자가 되신다는 것을 말하며, 하나님의 제도를 순복하라는 뜻에서 하신 말씀이다.

2. 바울 사도

바울 사도는 로마의 시민으로서 “내가 가이사에게 상소한다”(행25:11)고 하여, 로마에서 황제의 재판을 받았으며, 또한 총독의 재판석 앞에서 자기 입장을 변호하였다(행24:10). 바울 사도는 법관과 재판제도를 하나님께서 친히 세우신 것이요, 법관은 공적인 수호자임을 인식하고, 법의 적용을 바로 할 때 이것은 하나님 앞에 합법적이라는 것을 보여준다.

1) 로마서 12:19-13:7

바울 사도는 이 부분에서 개인적인 보복조치를 취하는 것을 금하였다. 그러나 이것은 개인적인 원한 관계를 말하는 것이요, 행정적이나 법적인 것을 완전히 금하는 것은 아니다. 만일 성경에서 법적 소송을 금했다고 한다면 재판관이나 재판제도가 완전히 없어져야 할 것이다. 그런데 로마서 12장 마지막 부분은 개인행동에 대한 규범으로 말한 다음, 곧 이어서 나오는 13장에는 법관을 포함한 치안 담당자들이 행악자들에게 징벌을 하기 위하여 존재한다고 하였다(롬13:4). 이것은 권세가 하나님에게서 왔기 때문에 순복하여야 한다는 것이다(롬13:2,5,6). 우리는 개인적인 것과, 국가적이요, 법적인 것의 구별을 바로 하여야 한다. 정부나 법관들이 할 일을 개인이 어떻게 할 수 없다. 법관들은 상선벌악을 위해서 세움을 받은 하나님의 사역자들이다. 신자가 하나님의 선과 공의를 표현할 자인 것 같이 법관들도 같은 목적을 가진 자이다. 그런고로 법정에서의 판결을 하나님께서 하신 판결처럼 순종하라는 것이다(John Murrary, *The Epistle to the Romans*, 137ff).

2) 고린도전서 6:1-8

바울 사도는 이 본문에서 신자끼리는 사랑으로 모든 문제를 해결할 것을 요구한다. 교회 안의 문제들에 대해서 일반 법관들의 판결을 바랄 수 없다. 그 이유는 그들이 하나님의 나라에 대해서 알지 못하기 때문이다(고전2:8. 참조). 그러나 여기서 바울이 공의를 찾는 것을 금한다든지, 신자는 도무지 법정에 가는 것을 금한다고 생각하는 것은 부당한 일이며, 모든 법적 송사가 잘못이라고 말하지 않는다(F. W. Grosheide, *Commentary on the First Epistle to the Corinthians*, 132-139).

바울 사도가 법관이나 재판 자체를 반대해서 말하지 않는 것은 분명하다. 이런 소송하는 문제의 원인이 고린도 교인들의 탐욕에서 나온다고 칼빈은 지적한다. 신자들이 절제를 가지고 사랑으로 행동할 것이어늘, 분수를 넘어서 행동함으로 문제가 생긴 것이다. 바울은 복수심과 적의와 악감정을 가지고, 형제를 해칠 목적으로 하니, 이것이 잘못이라고 한 것이다. 법은 공평과 양심에 근거를 둔 것이니 사랑의 원리를 저버리지 않고, 공의를 세우려고 하는 한, 자신의 권리를 주장하며, 법의 보호를 받는 일은 거절할 필요가 없는 것이다. 그런데 바울은 이 부분에서 오직 광적인 소송을 금하고 있다. 교부 어거스틴도 법관을 통한 사건 처리는 하나님의 뜻을 따르는 것이라고 하면서, 심지어는 "하나님을 복수하시는 하나님"(시94:1)이라고 한 말을 우리로 하여금 기억케 한다, 자신이 복수하려 하지 않고 공의의 판단을 받으려 함이 도리어 하나님을 의지하는 행동이 되는 것이라고 하였다. 바울 사도가 이 점에서 강조하는 것은 자신의 탐욕과 교만을 위해서 소송을 제기하는 것은 잘못이며, 바울은 소송의 남용을 금하는 것이다(John Calvin, *Commentary on the First Corinthians*, 133-140).

3) 디모데전서 2장 1-3절과 디도서 3장 1절

바울 사도는 디모데와 디도에게 법관을 포함한 이방의 권력자들에게 순복하며 기도하라고 하였다. 하나님께서 그의 공의를 세우기 위해서 악을 징치하는 직분을 자연은총 영역에서 사람에게 허락하셨는데, 이것을 무시하거나 불복하는 것은 하나님이 이룩해 놓으신 질서를 파괴하는 행동이 된다.

하나님께서 교회에게는 영적이요, 도덕적인 면을 주관하게 하셨으나, 경찰권을 부여하신 것은 아니다. 그런데 교회에서 형제간에 일어나는 모든 사건을 교회가 다 취급하여야 한다고 하면 교회가 마땅히 사법권을 행사하여야 할 것이다. 그러나 이것은 불합리한 일이며, 하나님께서 섭리로 허락하신 영역의 주권 권리에 배치가 되는 일이다.

3. 베드로 사도

베드로 사도는 베드로전서 2:13-17에서 인간에 세운 모든 제도를 주를 위하여 순복하라고 하였다. 여기 제도(κτίσις)라는 말은 "창조"나 "피조물" 또는 "권위"나 "제도"에 대해서 쓰는 말이다. 이 제도는 하나님께서 제정하셨다는 것을 기초해서 쓰는 말이다. 이것은 세상의 모든 제도나 이방의 통치자나 법관들 자체가 위대하다거나 흠이 없기 때문이 아니라, 이 제도가 하나님의 간섭 하에 존재하기 때문에 순복하여야 한다는 것이다. 베드로 사도는 여기에서 로마 황제의 각 지방의 총독들을 포함해서 말하는데, 통치자는 하나님의 뜻을 이루어 드리는 하나님의 대리자라는 것이다. 이와 같이 통치자들이 법과 질서를 보존하고, 무정부 상태와 도덕적 부패를 방지하며 선행을 권장한다. 그러니, 신자라고 자신이 가진 자유로써 하나님께서 허락하신 제도를 파괴할 권리가 없다.

IV. 교회 신조의 고찰

1. 웨스트민스터 신앙고백(The Westminster Confession of the Faith)

웨스트민스터 신앙고백서는 1647년에 영국에서 작정한 위대한 개혁주의 신학의 결정체이다. 이것은 각국 장로교의 기본 신조인데 우리 교단 총회에서는 이것을 1969년 총회에서 정식으로 우리의 신앙고백으로 받기로 가결하였다.

이 웨스트민스터 신앙고백 20장 4절은 다음과 같이 말하고 있다.

"하나님이 세우신 권세와 그리스도께서 피로 값 주고 사신 자유는 하나님이 파괴하려고 하신 것이 아니고, 오히려 서로 도와서 보존케 하려는 것이기 때문에 기독 신자의 자유를 구실 삼는 어떤 사람들이 세속적이든 교회적이든 간에 그것의 합법적 권력과 합법적 행사를 반대하는 사람은 누구나 하나님의 규례를 반항하는 것이다"(마12:12, 벧전2:13, 14, 16, 롬13:1-8, 히12:17).

이 신앙고백이 보이는 요점은 신자가 자신이 지닌 자유를 가지고 국가법이나 교회법을 범하는 것이 곧 하나님의 규율을 반항하며 대적하는 일이라는 것이다. 그래서 신앙고백 20장 4절 마지막 부분은 말하기를 "그들은 일반적으로 문책을 받을 것이요, 교회에 법규에 따라 처분될 것이다"라고 매듭을 지었다. 여기서 분명히 처벌을 말하였는데, 그것은 교회법뿐만 아니라 일반법, 곧 국가법을 뜻하는 것이다.

2. 스코틀랜드 신앙고백(The Scotch Confession of Faith)

이 신앙고백은 1560년에 스코틀랜드의 존 낙스 등 6명이 초안한 신앙고백이다. 이것은 전부가 25조로 된 신앙고백으로서 개혁주의 신앙을 요약한 것인데, 1560년 스코틀랜드 국회가 인준한 표준문서이다. 이 스코틀랜드 신앙고백 24조의 제목은 "국가 위정자에 관하여"인데 그 일부를 아래 인용한다. "… 권세의 자리에 있는 사람은 … 하나님의 대리자이며 그들의 회의 장소에 하나님이 스스로 앉아 계셔서 심판하시기 때문이다. 그들은 선한 사람을 칭찬하고, 악한 자들을 형벌하기 위하여 하나님으로부터 칼을 받은 재판장과 군주들이다. 그뿐만 아니라 종교를 보호하고 순결케 하는 일이 왕과 군주와 위정자들이 해야 할 특별한 의무라고 우리는 명시한다." 이 신앙고백은 국가 위정자를 "하나님의 대리자"(the Lieutenants of God) 또는 부관들이라고 하였다. 이 위정자 또는 재판관들은 상선벌악을 위해서 하나님으로부터 칼을 받은 자들이라고 하며, 그 권위를 인정하고 있다. 하나님께서는 그의 피로 값 주고 사신 교회를 특별히 간섭하시되, 지상의 모든 영역에 그의 공의가 성취되도록 하시며 국가 위정자들에게 법질서 확립의 사명을 부과하신 것을 말하는 것이다.

3. 제2헬베틱 신앙고백 또는 제2서서 신앙고백(The Second Helvetic Confession)

제2헬베틱 신앙고백 또는 제2서서 신앙고백이라 불리우는 이 문서는 서서의 종교개혁자 쯔빙글리의 제자요, 그 후계자인 불링거(Henry Bullinger)로 말미암아 작성된 것이다. 이 신앙고백은 1566년에 채택되었는데, 하이델베르그요리문답 다음으로 개혁파 교회에서 널리 채택이 된 신앙고백서이다. 이 신앙고백은 전문이 30장으로 되어 있는데 우리는 그 일부를 살펴보고자 한다.

제28장 "교회재산에 관하여," 2. "교회 재산의 오용"
"만약 불행이나 어떤 개인이 뻔뻔스러운 일과 무지 또는 탐욕에 의해서 재산이 오용되었을 때, 그것을 경건하고 지혜로운 사람에 의해서 충당할 수 있도록 배상하여야 한다. 오용이란 가장 큰 신성모독이기 때문에 그것을 묵과할 수 없다. 그러므로 학교나 기관에 교리적으로나 예배나 도덕에 있어서 타락한 점이 있으면 개혁이 되어야 한다."

제30장 "위정자에 대하여"

이 장에 기록된 내용의 요점을 살펴보면 아래와 같다. 국가 위정자는 인류의 화평을 위해서 하나님 자신의 임명을 받았다(롬13:4). 그런데 위정자들의 의무는 평화와 공적 질서를 보존하는 일과, 종교의 선행을 증진시키며, 보호하고, 의로운 법으로 백성을 통치하고, 사회의 범죄자들을 징벌하는 일이다. 그리고 정당방위를 위한 전쟁은 합당한 것이라고 하였다.

이상에서 볼 때에 교회의 재산은 하나님께 속하여 거룩한 것이므로 잘못되이 사용되어서는 안 된다는 것이다. 그리고 국가의 위정자들의 할 일은 질서를 유지하며, 공의를 세우는 일이라고 하였다.

V. 결론

하나님께 하시는 일이나 만들어 놓으신 제도는 다 합법한 것이다. 하나님께서 우주를 통치하심에 있어서, 자연법칙을 세워서 운영하시며, 인간 구원을 위해서는 영적인 법질서를 따라 행하신다. 하나님께서는 구원사역을 위해서 교회를 세우셨으며, 교회는 영적이요, 도덕적인 문제들을 취급하도록 하셨다. 이런 실정이므로 교회가 위임받은 사항이 아닌 사법권의 행사는 국법에 의존할 수밖에 없다. 그런데 사법권 행사에 있어서는 법의 남용이나 오용을 하지 않아야 한다. 특별히 교인이 법을 적용할 때에는 개인적인 사건이 아닌 공적인 일에 사사로운 이권 때문이 아니라 공익을 위해서, 복수하는 듯에서가 아니라 사랑으로, 탐심이 아니라 하나님의 영광을 위하여, 사람의 눈치를 보고서가 아니라 하나님 앞에 책임지는 태도로 나타나야 한다. 그리고 무엇보다도 사랑을 바탕으로 하여 하나님의 공의가 세워지도록 하여야 할 것이다(John Calvin, *Institutes of the Christian Religion*, Book iv, chapter xx, 18-21).

1973년 6월 13일

부산 고려신학대학 교수 일동

3. 석원태, 『고려파가 서 있는 역사적 입장과 소송건』(1973. 9.)

이 글은 경기노회에 속한 경향교회 석원태 목사가 1973년 9월에 발표한 소론(所論)으로 불신법정 소송은 성경적이지 않다는 점을 지적한 글이다. 이 글은 고려신학대학 교수회의 "신학적으로 본 법의 적용문제"를 정면으로 비판하고, 또 송상석 목사를 고소한 것은 성경적이지 않음으로 소송은 취하되어야 한다고 주장한다. 전문은 아래와 같다.

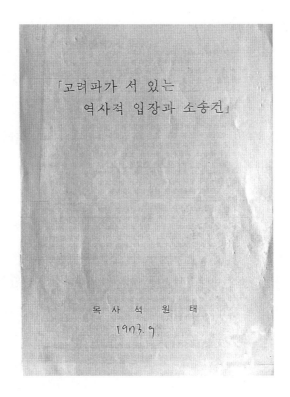

「고려파가 서 있는
    역사적 입장과 소송건」

목 사 석 원 태
1973. 9.

소론자(所論者)의 입장

1. 필자는 지금 야기되고 있는 본 교단 분규 사건에 대하여 지극히 비판적인 입장을 취하는 경우입니다. 그 이유는 한편 이 사건의 경우 ① 제22회 우리 총회가 맡긴 막대한 임무 수행을 성실히 감당하지 못하므로 오늘에 이 혼란을 빚었고, ② 성경이 명백히 금하고 있는 신자 대 신자 간의 소송을 제기한 원고편이 되어 있기 때문입니다. 또 다른 한편 이 사건의 경우 ① 비록 그 이사장이 제23회 총회에 재심 청구를 해서 그 재심 청구에 대한 총회의 결의가 나지 않았다고 할지라도 저의 신앙 소견(所見)에는 차라리 제22회 총회의 결의를 따름이 옳았다고 생각되기 때문이고, ② 또한 비록 과거이고, 오늘에 소송과 만고의 차이는 있을지라도 본질적인 면에서 그도 신자 대 신자 간의 소송건에 관계했음을 필자는 찬성하지 않았기 때문입니다.

2. 필자는 금번에 야기된 본 교단 안에 형사 소송건은 다른 설명이나 이유가 필요 없이 성경 고린도전서 6장 1절~11절에 해당된다고 그 기본 개념을 설정하는 입장을 취합니다.

3. 필자는 신자가 불신자에게 당하는 여러 가지 악의적인 침해들의 경우들에 대한 정당방위 행위인 일반 고소건은 성경의 교훈대로 반대하지 않는 입장을 취합니다.

4. 필자는 우리 교단 개혁주의 운동의 Motto인 신앙과 생활의 순결이 여러 가지 경우들에서 흐려오던 중 이번에 야기된 신자 대 신자 간의 소송사건으로 더 크게 흐려져 버렸다고 하는 입장을 취합니다.

5. 필자가 이 소론(所論)을 하게 되는 정신은 다음과 같습니다.

① 호리라도 개인적인 입장의 변호나 주의 주장이나, 어떤 이해관계를 배제하는 중심을 굳게 지키고 싶은 정신입니다.

② 또한 어떤 대인 관계의 부조화에서 유발되는 감정 대립이나, 적개심에서 이러한 소론을 하지 않음을 확신합니다. 그러므로 주 안에서 형제 된 이들의 선한 명예나 인신 관계에 상처 없기를 원하는 마음 간절합니다.

③ 다만 필자가 자라온 산실인 저의 교단이 처하여 있는 역사적인 입장을 볼 때 명실공히 진리 운동의 슬로건으로 내걸었던 우리의 본래 주장에서 차질이 생겨 주의 영광과 복음 전파 운동에 큰 손해를 유발하고 있음을 개탄한 나머지 복음 운동에 빚진 자로서 저 자신이 주 앞에 회개하는 마음으로 사명감에서 감히 이 소론(所論)을 발표하기로 기도한 것입니다.

④ 또한 이 소론(所論)은 어디까지나 저 자신의 신앙양심 활동에서 일어난 자발심에서 하게 된 독자적 입장임을 분명히 밝혀 둡니다.

그러므로 여러 독자들께 사전에 깊은 양해를 구하는 것은 어떤 선입 관념이나, 속단을 갖지 마시고 하나님이 바로 이 시점에 우리 교단을 향하여 요구하시는 뜻이 무엇인가를 분별하는 마음으로 읽어 주시기를 앙청합니다.

더욱이 필자의 소론 중에 어떤 극소수의 이름을 사용할 것인데, 그것은 다만 역사적 입장에서 인용된 것임을 알려드립니다. 개중에는 저에게 세례를 베풀어 주신 분도 계시고, 또한 저의 목회 생활에 선한 길잡이가 되어 주신 존경받을 분들이 계십니다. 그러나 우리들에게 주어진 역사적인 현실의 비극들이 필자로 하여금 공인으로서 그분들의 이름을 사용하게 만들었음을 이해해 주시기를 바랍니다.

고려파가 서 있는 역사적 입장과 소송건

1. 고려파 이념

고려신학교 전 학칙 제1조에는 "본교는 신구약 성경이 하나님의 말씀이고, 신앙과 본문에 정확 무오한 유일의 법칙임을 믿고, 그대로 가르치며 또한 장로교 원본 신조인 웨스트민스터 신도개요서의 교리대로 교리와 신학을 가르치고 또 지키게 하며 신학 및 생활을 순결케 할 교역자 양성을 목표로 한다"고 하였습니다.

고려신학대학 학칙 제1조에는 "본 대학은 성경에 입각하여 민주교육의 기본이념에 따라 교회와 인류 사회발전에 이바지할 개혁주의 지도자를 양성함을 목적으로 한다"고 하였습니다.

우리 교단의 교육이념은 이렇게 말하고 있습니다. "개혁주의 정신에 입각하여 웨스트민스터 표준서(신앙고백, 대소요리문답, 교회정치 및 예배모범)를 따라 하나님을 사랑하고 이웃을 사랑하는 그리스도인 양성"이라고 하였습니다.

위의 사상들을 집약하면 성경에 대한 절대 신앙과 그 성경 교훈의 요구를 나타내는 우리 생활의 순결을 고조하고 있습니다. 이것은 바로 우리 교단의 이념으로 직통하고 있습니다. 이러한 이념이 다시 구현하게 된 것은 1938년 당시 조선예수교장로회 제27회 총회가 신사참배를 가결한 후 역사적인 조선 예수교장로회의 근본정신이 본질적으로 변질되게 된 데서 유래됩니다.

2. 개혁주의 교회운동의 기수였던 고려파

그 후, 8.15 해방과 함께 한국교회는 새 정비 시기를 맞이하게 되었습니다. 이 정비 작업에 우리 교단은 분명히 시대적인 사명을 잘 감당하였습니다.

1) 그 첫째가 신앙 양심상에서 볼 때 회개운동이었습니다. 그것은 1938년 9월 제27회 총회가 범한 공죄를 회개하자는 부르짖음이었습니다.

2) 그 둘째가 신학사상에서 볼 때 신학교 설립이었습니다. 이유는 1946년 6월 12일, 서울 승동교회당에서 모인 당시 남부 총회(제35회)는 평양신학교 폐문 즉시 서울에서 시작된 조선신학원을 조선신학교로 개칭하여 총회 직영 신학교로 결정하였습니다. 그때 조선신학교의 주성분은 명백히 자유주의였습니다. 그리하여 새로운 개혁주의 사상에 입각한 신학교를 시작한 것이 역사상에 보따리 신학교로 시작한 고려신학교의 태동이었습니다(1946. 9. 20. 개교).

3) 그 셋째가 교회 행정상에서 볼 때 명백한 태도 표시 즉 생활의 순결이었습니다.

우리는 이 점에서 고려신학교 설립자들과 당시 교장 ○○○ 박사님의 견해 차이가 생긴 것을 압니다. 그 결과로 다시 서울에서 세워진 해방 후 세 번째의 신학교가 당시 장로회 신학교(지금 총회신학대학)이었습니다(1948년 6월 개교).

　이 견해 차이의 초점은 신학은 정통(개혁주의)으로 하되, 신학교와 교단 운영(행정)은 남, 북, 미장로교 선교부, 호주 선교부, 캐나다 선교부와 관계를 맺자는 주장과, 신학이 정통이면 신학행정(운영)도 정통으로 해야 된다고 하는 고려신학교 설립자 간의 주장이 엇갈리게 된 것입니다. 말하자면 생활의 순결을 부르짖다가 총회파 형제들과도 나누어지게 되었습니다.

　위와 같은 진리 운동을 부르짖다가 우리 교단은 총회에서 쫓겨 나오기까지 서러움을 받았습니다. 그러나 그 일은 의를 위하여 받는 핍박이 되어 주님이 기뻐하심으로 하늘에 상뿐 아니라 땅에서도 상을 받아 우리 교단에 회개운동의 축복이 크게 임하였습니다. 그 축복의 열매를 오늘에 이르도록 우리가 다 함께 따 먹었습니다. 죄에 대한 깊은 자기 회개! 성경에 대한 바른 신앙과 신학의 정립! 생활의 순결! 이것이 우리 교단 운동의 Motto였습니다. 이러한 진리 운동의 물결 때문에 하나였던 장로교회는 고신, 장신(총회), 기장으로 분열되었습니다. 이것은 어쩔 수 없는 전투 교회 운동의 양상인 줄 압니다. 우리 교단은 분명히 해방 후 한국교회의 진정한 행방을 보여준 진리 운동의 기수였습니다.

3. 불협화음(不協和音) 격안된 상황윤리

　해방 후 장로교회 내분의 추세가 이렇게 됨에 따라 각 지교회, 노회, 총회가 다양한 격돌의 분쟁을 맞이하게 되었습니다. 이러한 물결이 전국교회들 간에 일어날 때 고려파 자체 안에 이대 조류의 뚜렷한 교회 행정 체질이 생기기 시작하였습니다.

1) 그 하나는 고려신학교 설립자 한상동 목사의 행동 방향인데, 그것은 그분이 시무하던 초량교회당을 내어주고 나와서 부산 초량3동 50번지에 있는 ○○○ 장로 창고를 빌려 예배를 보는 결단이었습니다.

2) 또 하나는 마산 문창교회에 시무하던 송상석 목사의 경우인데, 교회당을 내어주지 않고 지키면서 진리 운동을 하자는 행동 방향이었습니다. 나중엔 이것이 급기야 소송사건으로 비화되어 법적투쟁 문제가 생기게 되었습니다.

이 일로 인하여 1957년도에는 고려파 자체 안에 내분의 위기감마저 감돌던 일대 홍역을 치른 일이 있습니다. 그 예를 들면,

1) 1957년 9월 17일, 부산 남교회당에서 모인 제7회 총회 시에 당시 경기노회장 고흥봉 목사의 명의로 "예배당 쟁탈전이 비성경적이므로 중지시켜 달라"는 건의건이 상정되어 총회 정치부로 넘어간 일이 있습니다(총회록 P. 128). 정치부에 넘어간 경기노회 건의건 보고에는 "현하 예배당 소송 문제는 지금까지 되어진 결과를 보아 피차 덕 되지 못하니 이 문제를 믿는 형제끼리 적극 해결하기 위하여는 위원 5인을 공천부에서 선정하심이 좋겠다는 보고가 있으며 장시간 변론이 있은 후 시간상 결론을 얻지 못하고 정회하다"고 기록되었습니다.

다음 날 속회 시에 위의 정치부 보고를 총회는 결의하기를 "예배당 소송 문제에 대하여 언론을 중지하고, 표결한 바 원안대로 받기로 가결하다"(상동 P. 135~136)고 기록하고 있습니다. 그 시간에 "예배당 소송에 관한 박윤선 목사의 연구 발표와 송상석 목사의 답변을 들

었다"고 기록하였습니다(상동 P. 136).

2) 그 후 소송 문제 때문에 경기노회는 총회와 행정을 보류하여 놓고 1958년 9월 25일, 부산 남교회당에서 모인 제8회 총회 시에 당시 경기노회장 전칠홍 목사 이름으로 헌의서를 총회장 앞으로 제출한 일이 있습니다. 인용하면,

"헌의서. 우리 주 예수 그리스도의 은혜와 평강이 총회 위에 항재하시기를 앙축하나이다. 현하 각 교파 간에 행하고 있는 예배당 소송 문제로 인하여 하나님의 영광이 떨어지고, 기독교가 매몰당하는 일에 대하여 본 노회는 소송이 비성경적인 줄 알아서(고전6:1-7) 작년 총회에 건의하였던바 이에 대한 선한 해결을 보지 못하였습니다. 이제 이것이 계속되는 한 우리의 진리 운동은 저해되므로 작년 10월 임시 노회로 모여 본 총회가 소송을 그만둘 때까지 총회와의 행정 관계를 보류하기로 결의하였습니다. 이는 끊어지는 것도 아니요, 이탈하는 것도 아닙니다. 하나님이 우리 마음을 증거하시는 줄 압니다. 오직 조속한 시일 내에 예배당 소송을 그만두게 되기를 충심으로 바라는 데서의 결의입니다. 현명하신 총회원 제위께서 본 노회의 주장을 혜량하시와 진리를 밝히고, 소송을 그만두기를 주 안에서 비는 바입니다.

주후 1958년 9월 10일
경기 노회장 전칠홍

이라고 기록되어 있습니다(상동 P. 166).

위와 같은 경우를 보아 우리 교단의 지배적인 방향은 소송을 반대하는 편으로 기울어진 형세였습니다. 그럼에도 당시 우리 총회는 신자 대 신자 간의 소송 사건에 대하여 성경에 따라 명백한 결론을 내리지 않고 오늘에까지 내려왔습니다. 이 건에 대한 그때의 우리 총회 입장은 지극히 상황 윤리적이었습니다. 불협(不協)하면서도 반면에 화음(和音)을 취하는 입장이었습니다.

이런 경우 저의 솔직한 당시의 고백은 신자 대 신자 간의 소송을 반대하고, 화평 원리에 의한 해결 방법이 좋았다고 하는 행동 방향을 취한 사람이었습니다. 지금도 한 형제라고 성경과 신앙양심이 인정될 경우, 그 입장을 고수함이 하나님이 기뻐하시는 일로 생각하고 있습니다. 물론 그때의 소송 사건과 오늘에 소송 사건에는 몇 가지 경우에서 차이가 있다고 생각합니다.

1) 그때의 소송건은 한국 장로교파 분열 시기로서 교파 대 교파 간의 문제였으므로 교회 자체 안에 치리 기관에 상소할 입장이 못 되었으나 지금의 경우는 같은 교단 안의 문제입니다.
2) 그때의 소송건은 민사 소송이었으나 지금의 소송건은 구속력이 수반되는 형사 소송건입니다.
3) 더욱이 한 형제라 칭할 수 없는 자유주의 계통에 소속한 교회들도 개중에는 있었으나 지금의 경우는 전혀 그러하지 않다는 경우들입니다.

그러나 필자는 본질적인 의미에서 볼 때 그때의 소송 사건이 신자 대 신자와의 소송건이라고 봅니다(3항 제외). 그러므로 필자는 고려파 역사상에 나타난 신자 대 신자 소송 사건은 분명히 불협화음격인 상황

윤리의 처신을 남겼다고 생각합니다.

4. 신자 생활의 순결성을 흐리게 하는 소송 사건(비 복음적임)

지난 1973년 6월 9일부로 부산지방법원에 원고 김희도 목사의 이름으로 송상석 목사를 피고로 형사건으로 고소하였습니다. 또 그 후 얼마 안 되어 원고 김희도 목사의 이름으로 재단 간사 이현준 씨를 형사건으로 입건시켜 지금 구류 중에 있습니다. 이 고소에 앞서 우리 교단 이념을 구현시키는 지도자 양성 기관인 고려신학 교수진에서 "신자 대 신자 간의 소송(불신법원)이 성경적으로 가하다"는 결론을 받고 고소를 재기했다고 합니다.

또 지난 9월 6일, 서울 성원교회당에서 모인 경기노회 긴급 임시 노회 속회 석상에서 오병세 교수님께서 소송 타당성에 대한 공식 답변을 하셨습니다. 그리고 필자는 이러한 우리 교단 지도자들의 처사가 결코 옳지 않다고 봅니다. 그리고 이것을 주님 앞에서 확신합니다. 그러므로 외칩니다. 그 이유는

1) 성경 고린도전서 6장 1절~11절의 본문 자체가 명백히 밝혀놓고 있기 때문입니다.

성경은 이러한 신자 간의 고소건에 관하여

① 결코 합당치 않다고 가르쳤습니다(고전 6:1).

② 어떤 경우의 쟁의든 그것을 교회 안에서 해결함이 좋다고 하였습니다(고전 6:1하-3).

③ 불신 세상 법관 앞에 고소함은 신자로서 부끄러운 일이라고 하였습니다(고전 6:4-6).

④그런 불의한 자는 기독 신자들 가운데서 없어야 할 것이라고 바울은 결론지었습니다(고전 6:7-11).

2) 우리 교단의 금번 고소사건은 마태복음 18장 15절~20절에 명기한 권징 원리에도 크게 어긋나게 행한 일입니다. 성경은 "네 형제가 죄를 범하거든 가서 너와 그 사람만 상대하여 권고하라. 만일 들으면 네가 그 형제를 얻을 것이요. 만일 듣지 않거든 한두 사람을 데리고 가서 두세 증인의 입으로 말마다 증참케 하라, 만일 그들의 말도 듣지 않거든 교회에 말하고, 교회의 말도 듣지 않거든 이방인과 세리와 같이 여기라. 진실로 너희에게 이르노니 너희 중에 두 사람이 땅에서 매면 하늘에서도 매일 것이요, 무엇이든지 땅에서 풀면 하늘에서도 풀리리라. 진실로 다시 너희에게 이르노니 너희 중에 두 사람이 땅에서 합심하여 무엇이든지 구하면 하늘에 계신 내 아버지께서 저희를 위하여 이루게 하시리라. 두 세 사람이 내 이름으로 모인 곳에는 나도 그들 중에 있느니라"고 하였습니다. 교회 자체 안의 권세가 이러함을 잊어서는 안될 것입니다.

3) 상술한 바와 같이 신앙과 생활의 순결을 위 교단의 이념으로 삼고 이룩한 역사적 입장에서 볼 때 이것은 크게 배치되는 일입니다. 신자 대 신자 간의 불신자 앞에로의 송사는 우리 교단의 이념에 크게 어긋나고 있습니다.

4) 말할 것도 없이 불신자 앞에 전도의 문이 가로막히는 행위입니다.

5) 이러한 경향은 우리 교단뿐 아니라 한국 교계와 세계에 흩어져 있는 개혁주의 내지 복음주의 형제들을 크게 실망시킴으로 보편적 교회로서의 복음 공공 전선에 큰 실망을 던져줄 것이기 때문입니다.

5. 고려파 이념 구현에 차원적인 변질을 초래하는 소송건은 마땅히 취하함이 옳음

지금 우리 교단의 일부 지도자들은 신자가 신자를 불신법정에 고소하므로 우리 교단의 방향과 진로에 치명적인 문제를 야기시켰습니다. 더욱이 과거 진리 운동의 산실로 그 선봉역을 맡은 고려신학교 교수진에서 이러한 소송의 타당성을 주장한다고 할 때 적어도 이것은 차원적인 변질로 간주되어 우려되는 바가 심히 큽니다. 혹자는 말하기를 송상석 목사도 과거에 그런 소송을 하였으니 우리도 소송함이 가하다고 합니다.

그러나 과거에 그런 일이 있었다고 해서 그것이 지금도 우리 교단 행정에 표준이 될 수가 없습니다. 이유는 우리 기독 신자의 윤리 표준은 성경 자체이기 때문입니다. 더욱이 과거에 잘못된 것을 재연할 수는 없는 줄 압니다. 개혁주의 교회 운동의 생명 중에 하나는 그 누가 언제 어디서 무슨 일을 했다고 할지라도 그것이 성경 자체의 교훈에 부합되지 아니할 때 지체없이 과감하게 개혁을 단행함이 그 특질입니다. 그러므로 필자는 그러한 과거를 답습할 필요는 없다고 봅니다.

필자는 금번에 야기된 우리 교단 내의 소송사건은 어떤 경우든 한국교회 역사상에 일대 오점을 남길 우려가 있다고 생각합니다. 세상 법관들의 재판에 교단 재단의 소망을 걸어 놓고, 공의로우신 하나님의 재판에 귀를 기울이며, 소망을 걸지 않은 것은 주님께서 슬퍼하실 일인 줄을 압니다. 소송에서 어느 편이 승리했다고 해서 함께 형제 된 우리끼리 맺힌 장벽이 무너지겠습니까?

그러므로 지체 말고, 우리들의 온갖 인간적인 입장과 경우와 위신을 고린도전서 6장 1절-11절에 매장하고, 성경이 엄히, 그리고 분명히 금한 신자 간의 소송을 필자는 한사코 반대하고, 또한 소송을 취하하고 총회 자체가 성경적으로 이 문제를 처리함이 옳다고 생각합니다. 이것은 우리 교단에 흐려진 이념 구현을 새롭게 정비하는 첩경인 줄 압니다.

필자가 지금까지 밝힌 소론(所論)은 하나님 앞에서 사명 의식으로 하였습니다. 이것은 필자를 개혁주의 신앙노선을 따르도록 하신 주님의 기쁘신 뜻인 줄로 압니다. 그리고 이것을 지상에 공개하므로 저의 소론에 대한 책임을 감수하고, 하나님이 저의 양심에 명령하신 일을 감당하는 것으로 여겼기 때문입니다. 진정 이러한 비극은 우리와 우리의 후대에 다시는 재판되지 않기를 주 앞에 앙원합니다. "만일 서로 물고 먹으면 멸망할까 조심하라"(갈 5:15).

주후 1973년 9월 18일

4. 경남노회 정화위원의 성명서(1974. 3.)

경남노회 정화위원이라는 이름으로 심상동, 전재린, 남경원, 정주성, 박찬규, 권오정 등 6명의 목사와 조학천 등 13명의 장로 명의로 경남 정화노회 조직 의사를 드러내는 성명서를 발표했는데, 경남법통노회 가 총회재판국 판시를 불복하였다고 주장하고 초기 경남노회 정신을 계승하겠다고 선언하였다. 이 선언과 함께 1974년 3월 26일, 마산 성막교회당에서 목사 6명(심상동, 전재린, 남경원, 정주성, 박찬규, 권오정), 장로 6명 이 모여 경남정화노회를 조직했는데, 노회장 심상동 목사, 서기 정주 성 목사였다. 그리고 4월 16일에는 경남정화노회 목사 5명(심상동, 정주 성, 남경원, 박찬규, 전재린), 장로 5명이 모여 정기노회를 개최하고 이를 '경 남정화노회 100회'라고 명명하였다. 이와 관련된 문서, 곧 1) 성명서, 2) 경남정화노회 조직 순서, 3) 경남정화노회 조직 촬요, 4) 정화노회 100회 촬요를 차례로 소개한다.

(1) 성명서(1974. 3.)

성 명 서

    일제말엽에 신사참배로 타락한 한국교회의 개혁과 진리파수및 회개운동으로
출발한 경남(법통)노회는 송모목사를 주축으로한 몇몇 추종자들로 구성된 현대
판 교권왕국의 횡포때문에 본래의 순수성을 잃어 가게 되었읍니다.

    교권에 눌려 입이 있어도 말을 못하는 풍토가 되고보니 뜻있는 사람들이 모
임을 갖고 경남(법통)노회 정화를 목적하고 노회초창기의 순수한 정신으로 돌
아 갈것과 아울러 잘못을 시정에고 교회의 권위와 존영을 회복하는 방향을 설정
하여 정화노회를 조직하게 되었읍니다.

       첫째 정화노회조직의 이유

1. 교권주의 일변도의 횡포를 보고만 있을수 없읍니다.

    합법적 행정절차를 밟아 목사를 청빙하는 지교회의 기본권이 전체노회원의 의
사를 따르는 가부도 붙여보지도않고 교권에 의해 짓밟히는가 하면 총회가 결의
한 70년 정년제가 외면을 당하고 특정인들의 압력때문에 한 행정권내의 교역
자 교류가 저지를 당하게 되는가 하면 온교회가 원하는 부흥회 강사 초빙을
교권으로 막아 버리는 둥둥의 예만 보아도 교권주의 횡포를 알수있는것입니다.

2. 변질이 노출되었읍니다.

    교회의 기호는 권징의 신실한 시행입니다. 제22회 총회 결의를 불복한 이사장
사건때문에 교단이 파국 직전까지 이르게 되었던 이 큰책임도 양심적으로 당
사자가 져야할 문제였고 결국 유죄언도가 법정에서 준엄하게 내렸는데 이것은
하나님의 영광과 교회의 위신과 성직자의 명예를 국내외에 크게 손상하게된
일임에도 경남노회는 당사자를 권징하지도 않는가하면 당당히 노회장으로 시무
케 되며 교회시무를 하는 일련의 사실들은 경남노회가 그만큼 변질되고 있음
을 노출하였읍니다.

3. 총회재판국 판시를 불복 하였읍니다.

    경남노회의 정화를 부르짖는 자들을 가혹하게 불법처단을 하였읍니다.

    그리하여 제23회 총회에 그 시정을 구하는 소원장을 내었던바 총회재판회에서
는 72대 2라는 절대다수로써 "선처하겠다는 경남노회 정신에 의하여 총회가 필
한후 10일 이내에 경남노회를 소집하여 소원인들의 원상복구를 지시한바" 있
읍니다. 우리는 공정한 총회 재판지시를 존중하여 임시노회 소집에 응하였읍
나다. 그러나 선처하겠다는 내용과는 달리 우리들에 대한 고소를 제기하였고

사과서와 서약서를 요구함으로 우리는 화해를 위하여 사과서까지 제출하고 일 동이 정중이 사과하였으나 사과서를 기각하고 원상복구를 시켜주지 않았으니 이는 총회와 우리들을 기만한 처사입니다.

4. **정당한 협상안을 거부당하였습니다.**

경남노회는 모목사를 통하여 공식적인 협상이라면서 협상의 뜻을 표한바 있읍 니다. 우리는 기쁘게 응하면서 다음 조건을 제시하였읍니다. (1) 권징을 바로하여 노회의 권위와 질서를 바로 잡으려면 노회장을 사면토록 할것 (2) 우리를 분렬자로 죄명을 씌워 책벌한것을 사과하고 원상복구 시켜줄것. (우리의 목적은 분렬이 아니고 정화를 위한것) 이상을 제시하였으나 이것 조차도 무시 당하고 말았읍니다.

둘 째 우리의 방향 설정

1. **정화경남노회를 조직하여야 되겠읍니다.** 십여교회가 행정을 보류하고 정화운 동을 폈으나 긴 세월을두고 깊이 뿌리박힌 교권체제는 다수주의의 위력을 과 시할뿐 변화의 싹이 보이질 않습니다. 그리하여 묵은 나무에서 새싹을 트게 하여 한국교회 앞에 세워 주실 하나님의 뜻이 있는줄믿고 경남정화노회를 조 직하게 되었읍니다.

2. **본교단 초창기의 경남노회 정신을 그대로 계승 한것입니다.**

경남노회는 본 교단 초창기 정신과는 변질된 입장에 섰음을 간파한 우리들은 본 교단 초창기의 경남노회 정신을 전통으로 이어받고 계승하는 동시에 더욱 발전시켜 나갈것입니다.

3. **만족할만한 정화만 되면 언제든지 합류할수 있을 것입니다.**

우리는 결코 사람을 원수시 하지는 않을 것입니다. 잘못된것만 고치고 시정 이 되고 바르게만 서 주신다면 선후배로서의 존경과 협조를 아끼지 않을 것 입니다. 동시에 진리안에서 언제라도 합류할 것입니다.

4. **총회를 이탈하는 것은 결코 아닙니다.**

경남노회가 총회안에서 이토록 교권과 무법자적인 부덕한 일을 자행하기 때문 에 그 시정을 위해 정화경남노회를 조직하는 것이므로 총회의 품안을 벗어나 는 것은 아닙니다.

결언 이상의 사실을 냉정히 통찰하셔서 세로 탄생되는 정화노회를 바로 이

해하여 주시고 협조해주시며 참여해 주실것을 바라면서 총회산하 모든
교회앞에 성명서를 반포하나이다

주후 1974년 3월   일

경 남 노 회 정 화 위 원

목 사	심	상	동		전	재	린
	남	경	원		정	주	성
	박	찬	규		권	오	경
장 로	조	학	천		최	작	지
	김	영	팔		이	기	통
	김	수	성		박	유	덕
	이	은	도		윤	영	경
	김	상	업		서	원	수
	박	기	준		정	재	택
	문	재	하				

(2) 경남정화노회 조직 순서(1974. 3. 26.)

경남정화노회조직순서

일시: 1974년 3월 26일 오후7시 30분   (사회:정화위원장 심 상 동 목사)
장소: 마산 섬 막 교 회 당

一. 개 회 예 배

1. 묵   도 ·········· 시 15편 ·········· 일   동
2. 기   원 ·········· 사 회 자
3. 찬   송 ·········· 3 8 3 장 ·········· 일   동
4. 기   도 ·········· 김 영 팔 장로
5. 성 경 봉 독 ·········· 롬.16.17~20. 박 찬 규 목사
6. 찬   양 ·········· 본교회 성가대
7. 설   교 ·········· 교회의 평화 운동 ·········· 전 재 린 목사
8. 통 성 기 도 ·········· 일   동
9. 찬   송 ·········· 3 2 0 장 ·········· 일   동
10. 축   도 ·········· 남 경 원 목사

二. 회 의
1. 정사보고
2. 정화위원회 경과보고 ·········· 사 회 자
3. 정화노회 조직 취지 설명 ·········· 정화위원회서기 정 주 성 목사
4. 정화노회 임원 선거 ·········· 사 회 자
5. 휘 장 배 부 ·········· (섬 막 교 회 부 인 전 도 회)
6. 임원 취임 인사
7. 토 의 건
8. 광   고 ·········· 권 오 정 목사
9. 폐   회 ·········· 일   동

(3) 경남정화노회 조직 촬요(1974. 4.)

대한예수교
장 로 회 **경남(정화)노회 조직 촬요**

1. 일 시   주후 1974년 3월 26일 오후 7시 30분

2. 장 소   마산 성막교회당 (마산시 장군동 4가 8번지)

3. 회 원   목사 6명   장로 6명   계 12명

중 요 결 의 사 항

1. 임 원 선 기   회 장   심 상 동 목사   부회장   남 경 원 목사
　　　　　　　 서 기   정 주 성 목사   회록서기   박 찬 규 목사
　　　　　　　 회 계   김 영 팔 장로

2. 당회장 배치
　　　박 찬 규 목사 : 신광교회 수정교회 반동교회
　　　심 상 동 목사 : 성막교회 양건교회
　　　전 재 린 목사 : 가인교회
　　　남 경 원 목사 : 창락교회 의령마산교회
　　　정 주 성 목사 : 양덕교회

3. 정기노회 시일 및 장소
　　　시 일 : 주후 1974년 4월 16일 오후 7시 30분
　　　장 소 : 신광교회당 (마산시 홍문동 13의 1) ☎ 8755 번

주후 1974년 4월   일

경남(정화)노회장   심 상 동 목사
　　　　　 〃   서기   정 주 성 목사

※ 연락은 아래 주소로
　　　회 장 : 마산시 장군동 4가 8번지 성막교회 ☎ 7567
　　　서 기 : 마산시 양덕동 757번지   양덕교회 ☎ 8511

(4) 정화노회 100회 촬요(1974. 4.)

대한예수교
장로회 **경남정화노회(100회)촬요**

일 시 1974년 4월 16일 하오 7시 30분 부터
           1974년 4월 17일 하오 4시 30분 까지
장 소 마산시 홍문동 13의 1번지   신 광 교 회 당
회 원 목 사 5 명   장 로 5 명   합 1 0 명
임 원 회장 심 상 동 목사   부회장 남 경 원 목사   서기 정 주 성 목사
           회록서기 박 찬 규 목사   회계 김 영 팔 장로

중 요 결 의 사 항

1. 상 비 부 원
   행 정 부 (장) 전 재 린 심 상 동 (기) 김 영 팔 서 원 수 이 은 도
   고 시 부 (장) 정 주 성 심 상 동 (기) 박 찬 규 남 경 원
   교회교육부 (장) 박 찬 규 권 오 정 (기) 문 재 하 정 주 성
   전 도 부 (장) 남 경 원 이 은 도 (기) 권 오 정 전 재 린 최 작 지
   규 칙 부 (장) 남 경 원 서 원 수 (기) 윤 영 경
   재 정 부 (장) 정 주 성 (기) 김 영 팔 윤 영 경
   당회록검사위원(장) 남 경 원 전 재 린 (기) 박 찬 규

2. 교 회 가 입   밀 양 송 백 교 회

3. 장로 고시 합격   손 진 갑

4. 규칙 변경은 규칙부에 맡겨 다음 노회시에 보고키로

5. 4월 28일 주일은 노회산하교회가 수정교회를 위해 헌금하기로

6. 4월 30일 오전 11시 성막교회당에서 노회산하 부인전도회 연합총회로 모이도록

7. 교회 교육부산하 기관을 (SFC. 주인학교. 청년회) 연합회를 갖기로 교회 교육부가
   지도하도록

8. 부인회 SFC. 주일학교. 청년회에 37.000원 보조하기로

9. 각 교회 부담금 배경
   성막교회 30.000원 신광교회 20.000원 양덕교회 20.000원 창락교회 20.000원
   의령마산교회 5.000원 가인교회 5.000원 송백교회 5.000원 양전교회 500원
   수정교회 500원 반동교회 500원   합 계 106.500원
   부담금은 다음주소로 송금해 주십시요
   김 영 팔 장로 창녕군 창녕읍 퇴천리 243-4 창 락 교 회
   정 주 성 목사 마산시 양덕동 757 양 덕 교 회

10. 내회장소 마산 성 막 교 회 당

                        1 9 7 4 . 4 .   .

대한예수교
장 로 회 **경 남 (정 화) 노 회 장 심 상 동**
                         서 기 정 주 성

※ 연락은 아래 주소로
     마산시 장군동 4가 8번지 ☎ 7567 심 상 동 목사
     마산시 양덕동 757 ☎ 8511 정 주 성 목사

5. 송상석 목사에 대한 고소장(1974. 9. 24.)

대한예수교장로회 총회 기소위원 전성도, 한학수 두 목사는 1974년 9월 24일자로 대한예수교장로회 총회장에게 송상석 목사에 대한 고소장을 제출하였다(죄증설명서는 별도 항으로 게재함).

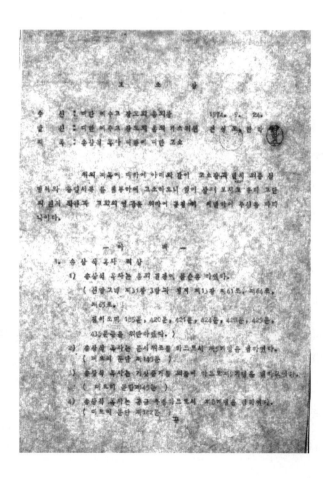

고소장

수신 : 대한예수교장로회 총회장, 1974. 9. 24.

발신 : 대한예수교장로회 총회 기소위원 전성도, 한학수

제목 : 송상석 목사 비행에 대한 고소

위의 제목에 대하여 아래와 같이 고소장과 별지 죄증 설명서와 증빙 서류를 첨부하여 고소하오니 깊이 살펴 보시고 우리 교단의 질서 확립과 교회의 영광을 위하여 공정히 처벌하여 주심을 바라나이다.

아래

1. 송상석 목사 죄상

1) 송상석 목사는 총회 결정에 불순종하였다.

(신앙고백 31장 3항과 정치 제13장 제61조, 제63조, 제65조, 정치 조례 185문, 420문, 421문, 424문, 428문, 429문, 435문 등을 위반 하였다)

2) 송상석 목사는 문서위조를 함으로서 제9계명을 범하였다.

(대요리문답 145문)

3) 송상석 목사는 거짓 증거를 되풀이함으로써 제9계명을 범하고 있다.

(대요리문답 145문)

4) 송상석 목사는 공금 유용함으로써 제8계명을 범하였다.

(대요리문답 142문) 끝.

6. 경남법통노회 100회 노회 참석자들의 선서문(宣誓文)(1974. 8. 29.)

경남법통노회 제100회 노회(1974. 4. 16-18.)에 참석한 노회원 일동은 교단 일각에서 송상석 목사를 제재하려는 움직임을 감지하고 1974년 8월 29일자로 교단 총화를 모색해야 한다는 등 아래와 같은 7가지 항의 선서문을 발표했다.

선 서 문 (宣誓文)

대한예수교 장로회 고려파 제23총회 파동은 하나님의 은혜로 분열의 비극을 모면하게 된것을 축복의 선물을 삼아 감격의 눈물로 기뻐 하였던 것입니다.

그런데 그 감격의 눈물이 채 마르기도 전에 웬 일인지 뜻하지 아니하였던 불신 풍조와 증오의 살풍경이 교단을 휩쓸어 폭풍 전야의 위기 경보가 우리들의 신경을 놀랍게도 압축하고 있읍니다.

그래서 우리는 교단 총화를 해치는 위기 조성을 막기 위하여 다음 몇가지로된 선서문을 공개하여 교계의 여론에 호소 하는 바 입니다.

" 다 음 "

1. 교단분열은 이유여하를 막론하고 적극 억제키로 한다. 그래서 논쟁은 피하고 사리만은 밝히기로 한다.

2. 신앙과 진리문제는 성경에 기초를 두고 교단 및 교회 행정은 교단 헌법과 기독교 윤리에 의거한다.

3. 형사고소사건 찬반론은 23총회에서 종결된 것인데 재연은 유감된 일이다. 법과 의로 바람한 공정한 비판에 호소하여 양심에 반응되는 결론을 기대한다.

4. 재정에 관한 의혹을 음성적으로 퍼치는 남의 명예 훼손을 경고하고 이를 양성화시켜 책임의 소재를 밝히기로 한다.

5. 교단총화를 위하여 상호간의 희생적인 양보를 협출할것을 원칙으로 할것이나 대의명분이 서지않는 주장은 불문키로 한다.

6. 성도의 본분과 사회윤리도덕상 물위와 체면을 오손케하는 논제(허위선전)는 그 진상이 발견되는대로 엄중히 처리키로 한다.

7. 고려신학교 제일주의 시정을 촉구하고 총회 지도에 운영 체제를 정립할 것을 기구한다.

주 후 1974년 8월 29일

경남(법통)노회 제100회 노회

노회원 일동

선서문

대한예수교장로회 고려파 제23총회 파동은 하나님의 은혜로 분열의 비극을 모면하게 된 것을 축복의 선물로 삼아 감격의 눈물로 기뻐하였던 것입니다. 그런데 그 감격의 문물이 채 마르기도 전에 웬일인지 뜻하지 아니하였던 불신 풍조와 증오의 살풍경이 교단을 휩쓸어 폭풍전야의 위기 경보가 우리들의 신경을 놀랍게도 압축하고 있습니다.

그래서 우리는 교단 총화를 해치는 위기 조성을 막기 위하여 다음 몇 가지로 된 선서문을 공개하여 교계의 여론에 호소하는 바입니다.

다음

1. 교단 분열은 이유 여하를 막론하고 적극 억제키로 한다. 그래서 논쟁은 피하고 사리(事理)만을 밝히기로 한다.
2. 신앙과 진리 문제는 성경에 기초를 두고, 교단 및 교회 행정은 교단 헌법과 기독교 윤리에 의거한다.
3. 형사고소사건 찬반론은 23회 총회에서 종결된 것인데, 재연은 유감된 일이다. 법과 의로 바탕한 공정한 비판에 호소하여 양심에 반응하는 결론을 기대한다.
4. 재정에 관한 의혹을 음성적으로 퍼뜨리는 남의 명예 훼손을 경고하고 이를 양성화시켜 책임의 소재를 밝히기로 한다.
5. 교단 총화를 위하여 상호간의 희생적인 양보를 힘쓸 것을 원칙으로 할 것이나 대의명분이 서지 않는 주장은 불문키로 한다.
6. 성도의 본문과 사회 윤리 도덕상 품위와 체면을 오손(汚損)케 하는 논

제(허위선전)는 그 진상이 발견되는 데로 엄중히 처리키로 한다.

7. 고려신학교 제일주의 시정을 촉구하고 총회 지도하에 운영체계를 정비할 것을 기구한다.

주후 1974년 8월 29일

경남(법통)노회 제100회 노회 노회원 일동

7. 송상석 목사의
소송기록 청구(1974. 10. 2.)

1974년 9월 24일자로 전성도, 한학수 목사에 의해 피소된 송상석 목사가 1974년 10월 2일자로 총회장 윤봉기 목사에게 내용증명으로 보낸 소송기록 청구서이다. (이 문서에서 '권'이란 '권징조례'를 의미한다.)

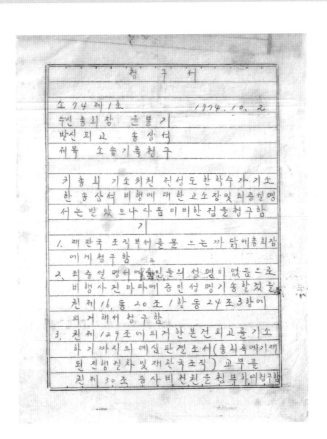

청구서

소 74 제1호, 1974. 10. 2.

수신 : 총회장 윤봉기

발신 : 피고 송상석

제목 : 소송기록 청구

귀 총회 기소위원 전성도, 한학수가 기소한 송상석 비행에 대한 고소장 및 죄증설명서는 받았으나 다음의 미비한 점을 청구함.

기

1. 재판국 조직 부서를 모르는 까닭에 총회장에게 청구함.
2. 죄증설명서에 증인들의 성명이 없으므로 비행사건 마다에 증인 설명 기송할 것을 권 제16, 동 20조 1항, 동 24조 3항에 의거하여 청구함.
3. 권 제129조에 의거한 본건 피고를 기소하기까지의 예심 판결 조서 (총회록에 기재된 진행절차 및 재판국 조직) 교부를 권 제30조 등사비 천원을 첨부하여 청구함.

1974. 10. 2.

대한예수교장로회 경남노회 소속

목사 송 상 석

서울시 동대문구 용두동 119의 44 동부교회

대한예수교장로회 총회장 윤 봉 기 귀하

8. 원고 전성도, 한학수 목사의
변호인 신청서(1974. 10. 17.)

대한예수교장로회 총회 기소위원인 전성도, 한학수 목사는 1974년
10월 17일 총회특별재판국장에게 김희도 목사와 윤은조 장로를 원고
변호인으로 신청하였다.

원고 변호인 신청서

원고   대한예수교장로회 총회 기소위원

        전성도(만 63세)

        대한예수교장로회 부산노회 목사

        부산시 동래구 온천동 436의 8

        한학수(만 43세)

        대한예수교장로회 경북노회 목사

        대구시 남구 봉덕동 1구 529

피고   송상석(만 78세)

        경남노회 목사

        마산시 상남동 87-1

본 재판 사건에 대하여 권징조례 제4장 제27조의 규정을 좇아 아래와 같이 변호인들을 신청하오니 조량하신 후 허락하여 주시기를 바랍니다.

변호인   김희도 (만 60세)

        대한예수교장로회 부산노회 목사

        부산시 중구 부평동 4가 58번지

        윤은조(만 41세)

        대한예수교장로회 부산노회 부민교회 장로

        부산시 서구 부민동 2가 13번지

1974년 10월 17일

신청인 원고 전성도, 한학수

총회특별재판국장 귀하

9. 송상석 목사의
'피고 진술서'(1974. 10. 17.)

총회특별재판부가 조직되고, 전은상, 한학수 목사가 기소위원이 되어 송상석 목사를 고발하였고, 1974년 10월 7일에 첫 재판회가 열리게 되자 송상석 목사는 이날 피고 진술서를 제출하였다. 송상석 목사는 두 번째 재판일인 1974년 11월 7일에도 피고 진술서를 제출하였는데, 아래의 내용은 제1차 피고 진술서이다. 전문은 아래와 같다. (이 문서에서 '권'은 '권징조례'를, '정문'은 '정치문답조례'를 의미한다.)

피고 진술서

소74 제3호 1974. 10. 17.
수신 고려파 총회장 윤봉기 목사
       특별재판국장 민영완 목사
발신 피고 송상석 목사

본인은 공정한 재판 받기를 원하고 결코 재판을 회피할 생각은 없다.
그러나 알렉산더 대왕이 조수가 밀려드는 바닷가에 앉아서 "여기는 내 보좌니 민물이 달려들지 못하리라."고 호령한 것처럼 특별재판회는 절대적이라고 호령하지는 않을 줄 안다.

이 특별재판회가 합법적이면 이 재판을 반드시 받아야 하고 만일에 불법 재판회라면 본인은 재판 받을 아무런 의무가 없을 것이다. 그래서 권징조례 제 23조의 1의 1, 2, 3, 4에 의거해서 그 불법을 지적코자 한다. 그런데 만일에 그렇지 않은 반중이 확립되면 피고는 벌 위에 더 벌을 받아야 할 것이다.

• 학교법인 고려학원 이사회 공식 조사단에 제시한 진술서를 별첨하여 본건 심의에 인용을 청구함.

- 기 -

1. 첫째로 총회 특별재판국 (설치) 구성 자체가 불법이다.

1) 권 제124조, "총회는 상설재판국을 설치하고 재판 사건을 상설판국에 의해 재판할 수도 있고, 총회가 관할할 수도 있나니라." 하였고,

2) 권 제131조 "총회는 상설재판국의 판결은 ① 검사하여 채용하거나, ② 환부하거나 ③ 특별재판부를 설치하고 그 사건을 판결 보고서 할 것이다."라고 하였고,

3) 권 제133조, "총회가 필요로 인정할 때에는 특별재판국을 설치하고 상설재판국 규칙을 적용할 것이다."라고 했다. 그렇다면 권 제 124조 총회는 상설재판국을 설치하고 하회(노회)에서 상정된 사건을 상설재판국에 의탁 판결을 한 것이 인정될 때에는 (권 제131조-) 종결되는 것이고, 만일에 재검토할 필요가 있을 때에는 "특별재판국을 설치하고 상설재판국 규칙을 적용하여 (권 제133조) 특별재판국에서 그 사

건을 판결 보고케 하느니라."고 한 것은 (권 제 131조) 권 제65조, 동 70 조 및 정문 435에 의거한 재심 규례를 인용한 것이다.

특히 권 제136조 말미에 "원고나 피고는 또 그 상회에 소원할 수 있다."라고 한 것은 상회에서 처결한 전심 판결에 대한 재심을 말한 것이다. 그래서 정치문답 조례 435, "재판 안건에 대하여 총회가 결정하면 상고하지 못하고 재론이나 변경을 못하나 착오가 명백히 발견되면 개정할 수 있느니라."고 하였다.

결론: 위의 각 조항을 살펴보면 그 답안은 다음과 같은 결론을 준다.

• 총 결론, 그렇다면

① 하회 판결이나 결정이 없는 상소

② 총회가 상설재판국에 위탁 판결을 한 사실이 없고

③ 상설재판국이 판결도 없었던 상소를 심결키 위한 특별재판국 설치는 헌법 정치 제34조(치리회의 성질과 관할) 및 동 제64조 총회 직무 규정에 위배된 불법이다.

2. 재판 관할 규정상 불법이다.

1) 헌법 정치 제34조 1항 말미, "각 치리회는 각기 사건을 법대로 치리하기 위하여 관할의 범위를 정할 것이며, 각 회는 고유한 특권이 있으나 순서대로 상회의 검사와 관할을 받는다."

2) 권징조례 제19조 목사에 관한 사건(재판)은 그 소속 노회의 관할에 속한다. (이하 생략)

3) 관 제107조, "목사나 교인은 어느 때와 어느 지방에서 범죄하였던지 그 소속 치리회의 재판을 받는다."

4) 정치문답 332, "목사는 당회나 총회 관할에 속하지 않고 직접 치리
   할 수 없느니라."

5) 정문 351의 2항, "사는 노회라야 재판하느니라."

6) 정문 430, "총회가 상고를 받는 일 없이 소속 교회나 목사를 직접 치
   리할 수 없느니라."

7) 결론, 목사에 대한 치리는 노회의 판결에 대한 불복이나 또 위탁 판
   결이 올라오기 전에는 총회가 목사를 직심 치리하지 못하는 법을
   위반한 불법이다.

3. 상소 규정상 불법이다.

1) 권 제94조에 의거하면,

　① 상소는 하회(노회)에서 판결한 재심 사건에 대하여 서면으로 총회
　　에 제출하는 것임.

　② 소송 사건에 대하여 판결을 취소하거나 변경코자 하면 상소하
　　는 것 외에 파도가 없다.

③ 공소심에서는 증거조를 취급할 수 있으나 상고심에서는 증거조를
   폐할 것이니라고 하였다.

　　그렇다면, (가) 하회(노회)의 판결이 없는 상소의 판결 취소와 변
　경 받을 것이 없는 상소가 있을 수 없고, (나) 증거조를 폐한 상소에
　원심(하회, 노회)의 증거조 없는 상소는 재판 진행이 불가능할 것이다.

2) 권 제95조 상소 제기는 다음과 같은 사유가 없으면 불법 상소이다.

　① 하회가 재판을 불법하게 한 때

　② 하회가 상소하는 것을 불허하는 때

③ 하회가 어던 한편에 대하여 가혹히 취조하는 때

④ 부당한 증거를 채용하는 때

⑤ 합당하고 중요한 증거 채용을 거절하는 때

⑥ 충분한 증거 조사 전에 급속히 판결하는 때

⑦ 소송 취급사에 편견이 나타나는 때

⑧ 판결 중에 오착이나 불공평이 있을 때

• 결론. 이상의 사유가 없는 상소는 불법이다.

4. 총회의 직심 사례를 위반한 불법이다.

1) 권 제19조 "목사에 대한 사건은 노회 직할에 속하니 상회가 처리하라고 명한 것을 처리하지 아니하였을 때와 또 부주의로 처벌치 아니하였을 때에는 상회가 직접 처결할 권이 있다."

2) 권 제112조, "노회가 폐지되면 폐지된 노회가 착수하였던 재판 사건은 총회가 직접 계속 처리한다."

3) 권 제134조, "노회가 노회를 상대한 행정 소송이 있으면 총회에 직접 상소할 수 있으나, 이런 경우에는 사건 발생 후 일 년 이내에 재고된 서기와 총회 서기에게 통지해야 한다."

4) 정문 408, "목사 임명권은 노회에 전속한 것이나 노회가 해면해야 할 목사를 해면치 아니하므로 상고가 있을 때에는 대회(총회)가 조사하여 노회의 결정을 변경하라고 명할 수 있느니라."

5) 정문 177의 7, "목사들은 다 본 노회 치리 권한에 있는데 만일 그 노회가 폐지되면 미결된 재판건은 총회가 처리하느니라."

6) 정문 177의 8, "목사, 장로 치리 권한은 다 노회와 당회에 있는 것이

나, 범죄 사건을 그 치리회가 마땅히 행할 직분을 행하지 못하거나 상회가 재판하라는 명령에 순종치 아니하면 그 상회(대회, 총회)가 직접 재판할 수 있느니라."

7) 정문 405, "대회(총회)는 완전히 상소를 수리하는 회인데 … 노회는 목사를 직접 심판하되 대회(총회)는 노회에서 심판한 판결에 대하여 불복하는 상고나, 노회에서 제출하는 문의를 받은 뒤에는 심판할 수 있느니라."

• 결론. 헌법 정치 제34조(치리회의 성질과 관할) 동 64조(총회의 직무) 및 정문 428의 1 "총회 권한"은 "교회의 도리와 헌법에 관한 하회의 문의와 그 결정에 대한 상고 및 고소를 받아 결정할 수 있다."고 하였는데, 이상 각 조에 해당치 않는 처리는 불법이 아니라 할 수 없을 것이다.

5. 상고심 진행 절차상 불법이다.

1) 권 제99조에 의거한 상고심 진행 절차법을 적용하지 않고 권 제20조를 채용한 것이 위법이다.

2) 권 제99조에 의거한 상고인의(기소위원) 상고 통지서와 상고장과 상소 이유 설명서를 예정 기간 내에 제출한 일이 없었고, 고소장과 죄증 설명서를 제출한 것뿐이다.

3) 상회는 하회의 판결과, 상소 통지서와, 상소장과 상소 이유 설명서를 낭독한 일이 없고, 권 제20조에 의거한 고소장과 죄증 설명서에 피고의 명예훼손에는 거침이 없는 장광설을 토하고 피고의 언권 및 성명을 거부하고 상고를 수리한 총회는 불법을 감행한 것이다.

6. 동등한 치리회 간의 불법을 지적한다.

1) 권 제134조, 치리회 간에 소원할 일이 있으면(권 제84-101 참조) 한층 더 높은 상회에 기소할 수 있으나, 이런 경우에는 사전 발생 후 일 년 이내에 피고된 회의 서기와 그 상회 서기에게 통지해야 한다.

　①행전건을 기소할 수 있으나 하 노회 소속 개인에 대한 사건은 상고할 수 없다.

　②사건 발생 후 일 년 이내에 피고된 노회 및 그 상회 서기에게 통지하지 안 했으면 시효가 소멸되었다.

　③권 제84-101 각 조항에 의거하지 않은 처사는 불법이다.

2) 소원에 관한 권 제84-101조를 고찰하면 하회가 결정한 사건에 대해서 어느 한 편이 불복하거나 변경을 목적하고 그 상회에 상고하는 것이다.

3) 권 제38조 타 노회 소속 목사의 범죄 사실을 그 노회가 유죄로 생각하면 그 내용을 당연히 범죄한 그 목사가 소속한 노회에 통지할 것이요, 이를 접수한 후에 그 사건이 종교상 명예에 관계되는 것이면 즉시 재판하는 것이 옳다고 했다.

• 결론. 이상에 반대되는 부조리한 처사는 불법이다.

10. 송상석 목사의 2차 진술서(1974. 11. 7.)

피고 송상석 목사는 10월 17일에 이어 11월 7일에 제2차 재판회가 모일 때, 제2차 피고 진술서를 총회장 윤봉기 목사와 특별재판국장 민영완 목사에게 보내 불법 재판임을 주장하였다. 그는 부적법한 헌법 적용, 총회의 상소 수리와 의결권 위반, 총회와 특별재판국의 성경 가르침 위반이라는 세 가지 이유를 들어 불법 재판이라고 주장하였다. 송상석 목사는 2차 피고 진술서와 함께 '항의와 청원', 그리고 '소원장'을 첨부하였는데, 전문은 아래와 같다.

피고 2차 진술서

소 74 제5호 1974. 11. 7.

수신 고려파 총회장 윤 봉 기 목사
       특별재판국장 민 영 완 목사
발신 피고 송 상 석 목사

본인이 지난 1974. 10. 17.자로 제출한 피고 진술서와 이사회 공적 조사 답변서 및 이에 대한 증거서 중외에 이를 보충하기 위하여 제2차 진술서를 제출함.

1. 부적법한 헌법 적용을 지적한다(권 제23조 1의 3항 참조).

기소의원 한학수 목사와 전성도 목사의 말이 "본건 기소는 권 제7조 및 동 19조에 의거한 것이라."고 하나,

1) 권 제7조. "누가 범죄하였다는 전설만 있고 소송하는 원고가 없으면 재판을 열 필요가 없느니라. 단, 권장할 필요가 있는 경우에는 치리회가 원고로 기소할 수 있느니라."고 한데 의거하였다고 하나, 이는 상식문제이고 또한 권 제107조를 모르는 말이다.

2) 권 제107조, "목사나 교인은 어느 때나 어느 지방에서 범죄하였던 지 그 소속 치리회의 재판을 받을 것이다."고 하였다. 이 말을 주해한다면, 치리회가 기소할 수 있다는 말은 각급 치리회(당회, 노회, 동회)의 관할에 속한 해당 치리회의 기소를 말한 것인데, 해당 치리회를 거치지 아니한 안건을 상급 치리회가 월권 직심할 수 없는 법이다.

3) 권 제19조, 목사에 관한 사건은 노회 직할에 속하고 일반 신도에 관한 사건은 당회에 속하나 "상회가 하회에 명령하여 처리하라는 사건을 하회가 순종치 아니하거나, 부주의로 처결하지 아니하면 상회가 직접 처결권이 있나니라."고 한데 의거한 것이라고 하나, 경남노회는 본건 피고에 대해 처결하라는 명령을 받은 일이 없고 또한 그런 명령을 부주의로 처결하지 아니한 사실도 없었던 일이니 이런 억강 부회적인 주장은 권 제23조 1의 3항에 해당하는 불법이다.

2. 총회의 상소 수리와 의결권에 위반한 불법을 지적한다.

1) 권 제12조 동 90조 및 135조, "어느 회든지 기소코자 하면 대리위원을 선정하여 초심부터 종심 판결까지 위임할 수 있느니라."고 하였음에 따라 경북노회가 한학수 목사와 변종수 장로를 대리위원으로 선정 위임한 하회인 경북노회 총대들의 발언권은 권 제91조, 동 94조, 동 98조에 의거해서 언권이 정지되는 것이 법인데도 불구하고 총회가 본건 상소를 수리하는 결의에 경북노회의 총대들이 앞장서 결의에 참여하고 언권을 행사한 일은 불법을 자행한 일이다.

2) 총회가 상고를 수리하고 그 소장과 최종 설명서는 피고에게 보내왔으나 소장에 미비된 증인 성명을 제시해 줄 것을 권 제16조, 동 20조 1항 등 24조 3항에 의거해서 2차로 거듭 청구하였던 바 권 제94조 2항을 들어 "상고심에는 증거조가 폐지되어 있다는 이유로 기각한다."라고 하였으니, 그렇다면 상고심에 규정된 권 제94조, 동 95조, 동 99조에 의거한 상고 수리를 하지 않고 권 제20조 1항에서 말한 고소장과 최종 설명서만을 내고 증인 성명을 제시치 않는 일은 권 제23조 3항에 해당하는 위반이고 부적당한 헌법 적용은 이율배반적인 불법이다.

3) 상소 규례 권 제99조 1항에 의거한 ① 하회 판결서, ② 상소 통지서, ③ 상소장, 상소 이유 설명서를 제출하지 않고, 고소장에 쓰여 있는 죄상과 최종 설명서를 들고 나와 수백 명 청중 앞에서 남의 신상 문제를 거침없는 장광설을 토하는 등 사(事)는, 적법 재판을 하려고 하는 것보다 정죄하는 데만 열중하고 있음은 성경이 지시한 재판이라고 할 수 없다.

3. 총회와 특별재판국은 성경에 위반한 불법이 있음

1) 요 7:51 "우리 율법은 사람의 말을 듣고 그 행한 일을 알기 전에 판결하느냐"고 한 것은 당시 바리새파 집권당의 불법에 대한 항의다.

• 총회는 피고의 답변을 거부하여 듣지 않고 권 제99조 1항에 위반된 상고를 수리하였다. 그래서 권 제23조 2항, 동 83조, 동 88조, 동 99조 1항에도 "원 피고의 말을 들은 후에 판결하라."고 하였다.

2) 요 7:24, "외모로 판단하지 말고, 공의의 판단으로 판단하라"고 하였으니, 과연 증거도 없는 판단이야말로 공판이 아니고 독재요, 외모요, 또한 공의의 판단이라고 할 수 없을 것이다.

3) 그리고 요 8:17, "너의 율법에도 두 사람의 증거가 참되다"라고 하였으니, 공정한 재판을 하려면 증거 없이는 못할 것이다.

① 그래서 우리 헌법 권징조례 제16조, 동 20조 1항, 동 24조 3항에 "참된 증인의 증거로 재판하라."고 하였고,

② 권 제24조 4항에 "증인의 말을 들은 후에 원피고가 진술할사"라고 하였고,

③ 권 제59조 1항에는 "매 사건에 대하여 각별한 증인 일인씩만 있을지라도 가신할만한 실증이 있으면 해소장은 전부 결정할 수 있느니라."고 했다.

4) 성경과 기독교 역사는 불법 재판을 경고하였다.

① 행 23:3, "네가 나를 법대로 판단한다. 하고 앉아서 율법을 어기고 나를 치리하느냐" 고 하였다.

② 그래서 창 4:9-11, 아벨의 피를 삼킨 땅이 입을 벌려 그 피가 하나님께 호소하고 있는 그 소리를 듣는 재판관에게 재판을 받고 싶다.

③ 기독교 역사는 말하고 있다.

- 지동설을 주장하다가 당시 집권자들에게 화형을 받아 불에 타죽으면서 나는 불타 죽을지라도 진리는 결코 죽지 않는다고 외쳤던, 코페르니쿠스, 갈릴레오를 본받고 싶은 것이 나의 심정이다. 그들은 지금도 지동설과 함께 살고 있음을 본 까닭이다.

• 총결론

법은 저울이다. 욥은 말하기를 "내가 공평한 저울에 달려서 하나님이 정직함을 아시게 되기를 원한다" 하였고(욥31:6). 그래서 레위기 19:36에 "공평한 저울과 공평한 추를 사용하라"고 하였다. 이 말은 요한복음 7:24, "외모를 보고 재판하지 말고 공의로 옳게 판단하라"는 성경에 의거한 말이다.

- 끝으로 별지 (1) 항의와 청원, (2) 소원장을 첨철하여 현재의 공판에 소재를 받칩니다.

1974. 11. 7.

피고 송 상 석

미 고 2차 진 술 서

소 74. 제 5 호   1974. 11. 9.

수신   그리와 총회장 은 봉 기 목사

        특별 재판구장 김 영 완 목사

발신   미   고   송 상 석 목사

        본인이 지난 1974. 10. 17. 자로 제출한 미고 진술서와 이사회

문제 조사 답변서 및 이에 대한 증거서류 외에 이를 보충하기 위하여 제

2차 진술서를 제출함.

一. 부적법한 헌법 적용을 지적한다. (권제 23조 3항 참조)

   기소위원 한화수 목사와 권성도 목사의 말이 "본건 기소는 권제 7조

   밎 동 19조에 의거한 것이라" 고 하나,

   1. 권제 7조 누가 범죄하였다는 건실만 있고 소송하는 원고가 없

      으면 재판을 열 필요가 없나니라.

      단. 권한상 필요가 있는 경우에는 시리회가 원고로 기소할 수

         있나니라" 그 말대 의거하였다고 하나, 이는 상식문제이고

         또한 권제 107조를 모르는 말이다.

   2. 권제 107조 목사나 교인은 어느때나 어느지방에서 범죄하였던

      지 그 소속치리회의 재판을 받을 것이라" 하였다.

11. 송상석 목사의
항의와 청원 및 소원장

피고 송상석 목사는 2차 진술서와 함께 항의와 청원 및 소원장을 총
회장 윤봉기 목사와 특별재판국장 민영완 목사에게 보냈다.

(1) 항의와 청원(1974. 11. 7.)

소74 제6호   1974. 11. 7.

수신 : 고려파 총회장 윤봉기 목사

참조 : 특별재판국장 민영완 목사

발신 : 피고 송상석 목사

제목 : 1. 증인 제시 청구 기각 명예훼손 항의

     2. 소원장 수정 보완 신청

1. 1974. 10. 2. 및 동월 11일자 2차로 권 제16조, 동 20조 1항, 동 24조 3항, 동 129조에 의거하여 청구한 증인 성명 제시를 권 제94조 2항에 의거해서 기각하고, 부적법한 권 제20조를 칭탁하여 총회 앞과 재판회 앞에서 고소장과 죄증설명에 부당한 새김질까지 붙여 가면서 거침없이 열 올려 토한 장광설은 고의적인 명예훼손을 항의함(법에 어그러진 종교재판은 더욱 그러함).

2. 권 제23조 2의 2항에 의거하여 1974. 10. 17.자로 제출한 소원장을 별첨한 소원장과 같이 수정 보완하여 제출함.

        - 이상 -

대한예수교장로회 경남노회 소속 목사

피고 송상석

서울특별시 동대문구 용두동 119의 44 동부교회

대한예수교장로회 총회장 윤봉기 목사 귀하

(2) 소원장(1974. 11. 7.)

소 74 제7호
수신 : 고려파 총회장 윤봉기 목사
참조 : 특별재판국장 : 민영완 목사
발신 : 피고 송상석 목사

두 번 제출한 피고인 진술서가 채택이 안될 때는 재판부가 적용한 권 제20조(대), 권 제94조 2항은 이율배반적인 불법이 명백하고, 헌법 상소 규례 권 제94조, 동 95조, 동 99조 및 피고 진술서에 제시한 헌법 각 조 항에서 불법을 명백히 지적하고 있으므로 권 제23조 3항을 거부하고 본건 재판은 권 제23조 1항의 1, 2, 3, 4에 해당되고, 권 제75조에 해당 되지 않는 상소인고로 권 제84조, 동 94조 1항, 동 136조 및 정문 435 단서 및 제23회 총회록 27페이지 결의사항 91의 2항(총회 결의에 대하여 재심청 구할 수 있다로 가결)에 의거하여 소원을 제출함.

- 이상 -

대한예수교장로회

경남노회 소속 목사 송상석

소　　　본　　　장

소74 제7호　　　　　　　　　　　　　　　1974. 11. 7.

수 신　그리마총회장 윤 동 기 목사

참 조　특별재판국장 민 덕 용 목사

난 신 지 고　송 상 석 목사

　　　　무반 제출한 피고의 진술서가 재판이 안됨에는 재판부가 적용한
권제 20조(제)권제 64조 2항은 이를 위반적인 불법이 명백하고, 민법 상소
규칙 권제 94조 동95조 동 99조 및 피고 진술서에 제시한 헌법 각소항에서
불법을 명백히 지적하고 있으므로 권제23조 3항을 거부하고 본건 재판은
권제 23조 1항의 1, 2, 3, 4에 해당되고 권제 75조에 해당되지 않는 상소
인고로 권제 64조 동 94조 1항 늠 136조 및 정문 435만서 및 제23 통죄등
27까지 긴의 사항 91적 2항(종의견의에 따라어 재심 납변할 수 있다고 가
결)에 무거워서 소원을 제출함.　　　　　　　　　　　　─ 이상 ─

　　　　　　　대 한 예 수 교 강 로 회
　　　경 남 노 회 소 속 목 사　　　송　　　상

12. 재판국원 박은팔, 강호준, 조인태의
재판진행의 불법성에 대한 '항의서'(1974. 11. 7.)

총회 특별재판국원 중 박은팔 목사, 강호준 목사, 그리고 조인태 장로
는 성경과 교단 헌법에 위반되는 재판 진행에 대하여 항의하는 항의
서를 특별재판국장 민영완 목사에게 제출하였다.

항의서

수신: 특별재판국장 민영완 목사

발신: 특별재판국원(항의자) 박은팔 목사

　　　　　　　강호준 목사

　　　　　　　조인태 장로

제목 : 재판에 대한 항의

지난 24회 총회가 특별재판국을 설치하고 송상석 목사에 대한 재판건을 위임한 바 있어 1974. 10. 17. 부산 복음병원 내 이사장 사무실에 회집하여 개정 심리한 바 있고, 1974. 11. 7. 제2차로 심리키로 한바 기소위원이 기소 이유로 제시한 권 제7조 및 동 19조는 부적합한 주장이고, 피고의 진술서를 검토하지 아니하는 등의 (재판 규례에 위반됨) 부조리를 권 제103조에 의거하여 항의하고 소원을 총회장에게 제출키로 하였습니다.

이유

1. 성경에 위반된 재판 진행을 할 수 없음

1) 본건 문제의 원인이 된 이사장 해임에 대한 재심 청구는 제23회 총회록 29페이지 결의 사항 91의 2항에, "총회결의에 대하여 재심청원을 할 수 있다는 것을 재 확인한다"는 가결로 수습됨으로 상대방의 비를 거론치 않고 낙착된 것입니다. 그렇다면 설혹 일방에 잘못이 있었다 할지라도 교단을 위한 공로와 원로목사로 추대를 받고

은퇴한 분에게 특혜법에 의거한 요 8:3-11과 같이는 못한다 할지라도, 요 7:51과 같이 해명 사유를 듣고 공정한 재판을 못할 하등의 이유가 없습니다. 그런 까닭에 증거 조사가 없는 정죄를 신 17:7이 항상 치리회를 향한 경고를 하고 있습니다.

2) 그래서 바울 선생도 행 23:3에 "네가 법대로 판단한다고 앉아서 법을 어기고 나를 치라 하느냐"고 항의한 것입니다. 그런고로 요 7:24에 "외모로 판단하지 말고, 공의로 옳게 판단하라"고 하였습니다.

3) 소송은 원고와 피고 사이에 다툴 것이고, 재판관은 공정한 입장에서 어느 일방에 치우치지 않고, 법적 문제와 그 정상을 파악하고 공정한 재판을 해야 하고, 치리회가 상소한 사건이라면 원심(노회 재판) 판결도 없는 부적법한 재판은 할 수 없습니다.

2. 교단 헌법을 위반한 불법에 찬성할 수 없음(장로회 정치원리 제 7조 '치리권' 및 동 8조 '권징' 참조)

1) 본건을 경북노회의 건의로 기소하였다고 하나, 권 제134조 치리회 간의 재판 규례에 위반된 불법입니다. 경남노회 소속 목사에 대한 소안건을 경북노회가 총회에 직접 상소할 수 없는 까닭입니다.

2) 상소 수리가 권 제99조 1항 ① 하회 판결, ② 상소통지서, ③ 상소장, ④ 상소이유 설명서가 없었고, 윤봉기 총회장은 피고에게 답변할 수 있는 언권을 거부하고 상소 수리는 권 제99조 1항에 위반한 불법이었습니다(권 83조, 동 88조 참조).

3) 상소 수리에 무 권자의 결의권이 개입된 불법

　　① 권 제12조, 동 90조, 동 135조에 의거하면 "어느 회든지 기소코자

하면 대리위원을 선정하여 초심부터 중심 판결까지 위임할 수 있느니라."라고 하였은즉, 경북노회가 한학수 목사와 변종수 장로를 대리위원으로 선정 위임한 경북노회 총대들은 권 제91조, 동 94조, 동 98조에 의거하여 본건 심의 의결에 마땅히 언권 및 결의권이 정지되어야만 할 터인데, 본건 상소 수리 표결에 경북노회 총대들이 앞장서 결의에 참여한 일은 불법인 고로 그 상소 수리는 무효입니다.

② 뿐만 아니고, 변종수 장로는 총회 석상에서는 고소인(기소위원)으로 본건을 고발한 사람이었는데, 특별재판국원이 된 일은 이해할 수 없는 일입니다.

3. 권 제23조 1항에 해당되고, 권 제95조에 해당되지 않는 상소 재판을 할 수 없음

1) 증거조사 없는 재판은 권 제16조, 동 20조 1항, 동 24조 3, 4 각 항에 위반된 재판일뿐만 아니고, 본건 고소장에 쓰여 있는 사실 유무를 묻기 전에 재판 개심(개정) 시효가 경과한 사건인 고로 권 제134조에 위반한 불법임.

2) 특별재판국 설치(구성) 자체가 불법 적부는 총회가 재검토할 것임으로 본 재판국원은 말할 바 아니나 본 특별재판국을 유지할 수 없는 사유가 있습니다.

① 재판국원 9인 중 목사 5인, 장로 4인인데, 본건 재판 진행을 반대하는 국원이 목사가 2인, 장로가 1인인즉, 목사 3인과 장로 3인으로서는 재판국 법적 구성이 못 됩니다. 권 제119조 및 126

조에 의거하여 본다면 목사 1인이 부족한 까닭입니다.

② 그렇다 할지라도 이런 경우에 권 제124조에 의거하여 재판국원 의 결원은 총회장이 자벽 보선할 수 있을 것인가 하면, 권 제135 조 및 동 29조로 피고가 거부권을 행사할 것인즉, 재판국원 성 원을 얻지 못함으로 불가능합니다.

③ 위와 같은 부조리한 재판을 부자연스럽게 강행할 필요가 없을 것인즉, 재판을 중지하고 총회에 이 뜻을 보고하여 내년 총회에 서 할 수 있는 일이라면 수속 절차를 재정비해서 처리함이 적법 인 줄 알고 현 특별재판국의 처사를 동의할 수 없어 권 제103조 에 의거한 항의를 하는 바입니다. 끝.

대한예수교장로회 고려파 총회

특별재판국원 박은팔 목사

강호준 목사

조인태 장로

대한예수교장로회 고려파 총회

특별재판국장 민영완 목사 귀하

13. 송상석 목사의 항의서(1974. 11. 12.)

송상석 목사는 총회 특별재판국의 재판이 불법이라고 주장했으나 아무런 반응이 없자 1974년 11월 12일, 다시 특별재판국장 민영완 목사에게 재판 진행절차가 위법이라는 등 6개 항목으로 항의서를 제출한다.

항의서

소 74. 제6호 1974. 11. 12.
수신 특별재판국장 민영완 목사
제목 재판 진행절차 위법에 대한 항의
발신 피고 송상석 목사

본인이 고려파 총회특별재판국 소환에 응하는 일은 재판국 사람들의 명령에 의한 것이 아니고, 법에 응하는 것인바 불법을 본인이 좌지우지는 못할 것입니다. 적법적인 재판은 사형 선고를 내릴지라도 재판국원에게는 책임이 없을 것이나 불법적인 재판은 살인죄를 범하게 될 것입니다. 권 제10조에 의거한 항의 사항은 다음과 같음.

1. 총회의 상소(소원 혹은 건의) 수리와 특별재판부의 공판 과정에 대한 불법을 항의함.
2. 본 건을 경북노회의 (건의)라는 명목으로 총회가 고소장과 죄증 설명을 청취한 후 피고의 답변을 윤봉기 총회장 및 총회로 하여금 거부케 하고 피고의 소속 노회도 모르는 상소(소원 혹은 건의)를 수리하여 특별재판국을 설치 의탁하고 권 제7조와 동 19조에 의거하여 기소함에 대한 부적법한 법리를 명백히 하고 있으며,
3. 죄증 설명서에 증인들의 성명이 누락된 것은 권 제16조, 동 24조 3항에 의거한 증인의 성명 제시와 권 제129조에 의거한 본건 피고를 기소하기까지의 예심 판결 조서(총회록에 기재된 진행절차) 등본을 권 제30

조 등사비를 첨부하여 2차나 거듭 청구하였음에도 불구하고 상금까지 회시하지 않는 불공정한 재판을 항의함.

4. 본건 재판을 담당한 재판국원은 재판회를 열 때마다 자차지종 참석한 재판국원 외에는 재판에 결의권자가 될 수 없음에도 불구하고(권 제29조) 지난 11월 7일 대구 서문로교회당에서 열린 본건 재판회에 최만술 목사를 재판국원으로 보선한 바 있었던 사실을 뒤늦게 알게 된 고로 앞날을 대비하기 위하여 권 제29조에 의거하여 이와 같은 재판국원 보선을 피고는 절대적으로 허락할 의사 없음을 예고해 둡니다.

5. 거 74. 11. 7. 대구 서문로교회당에서 개정된 재판회에서 피고를 위한 대변자 선임은 고의적으로 소환장을 내지 않고 결석 판결을 획책하는 술법인 듯한데 이는 너무도 엄청난 불법이 아니라 할 수 없습니다.

6. 위와 같은 방법으로 내지 무슨 벌이든지 덮어씌워 본다 할지라도 이런 재판은 허수아비를 화장하는 격이 되어 과잉 충성인 검정풀이는 될지는 몰라도 허공을 치는 갈대 막대기가 되고 말 것입니다.

7. 결론

1) 1974. 10. 17. 및 1. 7. 자로 제출한 피고의 1, 2차 진술서 및 이에 첨부된 소환장을 재확인 검토하시고 선처를 바라오며,

2) 피고의 소환장 본문 제5행에 권 제23조 1항의 1, 2, 3, 4, 다음에 동 2항을 기입할 것과 권 제75조를 권 제95조로 정정을 신청합니다.

3) 본 건을 권 제88조 및 권 제23조 2항에 의거하여 처리를 소원하고 있는 바이온즉 제25회 총회가 재판하기 전에 그 소원에 대하여 원

고 및 피고의 변명을 듣고 직권에 의하여 처단하게 될 것인즉 오는 11월 20일까지 그 소원이 총회장에게 송달을 경유하였다는 회보가 없을 때는 피고가 총회장에게 직접 송달할 것입니다.

1974. 11. 12.
대한예수교장로회 경남노회 소속
피고 송상석 목사

14. 송상석 목사의 소원 및
재심청구서(1974. 11. 21.)

송상석 목사는 자신에 대한 재판이 법 규정을 위반한 불법 재판임을
지적하였으나, 아무런 개선이 이루어지지 않자 또 다시 특별재판국
설치가 위법이며, 재판이 불법하다고 주장하고 소원 및 재심을 청구
하였다.

소74. 제7호   1974. 11. 21.
수신 고려파 총회장 윤봉기 목사
참조 특별재판국장 민영완 목사
발신 피고 송상석 목사

피고의 진술서 및 항의서에 의한 소원 및 재심 청구

기

1. 제24회 총회는 권 제99조 1항(피고의 답변 청취 거부) 및 권 제 134조에 위
   반된 상소를 수리하였고, 특별재판국 설치는 권 제124조, 동 131조,
   133조에 위반된 명분 서지 않는 불법이며,

2. 특별재판국은 권 제20조 보통 재판 규례에 의거한 고소장 및 범죄 설명서만 제출하고 증인의 성명은 상소 규례 권 제124조 2항을 빙자하여, 상고심에는 증거조를 폐하였다는 이유를 붙여서 증인의 설명 제시를 기피하고 있음은 위증의 책임을 모면코자 하는 방책인듯 하나, 이야말로 이율배반적인 불법이 아니라 할 수 없다.

3. 본건 재판은 피고의 진술서 및 항의서에서 부적법한 사실을 명백히 지적한바 있거니와 특히 권 제23조 1항이 1, 2, 3, 4에 저촉되고 권 제95조에 해당되지 않는 상소인 고로 권 제23조 1항의 3 및 동 23조 2항, 권 제69조 및 136조, 정문 435 문답단서 및 제23회 총회록 27페이지 결의사항 91의 2항에 의거하여 소원 및 재심을 청구합니다.

1974. 11. 21.

대한예수교장로회 경남노회 소속 송상석 목사

서울시 동대문구 용두동 119의 44 동부교회
대한 예수교 장로회 고려파 총회장 윤 봉 기 목사 귀하

소 원 및 재 심 청 구 서

소 74 제 7 호   1974. 11. 21.

수신 고려파 총회장   은 봉 기   목 사

참조 특별 재판국장   민 영 환   목 사

발신 피 고   송 상 석   목 사

피고의 진술서 및 항의서에 의한 소원및 재심청구

" 기 "

1. 제24회 총회는 권제99조 1항 (피고의 답변십취 거부) 및 권제134조
에 위반된 상소를 수리 하였고, 특별 재판구 설치는 권제124조, 동 131조에 위
반된 명분 서지 않는 불법이며,   동 133조에

2. 특별 재판구은 권제 20조 보통 재판규례에 의거한 고소장 및 범죄
설명서만 제출하고 증인의 성명은 상소 규례 권제 124조 2항을 빙자하여, 상고
심에는 증거초를 폐하였다는 이유를 붙여서 증인의 성명제시를 기피하고 있음
은 위증의 책임을 모면호저 하는 방책인 듯하나, 아하말도 이율배반적인 불법
이 아니라 할수 없다.

3. 본건 재판은 피고의 진술서 및 항의서에서 부저법한 사실을 명백히
지적한 바 있거니와 특히 권제 23조 1항의 1.2.3.4.에 저촉되고 권제 95조에
해당되지 않는 상소인고로 권제 23조 1항의 3 및 동 23조 2항, 권제 69조 및
동136조, 정문 435 문답단서 및 제23회 총회록 27페이지 결의사항 91의 2항에
의거하여 소원 및 재심을 청구합니다.

1974.   11.   21.

대한예수교 장로회 경남노회 소속목사   송 상 석

서울시 동대문구 용두동 119의 44 동 부 교 회

대한예수교 장로회 고려파 총회장   은 봉 기 목 사 귀하

15. 김선규 목사와 조규태 장로의 '답신서'(1974. 11. 27.)

특별재판국에서 임의로 김선규 목사와 조규태 장로를 송상석 피고인의 대변자로 선정하자, 이들은 피고인이 개정시에 출두하여 증언한 바 있으므로 대변인 선정은 법 위반이고, 따라서 이를 거부한다는 내용의 답신서를 특별재판국장 민영완 목사에게 보냈다.

답　신　서

1974. 11. 27.

수신　　특별 재판국장　민영완　목사

발신　　대변 피선자　　김선규　목사
　　　　　　〃　　　　조규태　장로

제목　　대변자 피선 거부

이　유

지난 74년 11. 7일 대구 서부로 교회당에서 개정된 귀 특별 재판국에서 본인들을 피고 송상석 목사의 대변자로 선정하였다는 일은 권제 22조에 의거한듯 하되, 실은 권제 22조에 위반되는 처사 인고로 본인들은 출석할 필요가 없는줄 압니다. 권제 22조는 "피고가 두 번 소환을 받고 출석치 아니하면 궐석 판정할 것이니" 이런 경우에 "치리회가 피고를 위하여 대변자를 선정 할지니라"고 하였으니, 피고가 74. 10. 17. 부산 복음 병원 이사장 실 에서 개정시와, 같은해 11. 7 대구 서부로 교회당에서 개정시에 두 차례 다 출석한 사실이 명백한 이상 세번째로 열리는 재판 회에서 궐석판결을 하기 위하여 본인 들이 대변인으로 선정 될

답신서

수신 : 특별재판국장 민영완 목사

발신 : 대변 피선자 김선규 목사. 조규태 장로

제목 : 대변자 피선 거부

이유

지난 1974년 11월 7일 대구 서문로교회당에서 개정된 귀 특별재판국에서 본인들을 피고 송상석 목사의 대변자로 선정하였다는 일은 권 제22조에 의거한 듯한데, 실은 권 제22조에 위반되는 처사인 고로 본인들은 출석할 필요가 없는 줄 압니다. 권 제22조는, "피고가 두 번 소환을 받고 출석치 아니하면 결석 판결할 것이니" 이런 경우에 "치리회가 피고를 위하여 대변자를 선정할지니라."고 하였으니, 피고가 1974년 10월 17일 부산 복음병원 이사장실에서 개정시와, 같은 해 11월 7일 대구 서문로교회당에서 개정시에 두 차례 다 출석한 사실이 명백한 이상 세 번째로 열리는 재판회에서 결석 판결을 하기 위하여 본인들이 대변인으로 선정될 하등의 이유가 없음으로 출석을 거부할 것입니다.

1974년 11월 27일
경남법통노회 소속 목사 김 선 규
경북노회 소속 장로 조 규 태
서울시 마포구 창전동 28-178 서강교회
대한예수교장로회 고려파 총회 특별재판국장 민영완 목사

16. 특별재판국원 박은팔, 강호준 목사, 조인태 장로가 총회장과 특별재판국장에게 보낸 '항의서' 및 '소원장'

특별재판국원 박은팔 목사, 강호준 목사, 조인태 장로는 송상석 목사 재판이 위법하다며, 총회장과 특별재판국장에게 '항의서' 및 '소원장' 을 보냈다.

(1) 항의서(1974. 12. 3.)

수신: 특별재판국장 민영완 목사
발신: 특별재판국원(항의자) 박은팔 목사, 강호준 목사, 조인태 장로
제목: 재판에 대한 항의

지난 24회 총회가 특별재판국을 설치하고 송상석 목사에 대한 재판건을 위임한 바 있어 1974. 10. 17. 부산 복음병원 내 이사장 사무실에 회집하여 개정 심리한 바 있고, 1974. 11. 7. 제2차로 심리키로 한바 기소위원회의 기소 이유로 제시한 권 제7조 및 동 19조는 부적법한 주장이고, 피고의 진술서를 검토하지 아니하는 등(재판 규례에 위반됨)의 부조리를 권 제103조에 의거하여 항의하고, 소원을 총회장에게 제출키로 하였습니다.

이유

1. 성경에 위반된 재판 진행을 할 수 없음

1) 본건 문제의 원인이 된 이사장 해임에 대한 재심청구는 제23회 총회록 29페이지 결의 사항 91의 2항에, "총회결의에 대하여 재심청원을 할 수 있다는 것을 재 확인한다"는 가결로 수습됨으로 상대방의 비를 거론치 않고 낙착된 것입니다. 그렇다면 설혹 일방에 잘못이 있었다 할지라도 교단을 위한 공로와 원로목사로 추대를 받고 은퇴한 분에게 특혜법에 의거한 요 8:3-11과 같이는 못한다 할지라도, 요 7:51과 같이 해명 사유를 듣고 공정한 재판을 못할 하등의 이유가 없습니다. 그런 까닭에 증거 조사가 없는 정죄를 신 17:7이 항상 치리회를 향한 경고를 하고 있습니다.

2) 그래서 바울 선생도 행 23:3에 "네가 법대로 판단한다고 앉아서 법을 어기고 나를 치라하느냐"고 항의한 것입니다. 그런고로 요 7:24에 "외모로 판단하지 말고, 공의로 옳게 판단하라"고 하였습니다.

3) 소송은 원고와 피고 사이에 다툴 것이고, 재판관은 공정한 입장에서 어느 일방에 치우치지 않고, 법적 문제와 그 정상을 파악하고 공정한 재판을 해야 하고, 치리회가 상소한 사건이라면 원심(노회 재판) 판결도 없는 부적법한 재판은 할 수 없습니다.

2. 교단 헌법을 위반한 불법에 찬성할 수 없음(장로회 정치원리 제7조 '치리권' 및 동 8조 '권징' 참조)

1) 본건을 경북노회의 건의로 기소되었다고 하나, 권 제134조 치리회 간의 재판 규례에 위반된 불법입니다. 경남노회 소속 목사에 대한

소안건을 경북노회가 총회에 직접 상소할 수 없는 까닭입니다.

2) 상소 수리가 권 제99조 1항 ① 하회 판결, ② 상소통지서, ③ 상소
   장, ④ 상소이유 설명서가 없었고, 윤봉기 총회장은 피고에게 답변
   할 수 있는 언권을 거부하고 상소 수리는 권 제99조 1항에 위반한
   불법이었습니다(권 제83조, 동 88조 참조).

3) 상소 수리에 무 권자의 결의권이 개입된 불법

   ① 권 제12조, 동 90조, 동 135조에 의거하면 "어느 회든지 기소코
      자 하면 대리위원을 선정하여 초심부터 중심 판결까지 위임할
      수 있느니라."라고 하였은즉, 경북노회가 한학수 목사와 변종
      수 장로를 대리위원으로 선정 위임한 경북노회 총대들은 권 제
      91조, 동 94조, 동 98조에 의거하여 본건 심의 의결에 마땅히 언
      권 및 결의권이 정지되어야만 할 터인데, 본건 상소 수리 표결
      에 경북노회 총대들이 앞장서 결의에 참여한 일은 불법인 고로
      그 상소 수리는 무효입니다.

   ② 뿐만 아니라, 변종수 장로는 총회 석상에서는 고소인(기소위원)으
      로 본건을 고발한 사람이었는데, 특별재판국원이 된 일은 이해
      할 수 없는 일입니다.

3. 권 제23조 1항에 해당되고, 권 제95조에 해당되지 않는 상소 재판을 할 수 없음

1) 증거조사 없는 재판은 권 제16조, 동 20조 1항, 동 24조 3, 4 각 항에
   위반된 재판일뿐만 아니라, 본건 고소장에 쓰여져 있는 사실 유무
   를 묻기 전에 재판 개심(개정) 시효가 경과한 사건인 고로 권 제134조
   에 위반한 불법임.

2) 특별재판국 설치(구성) 자체가 불법 적부는 총회가 재검토할 것임으로 본 재판국원은 말할 바 아니나 본 특별재판국을 유지할 수 없는 사유가 있습니다.

① 재판국원 9인 중 목사 5인, 장로 4인인데, 본건 재판 진행을 반대하는 국원이 목사가 2인, 장로가 1인인즉, 목사 3인과 장로 3인으로서는 재판국 법적 구성이 못 됩니다. 권 제119조 및 126조에 의거하여 본다면 목사 1인이 부족한 까닭입니다.

② 그렇다 할지라도 이런 경우에 권 제124조에 의거하여 재판국원의 결원은 총회장이 자벽 보선할 수 있을 것인가 하면, 권 제135조 및 동 29조로 피고가 거부권을 행사할 것인즉, 재판국원 성원을 얻지 못함으로 불가능합니다.

③ 위와 같은 부조리한 재판을 부자연스럽게 강행할 필요가 없을 것인즉, 재판을 중지하고 총회에 이 뜻을 보고하여 내년 총회에서 할 수 있는 일이라면 수속 절차를 재정비해서 처리함이 적법인 줄 알고 현 특별재판국의 처사를 동의할 수 없어 권 제103조에 의거한 항의를 하는 바입니다. 끝.

대한예수교장로회 고려파 총회

특별재판국원 박은팔 목사

강호준 목사

조인태 장로

대한예수교장로회 고려파 총회

특별재판국장 민영완 목사 귀하

항   의   서

1974. 12. 3.

수신   특별 재판국장 민 영 완 목사

발신   특별 재판국원(항의자) 박 은 팔 목사

강   호   준   목사

조   인   태   장로

제목   재판에 대한 항의

지난 24총회가 특별 재판국을 설치하고 송상석 목사에 대한 재판건을
위임한바 있어 1974. 10. 17. 부산 복음병원내 이사장 사무실에 회집하여 개
정 심미한바 있었고 1974. 11. 7. 제2차로 심미키로한바 기소위원의 기소 이
유로 재시한 권제 7조 및 동 19조는 부작법한 주장이고 피고의 질술서를 검토
하지 아니하는 등의 (재판규메에 위반됨) 부조리를 권제 103조에 의거 해서
항의하고 소원을 총회장에게 제출키로 하였읍니다.

이   유

一. 성경에 위반된 재판 진행을 할수 없음.

1. 본건 문제에 원인이된 이사장 해임에 대한 재심청구는 제 23회 총회록
29페이지 결의사항 91의 2항에 "총회 결의에 대하여 재심 청원을할수
였다는 것을 재 확인한다" 는 가결로 수습됨으로 상대방의 비를
거톤치 않고 낙착된 것이다. 그렇다면 설혹 일방에 잘못이 있었다

(2) 소원장(1974. 12. 3.)

수신 : 고려파 총회장 윤 봉 기 목사
참조 : 특별재판국장 민 영 완 목사
제목 : 재판에 대한 소원건

본 특별재판국원 3인은 송상석 목사에 대한 재판건 심의에 참여하여
연구해본 결과 성경과 기독교 윤리 및 교단 헌법과 특히 장로교 정치
원리 제7, 8조에 부당한 일로 알고 권 제84조 및 동 23조 1항 3에 의거
별지로 첨부된 특별재판국장에게 제출한 항의[2] 내용을 이유 삼아 소
원하오니 선처하심을 경요하나이다.

특별재판국원 박은팔 목사

강호준 목사

조인태 장로

서울특별시 동대문구 용두동 119의 44 동부교회

대한예수교장로회 고려파 총회

총회장 윤봉기 목사 귀하

---

2. 첨부된 항의 내용은 1974년 12월 3일자 특별재판국장 민영완 목사에게 보낸 내용과 동일함으로 재 수록
하지 않았음.

소　　환　　장

1974. 12. ?

수신　그리하 총회장　한 봉 기 목사

참조　특별재판구장　민 영 완 목사

제목　재판에 대한 소원건

　　　본 특별재판구원 3인은 송상석 목사에 대한 재판건 심리에 참여하
이 연구재본 결국 심리과 기록고 은디 및 그단건님과 특비 장로회 결지일이
제7.8라조에 부당한일로 알고 ~~~~~~~~~~~ (헌지34조 약) ~~~~ (동23조 1항3에 의거) ~~~ 제3에 의거 의적 넘지
도 집부된 특별재판구장에게 제출란 항의 내용을 이유삼아 소환하오니 심처
하심을 경요하나이다.

　　　　　　　　특별재판구원　박　은　갑　목사
　　　　　　　　　　　　　　　강　오　춘　목사
　　　　　　　　　　　　　　　조　민　태　장로

서울특별시 동대문구 홍두동 115의 44 동 부 교 회
대 한 예 수 교 장 로 회 그 리 파 총 회
총 회 장 한 봉 기 목사　귀 하

17. 총회 특별재판국 재판회의록

대한예수교장로회 총회특별재판국은 피고 송상석 목사에 대한 3차례 (1차: 1974년 10. 17., 2차: 11. 7., 3차: 12. 3.)의 재판회의를 했는데, 여기 그 회의록을 소개한다. 편집자가 입수한 1차 회록(초안본)에는 송상석 목사의 재판 거부나 재판국에 대해 모독적인 언사를 발설했다는 기록이 없으나 공식적인 회록에는 이런 점이 추가되어 있다. 제3차 회록에는 총회재단법인 이사장실(부산시 서구 암남동 34)에서 개정하여 회의 장소를 남교회당(부산시 중구 광복동 2가 11)으로 옮겨 회의하고 종료한 것으로 되어있으나, 보다 자세히 기록한 회의록 초본(이상규 교수 소장)에 보면, 11시 15분 회의 장소를 남교회당에서 다시 부산여관 509호로 옮겨 회의를 계속한 것으로 기록되어 있다. 여기서는 공식적인 회의록을 소개한다. 회의록은 특별재판국 서기 신현국 목사가 수기로 작성한 것이다.

(1) 제1회 재판회록(1974. 10. 17.)

피고: 목사 송상석

주후 1974년 10월 17일 오후 3시 30분에 총회특별재판국이 재단법인 이사장실(부산시 서구 암남동 34번지 복음병원 내), 국장 민영완 목사 주관으로 개정(開廷)되다. 서기가 국원을 점명하니 전원 참석하다. 재판에 따른 국원만의 예비 회의를 하고 동일 오후 6시 30분에 잠깐 후회 후 곧 속회

하다. 기소위원측에서 신청한 변호인 목사 김희도, 장로 윤은조 씨는 받기로 가결하다.

본 건 심리를 단호히 거부하는 입장을 취하는 피고 송상석 목사는 '피고 진술서(별지)'를 낭독 설명하면서 제24회 본 교단 총회가 선출한 총회특별재판국이 불법이라고 주장하면서, 재판을 거부하는 입장을 밝히며 재판국에 대하여 계속 모독적인 언사를 구사하였다.

본 재판국은 피고의 이 같은 주장은 적법한 과정을 통하여 할 것이며, 총회가 선출 구성한 특별재판국의 재판권을 순종할 것을 종용했으나, 피고는 교회법에 금하고 있는 재판적 모독, 증언 불응, 심문 불응하고 퇴장했다.

본 재판국은 피고의 주장에 대하여 논의한 바, 본 재판국은 피고 진술서의 내용을 취급할 권(權)이 없고, 총회가 위임한 안건만을 취급할 권뿐이므로 권징조례 제7조, 23조 2항의 3에 의거 이를 기각하기로 가결하다.

제2회 개정일은 주후 1974년 11월 7일 오후 2시, 장로로 서문로교회당(경북 북성로 2가 19)으로 결정하다. 폐회하기로 가결하고 서기가 재판회록을 낭독하고 자구 수정하여 받기로 가결하고, 심군식 목사 기도로 폐정하니 동일 오후 8시였다.

총회특별재판국
국장 목사 민영완
서기 목사 신현국
서류작성 위임 목사 심군식

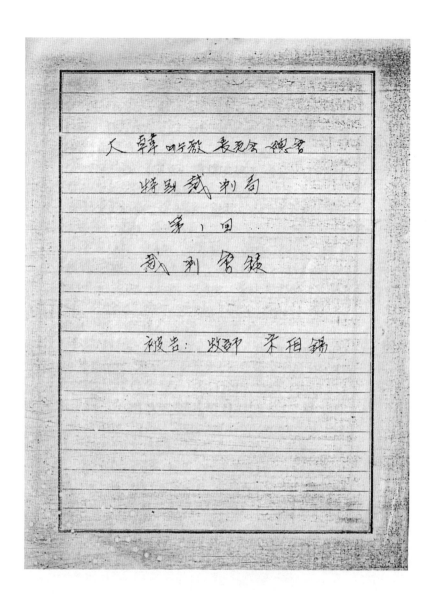

大韓예수敎 長老會 總會

特別 裁判局

第 1 回

裁判 會錄

被告: 牧師 宋相錫

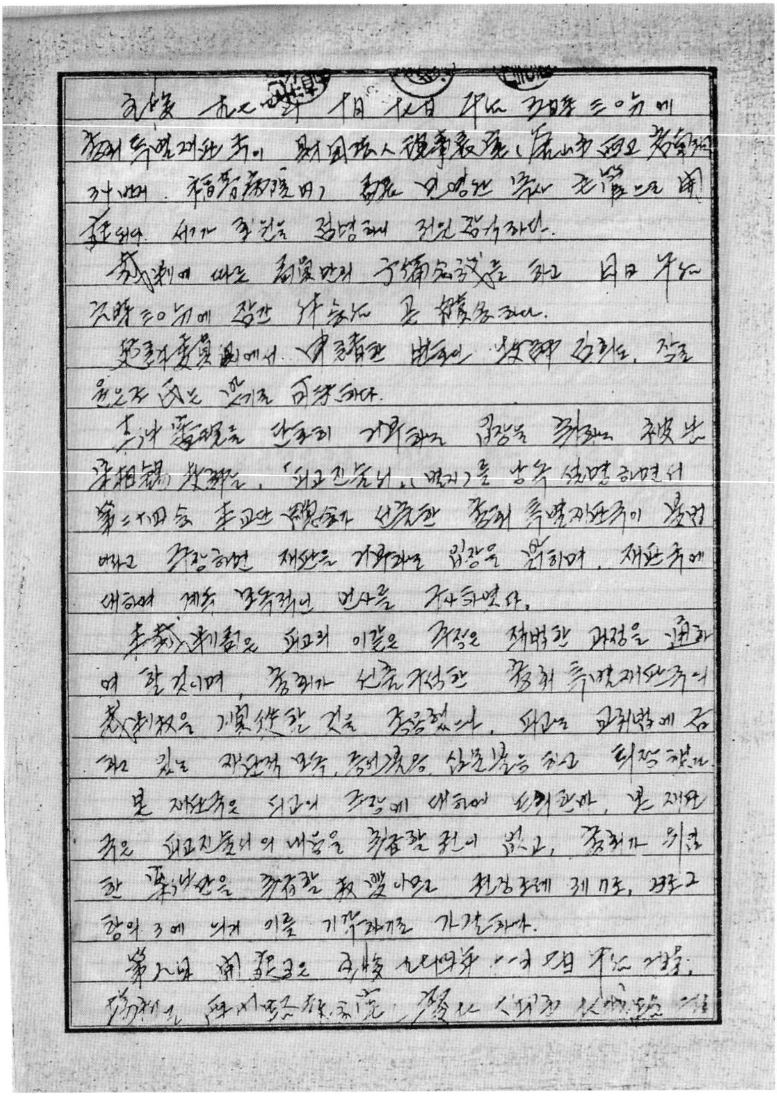

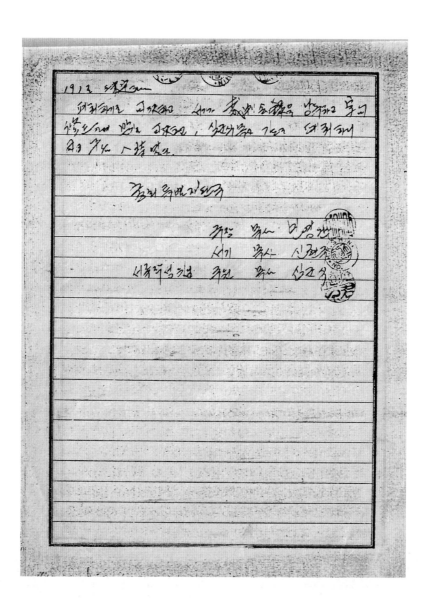

1912 총회에서

폐지하기로 교섭하고 서기가 총회 총대록을 낭독하고 특히
산술도시에 맡고 하였고, 실천위원회 기도로 폐지하여
요3 7시 ~ 폐회 였다.

총회 특별 위원회

            서기 목사 변성옥
            서기 목사 신정균

서울위성 기념   주선 목사 심근옥

(2) 제2회 재판회록(1974. 11. 7.)

피고: 목사 송상석

주후 1974년 11월 7일 오후 2시 50분 대구 서문로교회당 별실(경북 대구시 중구 북성로 2가 19번지)에서 국장 민영완 목사 사회와 국원 강호준 목사의 기도로 개정하다. 서기는 외원을 점명하니 민영완, 강호준, 신현국, 심군식, 박은팔, 김수복, 변종소, 손기홍, 조인태 전 국원이 출석하여 성수됨으로 국장이 개정을 선포하다.

동일 오후 3시 40분 재판 장소를 본 교회당으로 옮겨 재판을 진행키로 하다.

국장이 본건 심의를 선포했으나 피고 송상석 목사는 먼저 2차 피고 진술서를 낭독 설명키를 강력히 청원했다. 국장 민영완 목사가 본 재판국의 재판권에 순종할 것을 명했으나 재판권 순종을 거부하고 본건 심리건의 발언만을 요구했다.

국장 민영완 목사는 원로 대우라는 설명으로 피고의 진술서 낭독을 허락했다. 본 재판국은 피고의 2차 진술서 낭독과 설명을 1시간 가량 청취만 하고 채용의 성질이 아니므로 본건 심의 수락만을 종용했다. 재판 진행중 국원 변종수 장로의 조퇴건은 이의 없이 수락하다.

본건 취급에 앞서 서기가 고소장 및 죄증설명서를 낭독하다. 피고 송상석 목사는 권 제99조 1항을 들어 이 조문의 원리대로 총회가 결정치 아니했음으로 본 재판국의 재판권을 인정치 않는 최종 태도를 밝히고, 기타건은 피고 진술서대로 말하고 퇴장하다.

이에 재판 진행시 피고 대변인을 선정키로 가결하고, 선정하니 경남노회 목사 김선규, 경북노회 장로 조규태 씨이다.

제3차 재판국 개정 일자는 주후 1974년 12월 3일 오후 2시, 장소는 부산시 서구 암남동 34번지 대한예수교장로회 총회 이사장실(복음병원 내)로 가결하다. 폐회키로 가결하고 이어 회록을 채택하다. 국장 민영완 목사 기도로 폐정하니 동일 오후 6시 45분이었더라.

주후 1974년 11월 7일
대한예수교장로회 총회 특별재판국
국장 목사 민영완
서기 목사 신현국
서류작성 위임 목사 심군식

大韓예수敎長老會　總會

特別 裁判局

第二日

裁判會錄

被告: 牧師 辛相錫

장로교 부산시 서부 ○○로 34번지 대한 예수교 장로회 총회 아성실
(주소 변경 ○기로 하다.)

○○치리를 가결하고, 이어 회록도 채택 하다.

회장 민영완 목사 기도로 폐정하고 ○○ 오후 6시 45분이었음~

주후 1974년 11월 7일

대한 예수교 장로회 총회 특별재판국

회장 목사 민영완 [인]
서기 목사 신○○ [인]
선교행정 ○○○회 목사 신○○ [인]

(3) 제3회 재판회록(1974. 12. 3.)

피고 : 목사 송상석

개정일자 주후 1974년 11월 3일 오후 2시 15분
장소 총회 재단법인 이사장실(부산시 서구 암남동 34)

국장 민영완 목사 인도로 예배를 드리고 손기홍 장로가 기도하다. 서기가 회원을 호명하니 전원 출석하다. 국장이 개정을 선포하다. 개정 벽두 목사 국원 박은팔, 강호준, 장로 국원 조인태 씨 등이 공동명의로 제기한 항의서(별지)는 받기로 가결하고, 항의서에 기록된 내용이 총회의 결정과 관계되는 것임으로 총회에 보고키로 하다.

장소를 남교회당(부산시 중구 광복동 2가 11)으로 옮기기로 가결하다. 동일 오후 4시 30분 남교회당에서 속계하다. 피고 목사 송상석 씨는 종전과 같은 주장으로 재판을 거부한다고 밝히고 퇴장함으로 궐석 재판키로 가결하다. 2차 재판시 선정한 대변인 목사 김선규, 장로 조규태 씨가 거부 답신서(별지)를 보내어 왔음으로 3차 재판정 당석에서 대변인으로 목사 최만술, 전은상 씨를 선출하다.

서기가 고소장 및 죄증 설명서를 낭독하다. 변론 도중 저녁 식사시간까지(오후 1시) 정회키로 가결하니 동일 오후 6시 55분이었다. 동일 오후 8시 20분에 속계되다. 기소위원 목사 전성도, 한학수 씨의 심문과 피고측 대변인 최만술, 전은상 씨의 변호가 있었고, 그간 피고와 동일한 입장을 취했던 3국원(항의서 참조)도, 기소내용 청취와 증인 장로 윤은

조 씨 등의 증언을 듣고 반론을 제기하지 아니하였다.

축조 변론 가부투표하다.

1) 총 12개 항목(큰 제목 5개 항)에 대하여 변론을 전개했으며, 대변인 목사 전은상 씨의 선처를 바란다는 최종 변호를 청취하다.

2) 축조 가부 투표하니 다음과 같다(기권은 다수에 넣기로 전체 합의).

　①총회 불복 인정 8:1, ② 문서 위조 8:1, ③ 거짓 증거 9:0, ④ 공 금유용 8:1

3) 시벌 종류를 먼저 투표하다(권 제45조 근거)

　제명출교 1, 면직 3, 정직 2, 자진 근신 1, 권계 1, 기권 1명이었다.

4) 형량 결정

　투표 순위에 따라 투표키로 하고 투표하니 면직 6:3으로 가결하다.

5) 제반 서류 작성 및 보고 시행 일체를 국장, 서기 및 심군식 목사에게 일임키로 가결하고 총회까지의 재판건에 관련된 사건들에 대비토 록 하다.

폐회키로 가결하다. 서기가 회록을 낭독하니 문구를 수정해서 받기로 가결하다. 국장 민영완 목사 기도로 폐회하니 주후 1974년 12월 4일 오전 4시 10분이었다.

총회 특별재판국

국장 목사 민영완

서기 목사 신현국

서류작성 위임 목사 심군식

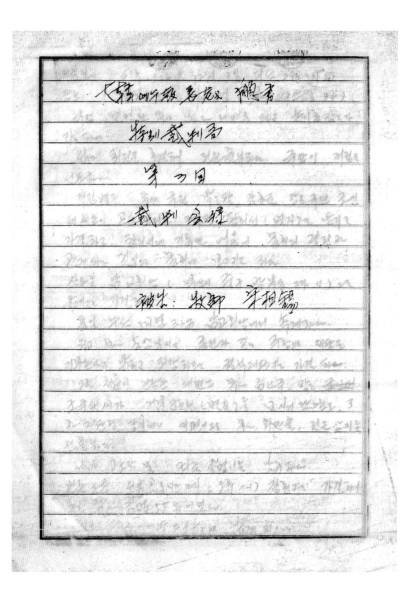

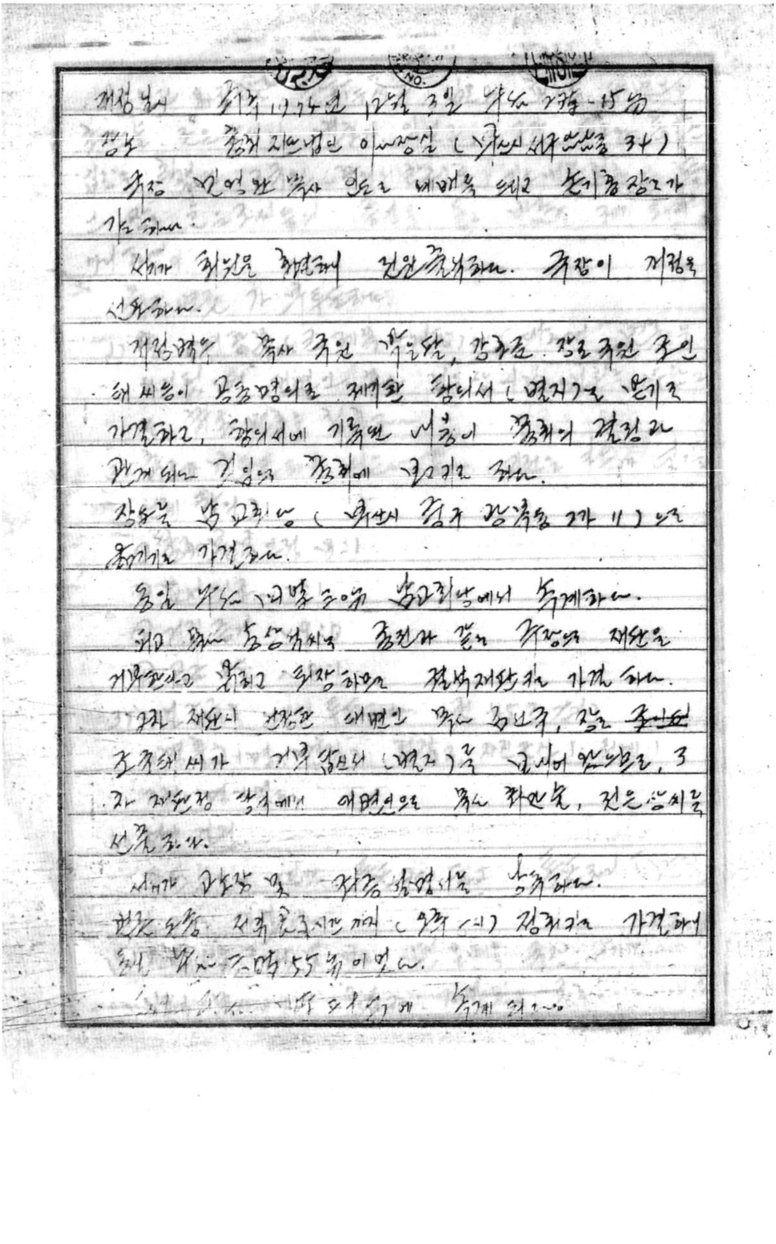

개정일시 ... 1974년 12월 3일 밤 ... 7시-9시

장소 ... 부산 ...

...

기도회라 화된 몬들, 한약○○에 대한과 피고를 대면부
확인되는 것는상세나 계속가 있었고, 2간 △2와 통일된
심증 取했고 3목인 (참여가 했다)오, 기도 ○○한○나 ○
○ 장○ ○○○씨등이 증인측 들로 반문을 제기 하리
에 ○였다.

목조 변론 가 있었○한다.

1) 목 ○개 ○측 (3 제목 ○개측)에 ○○○ 변론을
○○○ ○여 어떤의 ○○ 검을상 ○○ 신화적 ○○○○
도 ○목을 변론을 하○○다.

2) 목조가 화된을하여 ○○○ 끝○ (○○은 ○○의 ○○을
○계 ○○○)

   ㉮ ○○○ ○○측 ○○○ ~8:1

   ㉯ ○서 ○○ ~ 8:1

   ㉰ ○○ 증거 ~ 9:0

   ㉱ ○○ ○○ ~ 8:1

3) 시법 ○○○측 ○○ ○○○다. ○ 45조 ○가)
   제 ○○측고 1명, ○○3, ○○2, 자진○신 1. ○계 1,
   ○○ 1명이 ○○.

4) ○○ ○○
   ○○ ○○에 ○○ ○○가 ○고 ○○○○ ○ ○○○
   b○○나 ○○○○.

5) 제○○ ○○ ○○ ○ ○고 시○ ○제를 ○○, 서기○
   심○○ 목사 에게 ○○○가 가○하고 ○○에○ ○재○

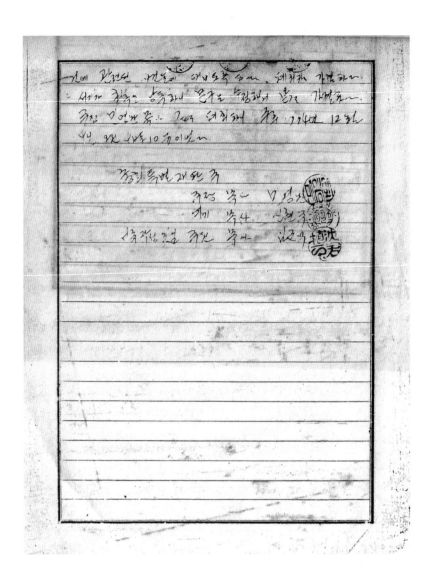

18. 송상석 목사에 대한 '판결문'(1974. 12. 4.)

총회특별재판국은 3차례의 재판회의 후에 1974년 12월 4일, 송상석 목사의 목사직 파면을 결정하고 아래와 같은 판결문을 발표하였다. 판결문 전문은 아래와 같다. 이 판결 이후 12월 7일, 판결문을 인쇄하여 전국교회에 배포하였다. 판결문, 판결 집행명령서 등의 초안자는 재판국 서기 신현국 목사였다. 판결문의 전문(前文)은 심군식 목사가 초안하였다. 판결문의 각주는 원문에는 없으나 독자들을 위해 편집자가 첨가한 것이다.

판결문

원고: 대한예수교장로회 총회

  기소위원: 전성도(직위: 목사)

    한학수(직위: 목사)

피고: 송상석 (만 78세)

  소속 치리회: 대한예수교장로회 경남노회

  직위: 목사

  주소: 경남 마산시 상남동 87-1

전문

교단의 부패 부정을 일소하고 속화된 교권을 제거해야 하는 본 교단 제24회 총회의 강한 종교개혁적 정신에 따라 수임된 재판안건을 종결함에 있어서 우리는 과거를 회고하고 오늘의 상황을 눈물 접도록 통분하지 않을 수 없는 것입니다.

  주후 1938. 9. 10. 제27회 장로회 총회에서 일제의 총칼의 위협과 부패된 교권의 억압하에 '신사참배'가 가결됨으로써 이를 반대하는 주의 종들과 성도들이 옥중에서 필설로 형언할 수 없는 고난을 당하게 되었던 것입니다. 주후 1945. 8. 15. 주의 은혜로 조국의 해방과 더불어 옥중에서 출옥된 성도들은 한국교회의 부패를 시정하는 회개운동을 전개하면서 현직 교직자 자숙안이 공포되어 철저한 회개가 촉구되었습니다.

그러나 일부 교권주의자들은 이 회개운동을 거절하고 도리어 출옥 성도들을 독선적이니 바리새적이니 비난하면서 속화된 교권의 무리들은 신앙 순결을 되찾으려는 출옥 성도들을 억누르기 시작하였습니다.

여기에 개혁의 불길은 일어나 고려파가 출범하게 되었고 교리와 생활의 순결을 생명으로 삼고 지금에 이르도록 발전과 부흥을 가져오게 되었습니다. 그러나 그렇게도 두려워했던 속화된 교권과 부패의 요소가 독버섯처럼 우리 자체 내에 솟아나 있음을 발견하고 진리의 종들과 신앙 순결을 보수하려는 성도들은 경악해 마지않으면서 개혁의 뜨거운 가슴으로 몸부림치게 되었습니다.

그리하여 주후 1974년 9월 19일에 개회된 제24회 총회는 개회 벽두부터 교권에 의한 무질서와 혼란을 보고 부패요소의 수술 시기가 온 것임을 절감하게 되었고, 이에 개혁운동의 불길은 더욱 강렬하게 솟아오르기 시작하였던 것입니다. 이러한 추세 하에 피고 송상석 목사의 거듭된 총회결의 불복, 위증, 공금유용 등 온갖 불의 사실을 청문하고 대한예수교장로회 총회(24회)는 권징의 절실한 필요에서 이를 기소하고 재판권 일체를 총회가 선임 설치한 특별재판국에 일임하였던 것입니다.

그러나 피고 송상석 목사는 3차에 걸친 소환(1차 1974. 10. 27., 2차 1974. 11. 7., 3차 1974. 12. 3.)에도 불구하고 총회의 결정과 특별재판국 구성을 불법이라 주장하고 총회의 결의에 순종하라는 거듭되는 요구에도 불구하고 추호의 반성이나 순종의 빛을 보이지 않음으로써 이에 본 재판국은 총회가 수임한 권에 의하여 그리스도께서 세우신 재판관의 권을 가지고 진리를 보호하며 그리스도의 권위와 영광을 견고케 하며 악행을 제거하고 교회를 정결케 하며 덕을 세우고 범죄한 자의 신령적 유익을 도모하려 하여 이에 엄숙히 판결에 임하게 된 것입니다.

주문

경남노회 소속 목사 송상석 씨는, 1) 총회결정 불순종, 2) 문서위조, 3) 거짓증거, 4) 공금유용한 죄의 충분한 증거가 드러났으므로 본 특별재판국은 심사한 결과 송상석 씨는 그리스도교회의 목사직을 수행하는 것이 천부당만부당한 줄로 확인하는 고로 송상석 씨의 목사직을 파면하고 그 직분 행함을 금하노라. (면직판결)

판결이유

1. 피고 송상석씨는 총회 결정에 불순종한 사실과
2. 문서위조를 함으로써 제9계명을 범한 일과
3. 거짓증거를 되풀이함으로써 제9계명을 범한 일과
4. 공금을 유용함으로써 제8계명을 범한 사실 때문임
5. 적용 법조문
   신앙고백 제31장 3항, 정치 13장 61조, 64조, 65조,
   정치문답조례 185문, 420문, 421문, 424문, 428문, 429문, 435문,
   대요리문답 제145문
   대요리문답 제145문[3]
   대요리문답 제142문

---

3. 판결문 원문에 '대요리문답 145문'이 두 번 기재되어 있으나 이는 착오로 보인다.

본 특별재판국은 주 예수 그리스도의 이름과 그가 맡기신 직권에 의지하여 주문과 같이 판결한다.

주후 1974년 12월 4일
대한예수교장로회 특별재판국
국장 목사 민 영 완
서기 목사 신 현 국
국원 목사 강 호 준
국원 목사 심 군 식
국원 목사 박 은 팔
국원 장로 김 수 복
국원 장로 변 종 수
국원 장로 손 기 홍
국원 장로 조 인 태

19. 송상석 목사에 대한
'판결 집행명령서'(1974. 12. 6.)

총회특별재판국은 경남노회의 송상석 목사를 면직하고 경남노회장에게 다음과 같은 판결 집행명령서를 하달하였다.

판결 집행명령서

수 신: 대한예수교장로회 경남노회장
발 신: 대한예수교장로회총회 특별재판국장

원 고: 대한예수교장로회 총회
　　　　기소위원 목사 전 성 도
　　　　　　　목사 한 학 수

피 고: 송 상 석
　　　　소속치리회: 대한예수교장로회 경남노회
　　　　직 위: 목사
　　　　주 소: 경남 마산시 상남동 87-1

본 재판건을 심리한 결과 별지 판결문과 같이 피고 송상석 씨를 면직
하였사옵기에 권징 조례 제4장 제19조, 제5장 제45조에 의거 시벌을
집행할 것을 명령합니다. 본건 시행 후 주후 1974년 12월 31일까지 회
보하시기를 바라며, 만일 순종하지 아니하거나 부주의로 기일 내에
취결하였다는 회보가 없을 때에는 전시 법 조문에 위배 판시 불복이
되오니 유의하시기 바랍니다.

　　　　　　　　　　　　　　　　　1974년 12월 6일
　　　　　　　　　　　대한예수교장로회총회 특별재판국
　　　　　　　　　　　　　　　국장 목사 민 영 완
　　　　　　　　　　　　　　　서기 목사 신 현 국

20. 송상석 목사에 대한
'죄증설명서 및 공고이유'(1974. 12. 7.)

총회특별재판국은 송상석 목사에 대한 재판 결과를 경남노회에 통보
하면서 판결 집행을 명령하고, 총회 산하 각 교회에는 '죄증설명서'와
이를 '공고'하는 '죄증설명서 및 공고이유'를 발송하였다. '죄증설명서
및 공고이유' 공문과 총회특별재판국이 발표한 '죄증설명서' 전문을
소개한다.

죄증설명서 및 공고이유

수 신: 대한예수교장로회(고신) 산하 각 교회
발 신: 대한예수교장로회총회 특별재판국장
참 조: 대한예수교장로회 총회장

주후 1974년 9월 대한예수교장로회 총회가 기소하여 본 특별재판국
에 위임한 피고 송상석 씨에 대한 재판 건을 종결함에 즈음하여, 죄증
설명서를 첨부하고, 권징조례 제5장 36조, 정치문답조례 제187문 하
(下)항에 의하여 공고하오니 양지하시기 바랍니다.

주후 1974년 12월 7일

대한예수교장로회총회 특별재판국

국 장 목 사 민 영 환

서 기 목 사 신 현 국

죄증설명서

1. 송상석 목사는 총회 결정에 불복하였다.

1) 1972년 9월 부민교회에서 개최된 제22회 총회에서 이사장 개편 투표가 당시 이사장이었던 송상석 목사의 주재로 실시되었는데 한명동 목사가 이사장에 선출되었다. 송상석 목사는 한명동 목사가 이사장에 선출된 것을 선언하고 이사회의 사회권을 한명동 목사에게 넘겨준 후 총회 석상에 나타나서 이사장 선출투표에 부정이 있었다는 것과 민법 제777조에 의거하여 형제 간에 학장과 이사장이 될 수 없다고 주장함으로써 장시간 논란 끝에 이사장을 포함한 이사 전원이 총사퇴하기로 총회에서 가결되니 송상석 목사도 박수로 이를 환영하였다. (증, 갑 1-1, 제22회 총회록).

민법 제777조는 친족이 이사 정족수의 1/3 이상을 초과할 수 없다는 내용인데 송상석 목사는 총대들이 이 법을 모르는 것을 악용하여 총회를 기만한 것이다. (증, 갑 1-2, 민법 제777조).[4]

---

4. 민법 777조는 1990. 1. 13. 개정되었는데 개정 전의 조문 내용은 아래와 같이 친족의 범위를 규정하는 내용밖에 없다. 따라서 죄증설명서의 1) (1)항 마지막 부분은 사실과 다른 오류를 포함하고 있다. "제777조 (친족의 범위) 친족관계로 인한 법률상 효력은 이 법 또는 다른 법률에 특별한 규정이 없는 한 다음 각호

2) 1972년 10월 17일 송상석 목사는 신임 이사장 김희도 목사에게 이사
장직 사무 인수인계를 해놓고 이사장 명의변경 수속을 지연시켜 오
다가 동년 11월 27일 총회와 경남노회와 이사회를 상대로 '소원 및
재심청원'을 하였다. 그는 여기서 자신을 이사장 및 이사에서 물러나
게 한 총회의 결정이 부당하다고 주장하였다. (증, 갑 1-3, 이사장 인수인계서).

3) 1972년 12월 26일 소위 '비상전체이사회'라는 것을 소집하여 송상
석 목사의 이사장직이 지속된다고 회장이 선언하고 1973년 1월 9
일에 산하 각 기관에다 송상석 목사의 이사장직이 지속되니 사무
처리에 참고하라고 시달하였다. 이때부터 송상석 목사는 총회의
결정을 무시하고 공공연히 이사장 행세를 하기 시작하였다. (증, 갑
1-4, 비상 전체이사회).

이상의 내용을 통하여 볼 때 송상석 목사는 제22회 총회의 결의
에 불순종한 것이 명백하다. 그 이유는 다음과 같다.

① 송상석 목사는 제22회 총회에서 이사 및 이사장 직에서 물러났
기 때문에 이사 및 이사장 행세를 할 수 없음에도 불구하고 불법
적으로 이사장 행세를 하여 김희도 이사장의 이사장 직무수행에
차질을 가져오게 하였다.

② 총회에서 결의된 중요사항을 비상전체이사회의 회장의 선언으
로 번복할 수 없다.

③ 재심을 청구하였으면 우선 제22회 총회 결정에 순종하여(정치조례
424문) 이사 및 이사장을 사퇴하고 다음 총회(제23회)에서 판결이 될

에 해당하는 자에 미친다. 1. 8촌 이내의 혈족, 2. 4촌 이내의 인척, 3. 배우자"

때까지 조용히 기다리는 것이 법인데도 불구하고 송상석 목사는 서둘러 이사장직을 행사하였다(증, 갑 1-5, 재심청구).

④ 소원 및 재심을 청구하였기 때문에 제22회 총회 결정이 일시 정지되는 것처럼 말하나 권징조례 45조, 84조, 86조, 93조, 100조, 101조는 하회에서 행한 재판이나 행정에 관계되는 조문이다.

이사장 및 이사 총사퇴 결의는 총회 결의이기 때문에 소원 및 재심을 청구하였다 해도 총회가 재심하여 결정하기 전에는 그 효력이 지속된다.

⑤ 소원은 하회에서 한 행정건을 상회에 제출하는 것이고 재심은 새로운 증거가 나타나면 청구할 수 없다.

2. 송상석 목사는 문서위조를 함으로써 제9계명을 범하였다.

1) 1973년 3월 1일 재단사무실에서 송상석, 이기진 두 사람이 모여 불법 이사회를 개최하고 김해룡, 최영구를 이사로 선정하여 참석하지 않은 이사를 참석한 양 이사회록을 위조하여 동년 3월 8일에 임원 취해임 허가신청 서류에 첨부함으로 문서를 위조하였고, 동년 3월 13일에 이사 취임승인을 받고 동년 23일에 부산지방법원에 등기함으로 관계 공무원으로 하여금 공중증서원본 부실기재의 범죄를 하게 하였다. (증, 갑 2-1, 이사회의록).

2) 불법 감행의 동기와 목적

당시 법원에 등기된 이사는 송상석, 이기진, 지득용, 김장수, 유윤욱, 김희도, 주영문 7인이었는데 이중 김희도, 주영문은 제22회 총회 결정에 따라 송상석 목사를 이사장 및 이사로 인정하지 않았고 지득용 장로, 김장수 목사, 유윤욱 목사는 제22회 총회에서 이사직에서 물러났기 때문에 이사에 참석하지 않고 있었다.

송상석 목사가 총회에서 선출된 15인 이사회를 무시하고 법원에 등록(등기)되어 있는 7인 이사를 통하여 이사장직을 행사하기 위해서는 최소한 2인(법적이사 7인의 과반수인 4인임)의 이사가 더 필요하였다. 그리하여 송상석 목사를 이사장으로 인정하는 최영구, 김해룡을 법원에 등기하여 법적으로 이사회의 모든 권리를 장악하며 이사장직을 행사하기 위하여 위와 같은 불법을 자행한 것으로 사료된다. (증, 갑 2-2, 등기부등본).

3. 송상석 목사는 거짓증거를 되풀이 함으로써 제9계명을 범하고 있다.

1) 송상석 목사는 부산지방검찰청에서 조사를 받는 중에 1973년 3월 1일 이사회에 누가 참석하였는가? 라는 수사관의 물음에 대하여 송상석, 이기진, 유윤욱, 지득용의 4인이라고 대답하였다. 그러나 사실은 송상석, 이기진 목사만 참석하였다(증, 갑 3-1, 송상석 목사의 거짓증거, 갑 3-2 지득용 장로의 증언).

2) 송상석 목사는 사문서위조 및 동 행사, 공정증서원본 부실기재 및 동 행사를 자신은 전혀 모르는 일이며, 간사 이현준이 한 일이라고 법정에서 노회와 총회에서 그리고 전국교회 앞에서 계속 주장하고 있다. 그러나 불법 이사회를 소집하고 이사회록을 위조하고 관계부처에 제출하여 임원 취임 승인을 받고 법원에 등기한 사실이 검찰 조사에 의하여 명백하게 들어났고 이 사건을 재판한 판사도 송상석 목사의 유죄를 인정, 1973년 12월 12일에 징역 10개월에 집행

유예 2년의 형을 선고하였다(증, 갑 3-3 이현준의 증언, 갑 3-4 이현준의 탄원서, 갑 3-5 이현준의 진술), (공소심에도 유죄판결).

진상이 이러함에도 불구하고 송상석 목사는 아직도 자신의 결백을 주장하며 모든 죄의 책임을 간사 이현준에게 전가시키려 하고 있으며 1심 판결에 불복하고 2심에 항소하여 재판 계류 중에 있다.[5]

3) 송상석 목사의 주장하는 바와 같이 정말 그가 이 사건에 대하여 결백하며 전혀 모르는 일이라면 잘못된 점을 시정하고 이사 취임을 취소하고 일체의 권리행사를 하지 않아야 할 것이다. 그러나 송상석 목사는 1973년 4월 28일에 징계위원회(위원장 송상석, 위원 이기진, 최영구, 김해룡)를 구성하여 복음병원장 장기려 박사를 6개월 휴직 처분을 하였고, 한광설, 양덕호 두 과장을 면직처분 하였고, 동년 8월 14일에는 송상석, 이기진, 최영구, 김해룡이 이사회를 개최하고 재단법인 이사 김희도를 퇴임시키고 송상석, 이기진, 최영구, 김해룡, 주영문, 유윤욱을 중임시킴으로 이사장의 권리를 행사하였다(증 갑 3-6 징계위원 구성, 갑 3-7 등기부등본 '김희도 퇴임', 갑 3-8 이사회의록).

이상에서 살펴볼 때 송상석 목사가 사문서를 위조하여 행사한 것은 부정할 수 없는 사실이다(증 갑 4 부산법원 판결문).

---

5. 3) (2)항 마지막 부분에 송상석 목사가 "1심 판결에 불복하고 2심에 항소하여 재판 계류중에 있다"라고 표기하였음에도 그 윗부분에는 (공소심에도 유죄판결)이라고 기재하였다. 공소심은 항소심을 의미하는데 위에는 유죄판결이라고 표기하고는 아래에는 재판 계류 중이라고 함은 기록이 정확하지 않고 독자들의 오해를 유발할 수 있다.

4. 송상석 목사는 공금유용을 함으로써 제8계명을 범하였다.

1974년 2월 18일에서 2월 20일까지의 공인회계사에 위촉하여 실시한 감사 결과 밝혀진 공금유용은 다음과 같다(증, 5 감사보고).

1) 여비 및 판공비 1,420,950원

여비 및 판공비를 지급할 수 있는 규정이나 법적 근거를 제시하지 않았음.

2) 이사장 해외 여비 1,500,000원

송상석 목사는 세계여행을 한 사실이 없음에도 불구하고 해외 여행 비라는 명목으로 거액의 공금을 부당 지출하였다.

3) 소송비 900,000원

전체 이사회의 결의 없이 소송비용으로 공금을 사용한 것은 공금유용이다.

5. 이사회의록 및 재정장부를 제출하지 않음

송상석 목사는 자신이 재직시의 이사회 회의록과 1971년도의 회계장부를 이사회에 인계하지 않음으로 사무집행에 막대한 지장을 초래하였다.

이상에서 살펴볼 때 송상석 목사는 불법과 비행을 저지른 후에도 회개하지 않을 뿐 아니라 계속하여 총회와 교단의 법질서를 혼란케 하고 있으므로 이번 총회에서 일벌백계로 엄중 처단되어야 한다.

증거서류의 일련번호 순서

1. 증, 갑 1-1 제22회 총회 회록

2. 증, 갑 1-2 민법 제777조

3. 증, 갑 1-3 이사장 인수인계서

4. 증, 갑 1-4 비상 전체이사회

5. 증 갑 1-5 재심청구

6. 증, 갑 2-1 이사회의록

7. 증, 갑 2-2 등기부등본

8. 증 갑 3-1 송상석 목사의 거짓증거

9. 증 갑 3-2 지득용 장로의 증언

10. 증 갑 3-3 이현준 집사의 증언

11. 증 갑 3-4 이현준 집사의 탄원서

12. 증 갑 3-5 이현준 집사의 진술

13. 증 갑 3-6 징계위원 구성

14. 증 갑 3-7 등기부등본(김희도 목사의 이사직 퇴임)

15. 증 갑 3-8 이사회의록

16. 증 갑 4 부산법원 판결문

17. 증 갑 5 감사보고

21. 총회특별재판에 대한 송상석 목사의 항변서(1974. 12. 12.)

총회특별재판 결과에 대하여 송상석 목사는 총회장 윤봉기 목사에게와 특별재판국장 민영완 목사에게 1974년 12월 12일자로 항변서를 제출하고 불법 재판이었다고 주장하였다. 송상석 목사는 총회특별재판국의 판결 내용에 대해서는 불문에 붙이고, 그 재판 과정에 대한 불법성을 몇 가지로 항변하였다. 곧 재판이 비성경적이고, 총회특별재판국 설치 자체가 불법이고, 재판 관할 규정상 불법이고, 상소규정상 불법이라고 지적하고, 총회 직심사례를 위반하였고, 상고심 진행 절차상 불법이며, 동등한 치리회 간의 불법이라고 지적하였다.

총회특별재판에 대한 항변서

소74 제9호   1974. 12. 12.

수신: 고려파 총회장 윤 봉 기

　　　특별재판국장 민 영 완

발신: 경남노회 소속목사 송 상

제목: 총회특별재판에 대한 항변

본인이 귀 특별재판국 소환을 받고 3차 출두하여 재판 과정의 불법을 주장한 바 있었고, 재판국원 중 박은팔 목사 강호준 목사 및 조인태 장로 3인의 연서로 '항의'와 '소원'을 제출하였고, 조규태 장로와 김선규 목사 2인의 연서로 불법을 지적한 답신서를 제출한 바 있었고, 본인도 본권에 대한 2차 공술서 및 2차 항의와 소원을 제출한 바 있음으로 치리회(총회)는 재판하기 전에 그 소원에 대하여 원고 및 피고의 변명을 듣고 그 직권에 의하여 처단할 것으로 알고 있었던 것인데(권 제23조 2항) 사실 심리와 증거 조사도 없이 엉뚱한 판결에 대한 불법을 다음과 같이 항변한다.

- 기 -

1. 판결 서문에 대한 항변

기독교 역사에 종교개혁은 교권자들의 세력이나 다수 횡포로 이루어진 사실이 없고 정의감에 불타오르는 소수의 사람이 진리와 법을 바로 세우기 위하여 다수 세력의 압축과 모욕을 당하고 갖은 불법 횡포에 둘러싸여서 고독의 길을 걷던 소수의 특정 인물의 희생과 죽음을 각오한 사람들의 피와 눈물로 성공된 것을 잊어서는 안 될 것이다. 그래서 고 주기철 목사는, 송 목사 염려 마세요. 진리 계승은 많은 사람의 피를 요구하지 않는다, 라고 하였다. 과거 신사참배 반대는 고려파의 전매특허가 아닌즉 과장된 자랑만을 일삼을 필요가 없을 뿐만 아니라 이것을 모르는 사이에 우상화된 것을 경계할 때가 된 것이다. 속화된 교권과 부패의 요소가 자체 내에 독버섯처럼 솟아나고 있음을 이제야 발견하였다고 하니 그 부패 속에 깊이 잠들었다가 그 악취에

잠이 깬듯한데 중이 제 목탁을 치는 법인즉 더 말할 필요가 없고 본인에 대한 비행문제 시비는 누구인가 반드시 그 대가를 지불할 자가 불원한 장래에 판명될 줄 아는데 이 시비 판가름은 악의에 차 있는 상대방 사람에게서가 아니고 제3자의 정당한 판정을 하기 위하여 수술대 위에 예리한 해부도가 번쩍일 때를 기다려 좀 더 굴욕과 인욕이 필요한 줄 아는 까닭에 신상 문제에 대한 거침없이 명예훼손을 하고 있는 비기독자적인 만행에 대한 대가를 받아 줄 분에게 맡겨두고 "네 원수 갚는 것이 내게 있느니라"고 하였으니 비인격적인 구구한 변명을 할 필요가 없고 총회가 법으로 나를 처벌하였다 하니 법은 법으로 대결해야 하겠는 고로 총회 및 특별재판국의 속화된 불법을 다음과 같이 항변한다. 그리고 총회특별재판국의 판결은 불문에 붙이고 그 재판 과정에 대한 불법만을 항변한다.

2. 재판을 받을 수 없는 이유는 비성경적인 까닭이다.

1) 요1서 3:4 "죄를 짓는 자마다 불법을 행하나니 죄는 불법이라"라고 하였다. 총회와 재판국이 불법을 자행하고 있으니 ① 죄를 안고 있는 총회와 특별재판국이 범죄 유무와 사리에 대한 시비를 밝혀낼 수 없는 까닭이다. ② 소경이 소경을 인도하지 못하고 ③ 제 눈에 들보를 둔 자가 남의 눈에 티를 뽑을 수 없다는 성경 교훈이 있는 까닭이다.

2) 법은 저울이다. 그래서 욥은 말하기를 "내가 공평한 저울에 달려서 하나님이 정직함을 아시게 되기를 원한다."라고 하였다. 그래서 레위기 19:36에 "공평한 저울과 공정한 추를 사용하라"고 하였으니 총

회는 공평한 저울이 되어야 하겠고 특별재판국은 공정한 추가 되어야 할 것이다. 그런데 부정 도량 형기는 마침내 국가와 사회를 망쳐 놓고 마는 것이다. 그렇다면 부조리한 총회와 불법 재판국은 어디로 갈 것인가 함이다.

3) 권 제99조 1항에 위배되는 본건 상소 수리는 성경 요7:51에서 말한 당사자의 말도 듣지 않고 재판하는 불법이고, 성경 신명기에서 말한 증거 없는 불법재판을 받을 수 없는 까닭이다. 성경 요8:17에 "너희 율법에도 두 사람의 증거가 참되다" 하였다.

4) 그래서 권 제23조 2항 동 88조 동 99조 1항에도 "원고 피고의 말을 들은 후에 판결하라"고 하였는데, 왜 총회는 본인의 답변을 거부하고 부당한 예심 판결을 하고 상고를 수리한 데서부터 불법이 발동하기 시작된 것이다.

5) 뿐만 아니고 권징조례 제8장 증거조 규례 중 특히 동 59조 1항 "매 사건에 대하여 각별한 증인 한 사람씩만 있을지라도 믿을만한 실정이 있으면 그 소장은 전부 결정할 수 있느니라"고 했음으로 본인이 권 제16조 동 20조 1항 동 24조 3, 4 각 항에 의거하여 증거인 제시를 두 번이나 등사비 2천 원을 첨부하여 내용증명으로 청구하였으나 명예훼손에 대한 책임을 모면코자 함인지 증인 성명 제시 청구에 불응하고 있으므로 재판 진행은 불가능했던 것이다. 그런데 증거 없는 재판 판결은 무슨 법으로 하였을까 함이다.

6) 이런 경우에 나는 어떤 각오를 가질까. ① 세례요한은 목 베임을 당할지라도 바른말을 하다가 죽었고 ② 미가야는 시드기야에게 뺨을 맞아 가면서도 바른말을 하였고 ③ 예레미야는 멍에를 메고 진흙탕 함정에

떨어트림을 당할지라도 바른말을 하였다 라고 하였으니, 이 말은 정의감에서 불타는 앞서간 성도가 나의 사명감에 답안을 준 것이다.

7) 그래서 성경과 기독교 역사는 불법 재판을 항상 경고하고 있다.

① 행23:3, "네가 나를 법대로 판단한다 하고 앉아서 율법을 어기고 나를 치리하느냐"고 하였다. 그래서 창4:9-11, 아벨의 피를 삼킨 땅이 입을 벌려 그 피가 하나님께 호소하는 그 소리를 듣고 있는 재판관에게 재판을 받고 싶다. 지동설을 주장하다가 당시 집권당에게 화형을 받아 펄펄 붙는 불꽃 속에서 타죽으면서 말하기를 나는 타죽을지라도 진리는 결단코 죽지 않는다고 외쳤던 코페르니쿠스, 갈릴레오를 본받고픈 것이 나의 심정이다. 그들은 지금도 지동설과 함께 살고 있음을 알고 있는 까닭이다.

※ 항변결론. 항의서 6항에 말한 바 있거니와 불법으로 내게 무슨 벌이든지 덮어 씌워본다 할지라도 이런 재판은 허수아비를 화장하는 격이 되어 과잉 충성으로 된 감정풀이는 될는지 몰라도 허공을 치는 갈대 막대기가 되고 말 것이다.

3. 총회 특별재판국(설치) 구성 자체가 불법이다.

1) 권 제124조, "총회는 상설재판국을 설치하고 재판 사건을 상설재판국에 의탁 판결케 할 수도 있고 총회가 직할할 수도 있느니라" 하였고

2) 권 제131조, "상설재판국의 판결을 ① 검사하여 채용하거나 ② 환부하거나 ③ 특별재판국을 설치하고 그 사건을 판결 보고케 할 것이다"라고 하였고,

3) 그리고 권 제133조, "총회가 필요로 인정할 때에는 특별재판국을 설치하고, 상설재판국 규칙을 적용할 것이다"라고 했으니, 그렇다면 권 제124조, "총회는 상설재판국에 의탁 판결한 것이 인정될 때에는 종결되는 것이고(권 제131조) 만일에 재검토할 필요가 있을 때에는 특별재판국을 설치하고 상설재판국 규칙을 적용하여(권 제133조) 특별재판국이 재판 결과를 총회에 보고함으로 종결되는 것이다"라고 하였다.

※ 결론. 위의 각 조항을 종합해 보면 그 답안은 다음과 같은 결론을 준다.

① 하회(노회) 판결이나 결정이 없는 상소가 수리될 수 없고, ② 총회가 상설재판국에 의탁 판결 보고를 받은 사실이 없고, ③ 총회가 재판국의 판결을 검사해 본 일도 없는(권 제131조) 총회가 필요 유무를 알지도 못하고 설치한 특별재판국은 헌법정치 제34조(치리회의 성질과 관할), 및 동 제64조(총회 직무규정)를 위반한 그 구성 자체부터가 불법이 아니라 할 수 없다.

4. 재판 관찰 규정상 불법이다.

1) 헌법정치 제34조 1항 말미, "각 치리회는 각기 사건을 법대로 처리하기 위하여 관할의 범위를 정할 것이며 각 회는 고유한 특권이 있으나 순서대로 상회의 검사와 관할을 받는다."

2) 권징조례 제19조, "목사에 관한 사건(재판)은 그 소속 노회의 직할에 속한다." (이하 생략)

3) 권 제107조, "목사나 교인은 어느 때와 어느 지방에서 범죄하였던

지 그 소속 치리회의 재판을 받는다."

4) 정치문답 332, "목사는 당회나 총회 관할에 속하지 않고 직접 노회
관할에 속하였으니 … 노회가 주관할 것이요 범죄한 사실이 있으면
노회가 치리할 것이니라."

5) 정문 351의 2항, "목사는 노회라야 재판하느니라."

6) 정문 430, "총회가 상고를 받은 일 없이 소속 교회나 목사를 직접 치
리할 수 없느니라."(경북노회 건의)

7) 결론. 목사에 대한 치리는 노회의 판결에 대한 불복이나 또 위탁 판
결이 올라오기 전에는 총회가 목사를 직심 치리하지 못하는 법을
위반한 불법이다.

5. 상소 규정상 불법이다.

1) 권 제94조에 의거하면

① 상소는 하회(노회)에서 판결한 재판 사건에 대하여 서면으로 총회
에 제출하는 것임.

② 소송사건에 대하여 판결을 취소하거나 변경코자 하면 상소하는
것 외에 타도가 없다.

③ "공소심에서는 증거조를 취급할 수 있으나 상고심에는 증거조
를 폐할 것이니라"고 하였다. 그렇다면 ㉮ 하회(노회)의 판결이 없
는 상소에 판결 취소와 변경 받을 것이 없는 상소가 있을 수 없
고, ㉯ 증거조를 폐한 상소에 원심(하회, 노회)의 증거조 없는 장소
는 재판 진행이 불가능할 것이다.

2) 권 제95조 상소 제기는 다음과 같은 사유가 없으면 불법 상소이다.

① 하회가 재판을 불법하게 한 때,

② 하회가 상소하는 것을 불허하는 때,

③ 하회가 어떤 한편에 대하여 가혹히 취조하는 때,

④ 부당한 증거를 채용하는 때,

⑤ 합당하고 중요한 증거 채용을 거절하는 때,

⑥ 충분한 증거 조사전에 급속히 판결하는 때,

⑦ 소송 취급상에 편견이 나타나는 때,

⑧ 판결 중에 오착이나 불공평이 있는 때.

※ 결론. 이상의 사유가 없는 상소는 불법이다.

6. 총회 직심 사례를 위반한 불법이다.

1) 권 제19조, 목사에 대한 사건은 노회 직할에 속하나 상회가 처리하라고 명한 것을 처리하지 아니하였을 때와 또 부주의로 처벌치 아니하였을 때에는 상회가 직접 처결할 권이 있다.

2) 권 제112조, 노회가 폐지되면 폐지된 노회가 착수하였던 재판 사건은 총회가 직접 계속 처리한다.

3) 권 제134조, 노회가 노회를 상대한 행정 소송이 있으면 총회에 직접 상소할 수 있으나, 이런 경우에는 사건 발생 후 일 년 이내에 피고된 서기와 총회 서기에게 통지해야 한다.

4) 정문 408, "목사 임면권은 노회에 전속한 것이나 노회가 해면해야 할 목사를 해면치 아니하므로 상고가 있을 때에는 대회(총회)가 조사하여 노회의 결정을 변경하라고 명할 수 있느니라."

5) 정문 177의 7, "목사들은 다 본 노회 처리권 하에 있는데 만일 그 노

회가 폐지되면 미결된 재판 건은 총회가 처리하느니라."

6) 정문 177의 8, 목사 장로 처리 권한은 다 노회와 당회에 있는 것이나 범죄 사건을 그 치리회가 마땅히 행할 직분을 행하지 못하거나 상회가 재판하라는 명령에 순종치 아니하면 그 상회(대회 총회)가 직접 재판할 수 있느니라.

7) 정문 405, 대회(총회)는 완전히 상고를 수리하는 회인데 … 노회는 목사를 직접 심판하되 대회(총회)는 노회에서 심판한 판결에 대하여 불복하는 상고나 노회에서 제출하는 문의를 받은 후에는 심판할 수 있느니라.

※ 결론. 헌법정치 제34조(치리회의 성질과 관할) 동 64조(동회의 직무) 및 정문 428의 1, "총회 권한"은 교회의 도리와 헌법에 관한 하회의 문의와 그 결정에 대한 상고 및 고소를 받아 결정할 수 있다"고 하였는데, 이상 각 조에 해당치 않는 처리는 불법이 아니라 할 수 없을 것이다.

7-1. 상고심 진행 절차상 불법이다.

1) 권 제99조에 의거한 상고심 진행 절차법을 적용하지 않고 권 제94조 2항을 빙자하여 증거조는 폐하였다 하여 증거인 제시를 거부하고 권 제20조에 의한 고소장과 죄증설명은 이율배반적인 불법이 아니라 할 수 없다.

2) 권 제99조에 의거한 상고인의 (기소위원) 상고 통지서와 상소장과 상소 이유 설명서를 예정기간 내에 제출한 일이 없었고 고소장과 죄증설명서를 제출한 것뿐이다.

3) 상회는 하회의 판결과 상소 통지서와 상소장과 상소이유 설명서를

낭독한 일이 없고 권 제20조에 의거한 고소장과 죄증설명서에 피고의 명예훼손에는 거침이 없는 장광설을 토하게 하고 피고의 언권 및 설명을 거부하고 상고를 수리한 총회는 권 제99조 1항을 범한 불법을 감행한 것이다.

7-2. 동등한 치리회 간의 불법을 지적한다.

1) 권 제134조 치리회 간에 소원할 일이 있으면(권 제84-101 참조) 한층 더 높은 상회에 기소할 수 있으나 이런 경우에는 사건 발생 후 일 년 이내에 피고된 회의 서기와 그 상회 서기에게 통지해야 한다.

   ① 행정건을 기소할 수 있으나 타 노회 소속 개인에 대한 사건은 상고할 수 없다.

   ② 사건 발생 후 일 년 이내에 피고된 노회 및 그 상회 서기에게 통지하지 않았으면 시효가 소멸되었다.

   ③ 권 제84-101 각 조항에 의거하지 않은 처사는 불법이다.

2) 소원에 관한 권 제84-101조를 고찰하면 하회가 결정한 사건에 대해서 어느 한 편이 불복하거나 변경을 목적하고 그 상회에 상고하는 것이다.

3) 권 제38조 타 노회 소속 목사의 범죄 사실을 그 노회가 유죄로 생각하면 그 내용을 당연히 범죄한 그 목사가 소속한 노회에 통지할 것이요 이를 접수한 후에 그 사건이 종교상 명예에 관계되는 것이면 즉시 재판하는 것이 옳다 라고 했다.

※ 결론. 이상에 반대되는 부조리한 처사는 불법이다.

총회 특별 재판에 대한 항변서

소 74 제 9 호   1974. 12. 12.

수   신 : 고려파 총회장   윤   봉   기

　　　　 특별 재판 국장   민   영   완

발   신 : 경남노회 소속목사   송   상   석

제   목 : 총회 특별 재판에 대한 항변

　　본인이 귀 특별재판국 소환을 받고 3차 출두하여 재판 과정의 불법을 주장한 바있었고
재판국원중 박은팔목사 강호준목사 및 조인태장로 3인의 연서로 "항의" 와 "소원"을 제출하
였고 조규태장로와 김선규목사 2인의 연서로 불법을 지적한 답신서를 제출한바 이었고 본
인도 본건에 대한 2차 공술서 및 2차 항의와 소원을 제출한바 있음으로 치리회 (총회)는
재판. 하기전에 그 소원에 대하여 원고및 피고의 변명을 듣고 그 직권에 의하여 처단할
것으로 알고 있었던 것인데 (권제 23조 2항) 사실 심리와 증거조사도 없이 엉뚱한 판결
에 대한 불법을 다음과 같이 항변 한다

---------------- 기 ----------------

一. 판결서문에 대한 항변
　　기독교 역사에 종교개혁은 교권자 들의 세력이나 다수 회포로 이루어진 사실이 없고
정의감에 불타 오르는 소수의 사람이 진리와 법을 바로세우기 위하여 다수세력의 압
축과 모욕을 당하고 가겐 불법회포에 몰려싸여서 고독의 길을 걷던 소수의 특정인들
의 희생과 죽음을 자오한 사람들의 피와 눈물로 성공된 것은 잇어서는 안될 것이다
　　그래서 고 주기철못사는 송목사 염려마세요. 진리계승은, 많은 사람의 피를 요구하지않
는다 라고 하였다 과거 신사 찰때 반대는 고려파의 전매특허가 않인즉 가장원. 자랑
만을 일삼을 필요가 없을뿐만 아니라 이것을 모르는 사이에 우상화 된것을 경제할 때
가 된것이다 속화된 교권과 부패의 요소가 자체내에 독버섯처럼 솟아나고 있음을 이
제야 발견하였다고 하니 그부패 속하에 깊이 잠들었다가 그 악위에 잠이 깨듯한데 중
이 제목탁을 치는 법인즉 더말할 필요가 없고 본인에대한 비행문제 시비는 누구인가
반드서 그대갯가를 지불할 자가 물원한 장래에 판명될들아는데 이 시비 판가름은 악의
에 차있는 상대방 사람에게서가 아니고 제3자의 정당화 판정을 하기 위하여 수출대위에
에리한 해부도가 번적일 때를 기다려 룬더 슬옥과 인욕이 필요할뿐 아는 까담에 신
상문제에 대한 거침없이 명예훼손을 하고있는 비 기독자적인 .만행에 대한갯가를 받아
줄 분에게 맡거두고 "네원수갚는 것이 내게 있나니라"고 하였으니 비인격적인 구구한 변
명을 할 필요가 없고 총회가 법으로 나를 처벌하였다 하니 법은 법으로 대결해야 하
겠는고로 총회및 특별 재판국의 속화된 불법을 다음과 같이 항변한다 그리고 총회 특
별 재판국의 판결은 물문에 붙이고 그제판 과정에 대한 불법만을 항변한다
二. 재판을 받을수없는 이유는 비성경적인 까닭이다.

— 1 —

22. 총회재판국 지시에 대한
경남법통노회의 '결의 회답'[6](1974. 12. 28.)

총회재판국이 송상석 목사 면직 판결 이후 경남(법통)노회에게 '송상석 목사에 대한 판결 집행명령서'(1974. 12. 6.)를 발송한 바 있는데, 경남노회는 이에 대하여 아래와 같이 결의하고 이를 총회장과 재판국장에게 발송했는데, 이 결의 회답은 「기독신보」 1974년 12월 16일자에 게재되었다.

경남노회

발신 제101~3호 / 1974년 12월 16일

수신 총회장및 재판국장

참조 고려파총회 총회장 윤봉기 귀하

　　　　　재판국장 민영완 귀하

제목 총회재판국 지시에 대한 결의 회답

귀 재판국에서 본 경남노회에 보내온 머리의 건을 1974년 12월 16일 본 경남(법통)노회 제101회 제2차 임시노회를 열고 토의 결의한 바를 다

---

6. 「기독신문」 1974. 12. 28. 자 3면에 게재되었다.

음과 같은 이유로 거부 반려하나이다,

아래

1. 대한예수교장로회(고려파) 총회 제24회 일부 인사들의 계획성 있는
   총회 총대 다수 확보를 기회 삼아 본노회 소속 송상석 목사에 관한
   권 제13조에 의거한 경남노회 건의서는 불법하게 묵살하고 권징조
   례 제24조 4항 및 동 134조, 동 99조 1항을 위반한 경북노회 건의를
   상소건으로 수리한 처사가 불법인 까닭이다. (절차 위반 및 당사자 본인의 답변
   을 거부하고 수리한 점)

2. 위의 계획한 목적을 달성키 위하여 총회가 설치한 특별재판국은 그
   구성 자체부터가 (권징조례 제124조, 131조, 133조에 위반됨) 불법 처사인 까닭이다.

3. 귀 특별재판국 설치를 할 수 있다 할지라도 성경원리, 헌법정치, 권징
   조례, 정치문답조례에 위반된 불법재판임을 다음과 같이 지적한다.

1) 결석판결 외에는 (당사자 본인이 세 번이나 출석) 소장 사실 심리 없는 판결을
   할 수 없는 불법이다(권징조례 제24조 4항, 7항 및 동 99조 1항 입증).

2) 원심(전심, 하회, 노회) 판결 없고 이에 따르는 증거 조사 없는 상고심 재
   판, 판결은 있을 수 없는 불법이다(권징조례 제8항, 증거조례규정 특히 동 70조 및 동
   24조 4항 및 동 7항 입증).

3) 재판관할 규정상 불법이다(헌법정치 제34조 1항, 권징조례 제19조, 107조, 정치조례 332
   조, 동 351조의 2항, 동 430조 입증).

4) 상소규정상 불법이다(권징조례 94조 1항 및 동 95조 입증).

5) 목사에 대한 총회 직심사례를 위반한 불법이다(권징조례 제19조, 112조, 134
   조, 정치조례문답 408, 177의 7, 8항, 405조 입증).

6) 상고심 진행 절차상 불법이다(권징조례 제99조와 20조, 상반된 이율배반적 불법입증).

7) 동등한 치리회 간에 관한 불법이다(권징조례 제134조, 38조).

대한예수교 장로회 경남(법통)노회

노회장 정재영

서기 김선규

23. 총회특별재판국의 총회장,
경남노회장에게 보낸 항의 형식의 서신

특별재판국은, 경남노회가 특별재판국의 판결에 따른 시벌집행 명령을 거부한 건을 특별재판국장 민영완 목사와 서기 신현국 목사 이름으로 총회장에게 보고하는 서신, 그리고 경남노회가 총회재판국 지시에 대한 경남노회의 결의 사항을 「기독신보」 1974년 12월 28일자에 광고로 게재한 건에 대해 경남노회장에게 문의하는 서신과, 경남노회가 총회특별재판국 판결을 거부하고 송상석 목사 항변서를 전국교회에 통보한 건에 대해 경남노회장에게 문의하는 서신을 보냈다. 이 서신들의 전문은 아래와 같다. 이 서신들은 특별재판국 서기 신현국목사의 주도로 그가 1974년 12월 30일 자필로 쓴 것들이다.

(1) 총회장에게 보낸 보고(1974. 12. 30.)

수신 대한예수교장로회 총회장

발신 대한예수교장로회 총회장 총회특별재판국장

참조

제목 총회특별재판 판결건, 송상석 씨 시벌 집행명령에 대한 경남노
　　　회 거부건 전말 보고서 (임시)

성은중 평안을 빕니다. 본 특별재판국에서 주후 1974년 12월 4일자로
피고 송상석 씨를 목사직에서 면직키로 판결하고 피고가 소속한 경남
노회가 판결을 집행할 것을 명령했으나 1974년 12월 16일자 경남임
시노회에서 거부키로 가결하고 공식으로 회보하여 왔으므로 참조 공
문을 별첨하여 총회특별재판국 판결 집행명령 거부에 관한 건을 먼저
보고하옵니다.

(* 재판 전말 보고서는 추후 사건과 연관된 공문서 및 자료 기타를 수
합하여 보고키로 합니다).

　　　　　　　　　　　　　　　대한예수교장로회 총회특별재판국

　　　　　　　　　　　　　　　　　　　　국장 목사 민영완

　　　　　　　　　　　　　　　　　　　　서기 목사 신현국

1974. 12. 30.

수신 대한 예수교 장로회 총회장

발신 대한 예수교 장로회 총회 특별 재판국장

참조

제목 총회특별재판국 판결 건. 송상석씨 시벌 집행 명령에
       대한 경남노회 거부건 전말 보고서 (응시)

성은 중 형강을 빕니다.

본 특별재판국에서 지난 1974년 12월 ○○으로 되고 송상
석씨는 목사직에서 면직키로 판결하고 취고가 소속한 경
남노회가 판결을 집행할 것을 명령하였으나 1974년 12월 16
일자 경남임시노회에서 거부키로 가결하고 공식으로 회고하여
왔다는 참조 공문을 열람하여, 총회특별재판국 판결 집행
명령 거부에 관한건을 전거 보고하옵니다.

(※ 재판 전말 보고서록 추후. 사건과 연관된 공문내역 자료 기타 수
 수집하여 보고 하고 겠나이다.)

              대한 예수교 장로회 총회 특별 재판국

                         국장 목사   민○○ (인)

                         국장 서기   신○○ (인)

(2) 경남노회장에게 보낸 신문 광고 게재건 문의(1974. 12. 30.)

수신 경남노회장 정재영 목사
참조 경남노회 서기 김선규 목사
발신 총회특별재판국장
제목 재판건 신문광고 게재 문의 건

성은중 평안을 빕니다. 주후 1974년 12월 28일자 기독신보 제3면 하단
에 귀 노회장과 서기 명의 광고 게재한 사건에 대하여, 본 재판국 판결
건과 관계있는 건이 있으므로 아래 문의하오니 답신을 바랍니다.

아래

1. 교단 내의 재판건에 대하여 신문지상에 광고키로 귀 노회가 공식으
   로 결의하였는지? 혹은 귀 노회 회장 및 서기의 사견에 따라 한 일
   이온지요?

2. 해 광고를 피고 송상석 씨가 노회장 및 노회 서기의 명의를 빌어서
   낸 것인지? 혹은 귀 회장 및 서기가 노회 권위로 직접 낸 것인지에
   대하여 조속히 적법한 책임적 답변을 바랍니다.

대한예수교장로회 총회특별재판국
국장 목사 민영완
서기 목사 신현국

1974. 12. 30.

수신　경남노회장　장저영 목사

참조　경남노회서기　김보주 목사

발신　총회특별 재판 국장

제목　재판건 신문광고 게재 문의건

삼가 주 영안하심을 빕니다.

주후 1974년 12월 28일자 기독신보 제3면 하단에 귀노회
장과 서기명의 광고 게재한 사건에 대하여, 본 재판국 판결건
과 관계 있는 건이 있으므로 아래 문의하오니 답신을 바랍니다.

아래:

1. 교단내의 재판건에 대하여 신문지상에 광고거로 귀 노회가
　공식으로 결의 하였는가? 혹은 귀노회 회장 및 서기 의 사견에
　대하여 한 일이온가요?

2. 해 광고를 피고 홍상복씨가 노회장 및 노회서기의 명의를 빌어
　서 낸 것인지 혹은 귀 회장 및 서기가 노회친위로 직접 낸 것인지
　에 대하여 조속히 적법한 책임적 답변을 바랍니다.

　　대한 예수교 장로회　총회 특별 재판국

　　　　　　국장 목사 민 명원

　　　　　　서기 목사 신 현

(3) 재판국 판시 불복 및 송상석 씨 항변서 전국교회 통보에 대한 문의

(1974. 12. 30.)

수신 경남노회장

발신 총회특별재판국장

참조

제목 총회특별재판국 판시 불복 거부 회신 및 송상석 씨 항변서 전국
  교회 통보에 대한 문의건

성은중 평안하심을 빕니다. 총회특별재판국 판결에 관계하여 귀 노회
가 전국교회에 1974년 12월 16일자로 통보한 바 있는 부적법한 사실
에 대하여 아래와 같이 문의하오니 적법한 책임적 답변을 바랍니다.

아래

1. 귀 노회가 총회특별재판국 판시 거부키로 한 결정을 전국교회에 통
  보키로 귀 노회가 공식 결정한 바 있으신지?

2. 재판건에 대한 제25회 총회전 인쇄물 배포에 관한 책임성과 적법성
  을 밝혀 주신 일과

3. 귀 노회장과 서기 명의로 송상석 씨의 항변서를 전국교회에 송부한
  것으로 보아 노회의 결정인 것 같은데 사실 여부

대한예수교장로회 총회특별재판국

국장 서기 민영완

국장 서기 신현국

1974. 12. 30.

수신 경남 노회장

발신 총회특별재판 국장

참조

제목
주신 총회특별 재판국 완서 불복 거부하심 및 송상욱씨 항변서
전국교회 통고에 대한 문서건

선는 곳 덕안 하심을 빕니다.

총회특별재판국 완결에 관하여 귀노회가 전국교회에 1974년
12월 16일자로 통고한바 있는 무책경한 사실에 대하여 아래와
같이 문의하오니 적정한 책임적 답변을 바랍니다.

아래:

1. 귀노회가 총회특별 재판국 완서 거부기로 한 결의를 전국 교회에
통고키로 귀노회가 공식결정한바 있으신지?

2. 재판건에 대한 제25회 총회전 인쇄물 배포에 관한
적용성과 적법성을 밝혀 주신국고

3. 귀노회장과 서기 명의로 송상욱씨의 항변서를 전국교회에
송부한것으로 보아 노회의 결정인것 같도데 사실 여부.

대한 예수교 장로회 총회특별 재판국

국장 목사 민영완

서기 목사 신현국

24. 경남노회 임원회와 총회대책위원회가
총회특별재판국장에게 보낸 회신(1975. 1. 6.)

위의 총회특별재판국장 명의로 경남노회에 대해 질의한 1974년 12월
30일자 서신에 대한 답변으로 경남노회가 보낸 문서인데, 「크리스찬
신문」 1975년 2월 8일자에 게재되었다.

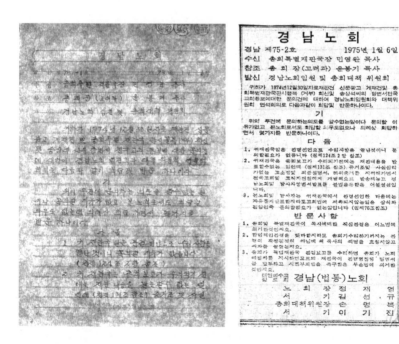

경남노회

발신 75-1   1975. 1. 6.
수신 총회특별재판국장 민영완 목사
참고 총회장 (고려파) 윤봉기 목사
　　　경남노회 임원 및 총회대책 위원회

귀하가 1974년 12월 30일자로 재판건 신문광고 게재건 및 총회특별재판국 판시 불복(거부) 회신 및 송상석 씨의 항변서 전국교회 통보에 대한 문의건에 대하여 경남노회 임원회와 대책위원회 연석회의로 다음과 같이 회답 및 반문하나이다.

기

위의 두 건에 문의하는 의도를 알 수 없는 일이나 문의할 이유가 없고 본 노회로서도 회답할 의무도 없는데 의례상 회답하면서 몇 가지를 반문하나이다.

다음

1. 귀 재판국 일은 판결 선언으로 수임 사항은 끝난 것이니 문의할 이유가 없습니다. (권 제124조 2항 참조)
2. 귀 재판국은 총회 보고가 수리되기 전에는 재판 내용을 발표할 수 없는 일인데(권 제131조 참조) 증거조 및 사실 심리가 없는 고소장 및 죄증설명서, 허위증거를 지적해 가면서 전국교회 및 교직자 전원에게

개별적으로 발송해 놓고 경남노회 및 당사자 항변서 발표를 불법 운운함은 어불성설입니다.

3. 본 노회 및 당사자는 귀 재판국에서 판결 선언한 다음에는 자유롭게 발표할지라도 교회법에 저촉되지 않는 일은 상식화된 일인즉 문의할 수 없는 일입니다. (권 제76조 참조)

반문 사항

1. 총회 및 특별재판국이 목사에 대한 직심 판결은 어느 법에 의거한 것인지요?

2. 합법적인 판결을 했다 할지라도 총회가 수리하기까지는 판결이 확정된 것이 아닌데, 왜 목사의 직명을 호칭치 않고 씨 자를 붙였는지요?

3. 총회가 특별재판국 판결 보고를 수리하면 총회가 노회에 절차를 지시하면 모르되 재판국이 판결한 집행명령서를 발부하고 시한부 회답을 촉구함은 무슨 법에 의한 것인지요?

대한예수교장로회 경남(법통)노회

노회장 정 재 영

서기 김 선 규

총회대책위원장 손 명 복

서기 이 기 진

25. 총회특별재판국 재판안건에 대한
사실 진상조사 결과 발표와
공개항의(1975. 1. 12.)

이 문서는 총회특별재판국의 송상석 목사 재판의 배경, 과정, 실상, 그리고 교단 내 분규가 야기된 경위를 조사한 경남법통노회, 총회대책위원회, 조사위원회의 보고서로서 송상석 목사에 대한 재판이 공정하지 못했고 불법적이었으며 이사장 교체를 위한 계획된 재판이었다고 주장하며 공개 항의하고 있다. 이 항의서는 1975년 1월 12일자로 발표되었으나 1월 21일자로 공표되었고, 「기독신보」 1975년 2월 8일자 신문 3면 하단에 게재되었다.

경노: 75 제2호, 1975년 1월 21일

수신: 장로회(고려파) 총회장 윤 봉 기 귀하

　　　동 특별재판국장 민 영 완 귀하

한때 교계를 크게 놀라게 한 귀 특별재판국이 경남노회 공로목사이며 원로목사인 80 노경에 있는 송상석 목사에 대한 목사직 파면 판결 집행명령은 그 부적법(不適法)을 지적하고 거부 반려한 바 있거니와, 본 노회는 1975년 1월 9일자로 101회 제2차 임시노회를 열고 그 재판 안건에 대한 사실 진상을 알기 위하여 조사위원회를 조직하고 조사보고를 위촉하였던 바 1975년 1월 21일자로 제101회 제3차 임시노회가 조사위원회의 조사보고를 받고 한 번 더 놀란 바 있어 의분에 눈물이 있고 피가 있는 사람은 그저 있을 수 없어서 조사에서 나타난 그 진상을 공개하여 교계의 현명한 관찰과 공정한 비판에 호소하는 바입니다.

재판 안건 진상 보고 내용

1. 재판 안건 사실 심리를 거부한 이유

① 재판국 구성 자체의 불법을 빙자하여 범죄 사실을 은폐하려는 것이 아니었고 대답할 때와 장소가 아닌 까닭, ② 재판 안건의 내용이 부당하고 진행 과정이 억압적이며, ③ 사실을 밝히기 위한 재판이 아니고 정죄를 목적으로 한 재판이며, ④ 본건 재판을 총회가 송상석 목사의 언권을 봉쇄하고 불법으로 수리한 일(권 제99조 1항 위반), ⑤ 총회가 본건 재판을 수리하게 된 예심 종결하게 된 회의 기록, 등본, 등사료를 첨부한 청구를 거부한 불법(권 제129조 위반), ⑥ 재판 안건(소장 및 죄증설명) 각 조항에 관한 증인 명단 제시를 거부하므로 재판에 증거인 없는 사실 심리가 될 수 없는 까닭(권 제16조, 동 20조 1항, 동 24조 3항에 위반), ⑦ 1974년 10월 17일 제출한 소원장이 있음에도 불구하고 재판 진행이 불법인 까닭인데 총회장에게 제출된 소원인 까닭에 총회가 그 소원에 대한 원·피고의 변명을 듣고 직권으로 처결이 있기 전에 재판은 불법인 까닭(권 제23, 2항 위반).

2. 총회 결정에 불순종하였다는 것은

총회가 송상석 이사장 해임에 대한 재심청구를 말한 것인 듯한데 재판에 범죄 안건이 될 수 없는 이유는 다음과 같다. 만일에 이것이 재판 안건이 된다면 부산 삼일교회 한상동 목사가 헌법을 어기고 1973년 3월 16일까지 고신대학장을 겸임하고 있었던 일을 어떻게 할 것인가 한다(부산 노회록 사본 입증).

1) 학교법인 고려학원 이사회 정관은 총회가 사립학교법 준칙에 의거해서 제정한 법을 총회 자체가 어기는 모순을 범한 불법이 아니라 할 수 없다. (별지 정관 제13조 2항 및 주무장관의 유권적 해석과 관계 법규 참조)

2) 송상석 목사가 총회 결의 불응에 대한 죄목을 신앙고백 제13:3에 위반 행위라고 하나 교황무오설에 동조하는 사람들이 동 신앙고백 제31:4를 무시하는 일방적인 주장에 불과한 말이다. (권 제69조, 동 131조, 동 133조, 동 136조는 그렇지 않고 제23회 총회록 29쪽 결의사항 제91의 2항에 재심 청구할 수 있다 라는 정당성을 재확인한다 라고 함을 봐서 그런 주장은 우리 총회 정신은 아니다)

3. 총회 결의를 재심 변경한 사례를 아래와 같이 증거한다.

① 1960년 10월 20일 총회가 이인재 목사 해임에 대한 지시를 경북노회가 불응하고 재심을 청구한 바 있었고, ② 경북노회는 1972년 10월 16일 총회가 결정, 취임한 현호택 감사와 그의 형 현기택 이사는 형제인 까닭에 재검토 요청으로 변경한 일, 위와 같은 법이 있다면 민법 제777조 친족법과 학교법인 준칙에 의거해서 형 한상동 목사가 학장인데 그 아우 한명동 목사가 그 학장을 감독하는 이사장이 되는 일은 너무 부자연스럽다 라고 한 말이 어찌 총회를 속인 말이 되었다고(죄증설명

서 1의 1항 말미) 함은 비인격적인 무지를 폭로한 말이다.

4. 문서위조 및 거짓증거를 되풀이하는 제9계명을 범하였다고 하였으나

1) 사문서 위조 피의사건은 법정에 계류 중인 까닭에 확정, 판결될 때까지는 누구든지 범죄 성립 여부를 감히 논단할 수 없고, 담당 법관이라도 법정 재판의 과정 기록을 전부 종합적으로 검토하지 않고는 위증이라고 말할 수 없는 것이 상식인 이상 제3자들이 부분적인 어떤 기록 한 토막을 뽑아 가지고 위증을 하였다고 말하는 것은 상식 이하의 말이 아닐 수 없다. 국법과 교회법은 일치되는 점도 있고 상반되는 점도 있어 설혹 유죄로 확정 판결이 된다 할지라도 교회법으로는 유죄로 인정되지 않는 사례가 많다.

2) 사문서 위조는 이사 취·해임 신청에 첨부된 이사회 회의록에 참석하지 아니한 주영문, 김희도를 참석한 것처럼 했다는 것을 말한 것인데 (책임 소재 미판단) 만일 정죄할 수 있는 일이라면 '김희도' 목사가 1972년 10월 27일자와 같은 달 31일자와 1972년 12월 6일자로 3차나 이사 취·해임 승인 신청에 첨부된 이사회 회의록에 이사회가 참석한 사실이 없는 송상석, 유윤욱, 김장수, 김은도가 참석한 것처럼 회의록을 작성하고, '김희도 이사장'이 결재하여 수속한 사실에 대한 뒤처리는 어떻게 할는지요? (형사 고소감)

3) 특별재판국 안건이 엉터리 불실 사실을 다음 세목과 제5항목에서 발견할 수 있다. ① 마산서 모인 제23회 총회시에 본건 공금유용 관설에 대한 부산 부민교회(김주오 목사 시무교회) 문의건이 부산노회를 경유하여 총회에 접수되어 헌의부(부장 송상석)에서 분명히 교회행정부

(부장 한상동 대 최만술)로 회부한 사실이 명백한데(총회 문서건명부에 등록된 서류) 그 서류가 평화적인 일괄처리에 나오지 아니하였고, 그 서류 내용이 재판 안건으로 되었다. ② 부산서 모인 제24회 총회시에 공금유용설에 대한 음성적인 악선전 공세를 양성화시켜서 사실 유무를 밝혀서 엄정한 처리를 하자는 경남노회 건의를 총회가 묵살하고, 경북노회 건의를 특별재판 안건으로 삼게 된 일은 오래전부터 계획성 있는 수법인 것을 확인하게 된 것이다.

5. 공금을 유용하여 제8계명을 범하였다는 말은 도적질하였다는 말인데

이 말에 대한 법률상 책임소재는 본 조사위원회로서 관여할 바 아니나 다음과 같은 사실만을 밝힌다.

1) 이사장 판공비 사용건, 해외여행비건, 소송비용건에 대한 내용은 이사장 사무인계서와 이사회의록, 화란 특별원조 계정에서 이미 밝혀져 있는 사실이고 1972년 2월 1일 이사회가 결정한 "화란 원조금 관리 임시 조처법 제7조 5항"에 의거한 것이나(전체 이사회의록 108쪽, 112쪽 및 실행 이사 회의록 49쪽 및 제23회 총회보고 채택) ① 판공비 1,420,950원은 전체 이사회 및 실행 이사회 결의를 거쳐 사용한 것이 명확하고(고신대학 운동장 및 간호학교 대지 정지 작업을 위한 토지, 형질 변경 및 서울 내방 경비 및 기타 잡비) 토지 형질 변경 건으로 상고심까지 해서 ㉠ 벌금형 ㉡ 기소유예 ㉢ 부산시장 고발 철회 등 사무처리 비용도 포함된 것이다. ② 해외여비 1백 50만 원건은 한상동 목사 제안을 이사회가 결의한(회의록 108쪽) 보고를 제22회 총회가 받은 바 있었고, 한명동 이사장 사회로 이사회가 지출을 결의한 바 있었고(회록 124쪽), 그 다음 김희도 이사장이 사회한

이사회가 재확인한 바 있었고(회록 126쪽), 김희도 이사장. 서기 권성문, 회계 주영문 연서날인한 지출통지서로 특별 계정 회계 옥치묵 장로가 지출한 것인데(보조금 제정 사무 인계철) 해외여행 준비는 완료되었으나 형사고소에 발이 묶이어 가지 못했다. (Airlines Clergy Bureau) 비행기 할인권, ③ 소송비 일부 90만 원 건은 이사장의 직책상 피소된 일이므로 판공비 예비금 중에서 이사회 결의로 지출된 사실이 명백하다 (실행 이사회 회의록 75쪽).

6. 자체감사 및 회계사(계리사) 조사

① 전이사회 자체감사 결과가 총회 보고 채택되었고, ② 공인 회계사(계리사) 감사 결과보고에 부정사실이 지적을 받은 바 없었고, ③ 현 이사회의 특별조사위원회 보고에도 잘못을 지적한 바 없었고, 위와 같이 거듭한 회계검사 결과 정당하게 쓰여진 것을 증명하고 있었음에도 불구하고 공금 유용한 도적 행위라고 한 악의에 찬 재판안건은 기독자들이 하는 일이라고는 인정할 수 없다.

총회특별재판국이 전국교회에 배부한 죄증설명서 제4항에서 말한 공금을 유용(도적질)하였다는 사실을 계리사가 감사한 결과에 발견된 것처럼 주장하고 있음은 고의적인 악랄한 계책임을 다음과 같이 입증한다. ① 1973. 12. 17일자로 이 사실 내용이 명시된 이사장 사무인계에서 감사 현호택 장로, 조인태 장로가 입회 서명 날인한 사실이 있었고, ② 같은 날 동 감사들과 특별계정회계 옥치묵 장로 입회하에 화란 원조금 특별계정 사무인계서에 이 사실이 명시되어있고 입회인들의 서명날인 한 사실이 명백하다. ③ 만 2개월 후인(1974. 2. 18~20.) 공인회계사 김주선(변 감사 권혁수 장로 입회)이 낸 보고서에 의하면 "본인은 위촉에 의하여 1974. 2. 18~20일까지 3일간 화란국 원조금 계정 사무인계서에 첨부되어 있는 일반회계 및 특별회계 관계 내용을 감사하였습니다"라고 한 것뿐이고 잘못을 지적한 바 없다. "단 지출증빙서는 완비되어있으나 이사회 결의 내용은 이사회 회의록이 없음으로 대조하지 못하였다"라고 한 것을 본조사위원회가 대조한 결과 상이 없음을 확인했다(전체 이사회의록 108쪽, 112쪽, 124쪽, 126쪽. 실행 이사회의록 29쪽, 75쪽 대조 확인).

※ 그런데 총회특별재판국은 왜, 판공비, 여행비, 소송비로 기재되어 있는 액면의 돈이 회계사(계리사)의 조사에서 발견된 것이라 하고 또 아무 근거 없는 허위 날조한 것을 재판 안건을 삼아 판결하였을까? 책임소재를 밝히려고 한다.

본건 조사위원회가 본건 진상을 조사하기 위하여 ① 신학교와 이사회 관계 ② 이사회와의 관련된 관계 ③ 화란 보조금 특별계정 ④ 총회록 ⑤ 법정재판기록 ⑥ 총회특별재판 관계서류, 송상석 목사가 제시한 서류 ⑦ 각종 서류를 수집하여 종합 대조와 인적증거를 확보하고 있으므로 이상과 같이 근거 있는 정확한 보고를 합니다.

7. 금번 장로회(고신파) 총회 내분의 근인은 이사장 개편 문제로 유래한 사실

총회가 임기 전 이사장 해임과 개편한 경위와 분규가 야기된 경위를 약술하면 다음과 같다.

① 1972. 9월 제22회 총회시 임기전 이사장 개편 투표 강요에 의한 한명동 목사의 '기만투표로 문제화되어' 당시 이사 전원이 퇴임하고, '김희도 목사'가 이사장 선임되다.

② 1972. 10. 17일 실행 이사회의록 60쪽, 1항에 이사장 '김희도 목사 사회로' 이사장 경신에 대하여 문교부에 유권적 해석을 문의하기로 가결한 사실

③ 위 결의가 있은 후 같은 날 '김희도 목사와 이사장 사무인계서 제1 의 1항'에 "일반 경리 및 금전출납 책임건은 이사 개편 등록의 완료 와 동시에 인계키로 한다."라고 하였음.

④ 1972. 10. 27일자 '김희도 이사장 결재로' 문교부에 이사장 임기에 관한 질의서를 발송하였음.

⑤ 1972. 11. 13일자 문교부장관의 회답에 "이사장 임기 1975년 9월 29 일까지는 변동할 이유 없다."라고 하였다.

⑥ 그래서 1972. 11. 27일자로 '송상석 이사장은 이사장 해임에 대한 소원 및 재심청구서를 총회장에게' 냈다.

⑦ 1972. 12. 2일 '김희도 이사장'은 사면서를 총회장 및 이사장에게 제 출하였다.

⑧ 1972. 12. 19일자로 비상 이사회 소집을 '김희도 이사장 결재'로 각 이사에게 발송했다.

⑨ 1972. 12. 26. 15시 이사회 회의실에 총회장과 이사 11명이 회집되 어 '김희도 이사장 사면을 수리'하고 부이사장직에 선임하였으며, '송상석 이사장 직위가 자동적으로 존속된 것을 선언'하다.

⑩ 1973. 1. 9일자로 위의 사실을 산하 각 기관에 총회장 손명복 목사, 법적 이사장 송상석, 개편이사장 김희도, 임시의장 권성문, 서기 이 기진 서명날인한 '공문을 발송'

⑪ 신학교 오병세, 허순길, 홍관표 목사 등이 전국에 산재한 각 이사들

을 개별 방문 설득하여 1973. 2. 19일 이사 10인으로 분열된 이사회를 별설하고 '김희도'씨가 '이사장으로 재등장'하여 '분규가 발생'되었다.

⑫ 1973. 6. 14일 고려신학교 전학장 한상동 목사 주재하에 "신학적으로 본 법의 적용문제"라는 논문에서 고소제기의 정당론의 답안을 얻어 '김희도, 윤용조'를 시켜 송상석 목사를 사문서 위조죄로 부산지방 검찰청에 고소하고 동년 동월 25일자로 '김희도'는 이사장 송상석과 이사 유윤욱에 대한 '직권정지 가처분 소송'을 제기하였다.

이상과 같은 경위로 고려파 교단 내에 고소파 인사들의 고소 정당성을 확립하기 위해서 계획성 있는 총회 총대 다수를 확보하게 되자 다수 횡포 또는 칼을 빼어 송상석 목사를 목 자르는 총회특별재판국을 불법하게 설치하고, 한국 기독교계에 유례가 없는 잔인무도한 오염된 역사의 한 페이지를 남겨놓게 된 것이다.

1975년 1월 12일
조사위원장 권성문 목사, 동 서기 서봉덕 목사
총회대책위원장 손명복 목사, 동 서기 이기진 목사
경남(법통)노회장 정재영 목사, 동 서기 김선규 목사

총회 특별 재판국 재판 "안건"에 관한
사실 "진상" 조사결과 발표와
《공개 항의》

경노 75 제 2호   1975. 1. 31

수신   장로회(고려파) 총회장   윤봉기 귀하
       동 특별 재판국장   민영환 귀하

발신   경남(법통)노회

제목   특별 재판국 재판안건 진상조사 결과

       한때 교제를 크게 놀라게 한 귀 특별 재판국서 경남노
회 공로목사이며 원로목사인 송 상석 목사에 대한 목사직파면
판결 집행 명령은 그 부적법을 지적하고 거부 반려한 바
있거니와 본노회는 1975. 1. 9 자로 101회 제 2차 임시
노회를 열고 그 재판("안건"에 대한 사실 진상을 알기 위하여
조사위원회를 조직하고 조사보고를 위촉하였던 바 1975.
1. 31 자로 제 101회 제 3차 임시노회가 조사위원회의 조사
보고를 받고 한편 더 놀란 바 있어 의분이 눈물이 앞고
피가 있는 사람은 그저 있을수 없어서 ·조사에서 나타난
그 진상을 공개하여 교제의 현명한 관찰과 공정한 비판
에 호소하는 바 입니다.

                재판 "안건" 진상보고 내용

一. 송 상석 목사가 세간에 의혹을 사고 있는 재판 안건 사실
심리에 불충한 결과, 5천만원건, 2천만원건, 2백만원을 횡령
운운 및 대구 계명 대학과 같이 학교 법인 고려학원 정관을
변경하여 재산횡령을 음모하고 있으므로 이사건직권 정지
가처분 및 형사 고소한 것이라는 선전공세의 올무를 해치고
그 사실 진상을 각 방면 깊은 자리 까지 세밀하게 조사
해 본 결과를 다음과 같이 공개 합니다.

          대한예수교 (법통)경남노회
          장 로 회

총회 특별재판국 재판 안건에 대한 사실 진상조사 결과 발표와 공개항의

기

수 신: 장로회(고려파) 총회장
동 특별재판국장

경 노: 75제2호
1975년 1월 21일

민 영 완 귀하
윤 봉 기 귀하

※재판안건 진상 보고내용

一, 재판안건 사실심리를 거부한 이유

二, 총회 결정에 불순종하였다는 것은

三, 총회 결의를 재심변경한 사례를 아래와 같이 등거한다

四, 문서위조 및 거짓증거를 꾸미는 제9계명을 범하였다고 하였으나

26. 송상석 목사 면직에 대한 총회재판국의 '해명서'(1975. 1. 27.)

총회특별재판국의 송상석 목사에 대한 면직 처분이 전교회적으로 문제시되고 논란이 일자 총회특별재판국은 아래의 해명서를 작성하여 전국교회에 배포하였다. 전문은 아래와 같다.

해명서

1975. 1. 27.

수신: 대한예수교 장로회 총회(고려파) 산하 각교회
제목: 송상석 목사 면직에 대한 해명
발신: 대한예수교 장로회 총회 특별재판국장
참조: 대한예수교 장로회 총회장

성은중 평안하심을 빕니다. 교리와 생활의 순결을 신행의 지표로 삼고 자라온 본 교단 내에 깊이 뿌리박고 있던 세속세력을 제거하고 신앙의 순결을 되찾으려는 거 총회적인 종교개혁 운동에 대하여 왜곡된 신문 보도와 피고측의 거짓된 선전과 궤변을 정당화하려는 항변서, 경남노회의 불복 결의와 총회 부정적 태도를 더 이상 묵과할 수 없어 총회가 맡긴 본 건 재판 경위와 이에 연관된 제반 사항을 밝히오니 불의를 제거하고 진리를 밝혀, 희망찬 내일의 개혁주의 교회 건설을 이룩하려는 본 교단 총회의 참된 종교개혁운동을 양지하시어 배전의 기도와 협력을 바랍니다.

1. 특별재판국의 재판경위

피고와 경남노회가 발표한 서류에 ① 소장의 사실 심리 없는 판결 ② 당사자의 말도 듣지 않는 불법 ③ 증거 없는 불법 재판이었다고 주장하나 다음 재판 경위 설명을 통하여 그가 교회와 공회 앞에 거짓을 두려움 없이 자행하고 있음을 알 수 있다.

(1) 본 재판국은 1차(1974. 10. 17.) 2차(1974. 11. 17.), 3차(1974. 12. 3.-4.)에 걸쳐 합법적 개정을 했으나 피고는 한 번도 재판권을 인정치 않았고, 총회와 본 재판국을 불법적 단체라고 공언하며 재판국장과 국원들에게 모독적인 언사를 거침없이 감행했다.

(2) 3차 모두 장시간 발언 허용

재판권 부정에도 불구하고 1차에 1시간 가량(피고 진술서 근거) 2차에 50여 분(2차 피고 진술서 근거) 3차에 30여 분 동안 그는 거침없이 자기의 소신을 밝혔다.

(3) 사실 심리와 진술 거부는 피고 자신이 하였다. 본 재판국은 피고의 결백을 변명할 가장 좋은 기회이니 그의 결백을 주장하도록 거듭 권면했으나 총회와 재판국 구성의 불법만을 주장하고, 간곡한 만류에도 불구하고 모독적인 언사를 구사하며 퇴장했다.

(4) 법질서를 무시하는 안하무인적 태도

재판정 범죄(권 48조), 심문 불응(권 34조), 증언 불응(권 68조), 그 자체가 죄가 됨을 법에 능한 그가 잘 알면서도, 이에 불응했다. 부족하나마 본 재판국은 그리스도께서 교회에 주신 권한과(권 1조), 진리를 보호하며 그리스도의 권위와 영광을 견고케 하는 치리 기관인데 입에 담을 수 없는 언설로 모독, 법질서를 무시했다. (피고 진술서 및 기타 서류 근거)

(5) 궐석 재판과 대변인 선출

1) 1차에서부터 그는 최종적 태도라면서 재판거부를 선언함으로 분개한 국원 중에는 즉시 사실 심리 판결을 주장하기도 했으나 3차에까지 그의 회개와 재판권 순종을 기다리기로 했다.

2) 1975. 11. 7일 2차 개정시(장소: 서문로 교회당), 단호히 재판을 거부하는

최종적 태도를 밝히고 퇴장함으로 법에 따라(권 22조) 피고측 노회 서기 김선규 목사와 피고와 입장을 같이하는 재판 국원이 추천한 조규태 장로(경북노회)를 대변인으로 선정했다.

3) 출석을 언급한 바 있는 대변인까지 공식 통보가 없다가 당일 제3차 개정 이후에 우표와 봉함이 없는 거부 답신서를 현기택 장로(제1문창교회)가 직접 전해 왔다.

4) 피고가 사실 심리를 위한 3차의 출정 거부 퇴장 후, 최만술 전은상 목사(참석한 총회원은 두 분뿐임)을 대변인으로 선정했다.

(6) 축조 변론 가부 투표하다.

1) 총 12개 항목(큰 제목 5개항)에 대하여 변론을 전개했으며, 재판국원 중 피고와 입장을 같이하는 3국원(공식으로 제출한 항의서와 소장에 근거) 모두가 피고의 결백을 변호하지 못했다.

2) 축조 가부 투표하니 다음과 같다. (기권은 다수에)

① 총회 불복 인정, 8:1로 가결 ② 문서위조, 8:1로 가결 ③ 거짓증거, 9:0로 가결(1인도 투표 없음) ④ 공금 유용, 8:1로 가결

3) 시벌 종류를 먼저 투표하다(전 45조)

재명 출교 1, 면직 3, 정직 2, 자진 근신 1, 권계 1, 기권 1명이었다.
특기할 것은 송 목사와 입장을 같이하는 국원 3명이 다 피고의 유죄를 투표했다는 사실이다.

4) 형량결정

득표 순위에 따라 투표키로 하고 투표하니 '면직'이 6:3으로 가결되다.

5) 제반서류 작성 및 보고 시행 일체를 국장, 서기, 심군식 목사에게 일임키로 가결하여 총회까지의 재판건에 관련된 사건들에 대비토록

하였다.

2. 총회의 합법적 기소

총회의 결정도 아랑곳없이 법적 이사장을 하겠다는 집념에 사로잡힌 피고는 거짓된 법인용(777조)을 했을 뿐 아니라 온갖 불의를 자행하여 교단의 권징 질서는 파괴되고 재산권은 극도의 위험상태를 겪는 중 경북노회는 ① 총회 결의 불복 ② 사문서 위조 및 동행사 ③ 공금 유용 71년도 회계 장부 및 그가 이사장 재직시의 이사회 회의록 유실 등을 들어 총회가 직접 처리하여 달라는 건의서를 제출하여 송 피고의 비행을 밝혀 달라고 호소했고, 총회는 사실을 검토하여 권징의 절실한 필요와 교회의 화평과 유익을 위하여(정문 438조) 기소하였던 것이다. 피고는 노회의 기본권만을 고집한 나머지 어떤 경우에도 총회가 노회에 속한 목사의 비행에 관여할 수 없는 듯이 주장하나

(1) 총회의 권위

  총회는 최고급 치리회이며(정치 13장 61조, 정문 420조, 정문 421조) 권계, 견책하고 전국교회를 통솔하며(정치 13장 65조) 총회의 결정은 반드시 복종해야 하는 법적 효력이 있다(정문 424-3, 435조).

(2) 총회의 법적 권리와 치리권

  정문 435, "총회가 권면만 하여도 … 권력이 있고 … 무엇을 하라고 하면 그것도 법이 되고 … 총회의 언론이 곧 교회의 규정이 되고, 재판안건에 대하여 총회가 결정하면 … 상고치 못하고 그 결정이 판결례가 되어 그 후회가 능히 재론하여 변경치 못하느니라." 정

문 185-4, "상회는 하회와 개인 회원을 다 치리하나니 만일 하회 혹은 개인 회원이 상회의 치리를 순종치 아니하면 다 책벌할 권이 있느니라." 정문 439, "또 교회의 화평과 유익을 위하여 어느 노회더러 어느 목사를 해임하라고 명령할 수 있느니라." 장로 집사는 당회 치리 하에 있음이 기본상식이나 상회권의 특수성을 인정하여 정문 487, "노회가 교회를 치리하는 중에 임의로 교회를 시찰하여 아무 일이든지 처리하며 그 직원을 해면할 수 있느니라."(정문 96·98-5) 정문 424-4, "결국 총회의 결정은 반드시 복종할 일"

(3) 총회기소의 법리적 타당성

도리와 권징에 대한 쟁론이 총회에 도달되는 형편을 정문 436, "상고 혹은 고소와 문의로 말미암아 총회에 도달되기도 하느니라."(정문 406) 정문 431, "타 대회에 속한 노회에 대하여 상고할 일이 있으면 직접 총회에 제기할 것이요 또 특별한 이유가 있는 상고는 직접 총회에 상고할 수 있느니라."고 밝히고 있다.

3. 본 특별재판국의 입장과 재판권 효력

(1) 본 재판국 판결은 그대로 효력을 발생한다. 권 100조, 정문 300문에 근거 "근신, 정직, 면직 … 출교"는 총회의 결정이 날 때까지 그대로 유효하다.

(2) 3분의 1의 반대가 재판건 효력을 정지하지 못한다. 3국원의 반대가 본건 판결 효력을 중지하는 듯이 말하나 권 86조는 "행정 사건"에 관한 조문이다.

(3) 3국원의 입장

3국원(피고인 입장에 동조하는) 모두가 종심까지 출석하여 가부 투표에 임하고 판결 선언에까지 참여했다.

(4) 재판국 구성의 합법성

① 본건 기소위원이었던 사람이 재판국원이 되었다고 하나 본 국원 중에는 본건 기소위원이었던 분이 없는 사실이며

② 특별재판국 구성의 불법에 대하여 그가 인용하는 권 24조 4항, 동 99조 1항은 해당 조문이 아니며 권 134조를 인용하나 상기한 정문 431문으로써 충분한 답변이 되며

③ 권 124, 131, 133조를 인용하나 이 조문들을 정독하면 오히려 본 재판국 구성의 합법성을 증명하고 있다.

※ 기타 피고가 제출한 서류에 일관성없는 법인용, 법을 오용하고 있는 자료를 모두 보고 있다.

4. 본 재판국의 입장

본 재판국이 중심으로 원한 것은 그의 회개와 이로 인한 그의 신령한 유익을 목적하였다(권 2조, 41조, 예모 17장). 그러나 피고는 추호도 회개의 기색이 없을 뿐 아니라, 총회와 본 재판국을 불법 단체인 양 구두로 혹은 문서로 계속하여 모독하고 판결도 나기 전에 기독교계 신문에 공식 제보하고, 신문 지상에 성명을 발하여 거짓으로 교회를 혼란케 하고 도리를 오해케 하는 등 불의를 계속함으로 그간의 경위와 재판의 대요를 해석하고 전국교회의 유익을 위하여 알리오니 본 교단의 명예와 권익을 훼손하려는 어떠한 언설에도 요동치 마시고 순교 정신 구현과

개혁주의 교회 건설에 총력을 기울여 주시기를 바랍니다.

대한예수교 장로회 총회특별재판국

국장 목사 민 영 완

서기 목사 신 현 국

27. 총회 사무부가 발표한
송상석 목사 '재판 전말서'(1975. 2. 15.)

송상석 목사 재판과 면직에 대해 경남노회가 반발하고 재판의 위법성을 주장하고, 특히 경남노회에 의해 '총회특별재판국 재판안건에 대한 사실 진상조사 결과 발표와 공개항의'가 발표되자(「기독신보」 1975. 2. 8.) 고신 총회사무부는 송상석 목사 면직에 대한 재판 전말서를 2월 15일자로 발표하고, 이를 「크리스찬신문」 1975년 3월 1일자 8면 하단에 게재했다. 이 재판 전말서의 전문은 아래와 같다.

재판 전말서(송상석 목사 면직에 대한)

주후 1975년 2월 13일에 부산남교회 사무실에 모인 총회 사무부는 송상석 목사에 대한 총회특별재판국의 면직 판결은 합법적이고 정당한 것으로 인정하여 받기로 가결하고 경남노회의 거부결의는 부당하고 왜곡된 것으로 인정되어 사건전말을 설명하오니 총회 산하 전국교회 및 교인들은 현혹됨이 없이 개혁주의 신앙노선 파수에 진력하시기를 바랍니다.

1. 송상석 목사의 죄상 및 판결

송상석 목사는 경남노회 공로목사이며 원로목사로 본 교단의 최고 지도급의 인물로서 일반 평신도도 범할 수 없는 죄를 범하고도 회개하는 기색은 추호도 없고 도리어 공회를 모독하고 교회 질서를 문란케 하는 행위를 계속 자행하고 있음은 심히 유감스러운 일이다. 최고 지도급 인물인 까닭에 그의 죄는 더욱 가중해지는 것이며, 회개치 않고 계속 거짓된 변명만 하고 있으므로 용서될 수 없는 것이다. (대요리문답 제 151문 참조)

죄증설명서

(1) 송상석 목사는 총회 결정에 불순종하였다.

1) 1972년 9월 부민교회에서 개최된 제22회 총회에서 이사장 개편 투표가 당시 이사장이었던 송상석 목사의 주재로 실시되었는데 한명동 목사가 이사장에 선출되었다. 송상석 목사는 한명동 목사가 이사장에 선출된 것을 선언하고 이사회에 사회권을 한명동 목사에게 넘겨준 후 총회 석상에 나타나서 이사장선출 투표에 부정이 있었다는 것과 민법 777조에 의거하여 형제간에 학장과 이사장이 될 수 없다고 주장함으로 장시간 논란 끝에 이사장을 포함한 이사 전원이 총사퇴하기로 총회에서 가결되니 송상석 목사도 박수로 이를 환영하였다. (증, 갑 1-1, 제 22회 총회 회록).

　　민법 777조는 친족이 이사 정족수의 3분의 1의 이상을 초과할 수 없다는 내용인데 송상석 목사는 총대들이 이 법을 모르는 것을 악용하여 총회를 기만한 것이다. (증, 갑 1-2, 민법 제777조).

2) 1972년 10월 17일 송상석 목사는 신임 이사장 김희도 목사에게 이사장직 사무 인수인계를 해놓고 이사장 명의변경 수속을 지연시켜 오다가 동년 11월 27일에 총회와 경남노회와 이사회를 상대로 소원 및 재심청원을 하였다. 그는 여기서 자신을 이사장 및 이사에서 물러나게 한 총회의 결정이 부당하였다고 주장하였다. (증·갑 1-3, 이사장 인수인계서).

3) 1972년 12월 26일 소위 비상전체이사회라는 것을 소집하여 송상석 목사의 이사장직이 지속된다고 회장이 선언하고 1973년 1월 2일에 산하 각 기관에다 송상석 목사의 이사직이 지속되니 사무처리에 참고하라고 시달하였다. 이때부터 송삭석 목사는 총회의 결정을 무시하고 공공연히 이사장 행세를 하기 시작하였다. (증·갑 1-4, 비상전체이사회).

이상의 내용을 통하여 볼 때 송상석 목사는 제22회 총회의 결의에 불순종한 것이 명백하다. 그 이유는 다음과 같다.

① 송상석 목사는 제22회 총회에서 이사 및 이사장직에서 물러났기 때문에 이사 및 이사장 행세를 할 수 없음에도 불구하고 불법적으로 이사장 행세를 하여 김희도 이사장의 이사장 직무 수행에 차질을 가져오게 하였다.

② 총회에서 결의된 중요사항을 비상전체이사회의 회장의 선언으로 번복할 수 없다.

③ 재심을 청구하였으면 우선 제22회 결정에 순종하여(정치조례 424문) 이사 및 이사장을 사퇴하고 다음 총회(제23회)에서 판결이 될 때까지 조용히 기다리는 것이 법인데도 불구하고 송상석 목사는 서둘러 이사장직을 행사하였다. (증·갑1-5, 재심청구).

④소원 및 재심을 청구하였기 때문에 제22회 총회 결정이 일시 정지되는 것처럼 말하나 권징조례 45조, 84조, 86조, 95조, 100조, 101조는 하회에서 행한 재판이나 행정에 관계되는 조문이다. 이사장 및 이사 총사퇴 결의는 총회결의이기 때문에 소원 및 재심을 청구하였다 해도 총회가 재심하여 결정하기 전에는 그 효력이 지속된다.

⑤소원은 하회에서 한 행정건을 상회에 제출하는 것이고 재심은 새로운 증거가 나타나면 청구할 수 없다.

(2) 송상석 목사는 문서위조를 함으로써 제9계명을 범하였다.

1) 1973년 3월 1일 재단사무실에서 송상석, 이기진 두 사람이 모여 불법 이사회를 개최하고 김해룡, 최영구를 이사로 선정하여 참석하지 않은 이사를 참석한 양 이사회록을 위조하여 동년 3월 8일에 임원 취해임 허가 신청 서류에 첨부함으로 문서를 위조하였고, 동년 3월 13일에 이사 취임 승인을 받고 동년 23일에 부산지방법원에 등기함으로 관계 공무원으로 하여금 공중증서원본 부실 기재의 범죄를 하게 하였다. (증·갑 2-1, 이사회의록).

2) 불법 감행의 동기와 목적: 당시 법원에 등기된 이사는 송상석, 이기진, 지득용, 김장수, 유윤욱, 김희도, 주영문의 7인이었는데 이중 김희도, 주영문은 제22회 총회결정에 따라 송상석 목사를 이사장 및 이사로 인정하지 않았고, 지득용 장로, 김장수 목사, 유윤욱 목사는 제22회 총회에서 이사직에서 물러났기 때문에 이사에 참석하지 않고 있었다. 송상석 목사가 총회에서 선출된 15인 이사회를 무시하고 법

원에 등록 되어 있는 7인 이사를 통하여 이사장직을 행사하기 위해서는 최소한 2인(법적 이사 7인의 과반수는 4인임)의 이사가 더 필요하였다.

그리하여 송상석 목사를 이사장으로 인정하는 최영구, 김해룡을 법원에 등기하여 법적으로 이사회의 모든 권리를 장악하며, 이사장직을 행사하기 위하여 위와 같은 불법을 자행한 것으로 사료된다. (증·갑 2-2등기등본).

(3) 송상석 목사는 거짓증거를 되풀이함으로 제9계명을 범하고 있다.

1) 송상석 목사는 부산지방검찰청에서 조사를 받는 중에 1973년 3월 1일 이사회의 누가 참석하였는가? 라는 수사관의 물음에 대하여 송상석, 이기진, 유윤욱 지득용의 4인이라고 대답하였다. 그러나 사실은 송상석, 이기진 목사만 참석하였다. (증·갑 3-1, 송상석 목사의 거짓 증거, 증·갑 3-2, 지득용 장로의 증언).

2) 송상석 목사는 사문서 위조 및 동 행사 공정증서원본 부실 기재 및 동 행사를 자신은 전혀 모르는 일이며, 간사 이현준이 한 일이라고 법정에서 노회와 총회에서 그리고 전국교회 앞에서 계속 주장하고 있다. 그러나 불법 이사회를 소집하고 이사회록을 위조하고 관계 부처에 제출하여 임원취임 승인을 받고 법원에 등기한 사실이 검찰 조사에 의하여 명백하게 드러났고 이 사건을 재판한 판사도 송상석 목사의 유죄를 인정, 1973년 12월 12일에 징역 10개월에 집행유예 2년의 형을 선고하였다. (증·갑 3-3, 이현준의 증언), (증·갑 3-4, 이현준의 탄원서), (증·갑 3-5, 이현준의 진술), (공심에서도 유죄판결). 진상이 이러함에도 불구하고 송상석 목사는 아직도 자신의 결백을 주장하며, 모든 죄의 책임을 간사

이현준에게 전가시키려 하고 있으며, 일심 판결에 불복하고 삼심에 항소하여 재판 계류 중에 있다.

3) 송상석 목사의 주장하는 바와 같이 정말 그가 이 사건에 대하여 결백하며, 전혀 모르는 일이라면 잘못된 점을 시정하고 이사 취임을 취소하고 일체의 권리행사를 하지 않아야 할 것이다. 그러나 송상석 목사는 1973년 4월 28일에 징계위원회(위원장 송상석, 위원 이기진, 최영구, 김해룡)를 구성하여 복음병원장 장기려 박사를 6개월 휴직 처분하였고, 한광설, 양덕호 두 과장을 면직처분 하였고 동년 8월 14일에는 송상석, 이기진, 최영구, 김해룡이 이사회를 개최하고 재단법인 이사 김희도를 퇴임시키고 송상석, 이기진, 최영구, 김해룡, 주영문 유윤욱을 중임시킴으로 이사장의 권리를 행사하였다. (증, 갑 3-6, 징계위원구성), (증, 갑 3-7, 등기등본), (김희도 퇴임), (증, 갑 3-8, 이사회의록).

이상에서 살펴볼 때, 송상석 목사가 사문서를 위조하여 행사한 것은 부정할 수 없는 사실이다. (증, 갑 4, 부산법원 판결문).

(4) 송상석 목사는 공금유용을 함으로써 제8계명을 범하였다.

1974년 2월 18일에서 2월 20일까지의 공인회계사에 위촉하여 실시한 감사 결과 밝혀진 공금유용은 다음과 같다. (증, 갑 5, 가사보고).

1) 여비 및 판공비 1,420,950원, 여비 및 관공비를 지급할 수 있는 규정이나 법적 근거를 제시하지 않았음.

2) 이사장 해외여비 1,500,000원, 송상석 목사는 세계여행을 한 사실이 없음에도 불구하고 해외여행비라는 명목으로 거액의 공금을 부당

지출하였다.

3) 소송비 900,000원, 전체 이사회의 결의 없이 소송비용으로 공금을 사용한 것은 공금유용이다.

(5) 이사회의록 및 재정 장부를 제출하지 않음

송상석 목사는 자신이 재직시의 이사회 회의록과 1971년도의 회계장부를 이사회에 인계하지 않음으로 사무집행에 막대한 지장을 초래하였다. 이상에서 살펴볼 때 송상석 목사는 불법과 비행을 저지른 후에도 회개하지 않을 뿐 아니라 계속하여 총회와 교단의 법질서를 혼란하게 하고 있으므로 이번 총회에서 일벌백계로 엄중 처단되어야 한다.

증거 서류의 일련번호 순서

① 증, 갑 1-1 제22회 총회 회록 ② 증, 갑 1-2 민법 제777조 ③ 증, 갑 1-3 이사장 인수인계서 ④ 증, 갑 1-4 비상전체 이사회 ⑤ 증, 갑 1-5 재심청구 ⑥ 증, 갑 2-1 이사회의록 ⑦ 증, 갑 2-2 등기등본 ⑧ 증, 갑 3-1 송상석 목사의 거짓증거 ⑨ 증, 갑 3-2 지득용 장로의 증언 ⑩ 증, 갑 3-3 이현준 집사의 증언 ⑪ 증, 갑 3-4 이현준 집사의 탄원서 ⑫ 증, 갑 3-5 이현준 집사의 진술 ⑬ 증, 갑 3-6 징계위원구성 ⑭ 증, 갑 3-7 등기등본 (김희도 목사 이사퇴임) ⑮ 증, 갑 3-8 이사회의록 ⑯ 증, 갑 4 부산 법원판결문 ⑰ 증, 갑 5 감사보고.

판결문

원고: 대한예수교장로회 총회

기소위원: 전성도(직위: 목사), 한학수(직위: 목사)

피고: 송상석(만 78세)

소속처리회: 대한예수교장로회 경남노회

직위: 목사

주소: 경남 마산시 상남동 87-1

주문

경남노회 소속 목사 송상석 씨는 ① 총회 결정 불순종 ② 문서위조 ③ 거짓증거 ④ 공금유용한 죄의 충분한 증거가 드러났으므로 본 특별재판국은 심사한 결과 송상석 씨는 그리스도 교회의 목사직을 수행하는 것이 부당한 줄로 확인하는 고로 송상석 씨의 목사직을 파면하고 그 직분 행함을 금하노라. (면직판결).

판결 이유

1. 피고 송상석 씨는 총회 결정에 불순종한 사실과 2. 문서위조를 함으로써 제9계명을 범한 일과 3. 거짓증거를 되풀이함으로써 제9계명을 범한 일과 4. 공금을 유용함으로써 제8계명을 범한 사실 때문임. 5. 적용 법조문, 신앙고백 제31장 3항, 정치 13장 61조, 64조, 65조, 정치문답 185문, 420문, 421문, 424문, 428문, 429문, 435문, 대요리문답 제145문, 제142문.

본 특별재판국은 주 예수 그리스도의 이름과 그가 맡기신 직권에 의지하여 주문과 같이 판결한다.

주후 1974년 12월 4일
대한 예수교 장로회 특별재판국
국장 목사 민영완, 서기 목사 신현국,
국원 목사 강호준 심군식 박은팔,
국원 장로 김소복 변종수 손기홍 조인태

2. 총회특별재판국의 재판 경위

(1) 본 재판국은,

1차(1974. 10. 17.), 2차(1974. 11. 17.), 3차(1974. 12. 3-4.)에 걸쳐 합법적 개정을 했으나 피고는 한 번도 재판권을 인정치 않았고 총회와 본 재판국을 불법적 단체라고 공언하며, 재판국장과 국원들에게 모독적인 언사를 거침없이 감행했었다.

(2) 3차 모두 장시간 발언 허용

재판권 부정에도 불구하고 1차에 1시간 가량(피고 진술서 근거), 2차에 50여 분(2차 피고 진술서 근거), 3차에 30여 분 동안 그는 거침없이 자기의 소신을 밝혔다.

(3) 사실 심리와 진술 거부는 피고 자신이 하였다.

본 재판국은 피고의 결백을 변명할 가장 좋은 기회이나 그의 결백을 주장하도록 거듭 권면했으나 총회와 재판국 구성의 불법만을 주장하고, 간곡한 만류에도 불구하고 모독적인 언사를 구사하며 퇴장했다.

(4) 법질서를 무시하는 안하무인적 태도

재판정 범죄(권 48조), 심문불응(권 23조), 증언불응(권 68조) 등 그 자체가 죄가 됨을 법에 능한 그가 잘 알면서도 이에 불응했다. 본 재판국은 그리스도께서 교회에 주신 권한과(권 1조) 진리를 보호하며 그리스도의 권위와 영광을 견고하게 하는 처리기관인데 입에 담을 수 없는 언설로 모독, 법질서를 무시했다. (피고 진술서 및 기타 서류 근거).

(5) 권석 재판과 대변인 선출

1) 1차에서부터 그는 최종적 태도라면서 재판 거부를 선언함으로 분개한 국원 중에는 즉시 사실 심리 판결을 주장하기도 했으나 3차에까지 그의 회개와 재판권 순종을 기다리기로 했다.

2) 1975년 11월 7일 2차 개정시(장소: 서문로교회당) 단호히 재판을 거부하는 최종적 태도를 밝히고 퇴장함으로 법에 따라(권 22조) 피고측 노회 서기 김선규 목사와 피고와 입장을 같이하는 재판국원이 추천한 조규태 장로(경북노회)를 대변인으로 선정했다.

3) 출석을 언급한 바 있는 대변인까지 공식통보가 없다가 당일 제3차 개정 이후에 우표와 봉함이 없는 거부 답신서를 현기택 장로(제1문창교회)가 직접 전해왔다.

4) 피고가 사실 심리를 위한 3차의 출정 거부 퇴장 후, 최만술 전은상 목사(참석한 총회원은 두 분뿐임)을 대변인으로 선정했다.

(6) 축조변론 가부 투표하다.

1) 총 12개 항목(큰 제목 5개항)에 대하여 변론을 전개했으며, 재판국원 중 피고와 입장을 같이 하는 3국원(공식으로 제출한 항의서와 소장에 근거) 모두가

피고의 결백을 변호하지 못했다.

2) 축조 가부 투표하니 다음과 같다. (기권은 다수에)

① 총회 불복인정-8대1로 가결 ② 문서위조-8대1로 가결 ③ 거짓증거-9대0으로 가결(1인도 부표 없음) ④ 공금유용-8대1로 가결.

3) 시벌종류를 먼저 투표하다(권 45조). 제명출교 1명, 면직 3명, 정직 2명, 자진근신 1명, 권계 1명, 기권 1명이었다. 특기할 것은 송 목사와 입장을 같이하는 국원 3명이 다 피고의 유죄를 투표했다는 사실이다.

4) 형량 결정 득표 순위에 따라 투표키로 하고 투표하니 면직이 6대3으로 가결되다.

5) 제반서류 작성 및 보고 시행 일체를 국장, 서기, 심군식 목사에게 일임키로 타결하여 총회까지의 재판건에 관련된 사건들에 대비토록 하였다.

3. 총회 특별재판의 합법성

(1) 경남노회는 경북노회 건의를 총회가 수리한 처사가 불법이라고 하나 총회가 노회에서 합법적으로 제출하는 건의를 받은 것은 합법이다. (교회정치 제13장 제64조 총회 직무).

(2) 경남노회는 총회가 설치한 특별재판국 구성 자체가 불법이라고 하여 권징조례 제124조, 131조, 133조 등을 인용하나 그 조문들은 도리어 특별재판국의 구성의 합법성을 증명해 주는 조문들이다. 상비 부원들이 특별재판국원이 되는 것은 불법이라 하나 제21회 시에 설치된 특별재판국은 전원이 상비 부원을 겸하고 있었다. 특

히 송상석 목사는 사회부장, 행정부장을 겸하면서 특별재판국원이 되었다. (총회회의록 제21회, 7-10, 21, 210페이지).

(3) 경남노회는 총회 특별재판국이 불법 재판을 하였다고 하나 다음과 같은 경위와 사실에서 적법 재판인 것이 입증된다.

1) 사실 심리 없이 한 재판은 불법이라 하나 피고 자신이 세 번 출석하여 사실 심리를 거부하였다. (권징조례 제34조, 제39조 위반). 그러나 특별재판국은 피고 대변인들을 세우고 사실 심리를 하였다.

2) 원심 판결 없고 증가조가 없는 상고심 재판은 불법이라고 주장하나 노회에서 건의로 올라온 건을 총회가 수리하여 초심을 한 것이다. 그러나 총회는 최고급 심리회이므로 초심이 상고심을 겸하게 되는 것이다. (정치문답 제431문, 제432문, 제435문, 제420문, 권징조례 제89조) 증거서류나 최종 설명서의 각 조마다 첨부되어 있다. (권징조례 제59조). 그러므로 증인이 따로 필요 없다.

3) 재판 관할 규정상 불법이라고 주장하나 정치문답조례 제185문 4항에 '상회는 하회나 개인 회원을 다 치리하나니 만일 하회 혹 개인 회원이 상회의 치리를 순종치 아니하면 다 책벌할 권이 있느니라'고 하였다. (권징조례 제7조, 제19조).

4) 상소 규정상 불법이라고 하나 경북노회는 상소한 바 없으며, 다만 건의하였으므로 상소 규정이 적용될 수 없다.

5) 총회 직심 사례를 위반한 불법이라 하나 피고는 부산노회 산하 남교회에 적을 두고 있던 평신도 김진경 씨를 총회로 하여금 특별재판국을 설치하여 직심 판결한 후에 노회에 지시한 사례가 있다. (총회 회의록 제22회 21-22페이지).

6) 상고심 진행 절차상 불법이라 하나 총회가 원고가 되어 기소하므로 기소장과 죄증설명서와 그 증거서류들을 제출하는 것으로 족하다. 상소가 아니므로 상소통지서나 상소장이나 상소이유서는 필요 없다.

7) 동등한 치리회 간의 불법이라고 주장하나 노회는 하회이므로 상회인 총회에 건의할 수밖에 다른 길이 없다(교회정치 제64조). 피고는 제23회 총회시에도 노회 소속인 전성도 목사를 총회에 직소한 사례가 있으니(총회 회의록 제23회 32페이지) 과거의 불법 처사를 자증하고 있다.

8) 경남노회는 사실 심리 없는 판결을 불법이라고 결의해 놓고 「기독신보」제109호 광고란에 게재한 공개 항의에 재판 안건 사실 심리를 피고인이 거부한 이유를 게재하고 있으니 불법은 피고가 자행하고 있음을 자증하는 동시에 경남노회가 위증에 근거한 불법 결의를 하였음도 자증하고 있는 것이다. 경남노회가 피고를 옹호하기 위하여 허위 사실을 신문 지상에 게재함은 교회 법질서를 문란케 하는 행동이며 총회를 거부하는 결의는 본 교단 총회를 이탈하는 행동이므로 조속히 회개하고 돌이켜 하급 치리회로서의 본연의 위치로 돌아와 교회법 질서를 지켜 교단의 화평을 도모하기를 바란다.

주후 1975년 2월 15일
대한 예수교 장로회 총회사무부
총회장 윤봉기, 총회서기 및 재판부장 한학수, 총회회계 김은도, 경기노회장 및 교회교육부장 특별재판국장 민영완, 부산노회장 및 신학부장 이근삼, 경북노회부회장 박현진, 경남노회장 및 재정부장 정재영, 경동노회장 박헌찬, 경안노회장 김종만, 전라노회장 이선, 성진노회

장 유재영, 진주노회장 김석배, 행정부장 최만술, 전도부장 이헌구, 기
획부장 박두욱, 선교부장 한명동, 농촌부장 전은상, 사회부장 김희도,
출판부장 최일영, 규칙부장 최진교, 특별재판국 서기 신현국, 고려학
원재단이사장 이경석.

三, 총회 특별 재판의 합법성

판결문

증거 서류의 일련번호 순서

대한 예수교 장로회 총회사무부

주후 1975년 2월 15일

※ 총회 (고신) 사무실 안내
※ 삼영빌딩 801호 (종로구·연건각호텔 건너편)
☎ (23) 9639

재판전말서 (송상석목사면직에대한)

一, 송상석 목사의 죄상및 판결

죄증설명서

二, 총회 특별 재판국의 재판경위

28. 총회특별재판국의 해명에 대한 반박(1975. 2. 17.)

총회 사무부(현 총회운영위원회)가 1975년 2월 15일 '송상석 목사 재판 전말서'를 발표하고 송상석 목사 재판이 정당했다고 주장하자 경남(법통)노회와 경남(법통)노회의 총회대책위원회와 조사위원회는 공동으로 이를 반박하는, '송 목사 면직은 적법이라는 고려파 총회특별재판국의 거짓 해명을 경고한다.'라는 성명을 1975년 2월 17일에 발표했다. 이 문서는 1975년 3월 8일자 「크리스챤신문」에 게재되었다. 그 전문은 아래와 같다.

'송 목사 면직은 적법이라는 고려파 총회특별재판국의 거짓 해명을 경고한다.'

대한예수교장로회 경남(법통)노회 제101회 제4차 임시노회를 지난 2월 17일 오전 11시 마산 제일문창교회당에서 노회장 정재영 목사 사회로 개최하고(제8안건) 머리의 건에 관한 문제를 토의한 결과 본 교단 고소파 인사들과 특별재판국 책임자들에게 기독교 본연의 자세 회복을 촉구하는 동시에 본 교단의 위신을 떨어뜨리는 거짓 해명을 경고키로 하고 전국 기독교계에 악례를 남기지 않기 위하여 이런 몰염치한 거짓 해명을 다음과 같이 반박키로 결의한 바를 선포합니다.

① 2월 1일 자 「크리스찬신문」 제691호 3면 특별재판국장 민영완, 서기 신현국 두 목사가 발표한 거짓 해명을 그들 양심에 호소한다. ② 법을 모르는 자가 신의 영광과 신앙 생명을 좌우하는 법관자(法官者)이나 행정관자(行政官者)가 될 수 없다. ③ 고인(古人)의 말에 '가만히 있으면 면무직(免無職)한다'는 말이 있고 성경 말씀에도 '안다 하므로 죄가 있느니라'고 하셨다.

1. 이사장 해임에 불복하고 문서를 위조하여 공금을 유용하였다는 말에 대하여(제8계명을 범하였다는 말은 도적질했다는 말)

1) 총회가 '이사장 해임은 정관 제13조 2항 임기전 이사장 해임은 이사회 결의를 거쳐 문교부장관의 인가를 받아야 하느니라'고 한 법을 위반한 불법인데, 이에 대한 권 제69조 및 정문 435에 의거한 재심청구는 정당한 요구다(제23회 총회록 29페이지 91의 2항에 적법임을 의결했다).

2) 문서를 위조하여 공금을 유용하였다는 말을 연속 기재한 것은 세간의 의혹을 더 사게 하려는 고의적인 수법인데, 이는 명예훼손죄 고소를 자청하고 있는 일이니 그때 밝혀질 것이다. (경남법통노회는 책임이 없다).

2. 경북노회 건의를 총회가 권 제7조에 의거하여 수리하였다 함에 대하여

1) 위 7조 단서에 '권징할 필요가 있을 경우에는 치리회가 원고로 기소할 수 있으니라'고 한 치리회는 총회만을 가리키는 말이 아니고, 각급 치리회를 말한 것인데, '총회,' '노회,' '당회'를 총칭한 것이다.

2) 그분들은 '헌법 정치 제9장 34조 1항'의 법을 모르는 억지 주장인데,

동(同) 원문은 다음과 같다.

① '각 치리회는 법대로 치리하기 위하여 관할의 범위를 정할 것이며, 각 회는 고유한 특권이 있으나 순서대로 상회의 검사와 관할을 받는다'라고 한 헌법 원문을 모르고 하는 말이다.

② 권 제3장 제19조, '목사에 관한 사건은 노회 직할에 속하고 일반 신도에 관한 사건은 당회 직할에 속한다'고 하였다.

③ 그래서 정문(政治問答) 177의 7에 '목사들의 치리는 본 노회 관할 하에 있느니라'고 하였고, 또 정문 332, '목사는 당회나 총회 관할에 속하지 않고 노회 관할에 속하고 죄범이 있으면 노회가 치리할 것이라'고 하였다.

3) 그런 까닭에 정문 430, '총회가 교회와 목사를 직접 치리하지 못하느니라'고 하였기 까닭에 정문 351의 2항에 '목사는 노회라야 재판하느니라'고 하였다. 그러니 목사에 대한 총회 직심(直審)은 불법이 아니라 할 수 없다.

3. 교회 화평과 유익을 위해서 정문 제439문에 의거하여 총회가 기소하고 특별재판국이 재판을 결정하였다는 데 대하여

1) 위에 말한 정문 제439문 단서 '본 교회의 화평과 유익을 위하여 어느 노회더러 어느 목사를 해하라고 명령할 수 있느니라'고 한 것은 목사를 총회가 직접 해임하지 못하는 까닭이다. 사실인즉 목사의 임면권은 노회의 고유한 특권인 고로 총회라고 해서 그 특권을 침해할 수 없다.

2) 그래서 헌법 정치 제9장 34조에 성경 교훈대로 '교회의 성결과 화평

을 성취하기 위하여 순서대로 상회에 상소함이 옳다'라고 하였으니 경남노회 및 기타 하회의 판결이 없는 상고심은 불법이 아니라 할 수 없다.

3) 그런 까닭에 경북노회 건의와 총회의 직접 상소 수리는 권 제38조 및 동 134조를 위반한 불법이다.

4. 총회 기소는 정문 436 및 동 431에 의거한 적법이라고 한 데 대하여

1) 정문 431을 본 자가 동 430을 보지 못하였을 리가 없을 것이다. 정문 제430문에 '총회가 상고를 받은 일 없이 소속 교회나 목사를 직접 치리할 수 없다'라고 하였으니 경북노회의 건의를 총회가 상소로 직접 수리가 불법이 아닐 수 없다.

2) 또 정문 제436문에 의거한 것이라 하나, 고려파 교단의 치리회는 3심제로 되어 있어(총회, 노회, 당회) 대회 제도를 가설한 4심제의 치리 기관이 아닌 고로 도리와 헌법에 관한 치리 외에는 종심회가 되는 대회 제도법을 인용코자 함은 헌법 규칙을 무시하는 불법이다.

5. 특별재판국 구성이 적법이라 함에 대하여

1) 권제 94조 및 95조에 의거한 상소법대로 된 상소 건을 권 제124조 2항에 규정된 법대로 '총회는 재판 사건을 직심하거나 재판국에 의탁할 수 있고 「재판국」은 의탁받은 사건만 심리 판결할 것이니라'고 하였으며,

2) 권 제131조 '총회는 재판국 판결(상설재판국 판결)을 검사하여 ① 환부하거나, ② 특별재판국을 설치하고, ③ 그 사건을 판결(재심 판결) 보고케

할 것이니라'고 하였고,

3) 권 제133조(이 조항은 독립한 조항이 아니고 권 제131조 절차 진행 조항인데) '총회가 필요
로 인정할 때는 그 결의대로 특별재판국을 설치하고 상설재판국 규
칙을 적용할 것이니라'고 하였으니 위에 말한 각 조항을 종합 검토
하면 노회 판결이나 총회 상설재판국의 판결절차가 없는 특별재판
국 판결은 법의 근거가 없는 날조 재판국의 불법한 정체를 여실히
폭로한 것이다.

* 총결론

① 지상 논쟁이나 입씨름 가지고는 제3자의 납득이 어려울 것인즉 총
회라는 미명 하에서 불법 횡포를 자행하여 교계를 속이는 것으로
능사를 삼을 것이 아니고 양심의 창문을 열고 총회나 특별재판국
이 큰 것이 아니라 성경과 법이 교단의 생명이 되어 있는 것을 재확
인하게 되면 모든 문제는 해결될 것이다.

② 그리고 총회 특별재판국이 인권을 유린해 가면서 남의 신앙 생명
을 말살하는 재판이 헌법 정치에 명문화되어 있는 기본법이 적용
되지 않는 옹색을 면하기 위하여 정치문답조례를 대용하고 있음은
법의 원문과 그 해석의 비중 차이를 모르는 까닭인지는 몰라도 교
단 위신과 체면을 여지없이 땅에 떨어뜨려 놓는 일은 가탄스러운
일이 아니라 할 수 없다.

③ 정치문답조례는 한국장로교 치리회의 기본법이 아니고 헌법 정치
를 해석하는 데 참고서에 불과한 것이고(단일 장로교 총회 제8회록 40페이지에 참
고서로 인정된 것임) 단 동 조례 618(장로교 치리회의 보통회의 규칙 및 동 619) 회 의 세칙

은 제7회 단일 총회록 14페이지 단일 총회규칙으로 채택한 것이다.

1975년 2월 17일

대한예수교장로회(고려파)

경남(법통)노회장 정 재 영 목사

서기 김 선 규 목사

동 대책위원장 손 명 복 목사

서기 이 기 진 목사

동 조사위원장 권 성 문 목사

서기 서 봉 덕 목사

[특고]

총회 특별재판국이 발표한 1974. 12. 4.자 판결문, 판결집행명령서, 죄증설명서, 동 공고이유, 1975. 1. 27.자 발표한 해명서, 1975. 3. 1. 크리스찬신문 제695호 8면에 발표한 재판 전말서, 1975. 2. 23.자 교회연합신보 제385호에 발표한 내용은 밝혀질 때와 장소가 있겠으나 매우 궁금하실 줄 알지만 좀 기다려 봅시다.

五、特別裁判局構成이 適法이라 함에 對하여

一、권제94조및 95조에 依據한 上訴로된 裁判事件을
대로「總會는 裁判事件을 直審하거나 裁判事件만 審理判決할 것이니라」고하여 上訴事件을 權제124條2항에 規定된 法

二、권제131條 總會는 裁判局判決을 常設裁判局判決(再審判決)報告서에 檢査하여 (ㄱ)환부하거나 (ㄴ)特別
裁判局을 設置하고 그事件을 判決(c)그事件을 判決할것이니라고하였고 권제131條次에 「特別
가必要로 認定할때에는 그 決議대로 各條項을 設置할것이니 위에 말한 特別裁判
局의判決次가 없는 特別裁判 判決은 法의 根據가 없는날 常設裁判局의 不法인 正

三、권제133條의 條項은 獨立한 條項이니 그 事件은 各條項을 綜合檢討하면 老會나 總會常設裁判局이나 常設裁判局의 規則을 適用할
것이니라고하였으니 特別裁判局이 進行할때인데)總會
常設裁判局規則을 適用할

※ 總 結 論

紙面關係로 어려운 늦은실을 가지고 ...
그러므로 ...
P40에 ...
一回政治問答條例 618(老會治理會)에
618(老會治理會) 제619會議細則
P148

〈特 告〉

大韓예수敎長老會 (高麗派)

1975년 2월 17일

慶南「法統」老會 老會長 덕문진 목사
同 書記 복규영 목사
同 總會對策委員長 정선재 목사
同 書記 명선재 목사
同 調査委員長 김정 목사
同 書記 이손 목사
 권 서 목사

總會 特別裁判局이 發表한 1974,12,4일자判決文、判決執行命令書、罪證說明書、同公告理
由、1975,1,27자發表한 解明書、1975,3,1크리스챤新聞제695호8面에發表한 內容과
1975,3,23자 敎會聯合新報 제3885호에 發表한 內容은 밝혀질때와 場所가
있겠으니 매우 궁금하실줄 알지만 좀 기다려 봅시다.
判決말서、判前말서

=宋목사 免職은 適法이란=

高麗派總會特別裁判局의 거짓解明을 警告한다

75. 3. 8
기독신보(?)

大韓예수敎長老會 慶南「法統」老會第 10·11회와 第4회 임시老會를 지난 2월 17일 馬山第一文昌敎會에서 노회장 鄭석 영목사의 司會로 開會하고 머리에 關한 問題를 討議한 結果 本敎團威信을 同殿으로 損傷케하는 거짓解明을 促求하는 決議文을 採擇하고 本敎團威信에 對한 反駁聲明書를 宣布하였다.

① 여러 目아 하나를 ……
② 一人을 ……
③ 事法之間의 ……

理事長解任에 不復하고 文書를 偽造하여 公金을 流用하였다는 말

一, 에 대하여 (第8계명을 犯하였다는 말은 도적질했다는 말)
① 總會가「理事長解任은 定款 第13條 2항의 法을 違反한 不法이라」고 한 法을 違反한 不法이라는 再審請求는 正當한 要求라 (제23회회록 P.29페지 91의 2항에 適法한 裁決)

② 文書를 偽造하여 公金을 流用하였다는 말은 名譽毀損으로 罪告訴를 自請하고 있는 일이니 그때 더사

二, 慶北老會建議를 總會가 권제7條에 依據하여 受理하였다함에 대하여

① 위7條「단서」에「권징할必要 있을 경우에는 治理會가 原告로 起訴할수 있느니라」고 한 治理會는 總會만으로 가르친 말이 아니고 各級治理會를 말한것이나 「總會」「老會란」
② 總會는 治理會인 政治 第9장 34條 1항의 法을 모르는 억지 主張인데, 동原文은 다음과 같다.

三, 敎會和平과 有益을 爲하여「어느 老會더러 어느 牧師를 解하라」고 命令한수 없느니라」고 한 것은「本敎會의 和平과 有益을 爲하여는 老師더러 어느 牧師를 直接裁判하지 못하느니라」고 하였고 政問430「總會가 敎會와 牧師를 直接治理하지 못하느니라」고 하였다.

三, 그런 까닭에 政問351의2항에「總會는 老師라야 裁判하느니라」고 하였으니 牧師에게 對하여는 不法이 아니라 할수없다.

敎會和平과 有益을 爲해서 政問 439條에 依據하여 總會가 起訴하고 特別裁判局이 裁判을 決定하였다는데 대하여

政問439條「단서에「本敎會를 解하라」고 命令한수 있느니라」고 한 것은 老會의 固有特權인 故로 總會가 直接解任치 못하는 老會의 固有特權을 侵害할수 없다.

29. 고려파 교단 산하
경남(법통)노회 성명(1975. 3. 3.)

경남법통노회와 노회 산하의 총회대책위원회와 조사위원회는 1975
년 2월 17일자의 '송 목사 면직은 적법이라는 고려파 총회 특별재판
국의 거짓 해명을 경고한다.'에 이어 3월 3일 다시 총회특별재판국의
주장을 반박하는 성명을 발표했다. 특히 고신교단 총회 사무부가 지
난 1975년 2월 23일 「크리스찬신문」 제634호 3면에 '경남노회 수습을
위한 대책위원회'를 구성하였다는 기사를 검토한 후 이 성명서를 발
표하게 되었다. 이 성명은 1975년 3월 23일자 「교회연합신보」에 게재
되었다.

고려파 교단 산하 경남(법통)노회 성명

지난 3월 3일 마산제일문창교회당에서 경남노회 각 부 연석회의를 노
회장 정재영 목사 사회로 개회하고 고려파 총회의 사무부가 지난 2월
23일 「크리스찬신문」 제634호 3면에 발표된 '경남노회 수습을 위한 대
책위원회'를 구성하였다는 내용을 검토한 후 다음과 같은 성명서를 발
표키로 하였다

다음

고려파 총회 사무부가 의결 발표한 다음 세 안건에 대한 그 모순성을 지적하고 교단 분열 명수들의 근성 발로에 대한 유감을 금치 못하여 그 부조리한 상투 수법을 신앙 양심에 호소하여 시정을 촉구키로 한다.

1. '총회 특별재판국의 판결과 경위 해명은 정당한 것이므로 이를 받아 총회 에서 보고 한다'라고 함에 대하여

1) 반박: 특별재판국 판결의 정당 여부는 합법적인 재판 판결이라고 할지라도 총회 본회의가 그 보고를 받아 정당 여부를 결정하면 모르되 사무부가 중간보고를 받아 정당 여부를 결정한다 함은 권 제 131조에 위반되는 불법이다.

2) 반박: 총회의 특별재판국 위탁 판결이라면 상급 치리회가 아닌 총 회 사무부(치리회가 아니고 문자 그대로 사무 취급뿐이다)가 판결 정당 여부를 결정 하였다 함은 무권자들의 불법한 월권행위이다(총회 규칙 11조 1항).

3) 반박: 또 한 가지 모순은 특별재판국이 판결하여 경남노회에 형집 행명령서까지 발부하였다가 불법으로 인한 거부반응을 받은 특별 재판국이 판결 확정을 받기 위한 사무부 중간보고는 그 의도가 나 변(那邊)에 있는지 모를 일이나 그 부조리한 처사는 자체의 거짓을 자 증하는 일이다.

2. '경남노회 및 송 목사의 거부결의서, 항변서 및 공개 항의는 사실을 왜곡 하고 법을 오해하고 총회를 부정하는 일이라'고 함에 대하여

1) 반박: 사실을 왜곡하고 법을 오해하였다면 왜곡과 오해를 설득할

수 있는 정해(正解)를 제시함은 정당한 주장이 되려니와 엉뚱하게 총회를 부정한다는 억설은 카톨릭 교황 정권을 모방한 듯한데 총회나 특별재판국이나 또한 사무부가 큰 것이 아니라 진리(성경)와 법이 그보다 더 큰 것임을 알아야 할 것이다.

3. '총회를 부정하는 경남노회는 행정상 그 기본권을 상실했으므로 이를 정상화하는 대책위원회를 선출 구성키로 가결하였다' 함에 대하여

1) 반박: 총회 안에 일부 고소파 인사들과 총회일을 맡아 일하는 사람들의 불법한 처사를 부정한 일은 있으나 총회를 부정한 사실은 없다.

2) 반박: 경남노회가 행정상의 기본권을 상실하였다는 말은 총회 특별재판국의 불법 처사에 대한 거부를 말한 듯한데 사람의 말을 듣는 것보다 하나님의 말에 순종하는 것이 옳지 않으냐고 항변한 바울 선생의 말을 생각하면 충분한 이해가 될 줄 안다.

① 뿐만 아니고 총회 분열을 적극 억제키 위하여 제24회 총회 때 총대 다수의 횡포에 망인자중(亡忍自重)하였고

② 교단의 기본 정신을 회복하려고 교단 모체인 경남노회 제100회 기념 축전에서 그 성의를 충분히 증거하였다.[7]

③ 행정상 기본권을 상실하였다는 이런 중대한 문제를 사무부가 판결할 권한도 없고 경솔하게 발언도 못 할 일이다.

---

7. 교단의 정신을 회복하기 위한 증거는 1974년 8월 12일에 마산 제일문창교회당에서 개최된 경남노회 제100회 제2차 임시노회에서 채택한 '선서문'을 의미하는 듯하다. 당시 만들어서 배포했던 선서문의 사본을 이 성명 뒷부분에 별지로 첨부한다.

3) 반박: 경남(법통)노회가 없는 고려파 총회가 있을 수 없는 일이었는데 왜 교단 모체인 경남노회를 말살하고 불법한 노회 조직을 선동하는 가(헌법 정치 제12장 4조 '총회 직무' 및 동 5조, 총회 권한을 침해하는 일이다)

* 총결론: 총회 사무부가 세운 경남노회 수습대책위원회가 고려파 총회 모체인 경남(법통)노회를 거세하고 고소파 앞잡이로 세운 극소수의 불평분자들을 선동하여 또다시 불법 노회를 형성시켜 교단 분열 명수의 근성을 한 번 더 자랑하는 역사 한 페이지를 탐내는 망상을 말아 주시기를 읍소하는 바이다.

1975년 3월 3일

대한예수교장로회(고려파) 총회

경남(법통)노회장 정재영 목사, 서기 김선규 목사

총회대책위원장 손명복 목사, 서기 이기진 목사

조사위원장 권성문 목사, 서기 서봉덕 목사

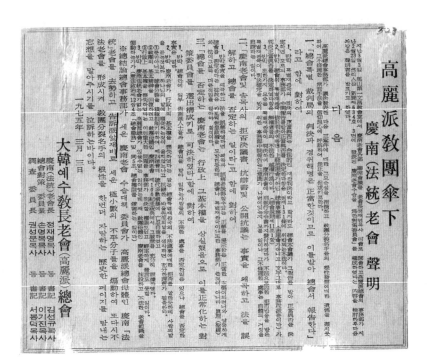

30. 경남⒣법통⒤노회원 중
총회 지지자들의 '성명서'(1975. 3. 17.)

고신총회 및 총회특별위원회와 경남법통노회 간에 논쟁과 항의가 이
어질 때 경남법통노회에 속한 이들 중 일부는 1975년 3월 17일자로
고신총회와 총회특별재판국을 지지한다는 성명을 발표하였다. 이들
은 총회 지지 평신도, 청년연합회, 여전도회연합회, 주교연합회 (총회
지지자) 일동이라고 쓰고 있으나 지지자의 이름은 단 한 사람도 밝히지
않고 있다. 떳떳하게 성명자를 밝히지 못하는 것은 유령의 조직일 가
능성이 크다. 이 성명서는 「크리스찬신문」 1975년 3월 22일자에 게재
되었다. 성명서의 전문은 아래와 같다.

성명서

우리 경남⒣법통⒤노회원 중 대한예수교장로회⒣고신⒤ 총회 지지자 일동은
다음과 같이 성명하는 바이다.

다음

1. 대한예수교장로회⒣고신⒤ 24회 총회는 정당하게 진행된 헌법적 총회
   이다.

2. 24회 총회가 구성한 특별재판국은 합법적이며 정당한 재판국이다.

3. 우리는 경남노회(1974. 12. 16. 제101회 2차 임시노회)가 결의한 다음 사항은 총
   회를 거부, 이탈하는 잘못된 것이라 선언한다.

   ① 24회 총회가 일인사들의 계획성 있는 조작이라 선언한 것,

   ② 총회가 합법적으로 구성한 특별재판국 구성 자체를 불법이라
      한 것,

   ③ 총회 재판 지시를 이행치 않고 거부 반려한 것.

그러므로 우리는 경남노회가 1974년 12월 16일 이후 대한예수교장로
회(고신) 총회를 거부, 이탈한 것이 분명하므로 저들과 함께 자멸할 수
없어 이에 총회 지도를 바라는 바이다.

1975년 3월 17일

경남(법통)노회원(총회 지지자)

총회 지지평신도 일동

경남(법통)노회 청년연합회(총회 지지자) 일동

경남(법통)노회 여전도회연합회(총회 지지자) 일동

경남(법통)노회 주교연합회(총회 지지자) 일동

성 명 서

우리 경남(법통)노회원 중 대한
예수교장로회(고신) 총회 지지자
일동은 다음과 같이 성명하는 바
이다

< 다 음 >

1. 대한예수교장로회 (고신) 24회 총회는 정
   당하게 진행된 합법적 총회이다
2. 24회 총회가 구성한 특별 재판국은 합법
   적이며 정당한 재판국이다
3. 우리는 경남노회(1974. 12. 16. 제101회 2차
   임시노회)가 결의한 다음 사항은 총회를
   거부, 이탈하는 잘못된 것이라 선언한다

   ① 24회 총회가 일부 인사들의 계획성있는 조작이라 선언한것
   ② 총회가 합법적으로 구성한 특별재판국 구성 자체를 불
      법이라 한것
   ③ 총회 재판지시를 이행치 않고 거부 반려한것

그러므로 우리는 경남노회가 197
4. 12. 16. 이후 대한예수교장로회
(고신)총회를 거부, 이탈한 것이
분명하므로 저들과 함께 자멸할
수없어 이에 총회 지도를 바라는
바이다

1975년 3월 17일

경 남(법통)노 회 원(총회지지자)일동
총 회 지 지 평 신 도 일동
경남(법통)노회청 년 연 합 회(총회지지자)일동
(〃) 여전도회연합회(〃)일동
(〃) 주 교 연 합 회(〃)일동

31. 총회대책위원장이 경남노회
각 교회에 보낸 통고장(1975. 4. 3.)

총회특별재판부의 구성과 재판, 판결을 경남노회가 불법으로 간주하고 거부하자 총회대책위원장 박두욱, 서기 전은상 명의로 경남노회 산하 개교회에 아래와 같은 경고장을 보내 경남노회로 하여금 총회에 순종할 것을 요구하였다.

수 신 : 경남노회 산하 각 교회
제 목 : 총회 사무부 결의 통지의 건
발 신 : 총회 대책 위원장
참 조 : 대한 예수교 장로회 총회장

성은중 평안하심을 빕니다.

그간 경남노회가 총회와 총회특별 재판국 및 그 판결에 대한 거부 결의로 말미암아 일어난 무질서와 혼란을 수습하기 위하여 총회 사무부가 모여(일시 : 1975년 3월 24일 장소 : 대구 성산교회당) 아래와 같이 결의하였사오니 산하 각 교회는 양지하시어 총회 질서를 확립하고 경남노회를 정상화하는 일에 특별히 유의하시어 본 대책위원회의 사명수행에 적극 협력하여 주시기 바랍니다.

아 래

결 의 내 용

1. 경남노회가 총회 및 총회 특별 재판국 구성 및 재판 불법이었다고 선언한 것과 총회 특별 재판국 판결을 거부한 결의는 취소하고 그간 경남노회가 전국 교회 및 신문 지상에 공고하여 교회 질서를 문란케 한 것은 공식 사과하도록 하고 본 총회 대책위원회는 경남노회로 하여금 총회에 순종하도록 권면한다.

2. 위의 결의를 경남노회가 4월이내에 이행치 않을 때는 결과에 따라 대처한다. 끝

총회대책 위원장 목사 박 　 두 　 욱

서 기 목사 전 　 은 　 상

수신 : 경남노회 산하 각 교회 / 1975. 4. 3.

제목 : 총회 사무부 결의 통지의 건

발신 : 총회 대책위원장

참조 : 대한예수교장로회 총회장

성은중 평안하심을 빕니다. 그간 경남노회가 총회와 총회특별재판국 및 그 판결에 대한 거부 결의로 말미암아 일어난 무질서와 혼란을 수습하기 위하여 총회 사무부가 모여(일시: 1975년 3월 24일, 장소: 대구 성산교회당) 아래와 같이 결의하였사오니 산하 각 교회는 양지하시어 총회 질서를 확립하고 경남노회를 정상화하는 일에 특별히 유의하시어 본 대책위원회의 사명 수행에 적극 협력하여 주시기 바랍니다.

아래

결의 내용

1. 경남노회가 총회 및 총회 특별재판국 구성 및 재판 불법이었다고 선언한 것과 총회 특별재판국 판결을 거부한 결의는 최소하고 그간 경남노회가 전국교회 및 신문 지상에 공고하여 교회 질서를 문란케 한 것은 공식 사과하도록 하고 본 총회 대책위원회는 경남노회로 하여금 총회에 순종하도록 권면한다.

2. 위의 결의를 경남노회가 4월 이내에 이행치 않을 때는 결과에 따라 대처한다. 끝

총회대책 위원장 목사 박 두 옥
서기 목사 전 은 상

32. 총회대책위원회의
'비상노회 소집 공고' 및 노회 개최

송상석 면직 건으로 야기된 문제가 심각해지자 총회 경남노회 대책위원회는 경남노회 산하 총회에 순종하는 목사, 장로, 집사 등을 소집하는 비상노회소집을 공고한다. 노회 개최일에 목사 장로 외의 집사, 청년들도 참석하도록 동원하였고, 한학수 목사 등이 참석하여 발언하였다.

(1) 비상 노회 소집 공고(1975. 4.)

수신 : 경남노회 산화 총회 순종 각 교회 목사, 장로, 집사, 여전도회,
　　　청년회
제목 : 경남노회(법통) 비상노회 및 평신도 대회 소집의 건
발신 : 총회 경남노회 대책위원장
참조 : 대한예수교장로회 총회(고신) 총회장

성은중 평안하심을 빕니다.

그간 경남노회가 공적인 결의와 신문 지상 광고 등을 통하여 총회와

특별재판국 구성 및 재판을 부정, 거부하였을 뿐 아니라 수습을 위한 총회사무부의 2차례의 결정과 공식적인 지시(1975. 3. 24.)를 공식으로 거부함으로 말미암아 야기되어 온 무질서와 혼란을 더 이상 좌시할 수 없어, 경남법통노회 비상노회 및 평신도 대회를 아래와 같이 소집하오니, 대한예수교장로회 총회(고신)의 권위와 결정과 권징에 순종하는 경남노회 산하 목사, 장로 및 집사, 기타 평신도들은 필히 참석하셔서 경남법통노회 정상화 운동에 적극 협력하여 주시기 바랍니다.

아래

1. 일시: 1975년 5월 1일 오후 7시
2. 장소: 신광교회당(경남 마산시 홍문종 13-1)
3. 집회강사: 이 금 도 목사
4. 경남법통노회 정상화 및 계승노회 조직
5. 기타 신안건

대한예수교장로회 총회
경남노회 대책위원회
위원장 목사: 박두옥
서기 목사: 전은상
위원 목사: 최만술, 한학수, 민영완, 신현국, 박현진

비상 노회 소집 공고

1975. 4.   .

수 신 : 경남노회 산하 총회순종 각 교회 목사, 장로, 집사, 여전도회, 청년회

제 목 : 경남노회 (법통) 비상노회 및 평신도 대회 소집의 건

발 신 : 총회 경남노회 대책위원장

참 조 : 대한 예수교 장로회 총회(고신) 총회장

성은중 평안하심을 빕니다.

그간 경남노회가 공적인 결의와 신문지상 광고등을 통하여 총회와 특별 재판
국 구성 및 재판을 부정, 거부 하였을 뿐 아니라 수습을 위한 총회사무부의
2차례의 결정과 공식적인 지시 (1975. 3. 24)를 공식으로 거부함으로 말미암아
야기되어온 무질서와 혼란을 더 이상 좌시할수 없어, 경남법통 노회 비상노회
및 평신도 대회를 아래와 같이 소집하오니, 대한 예수교 장로회 총회(고신)의
권위와 결정과 권징에 순종하는 경남노회 산하 목사, 장로 및 집사, 기타
평신도들은 필히 참석하셔서 경남 법통노회 정상화 운동에 적극 협력하여
주시기 바랍니다.

아   래

1. 일   시 : 1975년 5월 1일 오후 7시
2. 장   소 : 신광교회당 (경남 마산시 홍문동 13-1)
3. 집회강사 : 이 금 도 목사
4. 경 남 법통노회 정상화 및 계승노회 조직
5. 기타 신안건

대한 예수교 장로회 총회
경남노회 대책위원회

위원장 목사 : 박   두   욱
서 기 목사 : 전   은   상
위 원 목사 : 최 만 술   한 학 수
　　　　　　민 영 완   신 현 국
　　　　　　박 현 진

(2) 비상노회 개최(1975. 5. 1-2. 29.)

위의 공고에 따라 비상노회가 1975년 5월 1-2일, 그리고 29일에 마산 신광교회당에서 개최되었다. 목사 11명(권오정, 김용백, 김웅수, 김판규, 남경원, 박찬규, 신태은, 심상동, 옥치정, 정주성, 최재균), 장로 14명 등 25명이 참석하여 옥치정 목사를 노회장으로, 남경원 목사를 부회장, 서기 김웅수 목사, 회록서기 박찬규 목사 회계 박종갑 장로를 선출하고, 이 노회를 '대한예수교 장로회 경남(법통)노회 제102회 노회'로 명명하였다. 이 노회에서 송상석 목사를 면직하고 12목사를 제명하는 등 5가지 주요사항을 결의했는데(노회촬요 참고) 그 내용은 다음과 같다.

특별결의사항

1. 목사 면직: 송상석. 총회특별재판국 판결집행 명령서에 따라
2. 목사 제명: 총회 결의와 지시를 거부하며 교단 이탈을 주도하는
　　　　　목사들
　　　　　정재영, 김선규, 김태윤, 최상수, 손명복, 박장실,
　　　　　권성문, 정판술, 서봉덕, 이기진, 송명규, 이백수
3. 강도사 목사 후보생 전도사 등은 구두로나 서신으로 복귀 신고하면 최대한 편의를 도모함
4. 노회 산하 교회 결속을 위한 제반 집회 관계는 임원회에 일임키로
5. 노회 산하 목사 장로들은 총회를 지지하고 본 노회에 7월 말까지 귀속지 않을 시는 정상에 따라 조치하기로.

33. 총회 사무부 회의록 4차-6차

총회 사무부는 총회의 폐회 이후 제기되는 주요 사안에 대하여 의결하는 기구로 지금의 총회운영위원회라고 할 수 있다. 제24회 총회 사무부는 1975년 2월 13일부터 5월 18일까지 3차례 회의를 가졌는데, 이때 총회 사무부의 회의록 전문을 게재한다.

(1) 제24회 총회 사무부 제4차 회의록(1975. 2. 13.)

주후 1975년 2월 13일, 16시 30분에 부산 동광동 소재 부흥여관 제35호실에 모여 부장 인도로 기도하고 서기가 부원을 점명하니, 3명 결석(어현구, 정재영, 박헌찬)으로 성수되므로 부장이 개회됨을 선언하다.

결의사항

1. 고려학원 이사장 이경석 목사가 청원한 고려신학대학 본관 신축 공사비 부족액 12,500만 원을 총회 산하 각 교회에 모금 요청건을 허락키로 가결하다.
2. 총회 특별재판국 보고 및 해명서는 받고 아래와 같이 가결하다.
1) 총회 특별재판국의 판결과 그 경위 해명은 정당한 것이므로 이것을 받아 총회에 보고한다.

2) 경남노회 및 송상석 목사의 거부 결의서, 항변서 및 공개 항의서는 사실을 왜곡, 법을 오해하고 총회를 부정하는 일이다.

3) 총회를 부정하는 경남노회는 행정상 그 기본권을 상실했으므로 이를 정상화하는 대책위원회를 선출키로 가결하다.

3. 총회 특별재판국의 재판 전말서를 교계 신문에 광고키로 하고, 구체적인 것은 대책위원회에 일임키로 가결하다.

4. 경남노회가 총회 특별재판국과 총회 결정을 거부한 건에 대한 경남노회에 대한 총회 대책위원은 7인을 선출키로 가결하니 아래와 같다.

5. 경남노회에 대한 총회 대책위원회의 조직은 받기로 가결하니 아래와 같다.

위원장: 최만술. 서기, 회계: 전은상. 위원: 신현국, 한학수, 박현진, 박두욱, 민영완.

6. 경남노회에 대한 총회 대책위원회의 경비는 실비 지출키로 가결하다.

7. 출판부 조직 보고는 받기로 가결하니 아래와 같다.

부장: 최일영. 서기, 회계: 김차석.

8. 성경번역 추진위원 연석회의 (합동측과의) 파송 위원은 총회장, 총회 서기, 성경 번역 연구 위원장으로 가결하다.

9. 총회 연락 사무실은 서울, 삼영빌딩 801호실(명돈익 장로 사무실 Tel. 23-9633)로 허락키로 가결하다.

10. 이사회의록과 71년도 회계장부를 특별재판국으로 하여금 받아 제출토록 지시키로 가결하다.

11. 회록 정정하여 받기로 가결하다.

12. 폐회하기로 가결하고 이선 목사 인도로 기도하고 폐회하니 22시
   정각이더라.

부장 윤봉기

서기 한학수

제124회 총회 사무부 제4차 회의록

주후 1975년 2월 13일 16시 30분에 부산 동광동 소재
부흥여관 제35호실에 모여 부장인도로 기도하고
서기가 회원을 점명하니 3명 결석 (이한구. 정재경
박헌찬)으로 성수되므로 부장이 개회됨을 선언하다.
                    결의사항.

1. 고려학원 이사장 이경석 목사가 청원한 고려신학
   대학 본관 신축공사비 부족액 1,2500만원을 총회
   산하 각교회에 모금요청건 등 허락키로 가결하다.

2. 총회특별재판국 보고 및 해명서는 받고 아래와
   같이 가결하다.

   1). 총회특별재판국의 파견과 그 경위해명은
       정당한 것이므로 이것을 받아 총회에 보고
       했다.

   2). 경남노회 및 송상석 목사의 거부건의서. 항변서
       및 공개항의서는 사실을 왜곡, 법을 오해하고
       총회를 부정하는 일이다.

   3). 총회를 부정하는 경남노회는 행정상 그 기본권
       을 상실했으므로 이를 정상화하는 대책위원회
       를 선출키로 가결하다.

   ③ 총회특별재판국의 재판전말서를 교계신문에
      광고키로 하고 구체적인 것은 대책위원회에
      일임키로 가결하다.

4. 경남노희가 총회특별재판국과 총회결정을 거부한 건에 대한 경남노회에 대한 총회대책위원은 7인 선출키로 가결하니 아래와 같다

5. 경남노회에 대한 총회대책위원회의 조직을 받기로 가결하니 아래와 같다

　　위원장: 최만수　　서기. 회계: 전은상

　　위원: 신현국. 한학수. 박현진. 박두욱. 민영완

6. 경남노회에 대한 총회대책위원회의 경비는 실비 지출키로 가결하다

7. 출판부 조직보고는 받기로 가결하니 아래와 같다

　　부장 최열영.　　　서기. 회계. 김차석.

8. 성경번역 추진위원 연석회의(합동측과의) 파송 위원은 총회장. 총회서기. 성경번역연구위원장 으로 가결하다.

9. 총회 연락사무실은 서울. 삼영빌딩 801호실(명동의 종로사무실 Tel. 23-9633)로 허락키로 가결하다

10. 이사회회록과 71년도 회계장부는 특별재판국으로 까역금 받아 제출토록 지시키로 가결하다

11. 회록 정정하여 받기로 가결하다.

12. 폐회하기로 가결하고 이선목사 인도로 기도하고 폐회 하니 22시 정각이더라.

　　　　　　　　　　부장　윤봉기

　　　　　　　　　서기　한창수

(2) 제24회 총회 사무부 제5차 회의록(1975. 3. 24.)

주후 1975년 3월 24일, 14시 5분에 대구 성산교회 회의실에 모여 서기 한학수 목사 사회로 진행하여 박은팔 목사 인도로 기도하고 서기가 부원을 점명하니 2명 결석하고(윤봉기, 박현찬) 성수되어 서기가 개회됨을 선언하다. 서기가 소집의 취지를 설명한 후 제4차 회의록을 낭독하다. 대책위원 서기 전은상 목사가 대책위원회의 경과보고를 구두로 하다.

결의사항

1. 사무부는 그간의 경위를 청취하고 경남노회장 정재영 목사의 의견을 받아들여 아래와 같이 만장일치로 가결하다.

아래

1) 경남노회가 총회 및 총회 특별재판국 구성 및 재판이 불법이었다고 선언한 것과 총회 특별재판국 판결을 거부한 결의는 취소하고 그간 경남노회가 전국교회 및 신문 지상에 응고하여 교회 질서를 문란케 한 것은 공식 사과하도록 하고 본 총회 대책위원회는 경남노회로 하여금 총회를 순종하도록 권면한다.

2) 위의 결의를 경남노회가 4월 이내 이행치 않은 때는 결과에 따라 대처한다.

2. 폐회하기로 가결하고 최일영 목사 인도로 기도하고 폐회하니 동일 17시 50분이더라.

부장 원봉기

서기 한학수

제24회 총회사무부제5차회의록.

주후 1975년 3월 28일 14시 5분에 대구 성산교회
회의실에 모여 서기 한하수 목사 사회로 진행하여
박은팔 목사 인도로 기도하고. 서기가 부원을 점명
하니 2명 결석하고 (윤봉기. 박현찬) 성수되어
서기가 개회됨을 선언하다.
서기가 소집의 취지를 설명한후 제4차회의록을
낭독하다.
대책위원 서기 전은상 목사가 대책위원회의경과
보고를 구도로 하다.

결의사항.

1. 사무부는 그간의 경위를 청취하고 경남노회장
정재영 목사의 의견을 받아드려 아래와 같이 만장
일치로 가결하다.

— 아 래 —

1). 경남노회가 총회및 총회특별재판국 구성및 재판
이 불법이었다고 선언한 것과 총회특별재판국원
을 거부한 결의는 취소하고 그간 경남노회가 전국교회
및 신문지상에 공고하여 교회질서를 문란케한것을
공식 사과 하도록하고 본 총회 대책위원회는 경남노회
로 하여금 총회를 순종하도록 천면한다.

2). 위의 결의를 경남노회가 2주일이내 이행치 않
해는 결과에 따라 재처한다.

2. 폐회하기로 가결하고 최인영목사 인도로 기도하고
폐회하니 동일 17시 50분이더라.

부장 윤봉기

서기 한하수

(3) 제24회 총회 사무부 제6차 회의록(1975. 5. 18.)

주후 1975년 5월 18일(금), 13시 40분에 대구 서문로교회 당회실에 모여 부장 인도로 기도하고 서기가 부원을 점명하니 24명 중 19명 참석하여 성수됨으로 부장이 개회됨을 선언하다.

결의사항

1. 전국교회 기도회 개최건: 아래와 같이 개최키로 가결하기

   1) 시일: 6월 22일 밤 → 25일 밤까지

   2) 장소: 전국 각 지교회당

   3) 강사: 본 교회 목사

   4) 통지: 총회 사무부 서기가 각 노회 서기에게 통보함

2. 전국교회 목사 장로 기도회는 아래와 같이 개최키로 가결하다.

   1) 시일: 장소 6월 12일(목) 밤 8시 ~ 14일(토) 새벽까지

   2) 장소: 고려신학대학

   3) 강사: 강사 교섭을 총회 사무부 임원에게 일임함

   4) 경비: 각자 부담

   5) 통지: 각 교회에 통지

제2회 총회사무부 제6차 회의록.

수토 1975년 5월 18일(토) 13시 40분에 대구서문로 교회 당회실에 모여 부장 인도로 기도하고 서기가 부원을 점명하니 20명중 19명 참석하여 성수지만 부장이 개회됨을 선언하다.

경의사항.

1. 전국교회 기도회 개최건:아래와 같이 개최키로 가결하(다)

1)시일 : 6월 22일 밤 → 25일 밤까지.

2)장소 : 전국 각 지교회 등.

3)강사 : 부교회목사.

4)통지 : 총회사무부서기가 각노회서기에게 통보함.

2. 전국교회 목사 장로 기도회는 아래와 같이 개최 가결하다.

1). 시일 : 6월 12일(목) 밤 8시 ~ 14일(토) 새벽까지.

2) 장소 : 고려신학대학.

3). 강사 : 강사 교섭은 총회사무부원들에게 일임함.

4). 경비 : 강사부담.

5) 통지 : 각교회에 통지.

34. 하찬권, 『기독 신자간의 불신법정 소송문제 연구』(1975. 3.)

이 글은 경기노회 소속 서울제일교회 담임목사였던 하찬권(1933-2023) 목사가 1975년 4월에 출간했던 58쪽으로 구성된 소책자이다. 이 책에서 하찬권 목사는 고려신학대학 교수회가 "신학적으로 본 법의 적용문제"를 통해 신자들 간의 문제를 세상 법정에 제소할 수 있다는 주장과 함께 고신 제24회 총회가 제23회 총회의 결정을 번복하고 불신법정 소송의 길을 열어두고, 총회특별재판국을 설치하여 송상석 목사를 재판하고 면직 판결한 것을 성경과 웨스트민스터신앙고백서와 대소요리문답을 통해 비판하고 있다. 이 글에서 저자는 고신 제24회 총회가 '소송불가'를 말한 제23회 총회 결의를 "우리의 교리 표준(신앙고백, 대요리문답, 소요리문답)에 위배된 결의이므로 다음과 같이 수정 결의하다. '사회 법정에서의 성도간의 소송행위가 결과적으로 부덕스러울 수 있음으로 소송을 남용하지 않도록 하는 것이 총회 입장이다.'" 라고 수정한 것은 교묘한 논법으로 변장하여 교단의 순결한 신앙노선을 불순하게 흐려놓아, 29년간의 교단의 애용구호인 '진리파수운동'이란 미명의 구호를 '비진리옹호운동'으로 전락시켰다고 비판하며, 또한 규범하는 규범인 성경을 제쳐두고 신조를 가지고 불신법정 소송을 가능하게 문을 연 것은 말씀 무시, 성경무시신학이라고 비판하면서, 송상석 목사를 불신법정에 고소한 일을 규탄하고 있다. 이 문서 발표로 하찬권 목사는 치리회에서 발언권이 정지되는 등 고통을 겪었고, 결국 고신을 떠났다.

기독신자간의 불신법정
소송문제 연구

하찬권 목사　저

※ 이 문서의 전문은 이 책 말미 <첨부>(475쪽)에 게재하였음.

35. 총회사무부 윤봉기 목사 명의로
경남법통 계승권 인정 지시(1975. 5. 26.)

총회사무부는 1975년 5월 16일에 옥치정 목사를 노회장으로 선출한 노회를 이전의 경남(법통)노회를 대신하며 그 노회를 계승하는 경남(법통)노회로 인정한다는 공문을 경남노회 산하 각 교회와 각 노회장에게 시달하였다.

대한예수교 장로회
총 회 사 무 부

수 신 : 경남노회산하 각교회및 각노회장
제 목 : 경남(법통) 계승권 인정 지시
　　　　우리주 예수그리스도의 이름으로 문안드립니다.
총회사무부에서 1975년 5월 16일부 옥치정 목사를 노회장으로 선정한 경남노회가 경남(법통) 노회를 계승하는 노회임을 인정하였으므로 모든교회는 교회행정연락을 계승권있는 경남(법통)노회로 하여주시기를 바라오며 착오없도록 하시기를 바랍니다.
※ 경남(법통)노회 연락처 : 마산시회원동352-23 제일교회
　　　　　　　　　　　　　전화 ② 3067 김응수목사앞

총회사무부　부장 윤 봉 기

36. 송상석 지지자들의 경남노회 평신도대회 불참을 권유하는 고신총회의 서신(1975. 6. 6.)

고신총회 산하 경남노회대책위원회는 송상석 목사를 따르는 이들이 주관하는 경남노회 평신도 대회에 불참할 것을 지시하는 서신을 경남노회 산하 각 교회 교역자들과 평신도들에게 발송하였다.

1975. 6. 6.

수 신: 경남노회 각 교회 교역자 및 평신도.
발 신: 총회 대책 위원장
제 목: 경남 평신도 대회 불참 지시의 건
참 조: 대한 예수교 장로회 총회장 (고신)

성은중 평안하심을 빕니다

송상석 씨를 따르는 일부 인사들을 합동측 수도노회가 받기로 가결 총회에 헌의케로 한 사실은 이미 지상에 들어 난바 있거니와 (교회 연합 신보 6, 1) 1975년 6월 9일 오전 11시 (교역자 오후 2시) 경남대학 강당에서 모이는 소위 「경남 노회 평신도 대회」는 본 고신 총회를 이탈할려는 책략에 의한 것이므로 고신 경남노회 각 교회 교역자 및 평신도 제위께서는 일체의 참석을 거부하여 경남노회 정상화 작업에 적극 협력하여 주시기 바랍니다.

대한 예수교 장로회 (고신) 총회

대책 위원장 목사 박 두 옥
서 기   목사 전 은 상

1975. 6. 6.

수신: 경남노회 각 교회 교역자 및 평신도
발신: 총회 대책위원장
제목: 경남 평신도 대회 불참 지시의 건
참조: 대한예수교장로회 총회장(고신)

성은중 평안하심을 빕니다.

송상석 씨를 따른 일부 인사들을 합동측 수도노회가 받기로 가결 총회에 헌의키로 한 사실은 이미 지상에 드러난 바 있거니와(『교회연합신보』6. 1.) 1975년 6월 9일 오전 11시(교역자 오후 2시) 경남대학 강당에서 모이는 소위 '경남노회 평신도 대회'는 본 고신총회를 이탈하려는 책략에 의한 것이므로 고신 경남노회 각 교회 교역자 및 평신도 제위께서는 일체의 참석을 거부하여 경남노회 정상화 작업에 적극 협력하여 주시기 바랍니다.

대한예수교장로회(고신) 총회
대책위원장 목사 박 두 욱
서기 목사 전 은 상

37. 경남평신도대회와
결의문, 건의서, 메시지

송상석 목사를 지지하는 경남법통노회는 1975년 6월 9일에 경남대학 강당에서 평신도대회를 개최하고 교단의 분열을 원치 않으며, 고신 총회가 경남법통노회를 부정하고 새로운 노회(계승노회)를 조직한 일을 비판하면서 결의문과 건의서, 총회장과 각 노회장에게 드리는 메시지, 전국 장로회 회장과 각 노회 장로회장에게 드리는 메시지를 채택하고, 총회 사무부가 조직한 이른바 계승노회가 불법인 이유, 송상석 목사에게 금전상 부정이 있었다는 점을 해명하고, 경남노회가 총회를 거역했다는 주장을 반박하는 해명서를 발표하였다. 특히 총회 사무부가 계승노회를 조직하고 교회 분열을 시도하는 것을 비판하고, 교단 분열을 막고 하나 되자고 간곡하게 호소하고 있다. 이런 문서들을 차례로 소개한다.

(1) 결의문(1975. 6. 9.)

우리 경남(법통)노회 소속한 평신도 일동은 급변하는 국내외 정세로 인한 공산주의의 위협을 받고 있는 극히 긴박한 상황 하에서 이 국난의 위기를 극복하기 위해서는 우리가 일치 단결하여도 우리의 힘이 부족하겠는데 우리 교단 안에서는 이 같은 시대적인 요청을 역행하여 분열을 책동하고 불법을 자행하는 일이 있음은 교회의 머리가 되시는 주님을 섭섭하게 하는 일임은 말할 것도 없거니와 국가와 계례 앞에서도 죄스러움을 금할 길이 없음을 절감하고 이를 좌시하고 있을 수 없어서 이에 우리는 다음과 같은 우리의 결의를 중외에 천명하면서 전국교회 신도들의 적극적인 호응을 바라는 바입니다.

1) 교단의 분열은 각 노회와 각 지 교회에까지 미치는 비극이 될 것이므로 우리는 본 교단을 사랑하고 아끼는 일념에서 분열은 절대 반대한다.
2) 총회 사무부가 경남(법통)노회를 부정하고 불법 노회를 조직하여 교회 분열을 책동하는 일을 비롯하여 본 교단 내에서 자행되고 있는 비성경적이고 불법적인 모든 처사는 평화적으로 시정하되 조속한 시일 내의 실현을 촉구한다.
3) 우리의 결의를 외면 무시하는 경우에는 부득불 거기에 따라 우리는 어떤 대응책을 강구할 수밖에 없을 것임을 밝힌다.

끝으로 전국교회는 교단 분열의 비극을 막고 그리스도의 사랑으로 하나 되고자 하는 우리의 결의에 적극 호응하면서 위하여 기도하여 주심을 바랍니다.

주후 1975년 6월 9일
대한예수교 장로회(고려파) 총회 산하
경남(법통)노회 평신도대회장

준비위원장: 박윤섭 장로, 부위원장: 조인태 장로,

부위원장: 이상인 장로, 총무: 현기택, 서기: 박상영,

부서기: 반석문, 회계: 이정술, 부회계: 김영조

결 의 문

우리 경남(법통)노회 소속한 평신도 일동은 급변하는 국내외 정세로 인한 공산주의의 위협을 받고 있는 극히 긴박한 상황하에서 이 국난의 위기를 극복하기 위해서는 우리가 일치 단결하여도 우리의 힘이 부족하겠는데 우리교단 안에서는 이같은 시대적인 요청을 역행하여 분렬을 책동하고 불법을 자행하는 일이 있음은 교회의 머리가 되시는 주님을 섭섭하게 하는 일임은 말할것도 없거니와 국가와 계례 앞에서도 죄스러움을 금할길이 없음을 절감하고 이를 좌시하고 있을 수 없어서 이에 우리는 다음과 같은 우리의 결의를 중외에 천명하면서 전국 교회 신도들의 적극적인 호응을 바라는 바입니다.

一. 교단의 분렬은 각 노회와 각 지교회에 까지 미치는 비극이 될것이므로 우리는 본 교단을 사랑하고 아끼는 일념에서 분렬은 절대 반대 한다.

二. 총회 사무부가 경남(법통)노회를 부정하고 불법노회를 조직하여 교회 분렬을 책동하는 일을 비롯하여 본 교단 내에서 자행되고 있는 비 성경적이고 불법적인 모든 처사는 평화적으로 시정하되 조속한 시일내의 실현을 촉구 한다.

三. 우리의 결의를 외면 무시하는 경우에는 부득불 거기에 따라 우리는 어떤 대응책을 강구할 수 밖에 없을 것임을 밝힌다.

끝으로 전국 교회는 교단 분렬의 비극을 막고 그리스도의 사랑으로 하나되고저 하는 우리의 결의에 적극 호응하면서 위하여 기도하여 주심을 바랍니다.

주후 1975년 6월 9일

대한예수교 장로회 (고려파) 총회 산하

경남(법통)노회 평신도대회장

준 비 위 원 장 : 박윤섭 장로	부위원장 : 조인태 장로	부위원장 : 이상인 장로
총 무 : 현기택 〃	서 기 : 박상영 〃	부 서 기 : 반석문 〃
회 계 : 이정술 〃	부 회 계 : 김영조 〃	

(2) 건의서(1975. 6. 9.)

경남노회장 귀하

1. 경남노회는 총회를 거부나 부인한 일이 없는 것을 재규명하고 총회
   와의 모든 관계를 조속히 정상화하여 평화적인 해결책을 적극 모색
   할 것을 건의합니다.

1. 총회에 기(旣) 제출한 재심청구건은 접수 여부를 확인하고 재심에
   차질이 없도록 추진할 것을 건의합니다.

1. 총회 사무부가 소위 경남계승노회를 조직한 건에 관하여는 조속한
   시일 내에 해체하도록 총회에 요청할 것을 건의합니다.

1975. 6. 9.

대한예수교장로회(고려파) 총회 산하

경남(법통)노회 평신도 일동

建 議 書

慶 南 老 會 長　貴 下

一.　慶南老會는　總會를　拒否나　否認한　일이　없는　것을
　　再闡明하고　總會와의　모든　關係를　早速히　正常化하여
　　平和的인　解決策을　積極　模索할것을　建議합니다.

一.　總會에　旣히提出한　再審請求件은　接受　與否를　確認하
　　고　再審에　蹉跌이　없도록　推進할것을　建議합니다.

一.　總會　事務部가　所謂　慶南繼承老會를　組織한　件에　關
　　하여는　早速한　時日內에　解体하도록　總會에　要請할
　　것을　建議합니다.

1975. 6. 9.

大韓예수教長老會(高麗派)總會傘下

慶南(法統)老會平信徒　一同

(3) 총회장과 각 노회장에게 드리는 메시지(1975. 6. 9.)

총회장님, 그리고 각 노회장님,

　교단의 중임을 맡으시고 수고가 많으신 귀하에게 주님의 은총이 충만하기를 기원하오며 하시는 일마다 주님께서 함께하셔서 선한 열매가 풍성하기를 바라마지 않습니다. 새삼 말씀드릴 필요도 없거니와 우리 교단이 일찍이 볼 수 없었던 심각한 위기에 직면하고 있지 않습니까? 교단이 분열될지도 모를 교단사상 가장 염려스러운 시점에 도달한 것 같습니다. 노회마다 균열이 생기고 교회마다 크고 작은 분규가 일고 있습니다.

　지금 국가에서는 최근 월남, 크메르 등이 졸지에 공산화되고 그와 함께 북괴가 수상한 동향을 보이기 시작하는 긴박한 국내외 정세에 따라 국론을 시급히 통일하고 거국적인 총화단결로서 국난을 극복하기 위해 총력을 경주하고 있는 차제에 유감스럽게 불신 사회에 모범이 되어야 할 우리 교단 안에서는 분열을 책동하고 질서를 어지럽히는 일이 일어나고 있다는 것은 가슴 아픈 일이라 아니할 수 없습니다. 교회의 머리이신 주님 앞에 죄스러운 것은 말할 것도 없고 국가적인 차원에서 볼지라도 시대적인 요청에 역행하는 있을 수 없는 일이 아니겠습니까.

총회장님, 그리고 각 노회장님,

　교단 초장기에 손에 손을 잡고 눈물로 회개와 기도로서 출범한 우리 교단이 교단 안에서 해결하지 못할 일이 무엇이 있겠습니까? 그리스도의 사랑 안에서 풀리지 않는 일이 무엇이 있겠습니까? 우리 경남 노회가 한 번도 본 교단을 이탈하고자 한 적도 없었고, 한 번도 총회 자체를 거부한 적도 없고 도리어 본 교단을 아끼고 위한 것뿐인데 유 감스럽게도 총회 아닌 사무부에서는 경남노회를 부정하고 소위 계승 노회를 조직하여 교단 분열의 위기를 초래하고 있는 것을 볼 때에 우 리는 이상 더 참아 견딜 수는 없습니다. 교단이 출발한 지 30년을 넘지 못하여 이 같은 비극이 일어날 줄은 꿈에도 생각하지 못했었고 생각 하면 생각할수록 가슴이 아파 견딜 수가 없습니다.

총회장님, 그리고 각 노회장님,

우리 경남노회 소속 평신도 일동은 어떤 명문하에서도 교단이 분 열되는 것은 절대 원치 않습니다. 각종 부조리한 일들은 평화적인 방 법으로 조속히 시정하고 교단의 분열만은 어떻게 해서라도 막아 달라 는 것이 간곡한 소원입니다.

총회장님, 그리고 각 노회장님,

제25회 총회가 바로 눈앞에 다가오고 있지 않습니까? 귀하께서 최 선의 노력을 다하셔서 지금 불행스러운 이 모든 일들이 전화위복으로 합동하여 유익을 가져올 수 있도록 해주심을 바랍니다. 우리는 귀하 께서 교단의 중임을 맡아 있을 때에 분열 직전에 있던 교단이 은혜중 에 잘 수습되었다는 아름다운 기록을 후대 역사에 길이 남기게 되기 를 바라고 귀하 재임 중 교단이 분열되고 말았다는 불미스러운 기록 이 역사에 남게 되는 일이 결코 없기를 참, 진정, 원하고 원합니다. 끝

으로 귀하께서 교단을 위해 수고하실 때에 주님이 함께 하시기를 거
듭 기원합니다.

1975년 6월 9일

대한예수교 장로회(고려파) 총회 산하

경남(법통)노회 소속 평신도 일동 드림

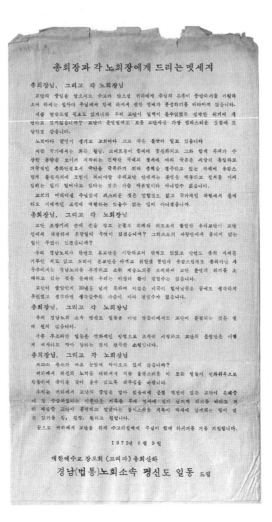

(4) 전국 장로회 회장과 각 노회 장로회장에게 드리는 메시지(1975. 6. 9.)

전국장로회 회장님, 그리고 각 노회 장로회장님,

중임을 맡으시고 수고하시는 귀하에게 주님이 함께하시기를 기원합니다. 우리가 말씀드리기에 앞서서 귀하께서 염려하고 계시겠지마는 지금 우리 교단은 분열 직전에 놓여 있지 않습니까? 교단 창단 이래 어려운 시련기가 한두 번 없지는 않았으나 요즘과 같은 심각한 위기는 일찍이 언제 있었습니까?

날이 갈수록 노회마다 크고 작은 균열이 생기고 많은 교회가 형제간에 유형무형으로 간격이 생기고 심지어는 대립상태에서 분열 직전에 있고 어떤 교회는 이미 분열되어 어제까지 다정하게 지내던 형제들이 서로 반목하고 원수같이 돼버린 교회도 있다는 것을 귀하께서도 듣고 계시는 줄 압니다.

전국장로회 회장님, 그리고 각 노회 장로회장님,

위기에 직면한 우리 교단을 어떻게 해야 하겠다고 생각하십니까? 이 상태로 조금만 더 나가면 교단은 틀림없이 분열되고 노회와 교회들이 곳곳에서 분열되어 다시는 돌이킬 수 없는 파멸상태에 들어가고 말 것은 예측되고도 남음이 있지 않겠습니까?

지금 국가에서도 급변하는 국내외 정세에 대처하여 국론통일과 총화단결로서 미증유의 국란을 극복하고자 총력을 기울이고 있는데 하필이면 이 같은 때에 민족 앞에 모범이 되어야 할 우리 교계에서는 대립과 반목과 분열의 비극이 연출되고 있다는 것은 하나님 앞에서는 물론이고 민족 앞에 얼굴을 들 수 없는 부끄러운 일이 아니고 무엇이 겠습니까?

전국장로회 회장님, 그리고 각 노회 장로회장님,

우리 교단이 초창기에 어떻게 출발했으며 우리 교단의 특색과 자랑은 무엇이었습니까? 손에 손을 잡고 서로가 용서하고 이해하고 서로가 자아를 죽이고 남을 높이고 서로가 대를 위해서는 소를 희생해 가면서 눈물과 사랑으로 뭉쳤던 것이 우리의 특색이요 자랑이 아니었습니까? 그러하던 우리 교단인데 지금인들 우리 형제끼리 한 교단 테두리 안에서 무엇인들 해결하지 못하겠습니까? 우리 교단을 아끼고 위하는 마음에서라면 어떤 난제인들 왜 풀리지 않겠습니까?

전국장로회 회장님, 그리고 각 노회 장로회장님,

우리는 어떤 명분에서도 분열되는 것만은 막아야 하지 않겠습니까? 이것이 우리의 한결같은 염원입니다. 혹은 경남노회는 총회 자체를 거부한 양, 심지어는 교단을 이탈하고자 하는 양 사실과 전혀 다른 말들을 하는 듯한데 우리의 가슴 아픈 바가 바로 이것입니다. 무엇 때문에 우리가 총회 자체를 거부하겠습니까?

본 교단을 떠나서 우리가 어디로 가겠단 말입니까? 총회 사무부에서 우리 경남노회가 총회를 거부했다는 이유로 노회를 부정하고 소위 계승노회를 조직해 버리고 그로 인해 전국 각지에서 분열의 위기가 조성돼 가는 것을 볼 때에 우리의 가슴 아픈 심경은 무어라고 표현할 길이 없습니다.

전국장로회 회장님, 그리고 각 노회 장로회장님,

이제 제25회 총회가 앞으로 얼마 남았습니까? 장로님들의 노력과 협력으로 어떻게 해서든지 교단의 분열만은 막고 전화위복으로 모든 것이 합동하여 유익이 되도록 하여 한국교계를 놀라게 하고 세인들에게 모범을 보여줄 수 있도록 해주심을 바랍니다. 분열 일보 전에서 극적으로 은혜롭게 수습된 아름다운 기록을 후대 역사에 길이 남게 해서 하나님께 영광을 돌리도록 최선을 다해 주심을 진정 원하고 원합니다. 끝으로 귀하에게 주님이 함께하심을 거듭 기원합니다.

1975. 6. 9.
경남(법통)노회 소속 평신도 일동

전국 장로회 회장과
각 노회 장로회장에게 드리는 멧세지

<전국 교회 장로에게 함께 드림>

전국장로회 회장님, 그리고 각 노회 장로회장님
중임을 맡으시고 수고 하시는 귀하에게 주님이 함께 하시기를 기원합니다.
우리가 말씀드리기에 앞서서 귀하께서 염려하고 게시겠거니와 지금 우리 교단은
분렬 직전에 놓여있지 않습니까? 교단 창설이래 어려운 시련기가 한두번 없지는
않았으나 요즘과 같은 심각한 위기는 일찍이 언제 있었읍니까?
날이 갈수록 노회마다 크고 작은 균렬이 생기고 많은 교회가 형제간에 유형무
형으로 간격이 생기고 심지어는 파렬상태에서 분렬 직전에 있고 어떤 교회는 이
미 분렬되어 어제까지 다정하게 지내던 형제들이 서로 반목하고 원수같이 되버린
교회도 있다는 것을 귀하께서도 듣고 게시는 줄 압니다.

전국장로회 회장님, 그리고 각 노회 장로회장님
위기에 직면선 우리교단은 어떻게 회야 하겠다고 생각하십니까?
이상태로 조금만 더 나가면 교단은 틀림없이 분렬되고 노회와 교회들이 곳곳에서
분렬되어 다시는 돌이킬수 없는 파멸상태에 들어가고 말것은 예측되고도 남음이 있
지 않겠읍니까?
지금 국가에서도 급변하는 국내외 정세에 대처하여 국론통일과 총화단결로서 미
증유의 국난을 극복하고저 총력을 기울리고 있는데 하물며 이같은 때에 민족앞
에 모범이 되어야할 우리 교계에서는 대립과 반목과 분렬의 비극이 연출되고있다
는것은 하나님앞에서는 물론이고 민족앞에 얼굴을 들수 없는 부끄러운 일이 아니
고 무엇이 겠읍니까?

전국장로회 회장님, 그리고 각 노회 장로회장님
우리교단이 초창기에 어떻게 출발했으며 우리교단의 특색과 자랑은 무엇이 있읍니까?
손에 손을잡고 서로가 용서하고 이해하고 서로가 자아를 죽이고 남을 높이고 서
로가 대를 위해서는 소를 희생 해가면서 눈물과 사랑으로 뭉쳤던 것이 우리의 특
색이요 자랑이 아니었읍니까?
그러하든 우리교단인데 지금인들 우리형제 끼리 한교단 테두리 안에서 무엇인들
해결하기 못하겠읍니까? 우리 교단을 아끼고 위하는 마음에서라면 어떤 난제인들
왜 풀리지 않겠읍니까?

전국장로회 회장님, 그리고 각 노회 장로회장님
우리는 어떤 명분에서도 분렬되는 것만은 막아야 하지 않겠읍니까? 이것이
우리의 한결 같은 염원입니다.
혹은 경남노회는 총회자체를 거부한양, 심지어는 교단을 이탈하고저 하는양 사실
과 전혀 다른 말들을 하는듯 한데 우리의 가슴아픈 바가 바루 이것입니다. 무엇
때문에 우리가 총회자체를 거부하겠읍니까?
본 교단을 떠나서 우리가 어디로 가겠단 말입니까?
총회 사무부에서 우리경남노회가 총회를 거부했다는 이유로 노회를 부정하고 소
위 계승노회를 조직해버리고 그로 인해 전국 각지에서 분렬의 위기가 조성돼가는
것을 볼때에 우리의 가슴아픈 심정은 무어라고 표현할 길이 없읍니다.

전국장로회 회장님, 그리고 각 노회 장로회장님
이제 제25회 총회가 앞으로 얼마 남았읍니까?
장로님들의 노력과 협력으로 어떻게 해서든지 교단의 분렬 만은 막고 전화위복
으로 모든것이 합동하여 유익이 되도록하여 한국교계를 놀라게하고 세인들에게 모
범을 보여줄 수 있도록 해주심을 바랍니다.
분렬 일보전에서 극적으로 은혜롭게 수습된 아름다운 기록을 후대 역사에 길이
남게 해서 하나님게 영광을 돌리도록 최선을 다해 주심을 진정원하고 원합니다.
끝으로 귀하에게 주님이 함께 하심을 거듭 기원합니다.

1975. 6. 9.

경남(법통)노회 소속 평신도 일동

(5) 해명서(1975. 6. 9.)

1) 총회 사무부가 조직한 소위 계승노회가 불법인 이유

① 장로회 정치 13장 65조 2항과 정치문답조례 438문답에 "노회 설립 및 폐지는 총회가 한다."고 했으며, ② 사무부는 총회 13개 상비부 중 하나로서 총회 규칙 11조 1항에 "사무부는 총회와 총회 간에 발생하는 교회 행정상 긴급사건을 대처하고 총회에 보고한다."로 되어 있다.

※ 이상을 연결시켜 말하면 노회 설립 및 폐지는 총회만이 할 수 있고, 사무부는 총회가 모이지 않는 사이에 돌발하는 화급한 사건을 임시로 대처하고 총회에 보고하여 총회가 채택함으로써만 효력을 발생할 수 있다는 것이다.

경남노회가 재판국 판결이 불법이라 하여 거부한 것은 다음 총회에 보고하여 총회가 처리할 문제며 또 노회를 폐지 및 설립하는 사건을 총회가 가진 권한 중에서도 가장 중대한 일인데 일개 불과 소위원회가 어찌 이 일을 할 수 있겠는가?

만일 사무부가 이와 같은 중대한 일을 자의로 할 수 있는 것이라면 총회가 있을 필요가 무엇이 있겠는가?

2) 송상석 목사가 금전상 부정이 있다고 운운하는 문제에 대하여

이것은 이사장 판공비 1,420,950원과 해외여행비 150만 원과 소송비 중 일부인 90만 원을 말하는 것인데,

* 판공비 1,420,950원은,

기밀비로서 이미 사용할 수 있는 성질의 변경 비용 등으로 사용할 때마다 전체 이사회 및 실행 이사회를 거처 사용하였으며(전체 이사록 108, 112페이지, 실행 이사록 49페이지), 그리고 23회 총회에 보고하여 총회가 채택한 것이며,

* 해외 여행비 150만원은,

① 한상동 목사의 제안으로 이사회가 결의하여(이사회록 108페이지) 22회 총회에 재가를 얻고, ② 다음 한명동 이사장의 사회로 이사회가 지출 결의하고(이사회록 124페이지), ③ 김희도 이사장 때 이사장 김희도, 서기 권성문, 회계 주영문 연서 날인한 지출결의서로 회계 옥치묵 장로가 지출하였으며,

* 소송비 90만 원은,

이사장 직책상 피소되었으므로 판공비 중에서 이사회 결의로 지출되었음(실행 이사회록 75페이지).

* 만일 이상 금전상 부정이 있은 것이 사실이라면 다른 문제로 형사 민사 고소로써 송 목사를 잡아 넣고자 한 자들이 그보다 더 중대범죄인 금전 문제를 어찌 고소하지 않겠는가? 그러나 풍설만 들릴 뿐 고소는 못하는 것은 허위선전인 증거가 아닐까? 그것이 사실이라면 지금이라도 고소할 것이 아니겠는가?

3) 경남노회가 총회를 거역했다는 문제에 대하여

경남노회는 재판국의 판결을 거부한 바 있으나 총회를 거부한 일은 없다. 저들은 "총회가 설치한 재판국 결정을 거부한 것은 총회를 거부

한 것이라고 주장하나 그것은 사고의 미급이다."

비록 재판국이 판결을 했다 해도 다음 총회가 채택함으로써 최종 결정이 되는 것이므로 경남노회가 거부했던 안 했던 문제할 것이 없이 총회의 최종 결정을 기다려야 할 일이 아니겠는가?

재판국은 재판을 한 것만으로서 그 임무는 마치는 것이다. 백보를 양보하여 경남노회가 재판국의 판결을 거부한 것이 잘못이라 할지라도 총회가 처결할 일이고, 재판국이나 일개 분과 소위원회인 사무부가 처결할 일은 못 되는 것이 아니겠는가. 그 이유는 최후 최종 결정권은 어디까지나 총회에 있으니 말이다.

1975년 6월 9일
대한예수교장로회(고려파) 총회 산하
경남(법통)노회 해명

〈一〉 총회 사무부가 조직한 소위 계승노회가 불법인 이유

　① 장로회 정치 13장 65조 2항과 정치문답조례 438문
답에 "노회설립 및 폐지는 총회가 한다„ 했으며

　② 사무부는 총회 13개 상비부중 하나로써 <u>총회규칙 11조 1항</u>에 "사무부는
　　총회와 총회간에 발생하는 교회 행정상 긴급사건을 대처하고 총회에 보
　　고 한다„로 되어 있다.

※ 이상을 연결시켜 말하면 노회설립 및 폐지는 총회 만이 할수있고 사무부는 총
회가 모이지 않는 사이에 돌발하는 화급한 사건을 <u>임시로</u> 대처하고 총회에 보고
하여 총회가 채택하므로써만 효력을 발생할수 있다는 것이다.

　경남노회가 재판국 판결이 불법이라고 거부한 것은 다음 총회에 보고하여 총
회가 처리할 문제이다 또 노회를 폐지 및 설립하는 사건을 총회가 가진 권한 중
에서도 가장 중대한 일인데 일개 분과 소 위원회가 어찌 이 일을 할수 있겠는가
　만일 사무부가 이와 같은 중대한 일로 자의로 할수있는 것이라면 총회가 있을
필요가 무엇이 있겠는가?

〈二〉 송상석목사가 금전상 부정이 있다고 운 々하는 문제에 대하여

이것은 이사장 판공비 1.420.950원과 해외 여행비 150만원과 소송비중 일부인 90
만원을 말하는 것인데

※ 판공비 1.42.950원은 기밀비로써 이미 사용할 수 있는 성질의 변경비용등으로
사용할때 마다 전체 이사회 및 실행 이사회를 거쳐 사용하였으며 (전체 이사록
108.112쪽과 실행 이사록 49페지) 그리고 23회 총회에 보고하여 총회가 채택한것이며

※ 해외 여행비 150만원은

　① 한상동목사의 제안으로 이사회가 결의하여 (이사회록 108페지) 22회 총회에 재
　　가를 얻고 　증명을 붙심
　② 다음 한명동 이사장의 사회로 이사회가 지출결의하고 (이사회록 124페지)
　③ 김희도 이사장때 이사장 김희도 서기 권성문 회계 주영문 연서 날인한 지출
　　결의서로 회계 옥치목장로가 지출하였으며

※ 소송비 90만원은

　이사장 직위상 피소되였으므로 판공비 중에서 이사회 결의로 지출되었음 (실행
　이사회록 75페지)

※ 만일 이상 금전상 부정이 있은것이 사실이라면 다른 문제로 형사 민사 고소
로써 송목사를 잡아 넣고자 한 자들이 그보다 더 중대범죄인 금전문제를 어
찌 고소하지 않겠는가 그러나 종설만 돌릴뿐 고소는 못하는 것은 허위 선전
인 증거가 아닐까?

③ 그것이 사실이라면 지금이라도 고소할것이 아니겠는가?

〈三〉 경남노회가 총회를 거역했다는 문제에 대하여

　경남노회는 재판국의 판결을 거부한바 있으나 총회를 거부한 일은 없다

　저들은 "총회가 설치한 재판국 결정을 거부한 것은 총회를 거부한 것이라고 주
장하나 그것은 사고의 미급이다.

　비록 재판국이 판결을 했다해도 다음 총회가 채택하므로써 최종 결정이 되는것
이므로 경남노회가 거부했던 않했던 문제할것 없이 총회의 최종결정을 기다려야할
일이 아니겠는가?

　재판국은 재판을 할것만으로써 그임무는 마치는 것이다, 백보를 양보하여 경남노
회가 재판국의 판결을 거부한 것이 잘못이라 할지라도 총회가 처결할 일이고 재
판국이나 일개 분과 소위원회인 사무부가 처결할 일은 못되는 것이 아니겠는가

　그 이유는 최후 최종 결정권은 어디까지나 총회에 있으니 말이다.

1975년 6월 9일

대한예수교장로회 (고려파) 총회산하

경 남 (법 통) 노 회 해 명

38. 계승노회 옥치정 노회장의
'해명서'(1975. 6. 28.)

친 송상석 목사 측 경남법통노회가 1975년 6월 9일에 경남대학 강당에서 평신도대회를 개최하고 교단의 분열을 원치 않으며, 고신총회가 경남법통노회를 부정하고 새로운 노회(계승노회)를 조직한 일을 비판하면서 결의문과 건의서, 총회장과 각 노회장에게 드리는 메시지, 전국 장로회 회장과 각 노회 장로회장에게 드리는 메시지를 채택하고, 총회 사무부가 조직한 이른바 계승노회가 불법인 이유, 송상석 목사에게 금전상 부정이 있었다는 점을 해명하고 나오자, 총회에 순종하는 이들로 구성된, 계승 경남노회장 옥치정 목사는 이를 반박하는 해명서를 1975년 6월 28일에 인쇄하여 경남노회 산하 교회에 배포하였다. 그 전문은 아래와 같다.

해명서

우리 주 예수 그리스도의 이름으로 문안드립니다. 경남지방에 있어서 송상석 씨 계열의 일부 인사들이 소위 '평신도대회'라는 억지 대회를 열면서 아래 열거한 여러 가지 종이들을 남발하였는데 부득불 몇 자적어 해명하지 않을 수 없어 이에 해명하는 바입니다.

1) 경남 노회장에게 부치는 건의서

2) 결의문

3) 전국장로회장 및 각 노회 장로회장에게 드리는 청사진

4) 총회장 및 각 노회장에게 드리는 메시지

5) 이상 종류의 메시지

6) 소위 경남노회장의 해명서

7) 교단 일련의 사건 줄거리

8) 102-3호로 낸 해명지시의 건"

1. 평신도대회에 대하여

평신도대회를 개최하여 엄정중립으로 평화를 목적한다 하나, 평신도
대회를 주도한 인사들은 전부가 송상석 씨를 위해서 발 벗고 나선 사
람들로 구성됐습니다.

① 모든 인쇄물들은 평신도 아닌(김태윤) 분이 인쇄소에 드나들면서 사
    전 준비하였고,

② 구체적인 활동은 송상석 씨를 수족같이 받드는 박윤섭, 현기택 두
    장로가 계획하였고,

③ 준비위원 기타 멤버에 본인들의 허락 없이 어떤 분의 이름들을 도
    용, 저들에게 호응하는 것처럼 위장하였으며,

④ 설교자(손명복)로 하여금 총회 처사를 들추어 공격케 함으로 분열을
    조장케 하였으며,

⑤ 총회를 공격 일변도의 인쇄물을 내었고, 조금도 양쪽을 평화적 중
    립적 평신도 운동다운 모임의 빛을 내지 아니했습니다.

2. 계승노회를 불법이라 하고 저들이 총회를 이탈하지 않는다는 데 대하여

1) 정재영 씨가 이끄는 경남(이탈)노회는 1974년 12월 16일자 101회 2차 임시노회에서 총회 지시를 불순종이나 불이행 하는 정도가 아니고 송상석 씨 개인 문제를 노회 전체가 뒤집어쓰고 경남노회는 총회 지시를 거부하기로 결정할 때에

　① 24회 총회를 불법 조직된 불법 총회로 규정하고,

　② 재판국도 불법으로 구성된 불법 재판국이라 규정하였으며,

　③ 재판 과정도 모두 불법으로 되었다고 규정하였습니다.

2) 이것은 자신들도 참여한 총회와 자신들의 재판원도 참석하여 유죄 판결에 투표한 재판국과 재판을 모두 송두리째 뒤엎어 버리고 법과 질서도 없이 엉뚱한 다른 목적을 달성해 보고자 한 속셈인데 이것은 거부 이상으로 총회를 박살 내버리자는 무법자적 횡포가 아니라 할 수 없습니다.

3) 총회 사무부는 여기에 대해서 깊이 논의하고, ① 위원을 내어 사적으로 노회원을 찾아 법의 질서를 세우면서 총회에 대한 발언을 계속할 수 있도록 하자는 교섭을 했으나 실패하였고, ② 공적으로 경남(이탈)노회장 정재영 씨와 서기 김선규 씨를 불러(대구: 사무부회에서) 이와 같이 총회를 전면 도전 안 해도 재심의 여지가 있는데 왜 이렇게 하느냐 거부한다는 것을 취소하고 물의를 일으킨 것은 사과하고 지시에 순종하며, 본인이 재심을 내면 합법적이고 질서 있는 행정이 되지 않느냐고 권면하였고 노회에 드디어 또 다시 같은 내용으로 시달하였습니다.

4) 그러나 저들은 "취소 사과할 하등의 이유도 없다."고 대답하면서 24

회 총회의 원천적 재심을 해야 한다고 오히려 한술 더 뜨고 나왔습니다.

5) 이에 격분하는 경남노회원 일부(11명)와 평신도 일부는 공동명의로 성명서를 내고(1975. 3. 17.) "이와 같은 불법하는 노회에서 같이 자멸할 수 없어 총회를 순종하여 그 지도를 기다린다."고 하였습니다.

6) 이와 같은 초 긴급한 사태에 직면한 총회 사무부 대책위원은 경남노회 안에서 총회를 순종, 그 질서에 복종하는 모든 회원에게 계승노회 소집에 응하도록 통지를 내고 102회 경남노회를 계승케 하였고, 사무부의 인정을 얻었으며 저들의 말과 같이 총회 규칙대로 25회 총회에 보고하도록 하였으며 사실 그대로 25회 총회가 앞으로 인정할 것입니다.

7) 계승노회는 불법노회가 아닙니다(송상석 씨가 17년 전 총회 석상에서 답변한 내용이 이를 증명하여 주고 있습니다. 총회록 1권, 190-197 참조).

8) 그러나 저들은 합동측과 합동 모의하였으니 「교회연합신보」 401호에 "고신측과 합동 헌의는 사실"이라는 제하에서 송상석 씨를 들먹이고 있습니다.

3. 송상석 씨가 금전상 부정이 없다 함에 대해서

이는 해명할 가치도 없는 일이나 오해를 일소키 위해서 몇 마디 드립니다. 만일 그의 결백이 확실하면 재판에 임하여 사실 심리에서 결백을 증명하고 무죄 판결을 받을 일이지 왜 증거 제시를 하지 못하고 재판을 기피하고 응하지 아니했습니까? 부정이 있어 재판을 거부한 것이 아닙니까?

4. 총회가 최후 최종 결정권이 있다 함에 대하여

진실로 옳은 말씀입니다. 그러나 총회 권위와 그 결정을 반역하는 것은 저들이었습니다.

1) 그와 같이 총회가 높은 권위인데 그러나 저들은 23회 총회 지시를 무시하고 무죄한 목사들에게 벌주어 원상 회복케 하지 아니하였으며,

2) 22총회 결정(김희도 이사장)은 불법이라 하고 송상석 씨가 이사장을 고집 강행함으로 교단의 불행이 오늘에 이르렀으며,

3) 재심 청구하여 놓고 총회를 기다리지 않고 총회를 무시 이사장직을 강행했으며,

4) 24회 총회는 불법이라 하는데 그 총회에 경남노회도 가담되었고, 그 총회가 구성한 재판국에는 경남 노회원(조인태 장로)도 가담 유죄 판결에 표를 던졌는데 그러면 저들은 자승자박하고 있습니다.

5) 총회를 존중하고 평화를 사랑한다고 하지만 총회 지시를 따르겠다는 목사들(9명)을 제명 처분하였습니다.

5. 계승노회 목사들을 규탄한 데 대하여

1) 옥치정 목사가 당회장으로 시무하고 있는 창원교회에 권성문 씨를 위시하여 몇몇 분들이 가서 교회 분열을 종용, 장로 하수만 씨로 하여금 감히 강단권을 점유 목사 배척 축출 운동을 하게 하였으며,

2) 김용백, 최재균 목사는 해교회 장로들의 압력에 의하여 위임목사인데도 사면을 강요함에 교회 평화를 위해서 목사님 자신들이 스스로 양보하였으며,

3) 김웅수 목사는 총회 정상화될 때까지 노회 행정지시를 못받겠다는

데 불법하게 제명 처분하였고 깨끗한 양심으로 물러나 개척하는 교회를 불법이라 한 것은 성경을 모독하는 악행입니다.

4) 정주성, 남경원 목사는 현재 자력으로 개척하고 교회가 날로 부흥하여 가는데 어찌 법을 좋아하는 저들의 허락 없다 하여 무임 목사라 할 수 있습니까?

6. 분열자라고 욕함에 대하여

어떤 지역에서 중앙 정부에 대한 반란이 일어났습니다. 그 반란군들은 반란 지역 안의 모든 백성들에게 저들을 따라 중앙 정부에 반기를 들라고 강요합니다. 저들을 따르지 아니한 의로운 자들을 향해 분열자라 욕하고 핍박하였습니다. 진실로 분열자는 누구입니까? 저들은 분열자의 오명을 영원히 씻을 수 없을 것입니다.

전국에 계시는 성도 여러분 교단을 아끼고 사랑하는 여러분 가슴에 손을 얹고 년년 세세에 일어나던 일련의 불화가 어디서부터입니까 생각하여 봅시다. 먼 훗날 역사에 남기를 "법을 좋아하여 법을 악용하던 불의한 무리가 넘어지고 의로운 진실된 종들은 핍박 속에서 승리하였다."고 기록될 것입니다.

1975년 6월 28일
경남노회장 옥치정

해 명 서

우리 주 예수 그리스도의 이름으로 문안드립니다.
경남지방에 있어서 송상석씨 계열의 일부 인사들이 소위 평신도
대회라는 억지 대회를 열면서 아래 열거한 여러가지 종이들을
남발 하였는데 부득불 몇자 적어 해명하지 않을수 없어 이에
해명하는 바입니다.

「1) 경남 노회장에게 부치는 건의서   2) 결의문
　3) 전국장로회장및 각노회장로회장에게 드리는 형사진
　4) 총회장및 각노회장에게 드리는 멧세지
　5) 이상중류의 멧세지   6) 소위 경남노회장의 해명서
　7) 교란 일편의 사건 줄거리 8) 102-3호로 변 해명자사의건

一. 평신도 대회에 대하여

평신도 대회를 개최하여 엄정 중립으로 평화를 목적한다 하나
평신도 대회를 주도한 인사들은 전부가 송상석씨를 위해서 광냇고
나선 사람들로 구성 냇읍니다.

1) 모든 인쇄물은 평신도 아닌 (김태헌)분이 인쇄소에 드나들면
서 사전준비하였고,

2) 구체적인 활동은 송상석씨를 수족같이 받드는 곽흥섭, 허거락
두 장로가 계획 하였고,

3) 준비해진 거라 멤바에 본인들의 허락없이 어면분의 이름들을
도용 저들에게 호응 하는것 처럼 위장 하였으며,

4) 성교자 (손명복) 로 하여금 총회 처사를 듣추어 공격케하므로
분렁를 조장게 하였으며

— 1 —

39. 경기노회의 '성도간의 불신법정 소송에 대한 연구위원 보고'(1975. 9.)

고신교단에서 불신법정 소송문제가 논란이 되자 경기노회 제40회 노회(1974. 10.)는 성도 간의 불신법정 소송에 대한 교단의 입장을 연구하도록 위원회를 구성하였다. 위원은 하찬권, 박성호, 석원태, 정승벽, 김만우 목사였다. 이들은 일 년간 연구한 후 1975년 9월 경기노회에 아래의 내용을 소책자로 제작하여 보고하였다. 이 연구보고서에서는 고려신학대학 교수회의 주장이나 24회 총회의 결정은 성경의 가르침에 위배되었고, 교리표준문서의 가르침에도 위배되고, 교회행정 원리에도 위배되기 때문에 법정소송은 금지되어야 한다고 주장하였다. 여기에 전문을 소개한다.

성도간의 불신법정 소송에 대한 연구위원 보고

대한 예수교 장로회

경 기 노 회

보고서

수신: 경기노회장

제목: 성도간의 불신법정 소송에 대한 연구위원 보고

제40회 경기노회(1974. 10.)에서 본 위원에게 성도간의 불신법정 소송에 대한 교단의 입장을 연구 보고토록 한 건에 대하여 아래와 같이 보고합니다.

아래

1. 이 보고서에 수반되는 전제들

본 연구위원회가 수임받은 사항을 연구함에 있어서 다음과 같은 기본 전제들을 결정하였습니다.

1) 본 건에 대한 제반 연구에 만족한 대답은 성경 자체에 그 최종 권위를 두기로 하고,

2) 또한 우리 교회의 표준문서들을 중심으로 연구하며,

3) 현하 본 교단 내에 야기되고 있는 여러 가지 정치적인 부조리들을 이 연구 항목들에서 일체 배제하기로 하였습니다.

(본 연구위원 제1차 회의록 참조). 이러한 정신은 우리 총회 자체를 부정함이 결코 아니고, 제24회 총회 결의 33항의 시정을 바라는 중심 뿐에서입니다.

2. 연구 대상

대한예수교 장로회(고려) 제24회 총회 촬요 33항입니다.

그 내용은, 「소송문제에 관한 제23회 총회 결의는 우리의 교리표준(신앙고백, 대요리문답, 소요리문답)에 위배된 결의이므로 다음과 같이 수정토록 가결하다. "사회 법정에서 성도 간의 소송행위가 결과적으로 부덕스러울 수 있으므로 소송을 남용하지 않도록 하는 것이 총회의 입장이다."고 한 것을 연구대상의 주제로 하였습니다. 이것은 우리 경기노회(제40회)에서 본 연구위원들에게 연구토록 맡긴 수임 사항입니다.

3. 연구 내용

(1) 이 결의는 성경의 가르침에 위배되었습니다.

제24회 총회가 성도 간의 소송 문제에 관한 정당성 여부를 판단함에 있어서 그 최종적인 근거를 성경에 의거하지 않고 교리표준문서(신앙고백, 대소요리문답)에 의거한 것이 잘못입니다. 그 이유는 아래와 같습니다.

1) 표준문서 자체가 스스로를 신앙과 행위를 법칙화하지도 아니했을 뿐 아니라 오히려 성경으로써 판단의 표준을 삼을 것을 규정하고 있기 때문입니다. 즉 신앙고백 자체는 자신의 권위를 성경 앞에서 부정하고 있다는 사실입니다.

   ① 우리 신조 제1조에서 "신구약 성경은 하나님의 말씀이니 신앙과 본분에 대하여 정확무오한 유일의 법칙이니라"고 하였습니다.

   ② 신앙고백서 제1장 8항에서는 "그러므로 종교에 관한 모든 논쟁에 있어서 교회가 최종적으로 호소할 수 있는 곳은 성경이다"고 하였습니다(So as in all controversies of religion, the church is final to appeal unto them).

③ 신앙고백서 제1장 10항에는 모든 종교적 논쟁을 결정하고 교회 회의의 모든 결정과 고대 학자들의 의견과 인간의 교훈과 개인의 정신문제를 감독하고 판단하시는 최고 심판자는 성경 안에서 말씀하시는 성령 외에는 아무도 없다고 하였습니다(The supreme judge, by which all controversies of religion are to be determined, and all decrees of councils, opinions of ancient writers, doctrine of men, and private spirits, are be examined, and in whose sentence we are to rest, can be no other but the Holy Spirit speaking in the Scripture).

④ 대소요리문답 제3문 대답에서도 "신구약 성경이 신앙과 순종에 대한 유일한 법칙입니다"고 하였습니다.

⑤ 소요리문답 제2문답에서도 "신구약 성경에 기록된 하나님의 말씀은 우리가 그를 영화롭게 하고 즐거워하는 것을 가르쳐 주는 유일한 법도인 것입니다"고 하였습니다.

⑥ 헌법정치 제1항 65조에 총회의 권한 제1항에도 "총회는 교회헌법(신조 등)을 성경과 장로회 원리에 따라 해석할 권리가 있으며 …"라고 하였습니다.

2) 표준문서들은 주도권 법규(ruling norm)가 아니라 종속적 규범(subordinate norm)이기 때문입니다. 이근삼 교수는 그의 "신앙고백서의 권위와 해석"이라는 논문에서 말하기를 신언(神言)과 신조 또는 신앙고백 표준에는 차이가 있다고 말하면서 그 까닭을 다음과 같이 덧붙였습니다. 즉 "성경은 주도적 규범이요, 신조 또는 표준서는 종속적 규범이다. 신앙고백서들은 개정 또는 수정될 수 있으나, 성경의 신어는 첨가나 삭감 없이(without addition or diminution) 그대로 존립한다"고 하였습니다(『미스바』 제2호. 74. 11. 24. p. 27). 이와 같은 교훈들을 볼 때 우리는 교단

의 중요한 신앙과 행위문제를 판단하는 데 있어 주도적 규범인 성경에 근거하여 그 최종 의결을 구하지 않고 종속적 규범인 표준서에만 근거한 것은 크게 잘못된 일이라고 사료됩니다.

3) 고린도전서 6장 1절로 11절의 성경은 명백하게 성도 간의 불신법정 소송 문제를 금하고 있습니다. 고린도전서 6장에 기록된 소송건은 해석상 애매한 곳도 아니요 난해적인 구절도 아닙니다. 누구든지 문자 그대로 그 근본 뜻을 명백히 깨달을 수 있는 구절들입니다. 우리의 신앙고백서 1장 9항에서 "성경을 해석하는 무오한 법칙은 성경 자체이다. 그러므로 어느 성경 한 구절이 내포하고 있는 참되고 완전한 뜻에 관해 여러 가지 의미가 있는 것이 아니고 하나밖에 없다"고 하였습니다. 고린도전서 6장 1절로 11절의 성경도 두 가지 문제로 나누어 생각할 수 있습니다. 첫째 문제는 해석상의 문제입니다. 즉 본문을 소송금지로 볼 수 있느냐 아니면 소송허용으로 볼 수 있느냐 하는 말입니다. 둘째 문제는 소송금지가 옳다면 그 금지가 어느 정도의 표준이 되는 것인가 하는 문제입니다. 즉 아디아포라 (Adiaphora)에 속하는 것인가, 아니면 십계명이나 다른 도덕적 율법과 같은 성질의 실행 표준 즉 마땅히 실생활에 옮겨 순종해야만 하는 법규인가 하는 것입니다.

첫째, 해석상의 문제입니다.

① *The New Bible Commentary*(IVF)에서 말하기를 "신자끼리 다툼이 생길 경우 그들은 동료 신자에 의해서 그 문제가 판결되어야 하며 이방인 법정에 가지 아니해야 함을 바울이 가르치고 있다. 그러나 그 형제들 가운데서 그러한 감정(소송)이 있다는 것은 영적

이해가 결핍한 증거이다"고 하였습니다(IVF, p. 978).

② *Jamieson, Fausset, Brown Commentary*에서는 말하기를 "신자는 하나님을 유일한 공의의 근원으로 생각했기 때문에 이방인에게서 재판을 기대하지 아니해야 한다. 형제 사이에 재판 문제가 야기된 경우 교회에서 교회 치리에 대한 은사를 받은바 지혜있는 자가 선택되어 있는 것이다"고 하였습니다(Zondervan Vol. 1, p. 198).

③ *Tyndale New Testament Commentary*에서 바울은 성도 간에 소송을 견책하고 있습니다. 성도 간의 문제가 일어날 때 형제애로서 해결해야 한다는 것입니다. 고린도 교인들은 유대인의 수준 정도에도 미치지 못했다고 하였습니다(IVF, 1 Cor, p. 93-96).

④ *Lange Commentary*에서 바울은 유대나 헬라의 습관과는 전혀 상관없이 이 문제를 여기서 취급합니다. 또한 신자의 위대한 특권과 신자의 형제적 긴밀한 결속을 함축하는 견지에서 소송 문제를 견책하고 있습니다(Zondervan Vol. 10, p. 121-122).

⑤ The Expositor's Gr. Test에서 바울의 논리는 다음과 같습니다. "너희가 이방 법정에서의 소송은 성령의 전인 교회를 마치 권위도 지혜도 없는 것처럼 취급하는 일이다. 너희는 너희 문제를 최고의 법정(하나님의 법정)으로부터 최하의 법정(세상 법정)으로 가지고 갔기 때문이다"는 것입니다. 바울 자신도 로마 법정에 호소했었습니다. 그러나 결코 형제간의 문제 때문도 아니요, 또 그를 가해한 자들을 고소하기 위함도 아니라(행28:19) 다만 자신의 사역을 변호하기 위해서였습니다. 유대인들은 그들끼리 이방인 법정에 고소하는 것이 금지되었습니다. 유대인 간의 소송행위는 불경건

으로 간주했을 뿐 아니라 상호 훼방이나 저주하는 행위와 같이 여겼으며 모세율법에 반기를 든 것으로 간주했습니다(Eerdmans Vol. 2, p. 813-814).

⑥ 칼빈(Calvin)은 그의 주석 고린도전서 6장 1절부터 8절의 서문에서 말하기를 "바울은 지금 고린도 교인들의 소송에 관하여 범한 허물을 지적하여 본문 1절부터 8절은 두 가지 종류의 견책들로서 첫째는 고린도 교인들 간의 싸움이 불신법정 앞에 고소됨에 있어서 그들은 복음의 악명을 주었고, 또한 많은 사람들 앞에 조소의 재료를 만든 것이요, 둘째는 기독신자 간에 권리침해를 당했을 때 상대자들을 해롭게 하려고 하는 행위는 그것이 어떤 종류의 싸움이든 간에 차라리 손해를 보고 당하는 것이 나은 것이다. 그래서 첫째 부분은 특수한 것이요, 둘째 부분은 일반적인 것이다"(Calvin's N. T. Comm, *The First Epistle of Paul to the Corinthians*, p. 117)고 하였습니다. 또한 칼빈은 말하기를 "바울은 소송행위를 참지 못하고 한 것도 나쁘며, 형제를 가해함으로 얼마나 더 나쁜 일을 더욱 행하겠느냐, 저는 너희 형제로다. 악한 자는 모든 것을 더 나쁘게 만든다. 그 이유는 만일 나쁜 일로 인하여 의심을 받고 고민하고 있는 손님이 있는데 실은 자기 형제가 그 나쁜 일을 범했다면 그 얼마나 기형적이며 잘못인가. 우리는 모두 하늘에 계신 아버지를 부르는 형제들이다"고(*Ibid.*, 123.)하였습니다.

⑦ Charles Hodge는 "고린도 교회의 세 번째 악은 이방 법정에 소송하는 일이었다. 바울이 탄식하는 것은 고린도 교인들이 이방 법관의 손에 위해서 정의를 얻을 수 없다는 것이 아니라 그들이 이

방 법정으로부터 공의를 찾음으로써 신자로서의 위엄을 무가치하게 행동한 것을 탄식하는 것이다. 바울이 볼 때 고린도 교인들이 그들 가운데 일어난 문제해결을 위해 이방 법정에 호소하는 일은 신자로서 죄악이었고 망신이었다"고 하였습니다(*The Banner of Truth*, p. 92-97).

⑧ 그로사이데(F. W. Grosheide)는 그의 고린도 주석 이 부분(고전 1:6-10)에서 금지된 소송(forbidden law suits)이란 항목으로 신자 간의 불신법정 고소를 강력히 부인하고 있습니다(*Commentary on the First Epistle to the Corinthians*, pp. 132-142). 그는 또 말하기를 "바울은 형제간의 소송 그 자체의 죄성을 지적함이 필수적인 것이다"라고 하고 계속하여 말하기를 "과오를 범하는 것은 죄악이니 누구든지 곧 범죄케 될 것이다"(*Ibid.*, p. 139)고 하였습니다.

⑨ 박윤선 목사님은 그의 고린도 주석에서 바울의 가르침을 따라 불신법정에서 신자끼리 소송함을 꾸짖음이란 항목으로(고전6:1-11) 사회법정에의 소송을 반대하고 있습니다(고린도 주석, p. 81-84). 이상근 목사는 그의 고린도 주석에서 고린도전서의 저자인 바울은 성도끼리 판단할 일을 외인에게 판단을 구하는가 하므로 이를 반대했습니다(고린도 주석. p. 86-92). 본문 해석은 이상과 같이 신자 간의 불신 법정에서의 재판을 한결같이 부정하고 있음이 명백합니다.

둘째, 이 금지 조치가 포함하고 있는 의미가 어느 정도의 의의와 권위를 가지고 있는 것일까 하는 문제입니다. 아디아포라인가 아니면 계명이나 다른 도덕적 규범과 같은 성질의 실행 표준인가?

① 아디아포라(Adiaphora)는 결코 아닙니다.

이 말 아디아포라(Adiaphora)는 things indifferent, 즉 무관심이란 뜻입니다. 즉 중성적(中性的)인 것, 유익하지도 해롭지도 않고, 바르지도 나쁘지도 않고, 선하지도 악하지도 않은 중성적인 것을 의미합니다. 이를 성경적으로 말할 때 Adiaphora는 성경에 명시되어 있지 않고, 하나님께서 명하지도 않고, 금하지도 않은 사항, 즉 의식, 행위, 그리고 신앙의 근본을 손상시키지 않고 자유에 맡길 수 있는 비교적 자유로운 것들을 말합니다. 성경적으로 분명히 언급하지 아니한 조항들, 즉 예배의식, 형식, 장소, 시간, 예복 등의 사항과 그리고 영화관 출입, 오락, 댄스 등이 여기에 속하는 사항들입니다. 즉 성경에 명시되지 아니한 의식과 행위에 대한 사항으로 이분됩니다. 이 Adiaphora 문제는 교회사적으로 볼 때 일찍부터 논의해 왔습니다.

  a. Turtullian은 "성경에 허락되지 아니한 것은 금하고 성경에 금하지 아니한 것은 허락하라"고 했습니다.

  b. Thomas Aquinas는 "고의적인 행동이 아니면 무관하나 의식적인 행동에 의해서 악을 초래케 하면 안 된다"고 했습니다.

  c. Melanchton은 "천주교의 의식은 수납하자"고 했습니다. 그러나 다른 개혁자들은 이를 반대했습니다.

  d. 17세기 Puritan은 극장, 댄스, 경마 등 세속적인 오락을 죄악시했습니다. 의식주까지 엄격히 규제했습니다. 그 근거는 로마서 14장 23절에 믿음으로 행하지 않은 것이 죄라고 여겼기 때문입니다. 그러나 소송문제는 분명히 성경에 명기되어 있기 때문에 Adiaphora일 수가 없는 것입니다(*Mcclinctock & Srong:*

Cyclopedia of Biblical Vol. 1, p. 72, Baker).

② 이것은 신앙과 행위의 규범이요, 표준입니다. 왜냐하면,

  a. 모든 성경은 하나님의 감동으로 된 것으로 교훈과 책망과 바르게 함과 의로 교육하기에 유익하기 때문입니다(딤후 3:15-16).

  b. 이 계명 중에서 지극히 작은 것 하나라도 버리고 또 그같이 사람을 가르치는 자는 천국에서 지극히 작다고 일컬음을 받을 것이기 때문입니다(마 5:19).

  c. 이 예언의 말씀을 제하여 버리면 … 거룩한 성에 참여함을 제하여 버리기 때문입니다(계 22:19).

(2) 이 결의는 표준문서들의 가르침(규범)에도 위배했습니다.

본 건에 관한 제24회 총회 결의시에 인용된 표준문서들은 ① 신앙고백서 20장 4항 ② 대요리문답 제141문, 제142문, 제144문, 제145문 ③ 제7회 총회록(p. 135-136) 등입니다.

1) 신앙고백서 20장 4항에 대한 연구

「소송에 관한 제23회 총회 결의는 시정되어야 한다」는 글 ①항에서 제23회 총회 촬요 제24항을 인용하기를 "성도 간의 법정제소는 이유 여하를 막론하고 신앙적이 아니며 건덕상 방해되므로 하지 않는 것이 본 교단 총회의 입장이다." 여기에 신앙적이 아니라 함은 성도 간의 법정제소가 그 내용 여하를 막론하고 다 불신앙적이라는 말이 되는 것이니 다음과 같은 이유로 시정되어야 한다. 신앙고백 제20장에서 신자의 자유와 양심의 자유에 대하여 다음과 같이 말한다. "하나님이 세

우신 권세와 그리스도께서 피로 값 주고 사신 자유는 하나님이 파괴하려 하신 것이 아니고, 오히려 서로 도와서 보존케 하려는 것이기 때문에 기독 신자의 자유를 구실 삼는 어떤 사람들이 시민적이든, 교회적이든 간에 그것이 합법적 권력과 합법적 행사를 반대하는 사람은 누구나 하나님의 규례를 반항하는 것이다. …… 그들은 일반법으로 문책을 받을 것이요, 교회의 법규에 따라 처분될 것이다." 위의 신앙고백은 1969년 제19회 총회에서 우리 신앙고백으로 채택한 위의 신조 20장 4조를 검토하면 다음과 같은 결과를 알 수 있다.

① 그리스도께서 주신 자유를 소유한 신자라 해도 그 자유로서 법을 파괴할 수 없다.

② 이 신자의 자유는 교회법을 범할 수 없을 뿐 아니라 국법도 범할 수 없다.

③ 교회법이나 국법을 반대하는 사람은 하나님의 규례를 반항하는 것이다.

④ 교회법을 범한 사람은 교회법으로, 국법을 범한 사람은 국법으로 처벌받아야 한다고 하였다.

위의 기록이 제24회 총회에서 성도 간의 불신법정 소송을 정당화시키는데 열쇠 역을 한 문제의 장절이고 또한 해석입니다. 우리 연구위원들은 먼저 문제의 원문을 중심으로 아래와 같이 생각했습니다.

And because the powers which God hath ordained, and the liberty which Christ hath purchased, are not intended by God to destroy, but Mutually to uphold and preserve one another: they who, upon pretence of Christian liberty, shall oppose any lawful power, or the lawful exercise of it, whether it be civil or ecclesiastical, resist the ordinance of God. And for their Publishing of such opinions or maintaining of such practices as are Contrary to the light of nature, or to the Known Principles of Christianity, Whether concerning faith, worship, or conversation: or to the power of godliness: or such erroneous opinions or practices, as either in their own nature, or in the manner of publishing or maintaining them, are destructive to the external peace and order which Christ hath established in the church: they may lawfully be called to account, and proceeded against by the censure of the church, and by the Power of the civil Magistrate.

이상의 원문을 해당 성경구절을 삽입한 대로 번역하면,

"그리고 하나님께서 제정하신 권력들과 그리스도께서 값 주고 사신 자유는 하나님께서 파괴하려고 한 것이 아니고, 오히려 서로 도와서 보존하려는 것이기 때문에 기독신자의 자유를 구실 삼는 어떤 사람들이 비록 세속적이든 교회든 간에 합법적 권력과 혹은 그 합법적 권력의 행사를 반대하는 사람은 누구나 하나님의 제정을 반대하는 것이다(마태12:25, 벧전2:13, 14, 16). 그리고 그들의 그러한 의견의 발표나 그러한 실행의 지속은 자연적 직각과 믿음과 예배와 교제에 관하여 잘 알려져 있는 기독교의 원리들이나 경건의 능력에 배치되는 것이다. 그리고 그를 자신의 본성에서나 그것들을 발표하고 지속하는 방법에 있어서 그러한 그릇된 의견이나 행실은 그리스도께서 교회 안에 세우신 외적 평화와 질서를 파괴하는 것임으로 그들은 합법적으로 문책받을 것이요, 교회의 권징법에 의하여 고소될 것이요(롬1:32; 고전5:1,5,11,13; 요10:10; 살후3:14; 딤전6:3-5; 딛1:10,11,13, 3:10; 마태18:15-17; 딤전1:19-20; 계2:2,14:15,20, 3:9), 또한 세속 관리의 권력에 의하여 고소될 것이다(사13:6-12; 롬13:3,4; 요5:10,11; 스7:2,28; 겔17:12,16,17; 느13:15,17,21,22,25,30; 왕하23:5-6,9,20,21; 대하34:33,15:12,13,16; 단3:29; 딤전2:2; 사49:23; 슥13:3)."

이상의 원문을 그대로 번역하고 보니 현재 본 교단 헌법책 중에 있는 신앙고백서(The Westminster Confession of Faith)의 번역이 원만하지 못한 것임을 알 수 있으니 그 이유를 말하면, 첫째로 "they may lawfully be called to account"를 "그들은 일반법으로 문책 받을 것이요"라고 번역하였습니다. 그러나 여기 "lawfully"란 부사는 "합법적으로" 혹은 "정당하게"라고 번역되어야 함이 당연하며, 둘째로는, 원문의 제3부분인 마지막의 절이 빠져 있는 것이니, 곧 "And proceeded against by the Power of the civil Magistrate"이니 "그리고 세속관리의 권력에 의하여 고소될 것이다." 이상의 절이 짧은 것 같으나 실은 완전히 본 20장 4절의 제3항을 차지하고 있는 것이므로 중대한 것이 빠진 것입니다. 그러니 만큼 앞에 말한 "lawfully"란 말은 일반법이 아니요, 세속적 일반법을 마지막 절에서 따로 취급하고 있는 것이기 때문에 이 "lawfully"란 말은 "합법적으로"라고 번역하여 곧 교회법이든지 구분 없이 "합법적으로" 문책받을 것이란 것이 합당한 것입니다. 그리하여 그 합법적으로 문책받는 방법과 순서를 명확히 제시했으니 곧, 첫째는 "교회의 권징법에 의하여 고소될 것이요," 둘째는 "세속관리의 권력에 의하여 고소될 것이다"라고 한 것입니다.

그러므로 웨스트민스터신앙고백(The Westminster Confession of Faith) 제20장 4절은 제3부로 나누어져 있습니다. 제1부 기독교인의 자유를 빙자하여 범죄하는 자들의 죄를 규정한 것이요, 제2부는 범죄자들을 먼저 교회의 권징법에 의하여 처리하는 규정이요, 제3부는 교회의 권징법에 의하여 처리된 결과 불순 패역하므로 "마태18장 15절-17절"대로 이방인과 세리 같이 출교된 자를 세속 관리의 권력인 불신법정에 넘겨 처리하는 규정을 순서적으로 밝혀 놓은 것입니다. 그리고 "소송에 관한 제23회 총회는 시정되어야 한다"는 논문에서 신앙고백 제20장 4절을 검토한 결과 네 가지 조항을 말한 중 ③에 "교회법이나 국법을 반대하는 사람은 하나님의 규례를 반대하는 것이다"고 했는데, 그러나 여기에서 만일에 국법이 무신론 공산주의 법이라면 하나님을 모독하고 멸시하는 무신론 공산주의 국가법을 반대한 신실한 순교자도 무신론 공산주의 국법을 반대했으니 그가 하나님의 규례를 반대했다는 말입니까? 그렇지 않습니다. 윌리암슨(G. I. Williamson)의 말대로 "이 말은 제한된 범위에서 적용한 말이니 곧 국법이 하나님의 말씀에 입각한 제정된 국법의 범위 안에서이지, 성경을 무시한 법을 말함이 아니다"함이 옳습니다.

그러므로 그 하나님을 모독하고 멸시하는 국법을 반대한 순교자는 하나님의 규례를 옹호하고 주장한 자인 것입니다. 만일 그렇지 않다면, 신사참배 법을 어긴 옥중 성도들은 모두 하나님의 규례를 범했으니 치리를 해야 할 것이 아니겠습니까? 그리고 동 논문의 20장 4절의 검토한 조항 ④에서 "교회법을 범한 사람은 교회법으로, 국법을 범한 사람은 국법으로 처벌받아야 한다"고 했습니다. 여기서 분명히 밝힐 것은 신자 간에 일어난 문제만을 다루고 있는 것인즉 신자 간의 문제는 어디까지든지 교회의 법에 의하여 처리되어야 함을 말한 것뿐이요, 불신자와의 문제는 재언할 필요조차 없이 세속법으로 처리될 것이나 그것은 현재 문제화된 본 교단의 소송 문제와는 하등의 관계가 없는 별개의 문제입니다. 그렇다고 볼 때 문제의 초점이 되고 있는 신앙고백서 20장 4절이 결코 신자 간의 불신법정 소송을 지원하고 있는 내용이 아님이 분명합니다.

2) 대요리문답에 관한 연구

다시 「소송에 관한 제23회 총회 결의는 시정되어야 한다」는 글 ②항에서

- 대요리 문답 141문에 "제8계명에서 요구되는 것이 무엇입니까?"라는 질문에 답하는 중에 "불필요한 소송과"라는 말이 있으며,

- 동 142문에 "제8계명에서 금지된 죄들은 무엇입니까?"라는 질문에 답하는 중에 "소송남용"이란 말이 있으며,

- 동 144문에 "제9계명에서 요구되는 의무는 무엇입니까?"라는 질문에서 "재판과 판결에 있어서 진리만을 말하며"라는 말이 있으며,

- 동 145문에 "제9계명에서 금지된 죄들은 무엇입니까?"라는 질문에 답하는 중에 "공적 재판 사건에서 해치는 모든 일들이며 거짓증거를 제공하고, 위증을 시키며 고의적으로 나와서 악한 소송을 변호하고, 진리를 외면하고 억압하며 불의한 판결을 하고…… 문서위조, 진리 음폐, 정당한 소송에 있어서 부당히 침묵하며 진리를 불합리하게 말하거나"라는 말이 있다고 인용하고 이것이 마치 고린도전

서 6장 1절-11절에 해당되는 것으로 관계시키고 있다.

위와 같은 대요리문답의 인용을 고린도전서 6장 1절-11절에 직결시킴이 크게 잘못되었습니다. 그 이유는

① 동 141문에서 8계명에서 요구하는 "불필요한 소송"이 바로 고린도전서 6장 1절-11절을 말하고 있습니다(헌법 p. 122, 141문답 11).

② 또한 142문에서 8계명에서 금지된 죄들 중에 "소송남용"이 있는데 이것도 바로 고린도전서 6:6-8의 사건을 두고 하는 말로서 성도 간의 교회 자체 안의 소송사건이라도 남용하지 말라는 것입니다(헌법, p. 122, 142문). 이러한 원리와 정신은 권징조례에 풍부하게 나타나고 있습니다.

③ 동 142문에서 제9계명에서 요구되는 것 중에 "재판과 판결에 있어서 진리만을 말하며"라고 한 것이나,

④ 동 145문에서 제9계명에서 금지된 죄들 중에 성도 간의 불신법정 고소건을 두고 취급된 것은 결코 아닙니다. 성경은 무슨 재판이든지 모두 금한 것은 아닙니다. 다만 성도 간의 불신법정 소송건을 금한 것뿐입니다. 그러므로 이와 같은 대요리문답을 인용하여 성도 간의 불신법정 소송건에 관계시킨 것은 잘못된 일입니다. 오히려 그 반대로 성경이 금하고 있는 소송건에 관련시켜야 될 내용인 것입니다.

(3) 이 결의는 교회행정의 원리에서도 위배되었습니다.

다시 「소송에 관한 제23회 총회 결의는 시정되어야 한다」는 글 제③항에서 말하기를 제7회 총회 결정이 "현하 예배당 건물 소송문제는 되어

진 결과로 보아 피차 덕이 되지 못하니 이 문제를 믿는 형제끼리 적극 해결하기 위하여 위원 5인을 공천부에 맡겨 선정함이 좋겠다."고 한 결의문을 인용하여, ① 예배당 소송 문제는 신앙적이 아니라고 규정한 바가 없다. ② 지금까지 되어진 결과를 보아 덕되지 못하다라고 말했을 뿐 소송 자체가 원리적으로 잘못이라고 규정한 바는 없다고 해석하면서 성도 간의 불신법정 제소의 타당성을 주장했습니다. 그러나 제24회 총회의 이러한 내용설명은 중대한 실책을 하였습니다.

그 이유는,

1) 제7회 총회 결의의 근본정신을 곡해한 것입니다. 제7회 총회의 결의인 "지금까지 되어진 결과를 보아 피차 덕은 되지 못하니 이 문제를 믿는 형제끼리 해결하기 위하여 위원 5인을 공천부에 맡겨 선정함이 좋겠다"는 결정은 확실히 불신법정 고소를 하지 않기 위한 위원 선정이라는 사실입니다. 이러한 제7회 총회 결정의 근본정신을 왜곡되게 해석함으로 교단 역사 해석에 차질을 초래했습니다.

2) 우리 교단 이념에 대한 변질을 초래했습니다. 즉 신앙과 행위의 일치성을 결렬시켜 놓았습니다. 제7회 총회가 예배당 소송 문제를 신앙적이 아니라고 규정한 바가 없고, 다만 덕 되지 못하다고 결정했을 뿐 소송 자체가 원리적으로 잘못이라고 규정한 바가 없다고 해석함으로 「덕되지 못하다」고 결의한 것은 신앙과 관계없는 것으로 구분시켜 놓고 있습니다. 그러나 성경은 기독신자의 덕은 신앙과 깊은 관계를 맺고 움직인다고 가르치고 있습니다. 특히 바울서신은 그 대부분이 신앙(교리)과 생활(덕-윤리)을 가리키고 있습니다. 이 덕은 기독신자들의 생활, 즉 행동원리인 윤리를 가리킵니다. 그렇다

면 그 덕은 신앙의 뿌리에서 나타난 열매라고 가르치는 성경이 옳습니다. 그 열매로 그들을 알지니라고 하신 예수님의 교훈은 신행일치의 원리를 가리킵니다. 신앙(교리)과 생활(덕)의 순결은 바로 우리 교단의 이념입니다. 신앙이 정통이면 생활도 정통이어야 한다고 성경대로 주장했던 것이 우리 교단의 특이성입니다. 이것은 신학(Theologos)과 윤리(Ethikos)와의 관계입니다. 그러므로 소요리문답 14문에 죄가 무엇입니까? 에 답하기를 죄는 하나님의 법을 순종함에 부족한 것이나, 그 법을 어기는 행위입니다 라고 가르치고 있습니다(요1서 3:4, 약4:11, 롬3:23, 4:15, 약2:10). 이렇게 성도 간의 불신법정 제소가 덕되지 못하므로 믿는 형제끼리 적극 해결하기 위하여 위원 5인을 공천부에 맡겨 선정함이 좋겠다는 제7회 결의의 근본정신을 곡해함은 신행일치(信行一致)를 이념으로 삼는 우리 교단 정신에 어긋난 것입니다. 다만 제7회 총회가 더 적극적으로 이 일을 정죄하지 않았다는 것은 유감된 일입니다.

3) 권징조례 제1장 총론 제3조를 위배했습니다. 제3조 범죄 「교인, 직원, 치리회를 막론하고 교훈과 원리와 행위가 성경에 위반되는 것이나, 혹 사정이 악하지 아니할지라도 타인으로 범죄케 한 것이나, 덕을 세움에 방해되게 하는 것이 또한 범죄니라」고 하였습니다. 신자 간의 불신법정 소송이 덕 되지 못하다 함은 명백하게 범죄입니다.

4) 제23회 총회결의에도 위배되었습니다. 「성도간의 법정 제소는 이유 여하를 막론하고, 신앙적이 아니며 건덕상 방해되므로 하지 않는 것이 본 교단 총회의 입장이다」(제23회 총회 결의)는 내용에 대한 위배는 말할 것도 없습니다.

(4) 결론

상술한 바와 같이 대한 예수교장로회(고려) 제24회 총회촬요 제33항의 결의는

1) 성경적인 면에서 볼 때 잘못되었습니다. 위의 결의는 성경 고린도 전서 6장 1절-11절에 위배되었습니다. 제24회 총회는 이 성경 앞에 서 대답을 구하지 못했습니다.

2) 교리적인 면에서 잘못되었습니다. 제24회 총회가 인용한 우리 교리 의 표준문서들(신앙고백서, 대·소요리문답)이 말하는 참 뜻대로 결정하지 않 았습니다. 우리의 교리들은 결코 이것을 허락하지 않았습니다.

3) 교회 행정적인 면에서 잘못되었습니다. 제7회 총회 결의의 근본 뜻 을 전혀 곡해할 뿐 아니라, 우리 교단 이념에 대한 차원적인 변질을 초래하는 해석을 내림으로(신행의 불일치) 교단 내에 어려운 시험들을 유발시키고 말았습니다. 그러므로 본 연구위원들은 웨스트민스터 신앙고백 제31장 4절에 공의회는 과오를 범할 수도 있으며, 사실은 과오를 범했다는 조문에 크게 유의합니다. 더욱이 「형제들아 내가 너희를 위하여 이 일에 나와 아볼로를 가지고 본을 보였으니 이는 너희로 하여금 기록한 말씀 밖에 넘어가지 말라 한 것을 우리에게 배워 서로 대적하여 교만한 마음을 먹지 날게 하려 함이라」(고전4:6)는 성경에 유의합니다.

이상과 같이 보고합니다.

주후 1975년 9월

대한예수교 장로회 경기노회(고려)

성도간의 불신법정 소송에 대한 연구위원회

위원장 하찬권

위원 박성호, 석원태, 정승벽, 김만우

40. 취지문 - 반고소 고려 총회 소집 취지문(1975. 10. 19.)

송상석 목사 재판, 면직 판결로 심화된 교단의 내분은 결국 교회의 분열로 이어지게 된다. 경남법통노회는 경기노회 반고소 지지자들과 연합하여 반고소 고려측으로 분리되는데, 이때 이들은 아래와 같은 반고소 고려측 총회 소집 취지문을 발표하였다. 이 취지문은 고신측(반고소측은 고소측이라고 명명하였다)과의 결별선언문이라고 할 수 있다. 이 문서는 역사, 신앙과 신조에 대한 선언, 본래의 고신 신앙 계승의 세 단락으로 그간의 경과를 설명하고, 반고소측이 지향하는 바를 밝힌 문서이다. 특히 이 문서에서는 지금은 불가피하게 분리하게 되지만 교회는 하나가 되어야 한다며 통합의지를 밝히고 있다.

본 위원회에서는 지난 9월 23일부터 부산남교회당에서 소집된 제26회 고려파(고소측)총회를 향하여 제24회 총회가 범한 공회 즉 성경관(고전 6:1-11)에 대한 오류와 공의회의 불법처사 등을 회개하고 번복하도록 동 25일까지 시한부 조건으로 공한을 보내고 시정을 공개 촉구하였으나 총회가 개회하기도 전에 사회부가 거론조차 하지 아니하였고 본 위원들이 총회 장소까지 가서 기다렸으나 아무런 반응이 없음으로 이런 형편에서 어쩔 수 없이 다음과 같은 취지로 총회(반고소측)를 소집하게 되었습니다.

1. 신구약 성경은 하나님의 말씀이니 신앙과 본분에 대하여 정확 무오
   한 유일의 법칙임을 믿고 영원히 불변하심을 믿고 그대로 지키기
   위함이며,
2. 신학의 정통과 순결인 고려파 본래의 이념을 되찾기 위함이며,
3. 총회(고소측)의 회개를 촉구하여 정상화되도록 계속 노력할 것이며
   조속한 날에 하나 되기를 기약하면서 고려파 반고소측 제26회 총회
   를 소집하게 된 것이다.

이런 취지로 개회된 고려파 반고소측 총회는 선언문 초안 위원으로
석원태, 이기진, 김태윤, 서봉덕, 오주영, 박성호 목사를 선정하여 맡
겨 그 선언문을 채택하여 선포하니 다음과 같다.

선언문

신자의 양심을 주재하시는 이는 오직 하나님뿐이시다. 하나님은 우리
에게 신앙과 예배에 대하여 그 말씀에 위반되거나, 탈선되는 사람의
명령이나 교리를 받지 않게 중생된 신자에게 성경적 양심을 주셨음을
감사한다.

1. 역사
우리는 예수 그리스도께서 이룩하시는 그의 교회운동에 영예롭게 부

름 받았다. 주님의 교회운동은 여인의 후손과 뱀의 씨가 반복 질시하던 그때부터 존재한 이래로 족장시대의 가정교회 운동, 모세시대 이후의 히브리 민족 중심의 교회운동, 신약시대의 우주적인 교회운동으로 발전하여 왔다. 주님의 교회운동의 역사 과정에는 자주 반성경적이요 반신학적인 탁한 공해들로 교회가 사멸의 위기에 처하였을 때도 있었다. 그러나 산자의 하나님은 밤나무 상수리나무가 꺾기움을 당하여도 그 그루터기를 남기시는 능하신 오묘의 섭리를 우리는 보았고, 체험했다. 20세기 극동 아시아의 새 출애굽이라 이름할 수 있는 1945년 8월 15일은 정치적인 차원에서 볼 때 군주제의 종지부와 함께 자유민주체제가 정립을 시작하는 역사적 전환기였다. 그러나 그날은 기독교적인 차원에서 볼 때 한국 기독교회가 일본 태양신의 탄압에서 신앙의 자유를 얻은 영적인 새 출애굽이라고 할 것이다.

그러나 해방을 맞은 한국 교계는 실로 혼란했다. 신학적으로 당시 남부총회는 평양신학교의 폐문과 함께 조선 총독부의 그늘에서 6년간 자란 조선신학원을 총회직영 신학교로 가결해 버렸다. 교회 행정면으로는 왜정 탄압시 신조와 교리, 교회와 양떼를 천조대신(天照大神)의 세력에 팔았던 자들이 교회 영도권을 잡았다. 이때 하나님은 새역사의 한 장을 열기를 시작했는데 이것이 한국 남단에서 일어난 세칭 고려파 운동이다. 우리는 그때 적어도 세 가지 Moto를 주께로부터 받았다.

그 첫째는 신앙 양심에서 볼 때 회개였다. 이 회개는 1938년 제27회 총회가 범한 신사참배 가결의 역사적 공죄였다. 그 둘째는 신학사상에서 볼 때 개혁주의 신학의 정립이였으니 그것이 곧 고려신학교의 설립이다. 그 셋째가 교회 행정면에서 볼 때 생활의 순결이었다. 하나님은 이러한 우리의 주장과 부르짖음에 축복하사 명실공히 한국교회 정화운동에 축복의 불을 쏟아주셨다. 그러나 우리는 지상교회가 완전하지 못하다는 어쩔 수 없는 전철을 밟았다.

1957,8년   우리 총회 제7,8회 때 예배당 쟁탈전 시비문제,
1960. 12. 13.   합동측과의 합동문제,
1961. 9.   고려신학교 폐쇄,
1962. 10. 12. 고려신학교 환원문제,
1963. 8. 8.   합동에서 환원,
1967. 4. 10.   사조이사 조직사건,
1968. 3. 6.   고신 일부 교수 음주 사건 등

고려파 30년의 강이 흘러오는 동안에 우리의 훌륭한 지도자들은 우리 곁을 떠나버리고, 온갖 부조리의 오염 때문에 신앙의 정절, 신학의 정통, 생활의 순결을 부르짖던 고려파 그 원래의 맑은 원색은 퇴색하고 변질되기 시작했다. 이러한 부조리와 세속의 오염들은 쌓이고 쌓여 마침내 고신 교수회에서 낸 '신학적으로 본 법의 적용문제'라는 논문이 발단이 되어 1974. 9. 제24회 총회가 사회 법정에서의 성도간의 소송행위가 결과적으로 부덕스러울 수 있으므로 소송을 남용하지 않도록 하는 것이 총회의 입장이다 라고 공죄를 가결함으로 고려파 그 본래의 이념에서 멀리 떠나버렸다. 그러니 적어도 옛 고려파는 정치적으로 한번 죽었고(1960. 12. 13.) 또 영적으로 하나님의 말씀에 대한 자폭을 함으로, 적어도 제24회 총회 이후 고려파는 사멸되어 버렸다. 우리는

결코 함께 죽을 수 없다. 그것은 엄청난 자살행위의 떼죽음이기 때문이다.

우리는 살고 싶다. 그래서 전국에 산재하는 반고소 고려측 지도자와 형제들은 우리의 본래로 돌아가는 원색적인 고려파 운동을 다시 찾기 위해 대한예수교 장로회(반고소 고려측) 제26회 총회로 모이고 하나님 앞과 구름같이 둘러싼 허다한 역사의 증인 앞에서 아래와 같이 선언한다.

2. 선언

1) 우리는 고려파 총회(고소측)가 범한 그 공죄에 대하여 연대적인 책임을 공감하고 하나님께 회개한다(회개).

성경은 왜 죄를 지었느냐는 사실보다 지은 죄를 회개하라는 축복스러운 명령을 더 강조한다. 우리는 고려파에 속한 한 성원으로서 주어진 사명 앞에 불충한 나머지 이러한 고려파의 자멸을 초래한 데 대한 자신들의 죄를 먼저 회개하고, 교단이 범한 공죄를 회개한다.

2) 우리는 진리 파수와 그 계승을 새롭게 다짐한다(성경).

1974년 9월에 모인 고려파 제24회 총회는 성도 간의 불신법정 소송을 정당화함으로 성경 고린도전서 6장 1-11절을 명백하게 파괴했다. 그리고 1976년 9월에 모인 제26회 총회는 위의 결의를 묘하게 탈바꿈하여 "부득이한 경우를 제외하고는 소송하지 아니하는 것이 총회의 입장이다."라고 하므로 상황윤리적인 성경해석을 남기는 신학적 변질의 본성을 드러냈다.

고소측 총회는 고린도전서 6장 11절을 취급함에 있어서 "고린도 교회가 역사적으로 주어졌다는 사실과, 그 계시가 오늘 우리에게 동시성을 가지고 임한다는 사실 서로 간에는 엄연한 구별이 있어야 한다."라고 했다. 또한 고린도전서 6장의 소송문제를 해석할 때 그 계시가 주어진 역사적 상황에서 먼저 해석하도록 해야지 그것을 오늘 우리의 상황 아래로 끌어들여 해석해서는 안된다(「고신대학보」 1976. 7. p. 25)라고 함으로 성경의 완전성, 충족성, 불변성(영원성)을 파괴했다.

더욱이 "성경은 하나님의 말씀인 동시에 또한 인간에 의해서 쓰여진 인간의 말이다."라고 하였다(동 p. 25), 성경은 완전히 하나님의 말씀인 동시에 성경은 완전히 사람의 말이다(고신대 신문 사설)고 하므로 성경의 독자적 신임성을 파괴했다.

3) 우리는 교리 문서들의 바른 해석을 주장한다(신조와 교리).

성경에 대한 종속문서로서 우리가 따르고 있는 웨스트민스터 신앙고백서와 대소요리문답이 크게 오용 당하고 있음에 대하여 통탄한다. 고려파 총회(고소측)는 마치 웨스트민스터 신앙 고백서 제20장 4항이나, 기타 대요리 문답 등이 신자간의 불신법정 소송을 정당화하고 있는 듯 이 곡해하고 제24회 총회결의의 유일한 비장의 무기로 삼았다. 그러나 성경에 없는 사상이 어찌 그 성경에서 작성된 교리 문서에 반영되겠는가.

4) 우리는 성경적인 총회결의를 중요시한다(공의회).

우리는 로마 가톨릭처럼 공의회 결의가 성경과 동일시됨은 물론 반대한다. 그러나 공의회가 성경대로 결의한 합법적인 의결은 교회사적 의의를 지닌 것으로 간주한다. 고려파 총회(고소측)는 제7회 총회가 신자 간의 불신법정소송은 부덕하므로 믿는 형제끼리 해결하도록 한다는 결의를 완전히 곡해했다.

또한 제23회 총회가 "신자 간의 불신법정 소송건은 비신앙적이므로 하지 않는 것이 총회의 입장이다."라고 결의하고 당시 원고인 김희도 목사, 윤은조 장로가 총회 앞에서 사과하고, 이 사건은 다시 재론하지 않기로 가결하였음에도 불구하고, 제24회 총회는 사전에 각본된 부정 총대 다수 확보로 이 결의를 번복하고, 성도 간의 불신법정의 타당성을 가결하므로 정당한 총회결의를 파괴했다.

5) 우리는 지교회들의 안보와 화평을 추구한다(화목).

성도 간의 불신법정 소송을 반대하는 교직자들에게 정직, 교단에서의 제명뿐 아니라 불법적인 특별재판국을 설치하여 총대권 박탈, 노회 분립을 자행하고, 심지어 막대한 자금을 조달하기까지 하면서 반고소측 여러 교회들을 불화 내지 분립시키고 있다. 실로 두려운 다수 횡포와 물질적 세력에 통탄하지 않을 수 없다.

6) 우리는 조속한 장래에 다시 하나 되는 때가 오기를 주님께 기도한다(하나님).

우리는 이따금 지상교회가 분리의 쓴잔을 마셨던 것을 본다. 그 분리는 또 다른 분리들까지를 유발했다. 역사상에 나타난 여러 류의 분리들은 사랑의 결핍에서나 헤게모니의 쟁탈에서나, 지역상의 부조리나, 기타 여러 경우들에서 찾을 수 있다. 이는 잘못된 분리들이다. 그러나 참된 분리도 있다. 공의회가 신자에게 복음이나, 참된 교리를 반대하라고 압력을 가할 때, 또한 신자들에게 복음에 반대되는 것을 받아들이라고 강요할 때, 신자가 말씀을 따라 행할 양심의 자유와 행동의 자유를 주지 아니한 때, 공의회가 악명높은 이단들을 배척할 것을 거부할 때, 프로테스 하는 양심 자유의 발로가 있는 것이다. 그렇다면 동질이 언젠가는 만난다고 하는 성경의 교훈은 확실하다. 고려파 고소측 총회가 제24회 총회결의의 공죄를 회개하고 번복할 때는 언제라도 우리는 하나가 될 수 있다고 소망한다.

3. 계승

참된 진리 운동은 언제나 외적인 면보다 내적이요, 이면적인 정신사의 흐름이 중대했다. 이 정신사적인 흐름은 그 강물에서 발산된 이슬과, 지면을 파고든 수분이 맺혀 놓는 꽃과 열매를 볼 때라야 알 수 있는 것이다. 초기 박해 300년의 흐름은 니케아 회의에서, 기나긴 로마 가톨릭의 박해는 마틴 루터와 칼빈에서, 저 미국의 필그림들의 신앙은 하지와 워필드와 메이첸에서 그 열매를 보았다. 우리는 한사코 아벨, 셋, 노아, 아브라함, 모세, 여호수아, 사무엘, 이사야, 세례 요한, 바울, 어거스틴, 루터, 칼빈, 메이첸, 주기철 목사 등으로 이어지는 거룩한 신앙의 강줄기를 따라 흐르기 원한다. 이 선지와 사도의 터를 중시하고 이어지는 거룩한 전통계승은 우리의 끓는 피와 함께 신앙 생명으로 토하여지는 우리의 절규이다.

우리의 이 걸음은 결코 어떤 발명이 아니라, 신앙의 쟁취이다. 결코 이 탈이 아니라 개혁이다. 성경적 신앙 양심은 억압하는 종교회의의 오류에서의 항의요, 사도적 신앙에로의 환원이다. 우리는 옛날 일을 기억한다. 역대의 연대를 생각한다. 우리의 선조에게 우리의 갈 길을 묻고 대답을 받아 즐거워하고 이것을 영예롭게 후대에 계승한다(신 32:7).

1976. 10. 19.

대한예수교 장로회 (반고소 고려측) 제26회 총회

선언문 초안위원 석원태 목사, 이기진 목사, 김태윤 목사,

서봉덕 목사, 오주영 목사, 박성호 목사

41. 고려파 반고소측
총회 선언문(1975. 10. 19.)

송상석 목사 면직 판결로 심화된 내분은 결국 교회 분열로 나타났다. 고신총회가 경남(법통)노회를 불신하고 이를 대신하는 계승노회를 조직하게 되자, 경남(법통)노회는 행정보류를 선언하고 결국은 고려파에서 분리하였고 이들은 경기노회 인사와 결합하여 1975년 9월에 별도의 총회, 곧 대한예수교장로회 총회(반고소)로 출발하였다. 이들 분리된 교회는 1975년 10월 19일에 반고소측의 발족을 선언하는 선언문을 발표하였다. 이 선언문은 앞의 총회 소집 취지문과 유사하지만 각기 다른 문서이므로 이 선언문의 전문을 소개한다.

고려파 반고소측 총회 선언문

신자의 양심을 주재하시는 이는 오직 하나님뿐이시다. 하나님은 우리에게 신앙과 예배에 대하여 그 말씀에 위반되거나, 탈선되는 사람의 명령이나 교리를 받지 않게 중생 된 신자의 성경적 양심을 주셨음을 감사한다.

1. 역사

우리는 예수 그리스도께서 이룩하시는 그의 교회운동에 영예롭게 부름 받았다. 주님의 교회운동은 여인의 후손과 뱀의 씨가 반목질시하던 그때부터 존재한 이래로 족장시대의 가정교회운동, 모세시대 이후의 히브리 민족 중심의 교회운동, 신약시대의 우주적인 교회운동으로 발전하여 왔다. 주님의 교회운동의 역사 과정에는 자주 반성경적이요 반신학적인 탁한 공해들로 교회가 사멸의 위기에 처하였을 때도 있었다. 그러나 산 자의 하나님은 밤나무 상수리나무가 꺾임을 당하여도 그 그루터기를 남기시는 능하신 오묘의 섭리를 우리는 보았고, 체험했다. 20세기 극동 아시아의 새 출애굽이라 이름할 수 있는 1945년 8월 15일은 정치적인 차원에서 볼 때 군주제의 종지부와 함께 자유민주 체제가 정립을 시작하는 역사적 전환기였다. 그러나 그 날은 기독교적인 차원에서 볼 때 한국 기독교회가 일본 태양신의 탄압에서 신앙의 자유를 얻은 영적인 새 출애굽이라고 할 것이다. 그러나 해방을 맞은 한국 교계는 실로 혼란했다. 신학적으로 당시 남부총회는 평양신학교의 폐문과 함께 조선 총독부의 그늘에서 6년 간 자란 조선신학원을 총회직영 신학교로 가결해 버렸다. 교회 행정면으로는 왜정 탄압 시 신조와 교리, 교회와 양떼를 천조대신의 세력에 팔았던 자들이 교회 영도권을 잡았다. 이때 하나님은 새 역사의 한 장을 열기 시작했는데 이것이 한국 남단에서 일어난 세칭 고려파 운동이다. 우리는 그 때 적어도 세 가지 Motto를 주께로부터 받았다.

그 첫째는 신앙양심에서 볼 때 회개였다. 이 회개는 1938년 제27회 총회가 범한 신사참배 가결의 역사적 공죄였다. 그 둘째는 신학사상에서 볼 때 개혁주의 신학의 정립이었으니 그것이 곧 고려신학교의 설립이다. 그 셋째가 교회 행정면에서 볼 때 생활의 순결이었다. 하나님은 이러한 우리의 주장과 부르짖음에 축복하사 명실공히 한국교회 정화운동에 축복의 불을 쏟아주셨다. 그러나 우리는 지상교회가 완전하지 못하다는 어쩔 수 없는 전철을 밟았다. 1957-8년 우리 총회 제7, 8회 때 예배당 쟁탈전 시비문제, 1960. 12. 13. 합동측과의 합동문제, 1961. 9. 고려신학교 폐쇄, 1962. 10. 12. 고려신학교 환원 문제, 1963. 8. 8. 합동에서 환원, 1967. 4. 10. 사조이사 조직사건, 1968. 3. 6. 고신 일부교수 음주사건 등 고려파 30년의 강이 흘러오는 동안에 우리의 훌륭한 지도자들은 우리 곁을 떠나버리고, 온갖 부조리의 오염 때문에 신앙의 정절, 신학의 정통, 생활의 순결을 부르짖던 고려파 그 원래의 맑은 원색은 퇴조하고 변질되기 시작했다.

이러한 부조리와 세속의 오염들은 쌓이고 쌓여 마침내 고신 교수회에서 낸 "신학적으로 본 법의 적용문제"란 논문이 발단이 되어 1974. 9. 제24회 총회가 "사회 법정에서의 성도간의 소송행위가 결과적으로 부덕스러울 수도 있으므로 소송을 남용하지 않도록 하는 것이 총회의 입장이다"라고 공죄를 가결함으로 고려파 그 본래의 이념에서 멀리 떠나 버렸다. 그러니 적어도 옛 고려파는 정치적으로 한 번 죽었고(1960. 12. 13.) 또 영적으로 하나님의 말씀에 대한 자폭을 함으로, 적어도 제24회 총회 이후 고려파는 사멸되어 버렸다. 우리는 결코 함께 죽을 수 없다. 그것은 엄청난 자살행위의 떼죽음이기 때문이다.

우리는 살고 싶다. 그래서 전국에 산재하는 반고소 고려측 지도자와 형제들은 우리의 본래로 돌아가는 원색적인 고려파 운동을 다시 찾기 위해 대한예수교장로회(반고소 고려측) 제26회 총회로 모이고 하나님 앞과 구름 같이 둘러싼 허다한 역사적 증인 앞에서 아래와 같이 선언한다.

2. 선언

하나. 우리는 고려파 총회(고소측)가 범한 그 공죄에 대하여 연대적인 책임을 공감하고 하나님께 회개한다(회개). 성경은 왜 죄를 지었냐는 사실에 보다 지은 죄를 회개하라는 축복스러운 명령을 더 강조한다. 우리는 고려파에 속한 한 구성원으로서 주어진 사명 앞에 불충한 나머지 이러한 고려파의 자멸을 초래한 데 대한 자신들의 죄를 먼저 회개하고, 교단이 범한 공죄를 회개한다.

둘. 우리는 진리 파수와 그 계승을 새롭게 다짐한다(성경). 1974년 9월에 모인 고려파 제24회 총회는 성도 간의 불신법정 소송을 정당화함으로 성경 고린도전서 6장 1-11절을 명백하게 파괴했다. 그리고 1976년 9월에 모인 제26회 총회는 위의 결의를 묘하게 탈바꿈하여 "부득이한 경우를 제외하고는 소송하지 아니하는 것이 총회의 입장이다"라고 하므로 상황 윤리적인 성경해석을 남기는 신학적 변질의 본성을 드러냈다. 고소측 총회는 고린도전서 6장 1-11절을 취급함에 있어 "고린도 교회가 역사적으로 주어졌다는 사실과, 그 계시가 오늘 우리에게 동시성을 가지고 임한다는 사실 서로 간에는 엄연한 구별이 있어야 한다"고 했다. 또한 고린도전서 6장의 소송 문제를 해석할 때 그 계시가 주어진 역사적 상황에서 먼저 해석하도록 해야지 그것을 오늘 우리의 상황 아래로 끌어들여 해석해서는 안 된다(1976 고신대학보, 25쪽)함으로 성경의 완전성, 충족성, 불변성(영원성)을 파괴했다.

셋. 우리는 교리문서들의 바른 해석을 주장한다(신조와 교리). 성경에 대한 종속 문서로서 우리가 따르고 있는 웨스트민스터신앙고백서와 대소요리문답이 크게 오용 당하고 있음에 대하여 통탄한다. 고려파 총회(고소측)는 마치 웨스트민스터신앙고백서 제20장 4항이나, 기타 대요리 문답 등이 신자 간의 불신법정 소송을 정당화하고 있는 듯이 곡해하고 제24회 총회결의의 유일한 비장의 무기로 삼았다. 그러나 성경에 없는 사상이 어찌 그 성경에서 작성된 교리문서에 반영되겠는가.

넷. 우리는 성경적인 총회결의를 중시한다(공의회). 우리는 로마 가톨릭처럼 공의회 결의가 성경과 동일시됨은 물론 반대한다. 그러나 공의회가 성경대로 결의한 합법적인 의결은 교회사적 의의를 지닌 것으로 간주한다. 고려파 총회(고소측)는 제7회 총회가 신자 간의 불신법정 소송은 부덕하므로 믿는 형제끼리 해결하도록 한다는 결의를 완전히 곡해했다. 또한 제23회 총회가 "신자 간의 불신법정 소송건은 비 신앙적이므로 하지 않는 것이 총회의 입장이다"고 결의하고 당시 원고인 김희도 목사, 윤은조 장로가 총회 앞에서 사과하고, 이 사건은 다시 재론하지 않기로 가결하였음에도 불구하고, 제24회 총회는 사전에 각본된 부정 총대 다수 확보로 이 결의를 번복하고, 성도 간의 불신법정의 타당성을 가결함으로 정당한 총회 결의를 파괴했다.

다섯. 우리는 지교회들의 안보와 화평을 추구한다(화목). 성도 간의 불신법정 소송을 반대하는 교직자들에게 정직, 교단에서의 제명뿐 아니라 불법적인 특별재판국을 설치하여 총대권 박탈, 노회 분립을 자행하고, 심지어 막대한 자금을 조달하기까지 하면서 반고소측 여러 교회들을 불화 내지 분립시키고 있다. 실로 두려운 다수 횡포와 물질적 세력에 통탄하지 않을 수 없다.

　여섯. 우리는 조속한 장래에 다시 하나 되는 때가 오기를 주님께 기도한다(하나님). 우리는 이따금 지상교회가 분리의 쓴잔을 마셨던 것을 본다. 그 분리는 또 다른 분리들까지를 유발했다. 역사상에 나타난 여러 류의 분리들은 사랑의 결핍에서나 헤게모니 쟁탈에서나, 지역상의 부조리나, 기타 여러 경우들에서 찾을 수 있다. 이는 잘못된 분리들이다. 그러나 참된 분리도 있다. 공의회가 신자에게 복음이나, 참된 교리를 반대하라고 압력을 가할 때, 또한 신자들에게 복음에 반대되는 것을 받아들이라고 강요할 때 신자가 말씀을 따라 행할 양심의 자유와 행동의 자유를 주지 아니한 때, 공의회가 악명 높은 이단들을 배척할 것을 거부할 때, 프로테스하는 양심 자유의 발로가 있는 것이다. 그렇다면 동질이 언젠가는 만난다고 하는 성경의 교훈은 확실하다. 고려파 고소측 총회가 제24회 총회결의의 공죄를 회개하고 번복할 때에는 언제라도 우리는 하나가 될 수 있다고 소망한다.

3. 계승

참된 진리운동은 언제나 외적인 면보다 내적이요, 이면적인 정신사의 흐름이 중대했다. 이 정신사적 흐름은 그 강물에서 발산된 이슬과, 지면을 파고든 수분이 맺혀 놓는 꽃과 열매를 볼 때라야 알 수 있는 것이다. 초기 박해 300년의 흐름은 니케아 회의에서, 기나긴 로마 가톨릭의 박해는 마틴 루터와 칼빈에서, 저 미국의 필그림들의 신앙은 하지와 워필드와 메이첸에서 그 열매를 보았다. 우리는 한사코 아벨, 셋,

노아, 아브라함, 모세, 여호수아, 사무엘, 이사야, 세례요한, 바울, 어거스틴, 루터, 칼빈, 메이첸, 주기철 목사 등으로 이어지는 거룩한 신앙의 강줄기를 따라 흐르기를 원한다. 이 선지와 사도의 터를 중시하고 이어지는 거룩한 전통 계승은 우리의 끓는 피와 함께 신앙 생명으로 토하여지는 우리의 절규이다. 우리의 이 걸음은 결코 어떤 발명이 아니라, 신앙의 쟁취이다. 결코 이탈이 아니라 개혁이다. 성경적 신앙 양심을 억압하는 종교회의의 오류에서의 항의요, 사도적 신앙에로의 환원이다. 우리는 옛날 일을 기억한다. 역대의 연대를 생각한다. 우리의 선조에게 우리의 갈 길을 묻고 대답을 받아 즐거워하고 이것을 영예롭게 후대에 계승한다(신32:7).

1976. 10. 19.
대한예수교 장로회(반고소 고려측) 제26회 총회
선언문 초안위원: 석원태 목사, 이기진 목사, 김태윤 목사,
서봉덕 목사, 오주영 목사, 박성호 목사

42. 경기노회(반고소파)
계승 취지문(1975. 10. 27.)

경기노회에서 행해지는 반성경적이며 부당한 치리 시행을 반대하여 그 일부가 노회를 떠나 반고소파 경기노회를 조직하면서 '경기노회 계승 취지문'을 발표하였다. 이들은 진리파수와 지 교회의 안보, 그리고 참된 고려파로 돌아가기 위한 운동이라고 선언하고 있다.

경기노회(반고소파) 계승 취지문

성경은 우리에게 항상 신앙과 양심의 자유를 지원하고 있음을 감사합니다. 지상교회는 이따금 불신앙과 불법의 공해로 오염되어 불결할 수가 있습니다. 그러나 말씀과 성경의 강한 빛 앞에서 회개할 수 있는 것이 우리의 소망인 줄 믿습니다. 현하 우리 교단에 벌어진 비극적 참상을 주 앞에 모두 함께 통감하면서 이 이상 더 잠잠할 때 돌들이 소리를 지를까 두려워하면서 고려파 경기노회(반고소파)를 계승하기로 하였습니다. 우리 경기노회(반고소파) 계승의 사유는 다음과 같습니다.

1. 진리파수와 계승을 위함입니다.

경기노회는 총회의 비 성경적이요, 불법적인 결정을 답습하였습니다.

1) 제24회 총회 결의(제33항)는 성경 고린도전서 6:1-11을 분명히 위배하였습니다. 제24회 총회는 성도 간의 소송 문제에 대한 정당성 여부를 판단함에 있어서, 그 최종적인 근거를 성경에 의지하지 않고 성경의 종속문서인 교리표준서(신앙고백, 대소요리문답)에 의거한 것이 잘못입니다.

2) 제24회 총회결의는 표준문서들의 가르침(규범)도 위배했습니다. 우리의 표준문서들도 분명히 성도 간의 불신법정 소송 문제를 반대하고 있기 때문입니다.

3) 제24회 총회 결의는 교회행정 원리에도 위배되었습니다. ① 소송 문제에 대한 제7회 총회 결의의 근본정신을 왜곡되게 해석했습니다. ② 제23회 총회결의인 '신자 간의 불신법정 소송은 비신앙적이므로 하지 않는 것이 총회의 입장이다'라고 결의하고, 당시 고소인인 김희도 목사, 윤은조 장로가 총회 앞에 사과하고 이 사건을 다시는 재론치 않기로까지 하였음에도 불구하고 제24회 총회는 사전에 계획한 총대 수의 다수 확보로 이 결의를 번복하여 성도 간의 불신법정 소송의 타당성을 결정하였습니다. 경기노회는 이와 같은 총회의 결의를 맹종함으로 신앙의 정통과 생활의 순결을 부르짖은 고려파 본래의 이념에서 떠나고 말았습니다.

4) 제25회 총회는 기독신자 간의 불신법정 소송 문제 연구를 발표했다는 이유로 하찬권 목사에게 언권 박탈을 경기노회에 지시하였는데 이러한 치리 행사를 본 노회는 본인도 없는데(삼일기도회 직후) 전격적으

로 시행할 뿐만 아니라 정당한 성경의 주장을 부르짖고 행정보류를 선언한 하 목사에게 목사직 무기정직을 불법으로 선언하는 재판까지 감행하는 엄청난 과오를 범했습니다. 위와 같은 경우는 우리 교단 본래의 정신에서 크게 이탈되기 때문입니다.

2. 지교회들의 안보를 위함입니다.

1) 경기노회는 사실무근한 긴급 노회까지 소집하여 평신도대회 책동, 교단 분열 획책, 교역자 궐기대회 책동의 죄목으로 반고소파 목사들을 치리하려고 전권위원회를 조직하고 엄청난 허위문서의 죄목을 만들고 재판국 설치까지를 청원하였다가 그 잘못됨이 공석에서 드러나자 다시 재조사하도록 하기까지 하였습니다(1975년 7월 4일 긴급노회, 8월 1일 임시노회).

2) 경기노회는 긴급노회에서 선정한 전권위원회의 수를 확대하고 재판권까지 맡겨 반고소파 목사 교회의 당회장까지 임명함으로 교회 분열을 획책하고 있습니다(제42회 노회).

3) 경기노회 이후에 행정보류를 선언한 반고소파 목사들에게 직접 또는 간접으로 허위선전을 감행하고 개척교회 설립이라는 미명 아래 반고소파 교인들을 유인하고 심방하며 심지어 그런 교회는 구원이 없다고까지 하면서 지 교회들의 불화를 극도로 조정하고 있습니다.

3. 참된 고려파로 되돌아가는 교단화목을 위함입니다.

언필칭 행정 보류한 교회들은 고려파를 이탈하고 떠났다. ○파로 넘어간다 등 잘못된 선전을 하고 있습니다. 그러나 이러한 행정보류의 처사는 고려파와 끊어지는 것도 아니요, 이탈하는 것도 결코 아닙니다. 오직 신자 간의 불신법정 소송행위가 비성경적이라는 이 사실을 바로 깨닫고 제24회 총회결의 33항을 번복해 주기를 원하는 항의적인 행동 표시일 따름입니다. 우리는 '공의회는 잘못을 범할 수도 있으며 사실은 과오를 범했다'(웨스트민스터신앙고백 제31장 4절, 예컨대 조선예수교장로회 총회 27회에서 가결된 신사참배)는 사실에 항상 유의하면서 우리 총회가 범한 과오를 하나님 앞에서 번복할 날이 오기를 촉구하는 심정뿐입니다. 하나님은 살아 계셔서 우리의 애도를 기억하시고 들어주셔서 원색적인 고려파 본래의 이념으로 되돌아갈 날을 주실 줄을 믿어 의심치 않고 감히 고려파 경기노회(반고소파)를 계승함을 성명합니다.

1975년 10월 27일
대한예수교 장로회 고려파 경기노회(반고소파)
노회장 김주락 목사 외 일동

경기노회 (반 고소파) 계승 취지문

성경은 우리에게 항상 신앙과 양심의 자유를 지향하고 있음을 감사합니다. 지상 교회는 이따금 이따금 불신앙과 불법의 공해로 오염되어 불결할수가 있읍니다. 그러나 말씀과 성령의 강한 빛 앞에서 회개할수 있는것이 우리의 소망인줄 믿읍니다. 원하 우리교단에 벌어진 비극적 현상을 주앞에 모두함께 통곡하면서 이 이상 더 갈 감할때 몰들이 소리를 지를까 두려워 하면서 고려파 경기노회(반 고소파)를 계승하기로 하였읍니다.

우리 경기노회(반 고소파) 계승의 사유는 아래와 같읍니다.

I. 진리파수와 계승을 위함이다.

경기노회는 총회의 비 성경적이요, 불법적인 결정을 담당 하였읍니다.

(1) 제24회 총회 결의(제33항)는 성경 고린도전서 6:1-11절을 분명히 위해 하였읍니다. 제24회 총회는 성도간의 소송 문제에 대한 정당한 여부를 판단함에 있어서 그 최종적인 근거를 성경에 의하지 않고, 성경의 종속 문서인 교리 표준서(신앙고백, 대소 요리문답)에 의거한 것이 잘못입니다.

(2) 제24회 총회 결의는 교훈 문서들의 가르침(규범)에도 위배 됐읍니다. 우리의 표준 문서들도 분명히 성도간의 불신 법정 소송 문제를 반대하고 있기 때문입니다.

(3) 제24회 총회 결의는 교회 행정의 원리에도 위배 되었읍니다.

① 소송 문제에 대한 제7회 총회 결의의 근본 정신을 폐곡시키게 돼서 됐읍니다.

② 제23회 총회 결의인 "신자간의 불신 법정 소송건은 비 신앙적이므로 하지 않는것이 총회의 입장이다"고 결의하고, 당시 원로인 김희도목사, 윤은초 장로가 총회 앞에서 사과하고, 이 사건을 다시는 재론치 않기로하면 하였음에도 불구하고, 제24회 총회는 사전에 계획한 다수 표로로 이 결의를 번복하여 성도간의 불신 법정 소송의 바당성을 결정 하였읍니다.

경기 노회는 위와같은 총회의 결의를 맹종하므로 신앙의 정통과 생활의 순결을 우 드짖은 고려파 본래의 이념에서 떠나고 말았읍니다.

(4) 제25회 총회는 "기록 신자간의 불신 법정 소송 문제 연구"라는 논문을 발표했다 이유로 하한편 목사에게 언권 박탈을 경기노회에 지시하였는데 이러한 치리 사실을 본 노회는 본인도 없는데(삼일기도회 직후) 전격적으로 시행할뿐 아니라 더 정당한 성경적 주장을 무르있고, 행정 보류를 선언한 하목사에게 목사의 꾸기 정직을 불법으로 선언하는 지단까지 강권하는 엄청난 과오를 넘었읍니다. 위와같은 경우는 우리 교단 본래의 정신에서 크게 이탈되기 때문입니다.

II. 지 교회들의 안보를 위함입니다.

(1) 경기 노회는 사실 무근한 진급 노회까지를 소집하여 평신도 대회 폭동, 교단 분열 획책, 교역자 궐기대회 폭동등의 죄책으로 반 고소파 목사들을 처리하려고 전권 위원회를 조직하고, 엄청난 하위문서의 의목을 만들고, 재판국 설치까지를 청원하였더라가 그 잘못됨이 광석에서 들어나서 다시 재조사하도록 하기까지 하였읍니다. (1975. 7. 4. 진급노회 8. 1. 임시노회).

(2) 경기노회는 진급 노회에서 선정한 전권 위원의 수를 확대하고 재판권까지 맡겨 반 고소파 목사의 교회에 당회장까지 임명하므로 교회 분열을 획책하고 있읍니다 (제△△회 노회).

(3) 경기 노회후에 행정 보류를 선언한 반 고소파 목사들에게 직접 또는 간접으로 허위 선전을 감행하고, 개척교회 설립이라는 미명앞에 반 고소파 교인들을 유인하고, 선망하며, 심지어 그런 교회는 구원이 없다고 까지 하면서 지 교회들의 분화를 극도로 조장하고 있읍니다.

III. 참된 고려파로 되돌아가는 교단 화목을 위함입니다.

언권청정 행정 보류한 교회들은 고려파를 이탈하고 떠났으며, ○파로 넘어간다. 등 잘못된 선전을 하고 있읍니다. 그러나 이러한 행정 보류의 서사는 고려파와 끊어지는 것도 아니요, 이탈하는 것도 제고 아닙니다. 오직 신자간의 불신 법정 소송 행위가 비 성경적이라는 이 사실을 바로 깨달고, 제24회 총회 결의 33항을 번복해 주기를 원하는 항의적인 행동 표시일 따름입니다.

우리는 "공회도는 파오를 범할수도 있으며, 사실은 파오를 범했다"(웨스트 민스터 신앙고백 제31장4절) (어떤데 조선 예수교 장로회 총회 제27회에서 가졌진 신사참배)는 사실에 항상 유의하면서 우리 총회가 범한 파오를 하나님 앞에서 번복할 날이 오기를 촉구하는 심정 뿐입니다.

하나님은 살아계셔서 우리들의 태도를 기억하시고, 들어 주셔서 원리적인 고려파 본래의 이념으로 되돌아 갈날을 주실줄을 믿어 의심하지 않고, 감히 고려파 경기노회 (반 고소파)를 계승함을 성명합니다.

1975. 10. 27.

대한예수교 고려파 경기노회 (반 고소파)

노회장 김 주 락 목사외 노회원 일동.

43. 고려신학교 복교 선언문(1975. 10. 27.)

고신 본류에서 분리된 반고소측은 '고려신학교 복교'를 선언하고 새
로운 신학교육을 시작하였다. 이들은 부산의 고려신학교가 1970년
12월에 정규 대학으로 인가를 받아 '고려신학대학'으로 개칭됨에 따
라 본래의 고려신학교는 폐교되었다고 간주하고 이 폐교된 고려신학
교의 복교를 선언한 것이었다.

고려신학교 복교 선언

"오직 주의 말씀은 세세토록 있도다"(벧전 1:25). 이것은 영원한 예언의 소
리요 등불이다. 우리 하나님의 분명한 섭리를 확신하고 화급한 역사
적인 요청 앞에서 전 고려신학교 복교를 선언한다.

1. 고려파 이념을 되찾기 위함이다.

1946년 9월 20일에 개교를 본 아래와 같은 당시 고려신학교 학칙 제1
조에로 되돌아간다. "신구약 성경이 하나님의 말씀이고 신앙과 본문
에 정확무오한 유일의 법칙임을 믿고 그대로 가르치며 또한 장로교
원본 신조인 웨스트민스터의 신도개요서의 교리대로 교리와 신학을

가르치고 또 지키게 하며 신학 및 생활을 순결케 할 교역자 양성을 목표로 한다"고 하던 신앙의 정통과 생활의 순결을 Motto로 함으로 되돌아간다. 오늘의 고려신학대학은 신앙의 정통과 생활의 순결에서 떠나고 있다. 그 증거로

1) 1957년 당시 고려신학교 교장 박윤선 박사가 신자 간의 불신법정 소송을 반대했다.

2) 1973년 고려신학대학 교수들이 낸 "신학적으로 본 법의 적용문제"라는 논문을 통하여 성도 간의 불신법정 소송이 타당하다 함으로 고린도전서 6장 1절에서 11절을 명백하게 위배했기 때문이다.

3) 또한 제23회 총회결의는 시정되어야 한다는 글에서 성도 간의 불신법정 소송건을 정당화 하기 위하여 인용된 신앙고백서 20장 4조와 대요리문답과 제7회 총회 결의(예배당 소송건이 부덕하다) 정신을 완전히 왜곡되게 해석한 것은 확실히 신학적인 변질을 나타내고 있다.

4) 현 고려신학대학 교수 중에는 RES 세계대회 참가와 아시아연합신학원에 관계하므로 다분히 신복음주의 노선을 걷고 있으므로 그 결과가 지극히 우려된다.

5) 전 고려신학대학 학장 홍반식 박사는 제24회 총회결의 제33항이 비성경적이라는 사실을 교수회에 밝히고 그 결과는 학장직 사직까지에 이르렀다.

2. 교단발전의 요새를 확보하기 위함이다.

오래전부터 우리 교단의 지도자들과 뜻있는 평신도들은 고려신학대학의 서울 이전을 거론하고, 그 준비작업의 일환으로 서울 고려신학

교 분교를 두게 되었고, 제22회 총회는 이 일을 위하여 교단발전 연구 위원까지 선정한 바 있다. 그 후 서울 고려신학교 분교 존속을 위하여 만장일치의 경기노회 건의가 제24회 총회에서 묵 되고, 오히려 폐교 조치가 되고 고려신학대학의 서울 이전도 좌절되고 말았다. 우리 교단의 전 남한적인 발전은 물론 북한 선교의 전략기지를 확보하기 위하여 서울에 고려신학교가 자리 잡는 일은 거시적인 안목에서 필요불가결의 일이라고 사료되기 때문이다.

3. 전 고려신학교의 계승을 위함이다.

현하 우리 교단에는 고려신학대학이 있다. 문교부의 인가(고려신학대학)와 함께 전 고려신학교는 폐교된 것이다. 그러므로 그 학칙마저도 "본 대학은 성경에 입각하여 민주교육의 기본이념에 따라 교회와 인류사회 발전에 이바지할 개혁주의 지도자를 양성함을 목적으로 한다"(고려신학대학 학칙 제1조)고 하는 포괄적인 내용이다. 그러므로 전 고려신학교 학칙 제1조대로 교역자 양성만을 목적으로 하는 고려신학교를 복교할 것을 선언한다.

1975년 10월 27일

대한예수교 장로회 고려파 경기노회(반고소파)

고려신학교 복교 추진위원회

위원장 김주락 목사 외 상임위원 및 위원일동

고려 신학교 복교 선언

「오직 주의 말씀은 세세토록 있도다」(벧전1:25).
이것은 영원한 예언의 소리요, 등불이다. 우리는 하나님의 분명한 섭리를 확신하고,
화급한 역사적인 요청 앞에서 전 고려 신학교 복교를 선언한다.

I. 변질된 고려파 이념을 되찾기 위함이다.

1946년9월20일에 개교를 본 아래와 같은 당시 고려 신학교 학칙 제1조에로 되돌아 간다.

"신구약 성경이 하나님의 말씀이고, 신앙과 본분에 정확무오한 유일의 법칙임을 믿고, 그대로 가르치며, 또한 장로교 원본 신조인 웨스트 민스터 신도게요서의 교리대로 교리와 신학을 가르치고, 또 지키게 하며, 신학 및 생활을 순결케 할 교역자 양성을 목표로 한다"고 하면 신앙의 정통과 생활의 순결을 Motto로 함을 되돌아 간다.

오늘의 고려 신학대학은 신앙의 경통과 생활의 순결에서 떠나고 있다. 그 증거로

(1) 1957년 당시 고려 신학교 교장 박윤선 박사가 신자간의 불신법정 소송을 반대했다.

(2) 1973년 고려 신학대학 교수들이 낸 "신학적으로 본 법의 적용문제"라는 논문을 통하여 성도간의 불신법정소송이 타당하다 하므로 고린도전서 6:1-11절을 명백하게 위배했기 때문이다.

(3) 또한 제23회 총회결의는 시정되어야 한다는 글에서 성도간의 불신법정 소송건을 정당화하기 위하여 인용된 신앙고백서 20장4조와 대요리 문답과, 제7일 총회 결의(예배당 소송건이 부덕하다)정신을 완전히 왜곡되게 해석한 것은 확실히 신학적인 변질을 나타내고 있다.

(4) 현 고려 신학대학 교수중에는 R.E.S. 세계대회 참가와, 아세아 연합 신학원에 관계하므로 다분히 신 복음주의 노선을 걷고있으므로 그 결과가 지극히 우려된다.

(5) 전 고려 신학대학 학장 홍반식 박사는 제24회 총회 결의 제33항이 비 성경적이라는 사실을 교수회에서 밝히고, 그 결과는 학장직 사직 까지에 이르렀다.

II. 교단 발전의 요새를 확보하기 위함이다.

오래전부터 우리 교단의 지도자들과, 뜻있는 평신도들은 고려 신학대학의 서울 이전을 거론하고, 그 준비작업의 일환으로 서울을 고려 신학교 분교를 두게 되었고, 제22회 총회는 이 일을 위하여 교단 발전 연구위원까지 선정한바 있다.

그후 서울 고려 신학교 존속을 위하여어 만장일치의 경기노회 건의가 제24회 총회에서 묵살되고, 오히려 폐교 조치가 되자, 고려 신학대학의 서울 이전도 좌절되고 말았다. 우리 교단의 전 남한적인 발전은 물론, 북한 선교의 전략기지를 확보하기 위하여 서울에 고려 신학교가 자리잡는 일은 거시적인 안목에서 필요 불가결의 일이라고 사료되기 때문이다.

III. 전 고려 신학교의 계승을 위함이다.

현하 우리 교단에는 고려 신학대학이 있다. 문교부의 인가(고려 신학대학)와 함께 전 고려 신학교는 폐교된 것이다. 그러므로 그 학칙 마저도 "본 대학은 성경에 입각하여 민주 교육의 기본 이념에 따라 교회와 인류 사회 발전에 이바지할 개혁주의 지도자를 양성함을 목적으로 한다"(고려 신학대학 학칙 제1조)고 하는 표괄적인 내용이다.

그러므로 전 고려 신학교 학칙 제1조대로 교역자 양성만을 목적으로 하는 고려 신학교를 복교할 것을 선언한다.

1975년 10월 27일

대한예수교
장로교회 고려파 경기노회(반 고소파)
고려 신학교 복교 추진 위원회
위원장 김 주 락 목사외 상임위원 및 위원일동.

44. 대한예수교장로회 부산노회(반고소측) 계승취지문(1976. 8. 9.)

이 문서에서는 몇 가지 사례를 예시하면서 대한예수교장로회 고려파는 성경과 바른 진리에서 떠났음으로 새로운 노회 조직이 불가피하다고 주장하면서, 신앙과 신학의 순수성을 보호하고 양떼들을 선도하기 위하여 새로운 부산노회(반고소측)를 조직하여 참된 부산노회를 계승한다고 주장하고 있다. 이 문서는 「크리스찬신문」 1976년 8월 28일자에 게재되었다.

대한예수교 장로회(고려파)
부산노회(반고소측) 계승 취지문

속화된 교권자들의 세력과 다수의 횡포로 말미암아 만민의 기도하는 집이 생활 처세의 도구로 전락되어 강도의 굴혈로 변질되었을 때 개혁의 채찍을 들어 교회의 순수성을 회복시킨 것은 교권자도 아니요 다수도 아닌 예수 그리스도 홀로 한 분이었음은 성경이 밝혀 주신 사실이다. 이러한 예수 그리스도께서 시대마다 교회 정화와 진리 계승을 위하여 다수가 아닌 소수의 성도들을 불러 때로는 순교의 피까지

역사의 궤도에 뿌리게 하셨으니 이는 기독교 2,000년 역사가 증명하는 사실이다. 그러므로 기독교 역사상 종교개혁, 진리 계승 운동은 교권자들의 세력이나 다수 횡포로 이뤄진 것이 아니고 신앙과 정의감에 불타는 소수의 성도들이 희생과 죽음을 각오하고 지불한 피맺힌 눈물과 생명의 대가인 것을 잊을 수 없는 바이다.

우리 교단(대한예수교장로회 고려파) 핵심이 되는 고려신학대학이 1967년기에 교단의 재산을 사유화하는 사조 이사단을 조직하여 신학교 교수들이 환송의 축배를 드는 음주의 과오를 범하더니 1973년에 이르러서는 "신학상으로 본 법정 소송"이란 성경(고전 6:1~8)을 위배한 논문을 발표하고 교단의 방향 지침과 법의 질서를 바로잡으려는 지도자를 교회(총회)의 심리도 받지 않고 불신법정에 민사 및 형사 소송을 감행하는 악을 행하고, 이것이 본 교단의 성도들과 한국 교계에 여론이 비등하니 24회 때는 사전에 공작된 총대들의 음모 규합으로 불의와 비진리를 규탄하고 정의와 진리를 주장하는 성도들을 불의하게 정죄하고 신앙과 생활의 규범서인 표준문서를 빙자하여 성경의 진리를 거짓으로 바꿔버리는 무서운 죄를 총회가 범하였다.

이것도 유의 부족하여 1975년에는 소위 총회 사무부라는 사무 기관이 성회(경남노회)를 함부로 분립하는 악을 조작하여 총회를 또다시 불법과 무지의 와중(渦中)에 쓸어 넣었다. 이러한 상황 속에도 우리는 신학교와 교단의 회개와 시정을 대망하여 오는 9월 총회를 기다렸는데 악의와 야망에 가득 찬 저들은 신학교의 신학지요 총회의 기관지인 「고신대학보」에 경악을 금치 못하는 다른 교훈(칼빈주의 아닌 다른 신학)의 성경 주석을 발표하여 이 시한선(時限線)을 넘길 수 없는 자리에 몰아넣어 우리는 드디어 동지들의 협력을 얻어 제37회 부산노회 계승노회를 조직하여 참된 성회인 부산노회를 계승하는 바이다.

「고려신학대학보」7월호에는 고려신학대학 측이 총회의 심리도 거치지 않고 불신법정에 고소한 것은 롬 13:1~7의 교훈에 의거하여 한 일이며 고전 6:1~8의 교훈은 당시 고린도 교회의 특수한 사정으로 고린도 교회에 해당한 것이고 오늘에는 적용되지 않는다는 것이며 **"성경도 하나님의 말씀인 동시에 또한 인간에 의해 쓰여진 인간의 말이라는 것을 잊지 말아야 한다"**(25페이지 29행)는 것이다. 이것이야말로 칼빈주의 아닌 다른 이설로 하나님과 성회 앞에서 정죄 받아야 할 거짓이 아닐 수 없다. 그러나 우리는 사행심을 품고 '고려신학보' 8월호에 시정의 사과문이 나올 것을 기다렸다는데 「고려신학보」 발행인을 비롯한 교수들의 한 사람도 사과문이나 해명서도 없으니 어찌 더 참아 견디랴! 우리의 신앙과 신학의 순수성 보호와 양떼들의 선도를 위하여 8월 9일에 새로운 부산노회(반고소측)를 조직하게 되었으니 **① 고려파 본래의 신앙 계승을 위함이며, ② 고려파 본래의 이념 계승을 위함이며, ③ 고려 부산노회의 법통 계승을 위함이다.**

주후 1976년 8월 9일
대한 예수교 장로회 부산노회(반고소측)
노회장 송명규 서기 권성주 노회원 일동

대한예수교 장로회
(고려파) 부산노회 (반고소측) 계승취지문

속화된 교권자들의 세력과 다수의 횡포로 말미암아 만민의 기도하는 집이 생활처세의 도구로 전락되어 강도의 굴혈로 변질되었을때 개혁의 채찍을 들어 교회의 순수성을 회복시킨 것은 교권자도 아니요 다수도 아닌 예수그리스도 홀로 한분이였음은 성경이 밝혀주신 사실이다。 이러한 예수 그리스도께서 시대마다 교회정화와 진리계승을 위하여 다수가 아닌 소수의 성도들을 불러때로는 순교의 피까지 역사의 궤도에 뿌리게 하셨음이 이는 기독교 2,000년 역사가 증명하는 사실이다。 그러므로 기독교 역사상 종교개혁, 진리계승운동은 교권자들의 세력이나 다수횡포로 이뤄진것이 아니고 신앙과 정의감에 불타는 소수의 성도들이 희생과 죽음을 각오하고 지불한 피맺힌 눈물과 생명의 댓가인것을 잊을수 없는 바이다。

우리교단(대단예수교 장로회 고려파) 핵심이 되는 고려신학대학이 1967년기에 교단의 재산을 사유화하는 사조 이사단을 조직하여 신학교 교수들이 환송의 축배를드는 음주의 과오를 범하더니 1973년에 이르러는 "신학상으로 본 법정소송"이란 성경(고전6:1∼8)을 위배한 논문을 발표하고 교단의 방향지침과 법의질서를 바로 잡으려는 지도자를 교회(총회)의 심리도 받지않고 불신법정에 민사 및 형사소송을 감행하는 악을 행하고 이것이 본 교단의 성도들과 한국교계에 여론이 비등하니 24회때는 사전에 공작된 총대들의 음모규합으로 불의와 비진리를 규탄하고 정의와 진리를 주장하는 성도들을 불의하게 정죄하고 신앙과 생활의 규범서인 표준문서를 빙자하여 성경의 진리를 거짓으로 바꿔버리는 무서운 죄를 총회가 범하였다。 이것도 유의부족하여 1975년에는 소위총회사무부라는 사무기관이 성회(경남노회)를 합부로 분립하는 악을조작하여 총회를 또다시 불법과 무지의 와중(渦中)에 쓸어넣었다。 이러한 상황속에도 우리는 신학교와 교단의 회개와 시정을 대망하여 오는 9월총회를 기다렸는데 악의와 야망에 가득찬 저들은 신학교의 신학지요 총회의 기관지인 "고신대학보"에 경악을 금치 못하는 다른교훈(칼빈주의 아닌 다른신학)의 성경주석을 발표하여 이 시한선(時限線)을 넘길수없는 자리에 몰아넣어 우리는 드디어 동지들의 협력을 얻어 제37회 부산노회 계승노회를 조직하여 참된 성회인 부산노회를 계승하는 바이다。

"고려신학대학보" 7월호에는 고려신학대학측이 총회의 심리도 거치지않고 불신법정에 고소한것은 롬13:1∼7의 교훈에 의거하여 한 일이며 고전 6:1∼8의 교훈은 당시 고린도교회의 특수한 사정으로 고린도교회에 해당한 것이고 오늘에는 적용되지 않는다는 것이고 "성경도 하나님의 말씀인 동시에 또한 인간에 의해 쓰여진 인간의 말이라는 것을 잊지 말아야 한다"(25페이지 29행)는 것이다。 이것이야말로 칼빈주의 아닌 다른 이설로 하나님과 성회앞에서 정죄받아야 할 거짓이 아닐수 없다。 그러나 우리는 사행심을믿고 "고려신학보" 8월호에 시정의 사과문이 나올것을 기다렸다는데 "고려신학보" 발행인을 비롯한 교수들의 한사람도 사과문이나 해명서도없으니 어찌 더 참아 견디랴！ 우리의 신앙과 신학의 순수성 보호와 양떼들의 선도를 위하여는 8월9일 새로운 부산노회(반고소측)를 조직하게 되었으니 ①고려파 본래의 신앙계승을 위함이며 ②고려파 본래의 이념계승을 위함이며 ③고려파 부산노회의 법통 계승을 위함이다。

주후 1976년 8월 9일

대한예수교 장로회 부산노회 (반고소측)

노회장 송명규   서기 권성주   노회원일동

제3부

1974년 전후
교계 언론에 비친
고신교회의 실상

1. 고신총회 비상 정회

-「크리스찬신문」(1973. 9. 29.)

"경남, 부산노회 충돌로"
"12월 중 총회 속회 위해 교섭위원 선정"

지난 20일 오후 7시 30분 경남 마산 제일문창교회당에서 개막된 대한예수교장로회 고신측 제23회 총회는 총회 벽두부터 총회회의 절차에서 경남노회 측과 부산노회 측 간의 충돌로 회의 진행이 어려워지자 총회장 손명복 목사가 비상 정회를 선언, 오는 11월 30일까지 각 노회에서 교섭위원을 선정하여 교섭활동을 전개한 끝에 합의된 사항을 가지고 총회장에게 속회 요청을 하기로 하고, 당초 26일까지 예정이었던 총회 일정을 앞당겨 22일 하오 2시에 산회했다.

경남노회를 비롯, 부산, 경기, 전라, 경북, 진주, 경동, 성진노회 등 전국 8개 노회에서 116명의 총대가 참석한 가운데 20일 오후 7시 30분 총회장 손명복 목사 사회로 개회된 동 총회는 총회 절차 작성에 5인 위원(손명복, 이기진, 오병세, 김희도, 김주오)이 전원 참석하지 않았는데도 위원인 총회장 손명복 목사와 서기 이기진 목사가 일방적으로 작성했다고 사전 통고 없이 불참(오병세는 사전에 미참 전화 있었음)한 위원들이 항의, 잠시 격론을 벌였으나 총대들의 "즉석에서 5인 위원이 다시 협의하라"는 의견에 따라 서로 사과하고 절차 보고를 다음 날로 미루고 정회했다.

이어 21일 오전 9시 속회된 총회는 총회 절차를 심의 중 성찬식에 참여하는 사람은 신앙상의 거리낌이 없어야 하는데도 불구하고 민형사소송에 관련된 총대들이 있음으로 소송문제를 해결하지 않고는 성찬식에 임할 수 없다고 경남노회 측서 맞서 결국 총회진행은 불가능하게 되었고, 한상동, 김희도 목사를 중심한 부산노회와 송상석 목사를 중심한 경남노회 회원들이 단상에 올라가 서로 다툼을 벌이는 추태를 연출, 결국 비상정회를 선포하기에 이르렀다.

그런데 이 같은 총회의 비상정회 선포는 오래전부터 교권의 주도권 싸움으로 맞서오던 한상동, 김희도 목사를 중심한 부산노회와 송상석 목사를 중심한 경남노회와의 합법적인 이사장 문제 여부로 격화된 감정들이 교단을 둘로 분열할지도 모르는 위험 때문에 취해진 조치로 앞으로 속회될 총회의 귀추가 주목되고 있다.

현재 동 교단은 고려신학대학의 학교법인 이사장 임기가 남아 있는 송상석 목사(문교부에 등록돼 있는 임기 75년 9월 29일)를 지지하는 경남노회와 작년도 제22회 총회에서 이사장으로 선출된 김희도 목사를 지지하는 부산노회 측의 주도권 다툼으로 교단의 제반 행정 기능이 보류상태에 놓여 있으며 법정 소송으로 비화되어 재단 간사가 구속되어 있다.

2. 법정(法廷) 제소(提訴)는 부당

- 「기독신보」(1974. 1. 5.)

"고신 23회 속회 총회 폐회"
"경남노회선 선서문 채택"

이미 보도한 바와 같이 고신측 제23회 속회 총회가 12월 17일부터 23일까지 마산 제일문창교회당에서 개최되었다. 신임 총회장 강용한 목사의 사회로 진행된 총회는 경남노회가 치리한 9명의 목사의 상소 건을 놓고 논란한 끝에 경남노회가 선처하겠다는 제의를 받아들여 경남노회에 일임, 총회 폐회 10일 내로 선처토록 결의하였다. 그리고 그 동일 치리권 하에 속한 교회들이 교회의 법을 무시하고 세상 법정에 형사 고소를 제소할 수 없다는 것과 이러한 고소건이 신학적으로 성경적으로 타당하다는 주장은 건덕상, 신앙상 있을 수 없는 일이며 여하한 경우를 막론하고 교회법에 의해 처리한다고 결의하였다.

그리고 총회의 이와 같은 결의에 따라 고소에 관련되었던 분들이 총회 앞에 사과한 것으로 알려지며 상회의 결의에 대하여 재심 청구할 수 있다는 것도 아울러 다짐했다. 그리고 이 속회총회에 앞서 경남노회 회원들은 선서문을 채택했는데, ① 총회 및 이사회의 내분으로 인한 교단 분열은 이유 여하를 막론하고 강력 억제하고 평화적 방향으로 해결안을 모색키로 한다. ② 이사회 내분이 고려파 교단 창립 선서 정신(제1회 총회록, 11-14쪽) 재확인에서 발생된 것이므로 그 선서 정신에서 해결해야 한다. 그러나 그 원인 및 이에 대한 그릇된 처사에 책임소재를 밝힌다. ③ 한 치리권 하에 처한 자로서 교회법을 외면 무시하고 세상 법정 직소 투쟁이 성경적이라는 진리 주장을 강변하는 자의 정체를 밝히기로 한다는 등이다.

3. 또 한번 시도한 교회 숙정(肅正)

-「교회연합신보」(1974. 9. 29.)

"예장 고신측 총회 결산"

"韓派(한파)서 강제 결별 선언 당한"

"교단 초창기부터 오월동주, 양파 싸움에서 바리새적 근성 나타나기도"

'고려파'는 출옥 성도인 한상동 목사가 1946년 9월 20일 부산 일신 여학교에서 고려신학교를 시작함으로 생겨난 이름이다. 당시 교수 확보 문제로 부심할 때 만주에 박형용 박사를 모시러 가는 일을 송상석 목사가 자원하고 나섬으로써 송상석 목사가 고려파에 관련을 갖게 된 시초. 이때 이미 이질적인 두 산맥이 움트기 시작했다는 것. 고려파는 소송파로 알려질 만큼 교회 재산을 위한 법정투쟁이 오늘까지도 계속 되고 있음은 주지의 사실이다. 경남노회를 기반으로 한 송상석 목사 와 부산노회와 신학교를 기반으로 한 한상동 목사가 이루고 있는 두 산맥은 영과 육의 갈등처럼 고려파 자체에 항상 문제가 되어 오긴 했 으나 갈라설 수는 없는 입장이었다. 그러나 지난 72년 22회 총회 때부 터 불붙기 시작한 교권 쟁탈의 격전은 23회 총회까지 1승 1패의 전적 을 기록했었다.

이번 24회 총회는 경남의 완패로 나타나 적어도 앞으로 3년간은 재기불능의 상태가 되고 말았다. 그러나 총회를 마친 후 양 계열의 일급 참모들의 변을 들어보면, 경남의 이모 목사는 "24회 총회는 고려파의 신앙적 변질을 가져온 불법 총회로 오래가지 않을 것"이라 평하고, 부산 측의 홍모 목사는 "고려파 본래의 정신을 찾아낸 숙정 총회로 고려파의 어머니 노회인 경남노회를 살리기 위해 장기 집권해온 임원들에게 일벌백계의 본을 보인 것"이라고 말하고 있어 이번 24회 총회는 교회사상의 몇 가지 쟁점을 남기게 될 것 같다. 24회 총회 결산에서 문제가 되고 있는 점들을 살펴보면, 첫째, 전 회록의 수정 내지 삭제 문제인데, ① 원점 환원 문제. 22회 총회에서 김회도 목사가 이사장으로 피선된 뒤 송상석 목사는 이사장직을 인수인계해 놓고 명의변경을 거부, 실제 이사장 행세를 했다. 그 결과 총회가 인정하는 이사장과 등록된 이사장이 양립, 양쪽에서 각각 필요한 인사를 발령해 난맥을 빚게 했는데, 23회 총회는 "이사를 15인으로 증원하고 이전의 문제는 원점으로 돌린다"는 내용을 결의한 바 있다. 그러나 '원점으로 돌린다'는 말은 결의된 내용과 다르니 삭제해야 한다고 부산 측이 들고 나왔으나 표결에서 패함으로 삭제할 수 없게 됐다. 이에 대해 부산 측의 모 회원은 절대다수를 확보한 측에서 반란표가 나온 것은 부산 측의 발령을 받고 있는 복음병원 실무자들을 불신하는 의미가 아니겠느냐는 풀이를 하고 있어 인사 쇄신이 시급한 느낌이다.

② 교단종합발전연구위 존속건. 72년 22회 총회에서 고려신학대학 신축에 따른 위치 선정 문제가 이슈로 등장, 결론을 못 내리고 서울이냐 부산이냐는 위치 결정을 교단종합발전연구위원회에 연구 보고토록 결의한 바 있다. 그러나 23회 총회가 치열한 격전장으로 성찬식

을 취소할 만큼 소란해 교단발전위의 보고를 받을 틈이 없었다. 폐회를 앞두고 "서기가 교단발전위는 존속하느냐"고 묻고, "회중이 답해서 회장이 선포했다"고 23회 총회장은 말하나 부산 측이 결의한 사실이 없다고 주장, 표결에 붙여 가결함으로써 전 회록에서 삭제되고 말았다. 그리고 신학대학 본관 신축 위치는 부산시 서구 암남동 현 위치에 짓자는 전성도 목사의 동의안이 가결되었다. 그런데 고려신학대학은 지난 8월 12일 이미 현 위치에서 기공식을 갖고 작업을 진행하고 있는 중이다.

이에 대해 고려신학대학 총무과장 홍판표 목사는 "'74년 6월 18일 이사회 건축위원회에서 장소를 현 위치로 결정하고 화란교회 원조금 9천만 원 외 부족액은 국내 모금키로 하고 모금 실무는 교수들에게 맡긴 바 있다. 대학은 이사회 결의에 따를 뿐이라고" 말하고 있다.

둘째, 신자 간의 소송 문제. 23회 총회에서 "성도간의 소송은 원인 여하에 고사하고 신앙적이 아니라"고 결의한 바 있다. 이 문제는 전 이사장 송상석 목사가 신임 이사장 김희도 목사에게 명의변경을 거부하고 법적 이사장을 주장할 때 자기 계열의 김해룡 장로와 최영구 목사를 이사회 결의 없이 문서를 위조하여 등록했다는 사유로 부산노회 김희도 목사와 윤은조 장로 명의로 법원에 제소하므로 발생된 성도 간의 소송논쟁이다. "교회 재산 확보를 위해 25년여를 법정 투쟁해온 송상석 목사가 자기 자신이 피소되자 신앙적이 아니라고 주장하는 것은 자기모순일 뿐이라"는 것이 중론인데 '소송이 신앙적이 아니라'는 말은 웨스트민스터 신앙고백 20장의 「신자의 자유와 양심의 자유」를 지키는 데 적당하지 못한 표현이다. 신자의 자유는 교회법이나 국법을 범할 수 없기 때문이다. 대요리문답 141문에서 145문까지를 보면, 8계명과 9계명의 해설 중에 '소송의 남용'이나 '부당한 소송'을 금했고, 소송의 정당성을 전제로 소송의 방법을 말하고 있어 다만 피차 덕이 안 된다는 것뿐이지 소송 자체가 잘못이거나 신앙적이 아니라는 규정은 없다. 그러므로 잘못된 23회 총회 결의는 시정돼야 한다는 것이 오병세 목사의 지론이다. 이 문제는 경남노회원이 총 퇴장한 가운데 투표로 가결 지어 23회 총회의 오류를 시정했다.

셋째, 노회가 타 노회와 타 노회원에 대해 청원한 일. 경북노회장 한학수 목사가 경남노회장과 경남노회 송상석 목사의 비행을 처벌해 달라고 청원했는데, 경남노회 문제는 '소위 경남정화노회'를 조직한 이들을 무조건 해벌해 주도록 23회 총회가 지시했음에도 불구하고, 오늘까지 원상복구 시켜주지 않고 총회 지시에 불복했다는 것이다. 경남노회의 내부 문제는 총회가 즉결 재판회로 변경하여 당시의 노회 임원 전원에게 노회와 총회의 총대권을 3년간 박탈하고 노회에 반항했던 이들에게는 원상복구 판결을 내렸다.

송상석 목사의 비행이란 ① 총회 결의 불순종건 ② 문서 위조건 ③ 위증건 ④ 공금유용 등을 열거하고 있는데, 이 문제는 24회 총회 개회 초 사회를 장시간 거부한 전 총회장 강용한 목사와 함께 특별재판국에 넘기기로 결의했다.

4. 송상석 목사 제명

-「크리스찬신문」(1974. 12. 14.)

"고신교단 분규 가열돼"

대한예수교장로회 고신파 총회는 3일 부산복음병원 재단이사장실에서 특별 재단국(국장, 민영환 목사)을 열고 경남노회 송상석 목사를 목사직에서 제명했다. 송 목사는 그동안 고려신학대학 재단 이사장 문제를 놓고 경북노회 측과의 불화로 법정투쟁으로까지 문제가 확대돼 경북노회 측서 송 목사를 사문서 위조로 고소해 법원에서 징역 10개월에 2년 집행유예를 받고 상소하여 현재 대법원에 계류 중에 있다.

<관계기사 3면에>

<「크리스챤 신문」 1974년 12월 14일>

5. 혼미 속의 고신교단

-「크리스찬신문」(1974. 12. 14.)

"송상석 목사 끝내 제명"

"원로목사 제명은 예우 아닌 듯, 상호간 불화 씻고 이해 아쉬워"

송상석 목사(마산문창교회 원로목사)가 나이 80을 일이년 앞두고 그 자신이 만들고 키워온 대한예수교장로회 고신측 총회 특별재판부의 종교재판에 의하여 목사직을 박탈당했다. 이로써 고신측 총회에 헌신해 오다가 동 교단에 의하여 타의로 결별하게 된 박형룡, 박윤선 양 박사에 이어 세 번째의 인물이 되었다.

지난주 부산복음병원 송상석 목사 자신이 만들어 놓은 재단이사장실에서 설치된 특별재판부는 목사로서 사형선고나 다름이 없는 목사직 박탈을 선고했는데, 경남법통노회의 지도자이며 또 주남선, 한상동, 이약신, 박손혁 목사 등과 함께 고신총회의 창설멤버로서 20여 년을 충성을 다해온 노 지도자인 송 목사는 대다수의 후배이며 그 자신이 길러온 목사들에 의해서 정죄된 것이다. 그 재판이 합법적인 절차에 의해서 행해졌는지 혹은 송상석 목사가 주장하는 대로 불법적인 방법에 의해서 행해졌는지는 고사하고라도, 과거 20여 년의 개혁주의 신앙 전선의 전우요, 노전사이며 팔십 평생을 교회를 위해서 몸 바친

한 사람의 목사를 이토록 무자비하게 목을 벨 수 있느냐고 하는 것이 이 소식을 전해 들은 교계의 여론이다.

송상석 목사가 목사직 박탈을 당하는 재판을 받기까지의 사건 배경은 너무나 복잡하다. 그러나 간단히 설명하면 한상동, 한명동 복사가 주도해온 부산노회와 송상석 목사가 주도해온 경남노회의 수적 대결에서의 송상석 목자의 패배라고 할 수 있다. 마치 유치원 아이들의 시소처럼 오르락내리락하며 동 교단 창설 이래 무수히 자리바꿈이 반복되며 이 교단의 조화를 이루어온 송파와 한파의 싸움은 이제 그 결전에 접어든 인상이다.

비교적으로 화인 프레이를 해온 이 두 파가 이렇게 무자비한 형태의 싸움을 하게 된 것은 두 가지 측면에서 설명할 수 있다. 그 하나는 교권 이용, 또 하나는 논물이 묻은 교인들의 헌금에서 운영되던 이 교단이 외원(外援, 화란 31조 교단의 지원)을 받아들이게 되면서, 속된 표현을 한다면, 전대(錢袋)의 관리를 누가 하느냐는 문제가 생긴 것이다. 경남노회가 법통을 선언하고 개혁주의 신앙의 기치를 들고 나와서 따로 교단을 창설했을 때 그 기수는 물론 한상동 목사였다. 그러나 그 기수를 보좌하며 오늘에 이르도록 교단의 조직이며 관리를 위해서 노심초사 충성해온 일급 참모는 누가 무어라고 해도 송상석 목사인 것만은 부인할 수 없다. 그런데 두 지도자가 노경에 와서 이토록 괴로움을 서로에게 나누어 갖도록 강요한다는 것은 납득이 가지 않는 처사인 것이다. 어쩌면 이 싸움은 교단 창설의 유공이라는 무형의 덕을 놓고 누군가가 혼자 먹기 위한(?) 욕심을 부리는 데서 일어난 사건이라고 말하는 사람들도 있다. 그리고 더 나쁘게 이야기하는 사람들은 그 교단이 돈이 없을 때는 이토록 극한의 대립이 없었는데, 억대의 외원들이 들어오게 되면서 이와 같은 싸움이 생긴 것이라고 하는 사람들도 있다.

역설적인 것은 신자 대 신자 간의 법정투쟁이 가능하냐는 문제를 놓고 양파 간에 논쟁이 대두된 것이다. 초기에는 한파에서 아니라고 했고 근래에서는 송파에서 아니오 하는 것이다. 바꾸어 말하면 한파에서 송상석 목사를 걸어 일반법정에 제소하여 그것이 대법원에 계류 중에 있는데, 십 년이면 강산도 변한다는 말도 있듯이, 이십 년이 지난 지금에는 사랑으로 모든 문제를 생각해야 한다고 하던 한파 사람들이 세상 법정에 신자를 세우고 정죄 받게 할 뿐 아니라 종교재판에서 노경의 한 지도자를 극형에 처하게 되어 물의를 일으키고 있다는 데 역사의 아이러니가 있는 것이다. 아직 대법원의 판결도 계류 중이고 종교재판도 내년 9월 총회에 가서야 그 결론이 나겠지만, 이럴 때에 우리는 예수 그리스도의 위대한 교훈을 가슴 깊이 생각해보지 않을 수가 없다. "죄 없는 자가 돌로 쳐라."

6. 예장(고려파) 총회의 분규

－「기독신보」(1974. 12. 28.)

"총회는 공로목사 파직하고, 경남노회는 총회결의 거부"

　　대한예수교장로회 세칭 '고려파'는 해방 후 신사참배 문제로 참배자의 근신을 주장하는 인사와 신사참배는 외형적이요 본심은 아니라고 맞서는 사람들이 간혹 있어, 이로 인하여 1947년경 근신을 주장하는 사람들이 부산에 고려신학교를 설립하고 이를 중심하여 총회를 이탈한 분들의 모임으로 고려파 이름을 가지고 교단이 형성되었다. 그들은 독선과 고집이 있다는 평을 들었으나 그들의 경건생활을 좋게 여기어 이를 이해하고 동정한 바 있다. 이 진영이 오늘같이 성장하게 된 이면에는 옥고를 겪고 나온 한상동 목사의 교리, 정치면에 탁월한 지도력을 가진 송상석 목사의 지도로 되어졌다는 것은 자타가 공인하는 바이다.

　　이후 교단이 커가 고신학교와 복음병원을 중심한 재단이 늘어가게 됨에 이를 중심하여 암암리에 교권운동이 벌어지는 일이 있게 되었다. 이러한 정세 하에서 본 총회가 WCC를 탈퇴하고 WCC적인 에큐메니컬 운동과 자유주의 비성서적 신비주의를 이단으로 규정하고, 이에 관련된 어떤 단체나 인사와도 공적 교제를 하지 않기로 결정하였으며 적그리스도인 공산주의 배격운동을 전개하게 됨에 갈려 나갔던 고려파가 본 총회에 합동하여 들어오기를 원해 본 총회는 두 손 들어 환영하고 약자 우선이라는 좋은 생각으로 고려파에 속하였던 한상동 목사를 2회나 총회장을 역임시켰던 것이다.

그러나 총회장을 지내놓고 보니 총회가 그네들의 마음대로 운영되지 못할 것을 안 한상동 목사는 다시 부산에 고려신학교를 세우는 등 고려파 재건운동을 벌여 결국 저들은 고려파로 환원하기를 원하지 아니하는 많은 교회를 남겨놓고 나가서 다시 고려파 교단을 형성하게 되었다. 여기에 있어서 고려진영에 적을 두었다가 한상동 씨의 독선과 교권도 문제거니와 같은 보수노선을 걷는 입장에서 본 총회를 이탈할 필요가 없다고 생각되어 박형룡 박사, 박윤선 박사, 이상근 박사, 안용준 박사, 옥고를 겪고 나온 출옥 성자 이인재 목사를 비롯하여 많은 지도자들이 본 총회로 복귀하였다.

고려파 총회는 다시 교단을 형성한 후에 교단 제단을 중심으로 한상동 목사파와 송상석 목사파의 주장이 엇갈려 분파로 말썽이 되어졌다. 교계의 일반적인 평에 의하거나 사건 경위를 살펴볼 때 한상동 목사 측의 입장은 그 재단을 사유화하고 재단이 해산될 경우에는 재단 대표의 소유로 하고 또는 대표가 지정하는 사람에게 상속할 수 있다는 한상동 목사 측의 재단 정관을 변경 등록한 사실로 미루어 알 수 있고, 송상석 목사는 어디까지나 교단의 재산으로 영구 보존되어야 하며 재단이 해산될 경우에라도 자산 처분 총회 결정에 따른다는 정관을 보아서 알 수 있다. 이 두 가지 사실을 놓고 엎치거니 뒤치거니 분규가 거듭되다가 드디어 세상 법정 고소사건과 자기 교단에 원로요 공로가 큰 지도자 송상석 목사를 총회가 특별재판부를 설치하여 파직 처분까지 하게 되는 사태에 이르렀고 이로 인하여 이 분규가 은혜로운 해결을 보지 못한 채 세상 법정에서 시비 판단을 가릴 수밖에 없는 부끄러운 사태로 몰고 갈 사정이다.

여기서 사건외 대략을 살펴보면 전기와 같은 분규를 놓고 송상석 목사가 이사장으로 되어있는 고려학원 재단을 한상동 목사를 이사장으로 불법 구성한 이사진을 적법 이사로 등록시켰던 사례가 있다. 그러나 한상동 목사 측의 처사는 불법이라 하여 이를 취소하고 총회는 화해하여 한상동 목사는 교장으로 송상석 목사는 재단이사장으로 하는 선에서 타협을 보았으나, 그후 재단이사 보선에 있어서 송상석 목사가 불법하게 이사보선 취임케 하였다는 구실로 세상 법정 고소는 죄악이라고 부르짖던 한상동 목사 측에서 송상석 목사를 걸어 법정에 고소하게 되었는데, 결원된 이사가 있어 이사회에서 보선하여 총회 인준을 받은 이사에 대하여 재단 이사회에서 관례에 따라 보선된 이사를 간사가 이미 등록하였다는 이유로 법정 고소하고, 또 고려파 총회는 23회 총회에서 경북노회 건의서를 받아 총회가 특별재판부를 설치하고 2차 재판부회의를 파직하는 데 이르렀다.

이에 대하여 사건 판단은 법이 할 것이므로 시비를 논하기 전에 세상 법정 고소는 죄라고 주장하던 고려파 사람들이 그들의 지도자를 걸어 법정 고소하는 것은 있을 수 없는 일이요, 고려파는 세속화해간다는 비난을 받게 되었다. 고려파 총회는 송상석 목사를 파직 결정하고 송 목사가 적을 가지고 있는 경남노회에 이를 실행하라는 통고를 보냈다. 경남노회는 이를 받아 12월 16일에 경남노회 제1백1회 제2차 임시노회를 열고, 총회 처사는 불법이므로 이를 전면 받을 수 없어 거부한다는 결의를 만장일치로 채택하였다.

① 목사의 고소사건은 고소장 없이 타노회의 건의서를 고소장으로 간주하여 재판할 수 없다는 것이고, ② 목사의 적은 노회에 있기 때문에 총회는 해당 노회의 목사가 범법한 사실이 들어날 때에는 개 노회로 하여금 법적 절차를 밟아 처리하도록 지시할 수는 있으나 총회가 직접 재판할 수 없는 일이요, ③ 적법한 절차에 의하여 재판한다 하더라도 재판 규정을 어겼으니 불법이다. 여기에 있어서 재판국원 중 3분지 1인 3명이 위 재판은 증인 조사가 없었고 적법이 아니라고 하여 총회에 항소하였다 한다. 여하튼 이 문제는 법을 논하기 전에 진리와 사랑과 은혜를 고조하는 고려파 총회에서 법정고소나 지도자 파직에까지 이르도록 처사하는 일은 전 고려파 교역자와 교회가 신중을 기하여야 할 것이라 한다.

<「기독신보」1974년 12월 28일>

7. 송상석 목사 면직건

- 「크리스챤신문」(1975. 1. 4.)

"고신 경남노회서 반려"

예장 고신측 경남법통노회는 지난달 16일 마산문창교회당에서 제
101회 제2차 임시노회를 열어 76:1로 총회특별재판국이 경남노회 소
속 송상석 목사를 면직 판결한 집행명령을 부적절한 불법처사이므로
이를 반려키로 결의했다. 경남노회가 총회장 및 재판국장에게 회신한
결의문에 의하면, 24회 총회 일부 인사들이 총대 다수를 계획적으로
확보하고 송상석 목사에 관한 경남노회 건의서를 불법하게 묵살하고
권징조례를 위반한 경북노회 건의를 상소건으로 수리한 처사는 불법
이며, 이 목적을 달성키 위해 총회가 설치한 특별재판국은 구성 자체
부터가 불법이라고 반려 이유를 밝혔다.

8. 고신총회 특별재판국과 정죄된 송상석 목사

-「크리스찬 라이프」(1975. 2.)

지난 12월 3일 부산복음병원 재단이사장실에서 개최된 고신총회 특별재판국(국장: 민영완 목사)은 지난 24회 총회에 의하여 수임된 재판건에 대하여 피고인 송상석 목사에게 목사직 면직판결을 내렸다. 고려파 총회의 창립원로인 송상석 목사에 대한 면직판결은 동 총회에 있어서 한마디로 '불행한 일'이 아닐 수 없다. 그러나 불행을 더 큰 불행으로 만들지 않고 교단의 발전과 정화를 위해서는 불가피한 결론 점이었다는 것이 교단 내외의 중론. 그러나 해당 노회인 경남노회와 당사자인 송상석 목사가 이에 대하여 거부 반려성명과 특별재판의 판결을 인정하지 못하겠다고 들고 일어남으로써 24회 총회를 기점으로 안정세를 회복하는 가운데 발전의 기틀을 마련해온 교단의 진로에 먹구름을 일게 하고 있다.

총회 결정의 불순종, 문서 위조, 거짓 증거, 공금유용 등의 죄목으로 목사직의 파면을 선고받은 송상석 목사는 1972년 동 총회의 요직인 고려학원의 이사장으로서 당시 총회가 동 학원이사장으로 한명동 목사를 선출하였음에도 민법 제777조(형제간에 학장과 이사장이 될 수 없다) 등을 들어 이에 불복, 총회는 이를 받아들여 김희도 목사를 선출하여 이사장직의 인계를 명했으나 송 목사는 이사장 변경 수속을 지연해 오다가 급기야 '이사회록'을 위조, 복음병원장 장기려 박사 등을 휴직시키는 등 교단의 혼란을 초래케 했다(판결문 참조). 또한 이것이 문제가 되어 세상 법정에서 유죄가 인정되는가 하면 공소심에서도 유죄가 인정되어 대법원에 계류 중에 있고, 이에 더하여 3백80여만 원의 공금유용의 항목도 끼어있어 동 교단 재판국원 9명 전원 일치의 면직의 선고를 받게 된 것.

이 판결에 대하여 송 목사는 "싸움은 이제부터"라고 하며 격전의 포문을 열어 지난 총회를 전후하여 교단의 일관된 능력을 중심으로 숙원사업인 고신대 교사 및 복음병원 준공이 당초 계획보다 증축, 3개월 단축의 열매를 거두고 있는 교단의 밝은 진로에 먹구름을 일게 하고 있는데 이유가 어쨌든 간에 동 교단의 실제적인 지도자인 한상동 목사에게 또 다시 도전하게 된 송 목사가 78세의 노경이며 한 목사 역시 75세의 목사로서 동 교단을 위하여 30여 년을 동고동락한 원로라는 공통점에서 고소와 고소의 악순환에서 벗어나 교단발전과 선교사업을 위한 극적인 타결이 없을까 하는 아쉬움이 크다.

지난 12월 3일 부산복음병원재단이사장실에서 개최된 고신총회 특별재판국(국장 : 민영완목사)은 지난 24회 총회에 의하여 수임된 재판건에 대하여 피고인 송상석 목사에게 목사직 면직판결을 내렸다.

고려파총회의 창립원로인 송상석목사에 대한 면직판결은 동총회에 있어서 한마디로 「불행한 일」이 아닐 수 없다. 그러나 불행을 더 큰 불행으로 만들지 않고 교단의 발전과 정화를 위해서는 불가피한 결론점이었다는 것이 교단내외의 중론. 그러나 해당노회인 경남노회와 당사자인 송상석목사가 이에 대하여 거부 반려성명과 특별재판의 판결을 인정하지 못하겠다고 들고일어남으로써 24회 총회를 깃점으로 안정세를 회복하는 가운데 발전의 기틀을 마련해온 교단의 진로에 먹구름을 일게하고 있다.

총회결정의 불순종, 문서위조, 거짓증거, 공금유용등의 죄목으로 목사직의 파면을 선고받은 송상석목사는 1972년 동총회의 요직인 고려학원의 이사장으로서 당시 총회가 동학원이사장으로 한명동목사를 선출하였음에도 민법제777조(형제간에 학장과 이사장이 될수 없다) 등을 들어 이에 불복, 총회가 이를 받아들여 김희도목사를 선출하여 이사장직의 인계를 명했으나 송목사는 이사장 변경수속을 지연해 오다가 급기야는 「이사회복」을 위조 복음병원장 장기려박사등을 휴직시키는 등 교단의 혼란을 초래케 했다. (판결문 참조). 또한 이것이 문제가 되어 세상법정에서 유죄가 인정되는가 하면 꼭

소심에서도 유죄가 인정되어 대법원에 계류중에 있고 이에 더하여 3백80여만원의 공금유용의 항목도 끼어있어 동교단 재판국원 9명 전원일치의 면직의 선고를 받게 된 것.

이 판결에 대하여 송목사는 「싸움은 이제부터」라고 하며 격전의 포문을 열어 지난 총회를 전후하여 교단의 일관된 능력을 중심으로 숙원사업인 고신대교사 및 복음병원준공이 당초 계획보다 증축, 3개월단축에 열매를 거두고 있는 교단의 밝은 진로에 먹구름을 일게하고 있는데 이유야 어떻든간에 동교단의 실제적인 지도자 한상동목사에게 또다시 도전하게된 송목사가 78세의 노경이며 한목사역시 75세의 목사로써 동교단을 위하여 30여년을 동고동락한 원로라는 공통점에서 고소와 고소의 악순환에서 벗어나 교단발전과 선교사업을 위한 극적인 타결이 없을까 하는 아쉬움이 크다.

<「크리스챤 라이프」1975년 2월>

9. 송 목사 면직은 적법

-「크리스찬신문」(1975. 2. 1.)

"예장 고신 특별재판국 해명"

대한예수교장로회 고신총회 특별재판국(국장 민영완 목사, 서기 신현국 목사)
은 1월 27일 경남노회 소속 송상석 목사(마산문창교회) 면직에 따른 재판국
으로서의 공식적인 입장을 밝히는 공문을 총회 산하 각 교회에 발송
하고 "전국교회 교우들은 면직된 송 목사가 총회와 재판국 결정에 불
복하고 사실을 거짓 선전하여 교회를 혼란시키며 교단의 명예와 권익
을 훼손시키는 여하한 언설에 현혹치 말고 순교정신 구현과 개혁주의
교회 건설에 총력을 기울여줄 것"을 촉구했다. 동 문서에 따르면 "송
목사의 면직은 지난 22회 총회에서 이사장직 사퇴 결정을 불복하고
법적 이사장을 주장하면서 사문서를 위조하고 공금을 유용하는 등 교
단 행정을 마비시키고 있어 경북노회가 송 목사의 비행을 밝혀달라고
건의서를 상정해 권징의 절실한 필요(권7조)와 교회의 화평과 유익을 위
하여(정439조) 기소하여 특별재판국이 재판한 결과 내려진 결정"이라고
밝혔다. 따라서 송 목사는 총회가 기소한 사실에 대해 불법이라고 주
장하나 이는 억지 주장이라고 지적하고 정문 436과 정문 431문에 의
하면 "타 대회에 속한 노회에 대하여 상고할 일이 있으면 직접 총회에

제기할 것이요 또 특별한 이유가 있는 상고는 직접 총회에 상고할 수 있느니라"고 규정돼 있어 총회권 유지와 권징의 필요에 의하여 취하여진 법적 절차를 밟은 합법적 절차라고 밝혔다. 또 동 문서는 "송 목사가 특별재판국 구성 자체부터 불법"이라고 주장 "기소한 경북 노회가 본건 기소에 투표권자로 참여했다"고 주장하지만, 이는 사실과 달리 경북노회는 건의서만 제출했고, 본건 기소는 총회가 직접 한 것이라고 해명하고 송 목사는 이제라도 회개하고 총회의 결정에 순종하는 것만이 해결의 길이라고 제시했다.

크리스챤 신문

"宋목사 免職은 適法"
예장高神 특별재판국解明

대한 예수교 장로회 神총회 특별재판국(국장·高, 서기·신현국목사 산)은 1월 27일 경남노회 소속 송상석목사(마산 문창교회) 면직에 따른 재판국으로서의 공식적인 입장을 밝히는 공문을 「전국교회」로 발송하고 송목사가 피우를에 방송하고 「전국교회」유익을위하여 특별재판국이 재 총회와 재판국 결정에 불복하고 사실을 거짓 선전하고 있다라서.

따라서 송목사는 총회가 기소하여 판결내려진 결정」이라 고 밝혔다.

본문서는 「송목사가 특 별재판국 구성자체부터 불 법이라고 주장 기소한 경 북노회가 본건 기소에 투 표권자로 참여했다」고 주 장하지만 이는 사실과 달 리 경북노회는 건의서만제 출했고 본건기소는 총회가 직접한것이라고해명하고 송 목사는 이제라도 회개하고 총회의 결정에 순종하는것 만이 해결의 길이라고 제 시했다.

법적으로 불복하는 피 혁주의 피회건설에 총력을 기울여줄것」을 촉구했다.

동 문서에 따르면 「송 목 사의 면직은 지난 22회 총 회에서 이사장직 사퇴결정 할 경이요 또 특별한 이 회에 대하여 상고할 일이 의하면 「타 대회에 속한 노 총회의 결정에 순종하는것 문436과 절문431문에는 노 목사는 총회가 법적절차를 기소한 사실에 대해 불법 이라고 주장하나 이는 역 이라고 밝혔다.

또 동문서는 「송목사가특 별재판국 구성자체부터 불 법이라고 주장 본건 기소에 투 표권자로 참여했다」고 주 장하지만 이는 사실과 달 리 경북노회는 건의서만제 출했고 본건기소는 총회가 직접한것이라고해명하고 송 목사는 이제라도 회개하고 총회의 결정에 순종하는것 만이 해결의 길이라고 제 시했다.

<「크리스챤 신문」 1975년 2월 1일>

10. 재판국 해명을 반박

- 「크리스찬신문」(1975. 2. 8.)

"예장 경남노회, 송 목사 치리 절차 불법이다"

대한예수교장로회 고신측 경남노회 조사위원회(위원장 권성문, 서기 서봉덕)는 지난 1일 제2문창교회에서 모임을 갖고 특별재판국(국장 민영완)이 동 노회 소속 송상석 목사를 면직한 것은 적법하다는 발표에 대해 이를 반대하는 해명서를 발표했다. 동 문서에 의하면 송 목사가 이사장 해임에 불복하고 문서를 위조하여 공금을 유용했다는 특별재판국 주장에 대해 이는 오히려 적반하장이라고 지적하고, "임기 전 이사해임은 이사회 결의를 거쳐 문교부장관의 인가를 받아야 한다고 정관 제13장 2항에 규정되어 있는데도 총회가 일방적으로 이사장 해임을 시킨 위법한 처사에 대해 권제 69조 및 정문 435에 의거한 재심청구는 정당한 요구라고 밝히고, 문서를 위조하여 공금을 유용했다는 재판국 주장은 오히려 세간의 의혹을 더 사게 하려는 고의적인 처사로 이는 고소를 자초하고 있는 일"이라고 주장했다. 또 동 문서는 경북노회가 건의하여 총회가 권제 7조에 의거하여 수리했음으로 합법적이라는 주장에 대해 이는 정말 위법이라고 지적하고, 이는 헌법 정치 제9장

34조 1항의 법을 모르는 억지 주장이라고 지적하면서 목사에 관한 사
건은 권제 3장 19조에 의해 노회 직할에 속하고 죄범이 있으면 해 노
회가 치리키로 되어 있는데도 총회가 일개 노회 건의를 받아들여 특
별재판국을 만들어 일방적으로 면직 결정을 내린 것이야말로 불법이
라고 해명하고 재판국 사람들의 양심을 촉구했다.

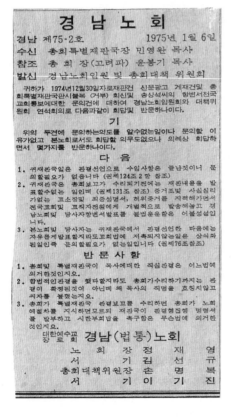

<크리스챤 신문」 1975년 2월 8일>

11. 경남노회 수습 위해 총회 대책위원회 구성

-「크리스찬신문」(1975. 2. 22.)

"예장 고신 총회:"

대한예수교장로회(고신측) 총회 사무부는 지난 13일 부산에서 회의를 열고 총회특별재판국이 송상석 목사를 면직 판결한 데 대해 이를 거부하는 송 목사와의 대립으로 야기된 긴급사태를 논의하고 3개 항에 달하는 결의와 사태수습을 위해 대책위원회를 구성했다.

총회장 윤봉기 목사 주재로 사무부원 24명 중 21명이 참석한 이날 회의에서는 총회특별재판국이 전국교회에 통보한 판결문 및 판결 경위 해명서와 송상석 목사의 거부 결의서 및 해명서, 공개 항의서에 대해 장시간 논의 끝에 다음과 같이 의결사항을 만장일치로 가결했다.

① 총회 특별재판국의 판결과 경위 해명은 정당한 것이므로 이를 받아 총회에 보고한다. ② 경남노회 및 송 목사의 거부 결의서, 항변서 및 공개 항의서는 사실을 왜곡, 법을 오해하고 총회를 부정하는 일이다. ③ 총회를 부정하는 경남노회는 행정상 그 기본권을 상실했으므로 이를 정상화하는 대책위원회를 선출 구성키로 가결했다. 한편 동 회의에서 선출된 전권을 위임받은 대책위원은 최만술(위원장), 전은상(서기), 한학수, 민영완, 신현국, 박두욱, 박현진 제 목사로 동 위원회는 즉

시 위원장과 서기를 경남노회에 파송, 현재 총회를 지지하는 경남노회원(약 30여 명)을 지원하고 노회 임원들 중 상당수가 사표를 내는 일련의 사태를 감안해 조속히 경남노회를 정상화시키도록 했다. 또 이날 회의에서 성경 새번역을 예장 합동파 총회적 입장에서 공동 번역키로 하고 2월 말에 합동 연석회의를 갖도록 했다.

〈「크리스챤 신문」 1975년 2월 22일〉

12. 경남노회 수습에 주력

-「교회연합신보」(1975. 2. 22.)

"고신측 긴급사무부 회의 송 목사 면직건 매듭"

대한예수교장로회(고려파) 총회 특별재판국이 송상석 목사를 면직 판결, 이를 거부하는 송 목사 간에 계속 팽팽한 대립으로 말미암아 그간 교계와 사회에 상당한 물의를 일으켜 오고 있음은 기보한 바 있거니와 동 총회 사무부(총회장, 서기, 회계, 총회 각부장, 각 노회장으로 구성)는 총회 시간에 일어난 긴급사태를 수습 처리한다는 규정에 따라 지난 2월 13일 오후 3시, 부산시 중구 광복동 1가 소재 '부흥여관' 3층 회의실에서 총회장 윤봉기 목사 주재로 사무부원 24명 중 3명 결석, 21명 참석, 긴급 사무부회의가 열린 바 있다.

동 회의에서는 총회특별재판국이 전국 산하 교회에 통보한 바 있는 판결문(1974년 12월 7일자 발송) 및 판결 경위 해명서(1975년 1월 27일자)와 경남노회와 송상석 목사가 전국교회와 신문에 광고한 바 있는 거부 결의서와 항변서(1974년 12월 16일자) 및 공개 항의(1975년 2월 8일 자)를 주 의제로 하여 축조토의, 그 진부를 가려내기 위한 장시간에 걸친 진지한 회의가 계속되었으며 동 회의에서 전원일치로 최종 의결한 사항은 다음과 같다고 한다.

① 총회특별재판국의 판결과 그 경위 해명은 정당한 것이므로 이를 받아 총회에 보고한다. ② 경남노회 및 송 목사의 거부 결의서, 항변서 및 공개 항의서는 사실을 왜곡, 법을 오해하고 총회를 부정하는 일이다. ③ 총회를 부정하는 경남노회는 행정상 그 기본권을 상실했으므로 이를 정상화하는 대책위원회를 선출 구성한다고 가결하였다.

한편 동 회의에서 선출된 대책위원은 최만술(위원장), 전은상(서기), 한학수, 민영완, 신현국, 박두욱, 박현직 제 목사인 바, 동 대책위원회는 즉시 위원장과 서기를 경남노회에 파송하고 현재 경남노회 자체 내에서 일어나고 있는 총회 지지 노회원(약30여 명)을 지원하고 현 경남노회 임원들 중 상당수가 사표를 제출하는 등 일련의 사태를 감안하여 조속히 경남노회를 정상화시키는 일에 전력을 기울이겠다고 밝히고 있다.

13. 경남노회 분열 기운

-「교회연합신보」(1975. 3. 23.)

"고신측 사무부 곧 중대 단안"

예장(고신측) 총회 사무부 연석회의에서 위임한 경남노회 수습위원회가 지난 3월 10일 마산성막교회에서 회집한다고 기보했거니와 동 수습위원들이 경남노회 측과 접촉을 시도했으나 손명복 목사 등 경남노회 측에서 응하지 않음으로 총회를 지지하는 일부 회원들과 수습 방안을 모색하고, 오는 24일 대구 성산교회에서 회집되는 총회 사무부 연석회의에서 최종 수습안을 손질할 것으로 보인다. 한편 경남(법통)노회에서 총회를 지지하여 이탈한 일부 노회원들은 성명을 내고 따로 노회를 조직할 것을 구상 중에 있는데 그 성명을 간추려 보면 다음과 같다.

① 고신측 24회 총회는 정당하고 합법적이다. ② 24회 총회가 조직한 특별재판국은 정당하고 합법적이다. ③ 1974년 12월 16일 제101회 경남법통노회 2차 임시노회의 결의 중 총회를 이탈하는 것은 잘못이다. 총회가 하회에 내린 지시에 불복하는 것은 잘못이다. ④ 총회 특별재판국의 지시 사항을 반려하는 것은 잘못이다. 때문에 사실상 총회를 이탈한 것이나 다름 없기 때문에 이와 같은 자멸 행위에 동조할 수

없어 75년 3월 17일에 총회를 지지하는 회원들이 모여 이와 같이 성명하고 노회를 조직할 의향을 비추고 있다.

이에 대해 경남노회 측은 성명을 발표하고 '교회 분열의 선수들'이 또 다시 예장 고신측의 모체인 경남법통노회를 양분하려고 하고 있다고 비난하고 있다. 또 경남노회가 행정상의 기본권을 상실하였다고 하는 것은 사무부가 판정할 수 있는 권한이 없다고 맞서고 있다.

<「교회연합신보」 1975년 3월 23일>

14. 총회 사무 불법 지적

-「크리스챤신문」(1975. 6. 21.)

"예장 고신파 평신도회"

대한예수교장로회(고신파) 총회 산하 경남노회(법통) 평신도들은 지난 9일 회합을 갖고 총회장과 각노회장, 전국장로회 회장과 각 노회 장로 회장에게 보내는 메시지와 결의문을 채택했다. 평신도대회(준비위원장, 박윤섭 장로) 명의로 채택한 결의문은 ① 교단의 분열은 절대 반대한다. ② 총회 사무부가 경남(법통)노회를 부정하고 불법노회를 조직하여 교회 분열을 책동하는 일을 비롯해 교단 내에서 자행되고 있는 비성경적이고 불법적인 모든 처사는 평화적으로 시정하되 조속한 시일 내에 실현을 촉구한다. ③ 우리의 결의를 외면 무시하는 경우에는 부득불 대응책을 강구할 수밖에 없다고 밝혔다.

15. 새 국면에 돌입한 고신 분규

- 「크리스찬신문」(1975. 6. 21.)

"평신도들 화해 분위기 조성"

"고신 내분에 평신도들 궐기, 교단 수습 위해 건의서 작성"

"부산노회 일부 신앙동지회 조직"

최근에 다시 예장고려파 총회 내에 교단의 병폐를 근절시키려는 움직임이 평신도들에 의해 일어나고 있어 관심사가 되고 있다. 이 같은 움직임은 지난 9일 예장 고신 경남(법통)노회 평신도들이 중심이 되어 대회준비위원회(위원장, 박윤섭 장로)를 조직하고, 경남대학 강당에서 개최된 대회장에서 총회장 및 전국 노회장과 장로회장 앞으로 메시지와 결의문 건의문을 보내고 교단 지도자들이 교단 내 부조리와 병폐를 사정하지 않는다면 평신도들 자신이 부득이 이에 대한 대응책을 세울 수밖에 없다는 단호한 결의를 표명하고 나섰다.

이들의 이 같은 움직임은 교단 지도자들의 교권 싸움에 일대 경종을 울려주는 것으로 이들은 결의문을 통해, ① 교단의 분열은 절대 반대하며, ② 총회 사무부가 경남(법통)노회를 부정하고 불법 노회인 계승노회를 조직하여 교회 분열을 책동하는 일을 비롯해 교단 내에서 자행되고 있는 비성경적이고 불법적인 모든 처사를 조속히 시정하라고 촉구했다.

이들은 또한 총회장과 각 노회장 앞으로 보낸 메시지를 통해 경남 (법통)노회는 교단을 이탈하려고 한 적도 없고 총회 자체를 거부한 적도 없을 뿐 아니라 도리어 교단을 아끼고 위했는데도 유감스럽게 총회가 아닌 사무부에서 경남노회를 부정하고 옥치정 목사(창원교회) 외 8명의 목사를 설득시켜 계승노회를 조직해 교단의 분열을 초래하는 것은 방관할 수 없는 일이라고 주장하면서 이 이상 교권 싸움을 하지 말 것을 거듭 촉구했다.

물론 평신도들의 이번 모임이 송상석 목사를 중심한 경남법통노회 측 평신도들의 주장이긴 하지만 동시에 이는 교단 지도자들의 교권 싸움에 염증을 느낀 결과라고도 볼 수 있다. 또 이들 평신도들은 경남노회장 앞으로 건의서를 보내 총회와의 모든 관계를 정상화하여 평화적인 해결책을 모색할 것을 건의하고 하루 속히 고신교단이 하나가 되어 단합할 것을 기대했다.

이와 함께 이날 대회에서 부산노회 신앙동지회 명의로 된 유인물이 배포되어 더욱 주목을 끌었는데 그 내용은 ① 고신교단이 하나님 중심은 없어지고 교권 중심으로 변질되었으며, ② 성경 중심이 없어지고 신학자 해설 중심으로 변질되었으며, ③ 교회 중심(사랑, 화평)은 없어지고 분열로 변질되어졌다고 지적, 이러한 부조리를 제거하고 교단의 정상화를 이룰 것을 제의했다. 이러한 일련의 움직임은 경남노회가 송상석 목사를 지지하는 법통노회와 계승노회로 갈라진 데 이어 부산노회 일부에서 일부가 반기를 든 셈으로 오는 25회 총회에서 내분이 어떻게 수습될는지 귀추가 주목되고 있다(기사 송, 190).

16. 교단 총화(總和) 위해 다짐

- 「크리스찬신문」(1975. 8. 30.)

"고신, 전국장로회"

대한예수교장로회(고신) 전국장로회 연합회는 지난 11일부터 13일까지 경남 남해 상주중학교에서 제6회 총회를 열고, 회장에 김도윤 장로(경북), 총무에 정채림 장로(경기)를 선임하는 한편 교단 총회를 향해 "교단 분열은 결코 반대하며 총화하는 총회가 되게 하라"는 내용의 결의문을 채택했다.

1백 13명의 예장 고신 교단 산하 장로들이 참석한 가운데 김조준 장로 사회로 세미나와 수양회를 겸해 가진 이번 총회에서는 박윤섭, 김조준 장로의 특강을 듣고 교단의 나아갈 방향과 장로의 사명을 다할 것을 다짐했다. "그리스도의 참 사랑을 이룩하자"는 주제 하에 거행된 이날 총회에서는 ① 교단 분열은 결코 반대한다. ② 9월에 개회될 25회 총회에서는 적극적으로 총화(總和)하라. ③ 분열된 신학 체계를 일치시켜라는 3개 항의 결의문을 채택했다.

◇ 신 임원: 회장 김도윤(경북), 부회장 정남수(전라), 강경숙(부산), 총무 정채림(경기), 서기 김수복(전주), 부서기 정금출(부산), 회계 현기택(경남), 부회계 배주달(경동), 섭외부장 원영호(경기), 농촌부장 김도준(전주), 기획부장 손창희(부산).

17. 각 교단 9월 총회 전망, 고신측

- 「기독신문」(1975. 9. 6.)

화합이냐 풍파 싸움으로 악순환의 거듭이냐. 경건생활과 보수신앙을 자부하는 예수교장로회 고려파는 밤은 깊고 낮이 가까웠다 라고 말세의 교회에 신앙의 각성을 촉구하는 사도 바울의 말씀대로 세상은 전쟁과 기근과 질고로 불안에 떨고 있으며 정계는 복잡만 하여 감에 따라 교회도 점점 사탄의 유혹과 도전을 받아 성경을 불변적 진리로 믿는 신앙이 자유주의자들로 말미암아 파괴되고, 사탄의 화신인 공산주의의 종교적 전략을 따라 거대한 세력으로 교회를 속화시키려는 W.C.C.에 영향받음인지 세계교회가 그렇듯 한국교회도 자유주의 이단이나 혹은 비성경적 신비주의 물결에 밀려 세속화 되어가는 교회가 날로 늘어나고 있다.

고려파도 그 청교도적 신앙생활을 해보려고 무던히 노력하고 적그리스도인 공산주의 배격을 위하여 반공운동도 보다 솔선적이었으나 근래에 와서는 그와 같은 냄새도 맡을 수 없을 뿐 아니라 교권 쟁탈 싸움으로 교단 내에 불미스러운 소문이 계속 번져나가더니 급기야 교단 창설자 중 일인이며 원로목사를 걸어 세상 법정에 고소하는 한편 파직하는, 사회에서도 별로 볼 수 없는 중대한 과오를 범하고야 말았다. 물론 그 나름대로 그럴만한 이유가 있어서 고소나 파직이었다고 하겠으나 이와 같은 일은 사회에서나 있는 일이요, 교회에서는 있을 수 없는 일이다.

그러기에 고려파 총회는 교계는 물론 사회에서까지 비난을 받고 있다. 이와 같은 교단 내 부조리로 인하여 교권 싸움은 금년 총회에서도 계속되리라는 슬픈 전망이다. 이 싸움은 작년 총회를 치른 후 금년 총회에 대결을 위하여 선거에서 표 수를 획득하려고 프린트로 명단 작성, 투표 지령까지 내리는 등 조잡한 처사를 저지른 노회도 있었다 한다. 뿐만 아니라 어느 일파를 모략하기 위하여 그 사람들은 고신총회를 떠나 모 교단으로 분열해 나가기로 하였다는 허위선전까지 하였다. 이러한 분위기 속에 모이는 금번 총회에 전망은 어떠한가? 양측의 인사들을 만나 알아보니 전 교단 교회 중 세력이 백중하다고 말한다. 그러나 비신앙적으로 나가며 수단과 방법을 가리지 않는 편이 총회에서는 이기리라는 관측이다.

교회 정치에 참여하고 있는 목사와 장로들의 동향은 어떠한가 물었더니, 어느 편이 진정으로 교단과 총회를 위하는가를 살펴 처리하여야 할 것이다 하며 젊은 세대 즉 다음 세대를 이을 젊은 지도자들은 경남노회의 입장을 지지하는 편이 많이 늘어간다고 말하였다. 여하튼 우리는 택함 받고 부름 받은 자녀요 자녀 중에서 기름 부어 세운 제사장이요 목자이다. 우리가 어떻게 배웠으며 어떻게 성도들에게 가르치고 있는가를 생각하여야 할 것이다. 일만 달란트 빚진 사람이 애원하여 탕감 받고 나가다가 일백 데나리온 빚준 사람을 만나 갚으라 강요하다가 못 갚으니 재산을 탈취하고 감금하였다. 이 소식을 들은 만 달란트 빚준 주인이, 다시 탕감해준 만 달란트 빚진 사람을 옥에 가두었다는 교훈이 있다.

우리는 이것을 가르친다. 주님은 원수까지 위하여 복을 빌며 원수를 일곱 번에 일흔 번이라도 용서하라는 말씀을 들어 성도들을 얼마나 교훈하였느냐, 또한 서기관과 바리새인을 책망하는 예수님의 교훈 중에 외식하는 지도자들에 대하여 저의 행위는 본받지 말라.

"너희는 교인 하나를 얻기 위하여 바다와 육지를 두루 다니다가 생기면 너희보다 배나 더 지옥의 자식이 되게 하는도다."라는 말씀을 생각하면서 금번 총회에는 하나님의 영적 즐거움과 안위와 교회 발전을 위하여 산하 각 교회 성도들의 기도가 있음을 생각하고 화해하는 총회가 되어지기를 고려파 교인뿐 아니라 전 보수진영 교회가 염원하는 바이다.

필자는 이 글을 쓰면서 고충을 느낀다. 왜냐하면 교단에 불미 불행한 일들은 될수록 지상에 알려지지 않아야 하겠는데 써야 되는지 고충이다. 그것은 이런 교단 내 문제는 비단 고려파만 가지고 있는 일이 아니고 모든 교파가 다 있는 일이기 때문이요, 그러므로 모든 교파 지도자들은 금번 총회를 앞에 놓고 반성하여 총화를 이루어 발전하는 교단이 되어야 하겠기 때문에 모든 교회 지도자들에게 호소하는 글이다. 그리고 고려파 총회는 옛적 선한 길로 다시 돌아가기 바란다.

정통 신앙의 파수, 경건생활을 보여주며, 자유주의 이단 비성서적 세속화 운동, 신비주의 운동과 반공을 통하여 공산주의 침투를 적극 배격 반대하고 진리 수호에 앞장서서 나가는 선도적 사명을 다하는 제일의 교단이 되기를 바라는 바이다〈鍾〉.

18. 장로교총회 전망, 고신측

－「교회연합신보」(1975. 9. 14.)

"쟁점과 그 진로를 점검해 본다"
"경남노회 문제가 관심"
"소송반대 중립측 주목"

　　고신측 총회에서 가장 문제가 되어 온 것은 부산노회 측과의 갈등
이다. 교단 창설 이래에 보이지 않는 가운데서 30년이나 움터온 갈등
이 표면에 그 얼굴을 나타낸 것은 지난 몇 년 동안의 일이다. 교단의
상징적인 존재인 한상동 목사와 교단 행정의 주도권을 행사해온 경남
노회 측의 송상석 목사 사이의 불화가 사실상 그들이 다 같이 영향력
이 쇠퇴해 가는 요즘에 표면화된 것은 고신측 교단이 그만큼 소극적
이었다는 표현도 된다. 한상동 목사나 송상석 목사가 정년 은퇴의 연
령에 이르고, 머리와 가슴으로 표현할 수 있는 이들의 갈등이 오늘처
럼 극단적인 것에는 쌍방 다 책임이 없다고 할 수 없다. '은혜' 중심으
로 해결을 짓자고 하며 모든 일에 기도하며 해결을 짓자고 표현하던
한상동 목사 측과 '공회의 법' 법통을 표방하며 모든 것을 요식 절차에
따라 해야 한다는 주장을 해온 송상석 목사의 상치되는 신념이 오늘
날과 같은 혼란을 장기화한 요인이 되고 있다.

'은혜' 중심으로나 '법통'이나 이것이 과도기적인 상황에서는 조화를 이룰 수 있지만, 사회 구조로서의 교회가 되었을 때 이들은 갈등을 가질 수밖에 없었고 이 갈등은 역기능적인 현상으로 부각되어 사회에 빈축을 쌓고 전도의 문을 막는 결과가 되는 것이다. 지난 수년간 이 교단 내에서는 표면에 나타나지 않는 이와 같은 갈등이 속으로 곪아 왔는데, 언젠가는 폭발하고 말 활화산같이 늘 위험 신호를 보내고 있었다. 그런데 오랫동안 교단의 행정권을 독점하다시피 해온 송상석 목사 측에 정면 도전하는 세력이 형성되어 전격적으로 교단의 행정적 주도권을 이양받게 되었는데, 이 과정에서 문제가 야기되었다. 즉 요식 행위상의 차질이 쌍방에 있었기 때문이다. 여기에서 양측의 대립은 극단적인 데까지 갔고, 급기야 일반 세속 법정에 이 문제가 비화되어 80 고령의 송상석 목사가 유죄판결을 받는 결과까지 가게 되었고, 송상석 목사의 세력을 축출한 새 집권측에서는 총회의 이름으로 송 목사를 제적시키는 결의를 하게 되었다.

이와 같은 양극화 현상을 주시하던 일부에서는 일반 세속 법정에 소송을 제기한 것은 고려파의 창립 정신에 위배되는 것이다. 이것은 마땅히 철회되어야 한다고 주장하게 되어 고신측 총회는, 다른 모든 교단의 분규가 그러하듯이, 소위 한파(韓派)라고 불려지는 총회 집행부를 지지하는 세력과 반대하는 소위 송파(宋派)라고 불리워지는 측과 중간파로 분리되어 극심한 혼란이 일어나고 있는데, 이번 총회도 이런 혼란이 쉽게 마무리 지어질 공산이 보이지 않는다.

이미 총회가 경남노회의 계승노회를 조직했고, 이번 총회에서 계승노회의 총대를 받아들이고 총회 집행부에 불복한 경남노회의 총대는 받지 않을 태도가 확실하다면 총회의 분열은 불가피하다고 하겠다. 이렇게 총회에서 경남노회를 짜를 경우 행정보류를 선언하고 나설 교회의 수도 적지 않을 듯하고 또 총회의 이와 같은 결의가 개교회로 파급되었을 때 그 혼란도 심상치 않을 듯하다. 그러나 총회 집행부도 최소한도의 희생만으로 총회가 정상화될 수 있는 길을 모색하는 듯하고 그것을 위한 화해 작업도 활발히 진행되고 있는 징후도 보인다. 그리고 일부 중립을 표방하는 측에서는 송상석 목사 측의 움직임에 대해서도 비판을 가하고 있는데 송 목사 측의 행위 전부를 지지하는 것이 아니고 소송 그 자체에 대한 비성서적이고 교단 창설 정신에 위배 되기 때문에 소송 문제만 비판하는 것이라고 자기들의 입장을 밝히고 있다.

소송을 반대하는 신학적인 입장을 저술하여 전국교회에 배부한 하찬권 목사의 경우도 교단의 행정에 대한 시비가 아니고 단순히 소송이 비성서적이라고 주장하여 그것에 대한 시정을 촉구하는 것뿐이라고 자신의 입장을 밝히고 있다. 그리고 이와 같은 행위가 오해를 받고 있는 것은 유감스러운 일이라고 말하고 있다. "신자 대 신자의 소송을 세속 법정에 할 수 없다"는 입장에 동조하는 인사들의 수도 교단 내에서 많이 늘어나고 있다고 한다. 송 목사가 상대방을 걸어 소송을 제기한 문제에 대해서도 같은 반응을 나타내고 있다. 그러나 교단 집행부에서 밝히는 바에 의하면 이번 총회는 교단이 새로운 출발을 하는 총회가 될 것이라고 밝히면서 개혁하는 교회로 선교하는 교회로의 이미지를 심는 데 최선을 다할 것이라고 한다.

19. 장로회 총회를 전망한다, 고신측

-「크리스찬신문」(1975. 9. 20.)

"문제점과 방향 진단"
"교단 발전 종합계획 수립"
"화란교회에서 고신대 교사 기숙사 신축 원조"
"부산, 경북노회의 갈등은 총회로 비화될 듯"

교단 내 양대 산맥을 이루고 있는 경남노회와 부산노회 측과의 갈
등과 대립으로 교단 분열설까지 나돌 정도로 심각한 위기에 봉착해
있는 고신교단은 이번 총회에서도 경남법통노회와 총회 집행부를 지
지하여 조직된 경남노회의 계승노회 간의 회원권 문제로 개회 벽두부
터 격론이 일어날 것 같다.

고신교단의 원로인 한상동 목사와 오랫동안 교단 행정의 주도권
을 행사해온 경남노회 송상석 목사 간의 불화로 인해 야기되기 시작
한 교단의 압력은 이제 한, 송 두 목사가 이미 고령으로 은퇴한 지금에
도 두 목사의 영향을 입은 젊은 층의 교역자들이 교단의 총화를 위해
서는 혁신적인 교단 개혁을 단행해야 한다고 주장하는 측과의 의견이
불일치로 인해 여전히 대립되고 있는 실정이다.

교단의 모든 일을 '은혜' 중심으로 처리하자고 표방해온 한상동 목

사와 이와 반대로 모든 일은 반드시 법절차를 밟아 해결해야 된다고 주장해온 송상석 목사의 각기 상치된 주장은 고신교단을 오늘과 같은 난국으로 만든 근원적 요인이 되어 왔는데, 지난 수년간 교단의 행정권을 독점하다시피 해온 송상석 목사 측에 정면 도전하는 세력이 형성되어 교단의 행정권을 전격적으로 이양받는 과정에서 양측 간의 대립은 더욱 심화되어졌다. 송 목사는 교단의 행정권 이양 과정에서 자신을 제거하려는 세력이 요식행위 상에 차질이 있었다고 주장, 이는 불법이라고 이의를 제기하자 양측의 대립은 더욱 심화되어지고, 급기야는 일반 법정으로 문제가 비화되어 송 목사가 판결을 받게 되고, 송 목사를 축출한 측에서는 총회 명의로 송 목사를 제적시키는 결과까지 낳게 되었다.

한편 이 같은 대립된 현상을 주시하던 일부에서는 일반 법정에 소송을 제기한 것은 비성경적이라고 비난하는 측과 성경적이라고 합법성을 주장하는 측과 중도적인 입장을 취하는 측 등으로 나뉘어 이번 총회에서도 혼란이 불가피할 것 같다. 그동안 총회 재판국 결의에 불복함으로써 총회 집행부와 맞서온 '경남법통노회'는 총회 집행부에 의해 조직된 '계승노회'를 철회할 것을 주장하고 타협안으로 송 목사의 재판 건을 재심하겠다고 제의했으나 아무런 결정도 보지 못했었다.

그러나 전국장로회연합회를 비롯해 진주노회, 경동노회 등 교단 내 각 기관에서는 어떠한 일이 있더라도 교단 분열은 결코 반대한다는 입장을 취하고 양측이 서로 화해할 것을 바라고 있지만 현재로서는 화해에 대한 기대는 시기상조인 것 같다. 어떤 인사는 한상동 목사가 경남노회 신학생들 앞에서 경남노회는 분리해야 하며, 송 목사는 반드시 제거해야 한다고 공식 발언을 했다고 말하면서 이 같은 발언을 상기할 때 화해는 불가능한 것이 아니냐면서 차라리 부산과 경남, 서울노회 등 교단 내 큰 세력을 지니고 있는 큰 노회를 분할하는 것이 교단 분열을 막는 길이며 세력이 큰 노회의 독주와 횡포를 저지하는 한 방편이 될 것이라고 방법을 제시하기도 했다.

아무튼 이번 총회는 경남노회 회원권 문제가 개회벽두의 관심사가 되고 있지만, 이 같은 가운데서도 고려신학대학을 최신 시설로 2억여 원을 들여 신축하고 앞으로도 화란서 기숙사 신축을 위해 6천 5백만 원을 지원하겠다고 약속하여 교단 발전에 밝은 전망이 보이고 있다.

이번 총회에 주요 안건으로는 경북노회가 헌의한 '교단발전 종합 정책 연구위원회'를 상설 기구로 설치하자는 안으로, 이 안이 채택되면 국내외 선교와 전도 문제 그리고 신학교 및 교단 정책 수립에 관한 제반 문제를 다루게 된다(임무본 부국장).

20. 장로교총회의 안과 벽, 고신측의 동향

-「주간기독교」(1975. 9. 21.)

대한예수교장로회(고신측) 총회는 오는 25일부터 29일까지 부산남교회에서 열린다. 교단 창설 이래 보이지 않은 가운데 30년간이나 움터온 갈등이 지난 몇 년 동안의 일로 드러났다. 교단의 상징적인 존재인 한상동 목사와 교단 행정의 주도권을 행사해온 경남노회 측의 송상석 목사 사이에서 오는 갈등이 오늘에 극단적인 것까지 번졌다는 것은 쌍방의 잘못이 없다고는 할 수 없다. '은혜' 중심과 모든 일을 기도로서 해결 짓자는 한상동 목사 측과 '공회의 법'과 법통을 표방하며 모든 것을 해결해야 한다는 송상석 목사 측의 상반된 견해차로 사회에 빈축을 쌓고 오점을 남긴 요인이라고 본다.

그런데 송상석 목사 측에 정면 도전하는 세력에 전격적으로 이 교단의 행정적 주도권을 양 도받게 되었는데 이 점에서 양측 대립은 극단적으로 맞서 세속 법정에까지 비화되어 80 고령의 송상석 목사가 유죄판결을 받는 결과까지 가게 되었다. 또한 송상석 목사의 세력을 축출한 새 집권측에서는 총회의 이름으로 송 목사를 제적시키는 결의를 하게 되었다.

이와 같은 처사에 반발하는 일부에서는 고려파의 창립 정신에 위배되는 것으로 이것은 마땅히 철회되어야 한다고 주장하는 한편 현재

3파로 주장되어 혼란에 혼란을 거듭한 속에서 이번 총회에도 쉽게 마무리 지어질 공산은 보이지 않는다.

또한 총회가 경남노회의 계승노회를 조직하였고, 이번 총회 때 계승노회의 총대를 받아들이고 총회 집행부에 불복한 경남노회 총대는 받지 않는다면 총회의 분열은 불가피하다고 본다. 만에 하나라도 이런 점이 있다면 행정보류를 선언하고 나설 교회의 수도 적지 않을 듯하고 총회 또한 같은 결의가 개교회로 파급되었을 때 그 혼란도 심상치 않을 듯하다.

그러나 이번 총회는 교단의 여러 가지 문제의 진통을 마무리하는 총회가 될 것이라는 총회의 한 관계자는 말하고 이번 총회를 기점으로 교단이 새 출발 할 수 있고 교단의 소망이던 신학대학의 새 교사도 완공돼 기숙사도 곧 신축된다고 '비전'을 밝히기도 한다. 그리고 경기노회가 헌의한 것으로 이번 총회에서 교단 총무제를 신설하자는 안이 상정돼 총회의 기구 보완 제도로 통과되리라 본다. 다만 총회에 앞서 종교인의 양심으로 돌아가 선교 100년을 향한 교단 총회의 이미지를 심어주는 총회가 되기 바라는 마음이다.

21. 성경과 현실,
고신측의 분열 기운을 우려함

- 「복음신보」(1976. 10. 3.)

"이해와 아량으로 위기 극복하라"

장로교단의 올해 총회가 막을 내렸다. 교단은 나름대로 선교 1백 주년을 향한 청사진과 그 구체적 정지 작업을 위한 플랜들을 다양하게 제시하면서 활발한 토의와 교세 확장 기구 개혁 선교 정책의 방안을 협의하였다고 일단은 보아진다. 그러나 이번 총회 가운데 특별히 고려파 총회는 앞으로의 향방에 우려를 갖지 않을 수 없는 중요한 결정을 한 것이 눈에 띄는 것이다. 그것은 곧 경동노회가 제출한 '제24회 총회 결의 변경에 관한 헌의'가 사실상 부결되었다는 일이다.

소송이 합법적이냐 아니냐의 문제에 대해 총회는 여러 해 전부터 논란, 금년에는 신학 분과위에서 연구 보고토록 했다. 고려신학교 교수회가 발표 한(신학적으로 본 법의 적용 문제) 합법론에 반해 경기노회 연구위원회는 이를 비성서적으로 본 반대론을 발표했고, 제23회 총회에서는 "성도 간의 소송 행위가 결과적으로 그 원인 여하를 고사하고 신앙적이 아니며 건덕상 소망스럽지 못하다는 사실에 유의하여 아니하는 것이 총회의 입장이다"는 결정을 뒤엎는가 하면, 제24회 총회에서는 이를 번복하여 "소송 문제에 관한 제23회 총회 결의는 우리의 교리표준(신앙고백, 대요리문답, 소요리문답)에 위배된 결의"임을 전제하고 "사회 법정에서 소송 행위가 결과적으로 부덕스러울 수 있으므로 소송을 남용하지 않도록 하는 것이 총회의 입장이다"라고 수정 결의한 것이다.

이 같은 제24회 총회 결의를 다시 번복하여 제23회 총회 결의대로 해달라는 것이 경동노회의 헌의 요지였던 것인데, 이것이 부결됨에 따라 교단의 분열 위기가 더욱 현실화되어가는 셈이다.

제24회 총회 이후 소송의 합법성 결정이 성서적이냐 아니냐에 따라 소위 '고소파'와 '반고소파'가 생기게 되었고 교단 내부에는 이미 정신적으로 크게 분열의 양상이 나타났으며 심지어는 '행정 보류'하는 교회와 노회들이 속출하여 마음 아프게 하였다.

이것을 감안한 경동노회가 교단의 단합을 위해 변경 헌의안을 그리고 행정을 보류한 '반고소파' 측이 지난 9월 1일 '반고소파 노회 연합 협의 위원회' 이름으로 공개 시정 촉구를 하므로 타협의 실마리가 전혀 없지 않은 상태여서 이번 총회에 한 가닥의 기대를 걸게 하였으나, 헌의를 부결시킴으로써 그 기대마저 흐려지고만 느낌이다.

경동노회의 헌의 부결은 곧 공개 시정의 촉구 역시 받아들일 수 없다고 하는 분명한 태도일 뿐 아니라 타협마저 배제한다는 결론이 되므로 교단 분열의 위기는 촉일각에 도달한 느낌인 것이다.

더욱이는 '반고소파' 측에서는 만일 총회가 요청에 응하지 않을 경우, 10월 둘째 주일 화요일에는 현 총회를 불신하고 총회를 새로 구성키로 했다는 풍문도 있고 보면 더욱 분열 위기는 한 발짝 다가선 느낌이다. 고려파 총회는 30년의 역사를 가진 교단이며 우리나라 장로교회로서는 넷째 가는 건실한 교단이기도 하다.

부산을 비롯한 경상남북도가 주력을 이루었기 때문에 전국적으로 그 영향을 충분히 발휘하지 못했다고 할 수 있을지 모르나 부산의 고려신학대학, 복음병원 및 부속 간호학교 등 알찬 기틀을 갖춘 보수 교단의 대표적 교단 가운데 하나이다. 더욱이 "진리에는 전혀 타협이 있을 수 없다"는 사상이 저변에 흐르는 동 교단은 순교 정신을 강력히 앞세우고 있는 교단인 것이다.

　그동안 밖으로 여러 가지 사이비한 사상들이 범람했을지라도 성경 말씀에 따라 잘 지도된 교단 소속 교인들이 동요는 거의 없었던 훌륭한 교단이었다. 그러나 내부 문제로 인한 싸움은 15년 전 박윤선 목사를 치리함으로 한 차례 크게 손실을 보았고 다시 15년이 지난 지금 교단 분열의 위기를 맞은 것이다. 진리에는 타협이 있을 수 없다는 것은 너무도 당연하다. 그러나 여기서 우리는 "이해와 아량이 없는 편협한 자신"이 되지 않도록 조심하는 일 역시 잊어서는 아니 될 것이다.

　이번 총회가 서울에 총회 사무실을 설치하고 유급 총무와 간사를 두기로 했을 뿐 아니라, 5단계, 5개년 전도 계획을 세워 오는 2천 년에는 2천 교회로 확장되는 알찬 설계를 했다고 하는바, 이 같은 계획 결정은 매우 고무적인 것이다. 그러나 이 계획의 성취에는 '이해와 아량'의 바탕이 먼저 마련되어야 됨을 잊지 말고 분열 위기를 은혜롭고 극적으로 넘어서기를 기원해 마지않는 바이다.

맺는 말

1. 총회특별재판국과 송상석 목사 재판,
어떻게 볼 것인가?

강종환

성도 간 법정소송의 당위성 여부에 대해서는 여러 논의가 있었지만, 송상석 목사에 대한 재판이 정당했는가에 대해서는 50년의 세월이 흘렀지만 논의된 사실이 없다. 사건의 중요성에 비추어 지금까지 논의가 없었던 것은 정치적 부담감, 지난 역사에 대한 무관심, 그리고 세대교체로 인한 망각 등에 기인한 것으로 보인다. 그러나 송상석 목사에 대한 재판건은 그냥 지나치기에는 너무 중요한 사건이다. 이 재판에 앞서 형사고소를 위하여 제시한 신학 이론으로 고신의 신앙원리가 훼손되었고, 재론하지 않기로 했던 고신 제23회 총회의 결의는 그 이듬해에 번복되었으며, 그리고 이 재판의 결과로 고신총회는 설립 20년 만에 고소와 반고소로 분열되었기 때문이다.

송상석 목사에 대한 재판과 면직 결정 50년이 지난 지금 시점에서는 이제 그에 대한 재판이 하나님의 말씀과 신앙원리, 교회가 정한 헌법의 규정을 지켰는지를 살펴보아야 할 때가 되었다. 그래서 이 글에서는 송상석 목사에 대한 재판이 성경의 가르침, 특히 마태복음 18:15-17의 원리를 지켰는지, 또 고신의 신앙원리에 합당한 것인지, 그리고 헌법, 특히 권징조례가 규정한 각종 절차 규정을 엄격히 지켰는지를 살펴보고, 이를 종합하여 송상석 목사에 대한 권징 재판의 절차와 결과에 대한 정당성을 살펴보고자 한다.

(1) 성경(마 18:15-17)의 가르침을 지켰는가?

마태복음 18:15-17은 예수님께서 성도에게 죄와 허물이 있을 때 그에 대해 어떻게 할 것인가에 대한 직접적인 가르침으로, 본문에 대하여 개역개정 등 성경에서 "형제가 죄를 범하거든"이라는 소제목을 부여하고 있으며 일반적으로 권징의 절차를 말씀하신 것으로 본다.[1] 왜냐하면 이 말씀은 교회공동체 내에 있는 형제에게 범죄나 허물이 있을 때, 먼저 형제에게 개인적으로 권고하여 듣는다면 '형제'를 얻게 되고, 만약 듣지 않는다면 한두 사람과 함께 권고하도록 하고, 그래도 듣지 않으면 '교회'가 그에게 권고하고, 교회의 권고도 듣지 않으면 합당한 시벌(권징)을 하도록 말씀하였기 때문이다.[2]

위 말씀에서 예수님은 죄를 범한 형제에 대한 권징을 네 단계로 나누어 말씀하셨다.

---

1. 황원하, 『성경주석 마태복음』 (서울: 대한예수교장로회 고신총회출판국, 2014), 404.
2. 권징 제9조에도 이 가르침을 소송의 전제로 규정하고 있다.

첫째는 권고이다. 이는 가능한 문제를 확대하지 않고 조용히 해결하기 위하여 너와 그 사람만 상대하여 권고하라고 하시면서 만일 그가 들으면 형제를 얻은 것이라고 하셨다. 여기서 권고의 의미는 죄에 대한 심판이나 책망을 뜻하는 것이 아니라 죄에 대한 바른 인식을 갖게 하여 '무엇이 죄인가'에 대해 설명해 주는 것과 자신의 죄를 깨닫게 함으로써 그 형제의 잘못을 정당하게 꾸짖고 회개하기 위함이다.[3] 즉, 권고의 목적은 형제를 판단 정죄하기 위함이 아니라 그 형제를 다시 참 형제로 얻기 위함이며, 만약 개인적인 범죄라면 죄를 지은 형제와 화해를 위한 첫걸음이다.

둘째는 죄의 확증 단계로서 두세 증인의 입으로 말마다 확증하게 하라고 하셨다(신 19:15). 이는 권면을 받아들이지 않을 때 교회가 공식적으로 개입하기 위해 증인을 확보하는 방법이기도 하다.[4] 말마다 확증하게 하라는 말씀은 형제의 범죄를 교회가 다스리게 될 때 공정하고도 엄격한 증거가 필요함을 말씀한 것이다.

셋째는 함께한 두세 사람의 말도 듣지 않고 무시한다면 교회에 말하여야 하는데, 이는 교회공동체가 둘째 단계에서 확보한 엄격한 증거를 사용하여 공적인 권위를 가지고 충분한 회개의 기회를 주고 마지막으로 설득하고자 함이다.[5]

넷째로 교회의 말도 듣지 않는다면, 즉 교회의 합당한 권징을 받아들이지 않는다면 그를 "이방인과 세리와 같이" 여기고 교회공동체에

3. 도날그 헤그너, 채천석 옮김, 『주석 마태복음(하)』 (서울: 도서출판 솔로몬, 2008), 845.
4. 도날그 헤그너, 846.
5. 도날그 헤그너, 847.

서 추방하고 지역 교회에 알려져야 함을 의미한다. 그러나 이러한 권징은 분노를 표현하는 수단이 되거나 보복의 방법이 되어서는 안 되며 죄인이 회개하고 돌아오는 목적으로 시행해야 한다.[6] 이 말씀이 분명히 가르치는 것은 세 번에 걸친 시도에도 여전히 잘못을 인정하지 않는 자에게 성도들은 교회공동체에서의 친교와 교류를 금하고 범죄한 형제와 접촉을 피하라는 의미이다.

이는 교회공동체의 권징에 대하여 권위를 세우고 교회공동체가 죄와 허물이 있는 형제에게 취할 태도를 가르치는 것으로서, 교회는 최종적으로 회개하지 않는 자에게 이방인과 세리처럼 정죄할 것을 가르친 것이다. 그러나 송상석 목사에 대한 사문서위조 혐의는 이러한 권징에 관한 가르침의 절차를 무시하고 먼저 형사고소를 진행하여 국가 법정에서 재판받도록 하였으므로 마태복음 18:15-17의 가르침을 위배한 것으로 보아야 한다.

(2) 고신총회의 신앙원리에 합당하였는가?

고신총회는 문창교회 교회당 소유권을 두고 고려파 문창교회와 총회파 문창교회가 소송을 진행할 때 박윤선 박사의 소송 불가론과 송상석 목사의 소송 불가피론에 따른 격렬한 논쟁이 있었다. 그리고 소송 불가론을 펼친 박윤선 박사가 법정소송 등을 이유로 고려신학교장

---

6. 황원하, 『성경주석 마태복음』, 402-405.

을 사임하고 고신을 떠나게 되자, 그를 되돌리기 위하여 1957년 9월 13일 고려신학교 이사회와 교수회는 공동명의로 "교회쟁탈전과 소송은 하지 않기로 하는 교육이념으로 교육한다."라는 결의서를 제시하여 법정소송 불가의 원칙을 선언하였으며, 그 이후 성도 간 법정소송 불가론이 고신의 중요한 신앙원리가 되었다.

그런데 이 신앙원리를 바꾼 견해가 1973년 6월 13일 고려신학교 교수회가 발표한 "신학적으로 본 법의 적용문제"란 논문이며, 이에 기초하여 김희도 목사와 윤은조 장로가 학교법인과 유지재단의 이사장인 송상석 목사에 대해 이사회록 위조사건으로 형사고소한 사건이다.[7] 위 논문은 당시 양 법인의 이사장인 송상석 목사에 대한 형사고소를 염두에 두고 작성된 것으로, 성도 간의 형사고소에 대하여 구약성경의 가르침과 신약성경에서 예수님의 가르침과 사도 바울의 가르침, 그리고 교회의 신조를 근거로 가능하다고 결론을 지었다. 그리고 이 논문은 발표 직후 고려신학대학 전 학생이 모인 경건회에서 공개적으로 낭독되었을 뿐만 아니라 1973년 제23회 총회 전 전국의 총대에게 발송되었다.

그런데도 논문이 발표된 1973년 제23회 총회에서는 성도 간의 불신법정 소송행위가 결과적으로 신앙적이 아니며 건덕상 소망스럽지 못하므로 아니하는 것이 총회의 입장이며 이와 함께 이 결의는 재론하

---

7. 송상석 목사의 학교법인 이사회록 위조사건은 사실관계를 살펴보면 터무니없는 사건이다. 이 사건에 대한 진상은 고려파교회연구소의 『고려파교회연구 11』에 게재된 필자의 "학교법인 이사장을 둘러싼 내분과 이사회록 위조사건의 전말"을 참조하라.

지 않기로 결의하였다.[8] 제23회 총회는 결의로서 위 고려신학교 교수회의 결론을 거부하고 부정하였으며, 이로써 고신의 중요한 신앙원칙을 지키고자 한 것이었다. 더불어 총회는 형사고소장을 제출한 김희도 목사와 윤은조 장로에 대하여 그들의 법정 고소라는 비신앙적인 모습에 대해서 책임을 묻지 않기로 하고 그들의 사과를 박수로 받았다.

그러나 이듬해인 1974년 부산 남교회당에서 개최된 제24회 총회는 제23회 총회결의를 재론하였으며, 전 총회결의 사항을 번복하여 "사회 법정에서의 성도 간의 소송행위가 결과적으로 부덕스러울 수 있으므로 소송을 남용하지 않도록 하는 것이 총회의 입장이다."라고 수정결의를 하였다.[9] 이 결의에 근거가 된 것은 위에서 언급한 "신학적으로 본 법의 적용문제"란 논문이었다.

그러나 이에 대하여 1975년 9월, 경기노회 '성도 간의 불신법정 소송에 대한 연구위원회'[10]는 "성도 간의 불신법정에 대한 경기노회 연구위원 보고"란 논문을 통하여 고려신학교의 위 논문과 제24회 총회의 결의에 대하여 "제24회 총회의 결의는 고전 6:1-11에 위배하였으며 우리 총회가 채택하고 있는 교리의 표준문서(신앙고백서, 대, 소 교리문답)가 말하는 참 뜻대로 결정하지 않았을 뿐만 아니라 제7회 총회의 결의를 곡해하여 고신총회 신앙이념의 변질을 초래하였다."라고 하였다.

이처럼 고려신학대학 교수회의 논문과 제24회 총회의 결의는 고신총회의 신앙원리에 위배된 내용이었다. 그 이유는, 위에서 밝혔듯이,

---

8. 제23회 총회록, 30. 98항.
9. 제24회 총회록, 23.
10. 위원장은 하찬권 목사, 위원은 박성호, 석원태, 정승벽, 김만우 목사였다(송상석, 209).

위 논문은 1957년 고려신학교 이사회와 교수회, 그리고 박윤선 박사가 공동으로 결의한 "교회쟁탈전과 소송은 하지 않기로 하는 교육이념으로 교육한다."라는 고신총회의 중요한 신앙원리를 번복한 것일 뿐 아니라, 위 논문을 제23회 총대 전원에게 배포하였음에도 제23회 총회에서는 1957년에 성도 간 법정소송은 불가하다고 결의하였으므로 위 논문은 총회에서 거부하거나 부정한 것으로 보아야 하기 때문이다.

또한 1981년 제41회 총회로부터 제64회 총회에 이르기까지 고신총회는, 다소 표현의 차이가 있긴 하지만, 성도 간 불신법정의 소송에 대하여 반대하는 결의가 계속되었으며, 제65회 총회는 반고소 고려측과 합동을 이루면서 성도 간 소송에 대하여 제24회 총회의 결의를 부정하고 "개혁주의 신학과 신앙에 따라" 성도 간의 사회법정 소송은 원칙적으로 불가하다고 선언하였기 때문이다. 즉 제24회 총회의 잘못된 결의를 2015년 제65회 총회가 최종적으로 부정한 것이다.

따라서 1973년 고려신학대학 교수회의 "신학적으로 본 법의 적용 문제"란 논문 내용과 제24회 총회의 결의는 고신총회가 지켜야 할 중요한 신앙원리를 변질시키거나 부정한 것으로 보아야 한다.

(3) 권징조례에 비추어 본 송상석 목사에 대한 권징 재판

송상석 목사에 대한 권징 재판은 여러 면으로 부족하고 미흡했다고 본다. 그 이유로 여러 가지를 지적할 수 있으나, 무엇보다도 총회 특별재판국에 법률전문가가 관여하지 않으므로 권징조례의 각 조항에 대해 무리한 해석과 적용이 있었다는 점을 들 수 있다. 더불어 특별 재판국이 관할권을 가지느냐의 문제는 재판의 가장 기본적인 부분인데, 아무리 보아도 총회 특별재판국의 직심은 관할이 정당하지 못했다고 판단된다. 그뿐 아니라 순서가 바뀌어 법원이 먼저 판결함으로 송상석 목사에 대한 위법한 범죄사실이 확정되었음에도 이를 살피지 아니하여 정확한 사실관계에 따른 권징 재판이 이루어지지 않았다는 점도 있다. 그리고 특별재판국의 재판은 초심(初審)인 동시에 종심(終審)이므로 증거조사가 엄격히 이루어져야 함에도 피고측의 증거조사가 제대로 이루어지지 않았다는 점, 중요한 재판 관련 문서의 기본적인 형식도 제대로 지키지 못하였으며 판결 후에도 권한이 없는 기관이 특별재판국의 재판에 관한 사항을 공식 문서를 통하여 옹호함으로 총회 질서에 심각한 혼란을 가져왔다는 점, 전체적으로 재판 진행이 쫓기듯이 졸속으로 이루어진 것이 아닌가 하는 점 등 많은 이유들이 있다.

1) 총회 특별재판국의 재판권이 정당한지의 여부

모든 재판은 먼저 해당 재판기관이 해당 사건을 재판할 수 있는 외형적 권한이 있어야 하는데 이를 관할이라 한다. 관할에는 토지(지역)관할과 사물관할이 있는데, 권징조례(이하 '권징'이라고 함) 제19조에서 "목사에 대한 사건은 노회 직할에 속하고"라고 한 것 중 노회는 권징조례에 직접 표기는 없지만 '(소속)' 노회를 의미하며 이때 '(소속)'은 토지(지역)관할을 의미하고 노회 직할은 사물관할을 의미한다.

따라서 송상석 목사에 대하여 경북노회는 지역을 달리하므로 직접적인 고소권이 없다. 그러나 경북노회는 권징 134조에서 "어느 회든지 동등된 회를 상대로 소원이나 고소할 일이 있으면 한 층 더 높은 상회에 기소할 것이나 …"라는 규정에 따른 것으로 보이고, 이에 따라 총회에 송상석 목사의 사문서위조 건을 소원을 통하여 시벌을 건의한 것으로 보인다. 그렇다면 총회는 권징 제19조의 하단 규정에 따라 하회인 경남노회에 처리를 명하고 경남노회가 순종하지 않거나 부주의로 처벌하지 아니할 때만 상회가 직접 처결할 권리가 있게 된다.[11] 혹 사문서위조의 혐의가 있는 곳이 재단 사무국이 있는 부산노회 지역에서의 혐의이므로 이를 권징 제38조의 "목사가 본 주소에서 떠나 먼 곳에서 피소한 때"에 해당하는 것으로 보더라도 이 경우에는 부산노회가 송상석 목사가 속해 있는 경남노회에 통보하여 처리하게 하여야 한다.

그뿐만 아니라 권징 제131조는 "총회는 재판국의 판결을 검사하여 채용하거나 환부하거나 특별재판국을 설치하고 그 사건을 판결 보고케 할 것이다."라고 규정하고 있다. 따라서 권징 제19조 후반과 131조를 종합하면 송상석 목사에 대한 사문서위조 건은 어떤 경위든지 경남노회에 처결을 명령(위탁)한 후 불복이 있으면 권징 124조 규정에 따라 총회 상설재판국에서 판결하는 것이 기본적인 절차이다. 그리고 그 결과에 대하여 총회에서 채용하거나 환부하거나 특별재판국을 설치하여 처결해야 하는데도 이를 어기고 총회의 결의란 명목으로 특별재판국을 설치하여 재판에 임했다. 이는 권징 제133조에 근거를 둔 것

---

11. 헌법 교회정치 제34조(치리회의 성질과 관할) 제1항 "교회의 치리와 정치에 대하여 쟁론 사안이 발생하면 성경 교훈대로 교회의 성결과 화평을 성취하기 위하여 순서대로 상회에 상소함이 옳다. 각 치리회는 각기 사건을 법대로 처리하기 위하여 관할의 범위를 정할 것이며, 각 회는 고유한 특권이 있으나 순서대로 상회의 검사와 관할을 받는다."

으로 보이는데 이는 해당 규정을 잘못 이해하였거나 문자적으로 보았기 때문이다.

즉, 권징 제133조는 독립된 규정이 아니라 제131조에서 규정한 특별재판국을 위한 절차 규정으로 권징 제131조를 위한 규정이기 때문이다. 즉, 권징 제131조는 "총회는 재판국의 판결을 검사하여 채용하거나 환부하거나 특별재판국을 설치하고, 그 사건을 판결 보고케 것이다."라는 규정에서 특별재판국의 설치를 위한 절차 규정일 뿐이다. 따라서 권징 제131조의 규정을 지키지 아니하고 권징 제133조를 바로 적용하여 특별재판국을 설치한 것은 권징 제133조의 취지를 잘못 이해하였거나 권징 제131조와의 관계에 대해 살핌이 없이 제133조를 문자적으로 적용한 것이다.[12]

권징조례는 총회 헌법체계의 일부이므로 비록 총회의 결의라 하더라도 특별한 사유없이 헌법의 일부인 권징 조례에 규정된 기본적인 내용을 위배하여서는 안되는 것이므로 송상석 목사에 대한 특별재판국은 정당한 권원이 없다고 보아야 한다.

2) 송상석 목사에 대한 고소장이 권징 조례에서 정한 형식을 갖추었는지 여부

권징 제16조에는 "고소장에는 범죄하였다는 죄상을 명기하고 죄증설명서에는 범죄의 증거를 자세히 기록할 것이니…"라고 규정하고

---

12. 1975. 2. 15. 총회사무부가 발표한 송상석 목사 '재판 전말서' 3. 2)에서 권징 124, 131, 133조는 특별재판국 구성의 합법성을 증명해 준다고 하였으나 매우 편향된 해석으로 보인다.

있다. 여기에서 '죄상을 명기하고'란 표현은 구체적 범죄사실을 의미한다고 본다. 그러나 송상석 목사에 대한 고소장에는 구체적 범죄사실이 없이 제목만 나열되어 있으며, 도리어 죄증설명서에 범죄사실을 표기하였으니 이는 고소장과 죄증설명서의 형식이 잘못된 것이다. 특히 죄증설명서에는 반드시 증인을 특정하여 표기해야 함에도 증인은 일체 표기가 되어 있지 않다. 즉 재판 관련 문서인 고소장의 기본적인 형식도 지키지 못하였을 뿐 아니라 이를 통하여 피고의 재판준비를 방해한 것과 같은 상황이 되었다.

이에 따라 피고인 송상석 목사는 이에 대하여 1974. 10. 2. 총회장에게 '청구서'를 통하여, 또 1974. 11. 12. 특별재판국장에게 '항의서'를 통하여 각 고소장과 죄증설명서에 대한 보정을 요청하고, 재판기록의 등사를 요청하였으나 이를 묵살하고 재판을 진행하였다. 특히 재판을 진행하면서 고소장이 아닌 죄증설명서에 의하여 송상석 목사에 대한 혐의를 구두로 역설한 것[13]은, 이는 명백히 불공정한 재판의 진행으로 보아야 하며 재판기록의 등사를 허용하지 않은 것은 재판 진행 과정의 잘못을 감추기 위함이 아닌가 의심이 든다.

3) 특별재판국의 구성 절차가 정당하였는지 여부

송상석 목사에 대한 소원을 통하여 고소를 제기한 것은 경북노회이며 경북노회는 한학수 목사와 변종수 장로를 대리위원으로 선정하였다. 이는 권징 134조에 따른 것으로 보인다. 그러나 이를 제기한 경

---

13. 1974. 11. 7. 피고 송상석의 '항의와 청원' 1항.

북노회 총대는 권징 제91조 '소원자나 피소원자가 된 하회 회원들은 그 사건 심의 중에는 상회의 회원권이 정지된다', 또 제98조의 '상소인과 피상소인되는 하회 회원은 그 사건을 심의하는 상회석에 회원권이 정지된다'는 규정에 따라 소원을 제기한 경북노회의 총대들은 총회에서의 회원권이 중지되어야 함에도 경북노회 총대들이 앞장서 결의에 참여한 것은[14] 이러한 권징조례 규정을 위배한 명백한 불법이라고 보아야 하고 총회 특별재판국 설치가 불법이라고 볼 수 있는 또 하나의 근거가 된다.

4) 변호인 선정의 부당성에 대하여

그리고 1974. 10. 17. 총회를 대리한 기소위원 전성도 목사와 한학수 목사는 권징조례 27조 '원고와 피고는 변호인을 사용할 수 있고…' 규정에 따라 김희도 목사와 윤은조 장로를 원고(기소위원)를 위한 변호인으로 신청하였으며, 특별재판국 제1회 재판회 때 이 신청을 받아들여 김희도 목사와 윤은조 장로를 원고측 변호인으로 허락하였다.[15] 그러나 변호인은 일방당사자의 대변인일 뿐만 아니라 일종의 공익적 대변자이기도 하다. 김희도 목사와 윤은조 장로는 송상석 목사에 대해 부산지검에 사문서위조의 형사고소를 한 장본인으로 이 사건을 촉발한 당사자이므로 반드시 증인이 되어야 할 신분이었다. 그런데 이 두 사람을 원고 측 변호인으로 요청하고 이를 허락한 것은 증인으로 세우

---

14. 1974. 12. 3자 특별재판국원 박은팔, 강호준 목사, 조인태 장로가 총회장과 특별재판국장에게 보낸 '항의서' 2항
15. 1974. 10. 17. 총회특별재판국 제1차 재판회록.

지 않기 위함이 아닌가 의심이 드는 재판의 진행상 매우 불공정한 허락이 될 수 있다. 결국 윤은조 장로는 증인으로 증언하였는데[16] 원고의 변호인이 원고의 증인이 된 셈이다.

변호인에 관한 또 불법한 일이 있었다. 특별재판국이 송상석 목사를 위하여 대변자(변호인)로 김선규 목사와 조규태 장로를 선정한 것이다. 피고를 위한 변호인은 권징 제22조에 의하여 피고가 소환장을 받고도 두 번 출석하지 않은 때에는 치리회가 피고를 위하여 변호할 자를 선정할 수 있으나 송상석 목사는 1차 부산 복음병원 이사장실, 2차 대구 서문로교회당에 각 출석하였으므로 피고를 위한 변호인을 선정될 어떤 이유가 없음에도 변호인을 선정한 것은, 피고가 이는 세 번째로 개최되는 재판회에서 피고 본인의 출석 없이 진행하고자 하는 의도가 아닌가 강하게 의심하는 근거가 되었다.[17]

이러한 시도는 되풀이되었다. 1974. 11. 3. 총회 재단법인 이사장실에서 개최된 3차 재판회에서 송상석 목사가 재판절차에 대한 이의 등으로 재판을 거부하고 퇴장하였다. 그러자 김선규 목사와 조규태 장로에 대하여 '항의서(답신서)'에 따라 변호인 선정을 취소하고 최만술 목사와 전은상 목사를 변호인으로 선정한 후 재판을 계속하여 재판을 마무리하는 절차를 취하였다. 피고가 출석한 후 재판절차에 대하여 항의하고 퇴장한 것을 불출석이라고 간주하고 변호인을 선정한 것이다.

---

16. 총회 특별재판국 제3회 재판회록.
17. 1974. 11. 27. 김선규 목사와 조규태 장로의 '답신서.'

5) 특별재판국 구성의 부당성에 대하여

박은팔 목사, 강호준 목사, 조인태 장로는, 권징 제126조는 "총회재판국의 성수는 7인으로 정하되 그중 4인 이상이 목사됨을 요한다."라고 규정하고, 권징 119조는 "재판국원의 성수는 국원 2/3의 출석으로 하되 반수 이상이 목사가 되어야 한다."라는 규정을 근거로 재판국 구성이 법적 요건을 갖추지 못함을 주장하였다.[18] 7인의 재판국원 가운데 목사 2인, 장로 1인이 재판 진행을 반대하므로 재판을 진행할 수 없으므로 재판을 중지하고 총회에서 보완한 후 진행하여야 함을 주장한 것이다.

그러나 재판 진행의 불법성을 지적하고 반대하는 세 재판국원은 끝까지 신분을 유지하였으므로 판결을 위한 합의를 할 때 재판의 요건이 되지 않음과 불법 진행을 이유로 권징 23조 2.를 근거로 재판절차를 받아들이지 않는 '각하'의 의견을 제시하거나, 원고의 청구를 인정하지 않는 '기각'의 의견을 제시하는 것이 옳았지만 자신들의 소신을 끝까지 지키지 못한 것은 아쉬운 결과로 판단된다.[19] 따라서 재판의 결과는 송상석 목사의 시벌을 원하는 측에 명분을 주고 말았다.

6) 증거조사의 위법성

송상석 목사에 대한 특별재판국의 재판은 상고심이 아니라 1심, 항소심, 상고심을 동시에 진행하고 있으므로 반드시 증거조사가 이루어

---

18. 1974. 11. 1. '항의서' 3항.
19. 특별재판국 제3회 재판회의록.

져야 하는데 권징 94조 2를 적용하여 증거조사를 생략하는 것은 잘못이다.[20] 이는 증거조사 없이 심증만으로 재판하겠다는 것과 다름없는 조치이다. 특히 이에 대하여 총회사무부가 발표한 '재판 전말서' 3. 총회특별재판의 합법성 ②에서 "… 총회는 최고급 심리회이므로 초심이 상고심을 겸하게 되는 것이다. 증거서류나 죄증설명서의 각 조마다 첨부되어 있다(권징 제59조). 그러므로 증인이 따로 필요없다."라고 한 것은 참으로 재판절차의 기본원리를 이해하지 못한 의견이다. 이 사건의 초심이 상고심을 겸하게 되기 때문에 증거조사를 더욱 세밀하고 엄격하게 하여야 하고, 특히 증인을 신청하는 것은 서증(書證)을 탄핵(잘못된 부분을 비판하거나 해명하는 것)하기 위한 증거조사이므로 이를 거부하는 것은 결코 정당한 재판 진행이라고 볼 수 없다.

7) 판결절차의 위법성과 사실관계의 오인(誤認)

일반적으로 재판의 절차와 결론의 유효성에 관한 문제는 판결문에 의해야 하는데 1974년 12월 4일 고신총회 특별재판국의 송상석 목사에 대한 판결문은 그 형식과 내용에 있어서 이해할 수 없는 어려운 면이 상당 부분이 존재한다. 무엇보다도 판결문에는 가장 먼저 재판받은 당사자, 그리고 판결문의 결론인 주문이 표기되어야 하고, 다음으로는 이유를 나타내어야 하는데 이유에는 무엇보다도 범죄사실을 구체적으로 특정하고 그에 관한 증거를 나타낸 후 위법한 근거 규범이 구체적으로 나타나야 한다. 만약 기소된 사실이 인정되지 않는다면

---

20. 1974. 11. 21자 송상석 목사가 제출한 '피고의 진술서 및 항의서에 의한 소원 및 재심청구'

기소된 범죄사실에 대하여 인정할 수 없는 이유를 논리적으로 설명하면서 제출된 증거를 인정할 수 없는 이유도 제시하여야 한다.

그런데 송상석 목사의 판결문에는 범죄사실은 나타나지 않고 '전문'이라고 표기하고는 고신총회가 출발하게 된 역사적인 경위를 나타내고 있으며 마지막 부분에는 특별재판국에서 재판하게 된 경과를 설명하고 있다, 범법사실을 다루는 판결문에는 전혀 불필요한 내용이다. 그리고 '전문'의 다음에는 '주문'이 표기되어 있고 주문 다음으로는 '판결 이유' 5개를 표기하고 있는데 범죄사실의 제목 4개만 나열했을 뿐 구체적 범죄사실은 전혀 나타나 있지 않다. 그리고 판결 이유 5항에는 적용 법조문이란 제목하에 시벌의 근거를 표기하고 있는데 이러한 판결의 형식은 통상의 판결문과 매우 거리가 있다.[21]

그런데 송상석 목사에 대한 범죄사실은 정작 판결문이 아니라 권징 제16조에 따라 원고(고소인)가 제출하도록 되어 있는 죄증설명서에 나타나 있다. 이 죄증설명서는 송상석 목사의 면직판결 후 '죄증설명서 및 공고이유'라는 별도의 공지에 의하여 전국교회에 공지하는 형태로 되어 있다. 이를 형식적으로 보면 시벌을 받은 피고인 송상석 목사에게는 시벌되어야 할 구체적 범죄사실을 밝히지 않은 채 피고인이 아닌 전국교회에는 원고(고소인)가 제출한 죄증설명서에 의하여 시벌하는 범죄사실을 밝히는 모순된 결과가 되었다.[22]

송상석 목사에 대한 범죄사실을 살펴보면 크게 ① 총회 결정 불복,

---

21. 1974. 12. 4. 송상석 목사에 대한 판결문.
22. 1974. 12. 7. 송상석 목사에 대한 '죄증설명서 및 공고이유.'

② 문서(이사회록) 위조, ③ 거짓증거, ④ 공금유용, ⑤ 이사회의록 및 재정장부 불제출의 5개이다. 위 5개 중 ①, ②, ③항은 결국 이사회록 위조 사실에 초점이 모인다. 그런데 죄증설명서에 나타난 이사회록 위조 사실은 중대한 결함이 있다.

1973년 당시 이사회는 재단법인과 학교법인으로 두 개였으므로 이사회록도 당연히 학교법인과 재단법인 두 개였는데 죄증설명서에는 이에 대한 구별이 없다. 검찰의 수사결과 학교법인 이사회록에 대하여 위조 사실이 없어 기소하지 않음으로 아무런 이상이 없음이 밝혀졌고, 유지재단 이사회록의 출석한 이사 부분이 바뀐 것에 대하여 기소되었으며 그에 대하여 유죄의 판결이 있었다. 따라서 범죄사실이 법원 형사판결문을 통하여 밝혀졌음에도, 권징재판의 판결문은 이에 대한 구별이 없이 단순히 '이사회록'으로, 또 '위조'로 표기하여 어떤 문서를 어떤 내용으로 위조하였는지 정확히 표현하지 않았다.

당시 특별재판국이 이사회가 두 개이고 이사회록도 두 개였음을 구별하지 못하여 분별없이 판단하였다면 특별재판국의 판단은 큰 우(愚)를 범한 것이고, 이를 알고 있었음에도 구별하지 않고 '이사회'와 '이사'로만 표기하여 죄증설명서를 작성하였다면 이는 사실을 호도하기 위한 악의로 볼 수도 있다. 그 이유는 당시 전국교회에 알려진 것은 송상석 목사가 학교법인을 장악하기 위하여 이사회록을 위조하였다고 알려졌기 때문이고 아직도 이 사건을 기억하는 사람들은 그렇게 기억하고 있기 때문이다.

그리고 죄증설명서에 의하여도 사실관계의 모순이 드러난다. 죄증설명서의 (1)의 2), (1)의 3) ①을 보면 송상석 목사는 1972년 22회 총회 때 선출된 김희도 이사장의 직무를 가로챈 것이므로 이미 송상석 목사와 김희도 목사는 이사장을 두고 이미 적대적인 관계가 되었으며, 이사회 구성 문제로 총회 내부에서 양측의 충돌이 발생하였다. 그리고 주영문 장로는 한상동 목사가 시무하는 삼일교회의 장로이다. 그런데 송상석 목사가 이사회록, 정확히 재단법인 이사회록을 작성하면서 위에서 밝힌 것과 같이 적대적인 관계일 수도 있는 출석하지 않은 김희도 목사와 주영문 장로를 출석한 것으로 이현준 간사에게 지시하였다는 것은 상식적으로 맞지 않음에도 이를 살피지 아니하고 범죄사실로 인정하여 죄증설명서에 나타내었다.[23]

8) 특별재판국 판결 이후 절차의 문제점

① 죄증설명서의 문제

특별재판국이라 하더라도 특별재판국은 독립된 기관이 아니라 총회 내의 기구이므로 특별재판국의 판결이라 하더라도 권징조례 제131조에 의하여 총회가 판결을 검사하여 채용하거나 환부할 수 있다. 특히 송상석 목사의 재판은 노회에서 상소된 사건이 아니라 총회 특별재판국이 직심한 사건으로 노회재판국을 거치지 않은 사건이므로 더욱 특별재판국이 총회에 보고하고 채용하여야 그 효력이 있다고 본다.

송상석 목사에 대한 판결은 1974. 12. 4. 선고되었으므로 권징 제128조 및 제131조에 따라 총회에 보고하기 위하여 임시총회를 소집하

---

23. 이사회록 위조사건의 진상에 관하여는 강종환, '학교법인 이사장을 둘러싼 내분과 이사회록 위조사건의 전말' 참조, 고려파교회연구소, 「고려파교회연구」 11(2022. 11. 14).

거나 1975년 개최되는 25회 총회를 기다려 보고하고 채용하여야 그 효력이 있다. 그런데 이러한 총회의 채용 절차도 없이 이미 확정된 것처럼 1974. 12. 7. 총회재판국은 총회 산하 전국교회와 교직자에게 송상석 목사에 대한 '죄증설명서 및 공고이유'를 발송하였는데 이는 권징 제128조 및 제131조를 위배한 것이다. 또 위에서 밝혔듯이 재판이 끝난 사건에 대해 판결문이 아니라 원고(고소인)이 제출하는 죄증설명서를 발송하였다는 것은 사실상 스스로 판결에 대한 공신력을 떨어뜨리는 것과 다름이 없다.

② 특별재판국의 '해명서' 문제

또 하나 간과할 수 없는 것은 1975. 1. 27. 총회 특별재판국은 송상석 목사에 대한 면직판결에 대해 '해명서'를 배포하였다. 이 해명서에는 1. 특별재판국의 재판 경위, 2. 총회의 합법적 기소, 3. 본 특별재판국의 입장과 재판권 효력, 4. 본 재판국의 입장이란 4개의 주제로 작성되었다. 그러나 이 해명서는 참으로 부당한 것이다. 그 이유는,

첫째, 특별재판국의 재판 경위는 재판기록을 공개하면 될 일이었으나 권징 제30조에 따른 송상석 목사의 재판기록 등사 요청을 받아들이지 않았으면서 특별재판국이 재판 경위를 따로 문서로 만들어 배포하는 것은 주객이 전도된 것이며 사실상 잘못된 것이다.

둘째, 총회의 합법적 '기소'임을 해명서를 통하여 강변하면서 헌법의 정치문답을 근거로 나타내었다. 헌법의 정치문답은 기본적 원리를 선언하는 것이고, 권징조례는 기본적 원리를 시행하기 위한 절차를 규범적으로 나타낸 것이므로 잘못된 적용으로 보아야 한다. 피고

였던 송상석 목사는 여러 차례 기소권이 없음과 관할 위반 등 특별재판국의 재판절차에 대하여 이의를 제기해 왔다.[24] 따라서 이러한 부분에 대한 판단은 해명서를 통하여 할 것이 아니라 판결 이유에서 나타내어야 한다. 그 이유는 송상석 목사가 제출한 각 서면은 고소권과 재판권이 없음을 주장한 것이기 때문에 절차에 대해 우선으로 판단하여 기소권과 재판권을 증명한 후 범죄사실의 유 무죄를 판단해야 하기 때문이다.

③ 총회 사무부가 발표한 송상석 목사 '재판 전말서'

총회사무부는 1975. 2. 15. 송상석 목사에 대한 면직판결에 대해 '재판 전말서'를 발표하였으며 이 전말서는 1975년 3월 1일 크리스찬신문에 게재하였다. 재판 전말서에는 간단한 취지를 먼저 기재한 다음 죄증설명서, 판결문, 총회재판국의 재판 경위를 포함하였다. 총회사무부의 이러한 월권은 참으로 심각한 것이었다. 이를 흡사 비교하자면 대법원의 판결에 대해 행정자치부가 전말서를 발표한 것과 다름이 없기 때문이다. 판결이 선고된 사건에 전말서가 별도로 존재하는 것도 어불성설(語不成說)이지만 특별재판국의 판결에 대해 총회사무부가 전말서를 발표한다는 것은 심각한 월권이었다.

---

24. 송상석 목사가 제출한 재판에 관한 반박서면은 1974. 10. 17. '피고 진술서', 1974. 11. 7. '진술서.'
   1974. 11. 7. ₩*항의와 청원' 및 동일자 '소원장', 1974. 11. 12. '항의서', 1974. 11. 21. '소원 및 재심청구서'
   등이 있다.

9) 소결

송상석 목사에 대한 권징재판은 예수님께서 친히 가르쳐 주신 권징의 가르침인 마 18:15-17을 위배하였다고 판단된다(권징 제9조에도 이 말씀에 따른 시행 방법이 나와 있다). 그리고 고신 신앙의 중심 중의 하나이던 '성도 간 법정소송 금지원칙'을 고려신학대학 교수들의 논문에 기초하여 제24회 총회가 제23회 총회의 결의를 번복하면서 성도 간 법정소송이 가능한 것으로 결론을 내었다. 이는 고신 신앙의 한 축을 허무는 결과가 되었다.

제24회 총회의 결의에 근거하여 시작된 송상석 목사에 대한 권징재판은 시작의 요건인 고소장과 죄증설명서 조차 제대로 작성되지 않아 피고가 보정을 요구하였으며, 더 나아가 특별재판국의 관할권(재판권)이 적법한 것인지 심각하게 의심받았다. 재판의 진행과정에서도 피고가 요청하는 증거조사는 권징 94조의 2를 근거로 배척하였다.

판결문에는 범죄사실이 구체적으로 명시되지 않은 채 작성되었고 재판의 전제가 되는 관할권의 유무와 절차에 관하여는 판결문에 판단되어 기재되어야 함에도 판결문에는 범죄사실과 아무런 관계가 없는 역사적 선언만 기재되고 고소인이 제출한 죄증설명서가 판결문의 범죄사실을 대신하였다. 더구나 형사판결을 통하여 범죄사실이 확정되었음에도 이를 외면하여 부실한 판결문이 되었다. 특히 판결 선고 후 총회가 채용하는 절차가 없었음에도 판결문과 죄증설명서를 전국교회에 발송하였으며, 심지어 권한이 없는 총회 기관이 특별재판국의 재판에 대해 옹호하는 촌극(寸劇)이 있었다.

송상석 목사에 대한 권징재판은 성경적으로 또 신앙적으로 정당성이 없는 재판이었으며, 또 관할권(재판권)의 유무부터 시작하여 절차적으로 중요한 흠결을 가진 재판이었다. 그 결과 검찰이 수사하고 법원이 판단한 사실조차 이에 대한 구분이 없는 용어를 사용하여 세간에 잘못 알려진 사실이 그대로 고착화되는 결과를 가져왔다.

2. 종합과 정리

이상규

이상의 각종 문헌과 기록을 검토해 볼 때, 1974년 전후 고신교회의
내분과 분열의 원인과 본질은 '송상석 제거'였다. 한상동 목사의 화란
교회 방문(1972. 3. 20.- 5. 26.)의 결과로 화란 자유개혁교회(31조파)가 고려신
학대학 교사 건축을 위해 후원을 결의하고 미화 25만 불에 해당하는
약 90만 길더를 후원하려 했을 때, 이 기금을 어느 개인 명의로는 보낼
수 없고 오직 학교법인 이사장 명의로만 보낼 수 있다고 하였다. 이런
상황에서 이사장이 누구인가가 매우 중요한 문제였는데, 당시 이사
장은 송상석 목사였다. 그래서 그를 반대하는 측에서 볼 때 이사장 교
체는 불가피했다. 화란을 방문하고 건축기금을 지원받게 된 것은 전
적으로 한상동 목사가 수고한 결과인데, 송상석 목사가 이사장이라는
이유로 특별한 노력 없이 화란 교회의 지원을 접수하고 신학대학 교
사(校舍)를 건축하는 등의 공로를 누리게 되는 것을 인정할 수 없었기
때문이다.

이 점을 허순길 교수는 솔직히 인정하고 있다. 그는, 송상석 목사가 이사장직을 고수한 것은 "신학교 신축의 영예를 같이 누리고자 하는 의도였다."라고 해석했다.[1] 이 교사 신축의 영예를 같이 누리려는 '동참욕' 때문에 송상석 목사가 이사장직을 고집했다는 것이다.[2] 역으로 말하면, 송상석 목사의 이사직에 대해서는 아무런 문제를 제기하지 않고 그의 이사장직 해임만을 추진한 것은 그에게 영예를 돌릴 수 없다는 의도가 있었던 것이다. 한상동과 송상석 두 지도자 간의 인간관계가 원만했다면 이런 문제가 제기되지 않았을 것이다. 그러나 1967년 문서를 위조하여 거짓으로(假) 이사회를 조직한(私造) 이른바 사조이사회(詐組理事會)[3] 사건 이후 두 사람은 상호 불신하게 되었고, 그 주변 인물들 또한 대립 구도를 형성하게 되었다. 이 대립 구도가 한상동 목사 중심의 부산노회 및 신학교 측과 송상석 목사 중심의 경남(법통)노회 간의 대결로 확산되었다.[4]

1972년 9월 21일에 개회된 제22회 총회는 김희도 목사를 새 재단 이사장으로 선출했다.[5] 그러나 주관부처인 문교부에 신임 이사장 취임 승인을 요청할 수 없었다. 왜냐하면 송상석 이사장이 자신의 법적 이사장 임기가 남아 있다며 이사장직 인계를 거부했기 때문이다. 실

---

1. 허순길, 『고려신학대학원50년사』 (고려신학대학원출판부, 1996), 211.
2. 허순길, 『한국장로교회사』 492.
3. 당시 이사장 송상석 목사와 이사회의 동의를 구하지 않고 가(假) 이사회를 조직하였는데, 사조 이사장은 한상동, 이사는 홍반식, 도군삼, 주경효, 김진경, 감사는 오병세, 이근삼이었다. 허순길, 『한국장로교회사』 478.
4. 허순길, 『한국장로교회사』 479.
5. 제22회 총회록, 50.

제로 송상석 이사장의 임기는 1971년 9월 30일부터 1975년 9월 29일이었고, 감독기관인 문교부 장관이 이 점을 확인해 주었다. 문교부 장관의 확인에 근거하여 1973년 1월 2일, "송상석 목사의 법적 이사장직이 계속되니 사무 처리에 참고하라."는 공문이 휘하기관에 하달되었다. 여기서 이사장의 임기 문제 논란이 시작되었다.

1972년 10월 17일에 소집된 제46회 이사회에서 송상석 이사장의 임기 전 해임에 대해 문교부 장관에게 유권 해석을 문의키로 하고, 그 달 27일에 문교부에 이사장 임기에 대해 질의했다. 이에 문교부 장관은 답변에서 "송상석 이사장의 임기를 1971년 9월 30일부터 1975년 9월 29일까지로 승인한 바 있다."라고 확인해 주었다. 김희도 측은 1973년 6월 25일, 송상석 이사장직 정지 가처분 신청을 제기했다. 그 해 11월 27일, 송상석 목사는 임기 만료 전 이사장직 해임에 대한 소원 및 재심청구서를 총회장에게 제출했다. 이런 과정에서 12월 6일, 김희도 목사는 자신의 이사장과 이사들에 대하여 문교부에 임원 취임 승인을 요청했다. 그런데 1973년 1월 25일, 문교부 차관은 1972년 12월 6일자로 요청한 김희도 이사장의 '임원 취임 요청'에 대하여, 사립학교법 제21조 3항 위반 자격 미달 이유로 승인을 거부하고, 이사장 취임 요청서를 반려했다.

그렇다면 송상석 이사장의 임기는 왜 문제시되었을까? 이 점에 대한 명확한 설명이 이 책에 수록된(제1부 2장) 강종환 장로의 "고려학원 이사장 임기 문제와 송상석 목사에 대한 고소 사건"이다. 그의 설명에 의하면, 송상석 목사는 1968년 9월 제18회 총회에서 이사로 선출되었고, 따라서 그의 임기는 1972년 9월까지라고 할 수 있다. 그런데 1970년 9

월 제20회 총회 이후 고려신학교에 중요한 변화가 생겼는데, 그것은 12월 31일에 문교부로부터 고려신학대학 인가를 받은 것이었다. 그런데 1971년 9월에 모인 제21회 총회는 새로 이사를 선임하지 않고 기존의 이사들을 그대로 두었다. 그래서 이사 및 이사장 송상석 목사, 이사 류윤욱 목사, 지득용, 김은도 장로가 학교법인 고려학원의 법정 이사로 문교부에 등록하여 승인받게 되었다. 이에 따라 총회에서 선임한 15인 이사의 신분은 총회법에 의해 1972년 9월까지 4년의 임기가 종료되지만, 고려신학대학으로 출발하면서 문교부로부터 인가받은 이사의 임기는 사립학교법에 의해 1971년 9월 30일에 시작된 것이다. 이렇듯 총회가 고려신학교에서 고려신학대학으로 개편되는 과정에서 이사 문제를 분명하게 처리하지 못한 까닭에 이사장 임기 문제가 발생하게 된 것이었다.

이런 상황에서 이른바 송상석 이사장의 문서 위조 사건이 불거졌다. 그것은 1973년 3월 1일에 열린 이사회에서, 참석하지 않은 이사를 참석한 것처럼 꾸며 새롭게 이사를 보선했다는 것이었다. 이를 이유로 1973년 6월 1일, 부산 부평교회 김희도 목사와 부산 부민교회 윤은조 장로는 송상석 이사장을 '사문서위조' 등의 이유로 부산검찰청에 고소했다. 이것이 송상석의 유무죄와 상관없이 송상석 제거를 위한 첫 번째 조치였다.

그로부터 13일 후 고려신학대학 교수회는 "신학적으로 본 법의 적용문제"라는 논문을 발표하고 불신법정 소송을 정당화했다. 이는 약 20년 전 불신법정 소송 건에 반대하여 고려신학교를 떠났던 박윤선을 다시 고려신학교로 모셔 오는 조건으로 "세상 법정에서 소송하는 불상사들은 하나님께 영광이 안 되는 일대 유감스러운 일이므로 차제에 우리 (고려)신학교는 이것을 불가(不可)히 여겨서 이런 쟁탈전과 소송은 하지 않기로 하는 교육이념을 세우고"라고 했던 1957년 9월 13일의 결의로부터 완벽한 이탈이었다.

위 교수회의 논문은 당일에 쓰여진 것이 아니라 논문 작성자를 선정하고 적어도 한 달 이전에 집필할 기회를 주었을 것이다. 말하자면 송상석 목사를 고소하기 전에 이미 그를 고소할 수 있는 신학적 준비를 시작했다고 볼 수 있다. 이와 관련해 석원태 목사, 하찬권 목사, 그리고 경기노회의 불신법정 소송에 대한 연구 보고서에서 불신법정 소송의 부당성을 지적했지만, 송상석 제거를 위한 한 집단의 소송 의지를 막지는 못했다. 불신법정 소송 건은 이후 상당한 논란을 불러왔다.

1973년 12월 18일에 개최된 제23회 속회 총회에서는, "성도 간의 법정 소송은 이유 여하를 막론하고 비신앙적이며 건덕상 방해됨으로 소송하지 않는 것이 총회 입장이다."라고 결의했고, 이때 불신법정 소송에 관한 건은 재론하지 않기로 결정했다. 이 결의에 따라 소송을 제기한 김희도 목사와 윤은조 장로가 총회 앞에 공개 사과를 했다. 하지만 고소 건이 취소되지는 않았다. 그런데, 그로부터 9개월이 지난 1974년 9월 부산 남교회당에서 개최된 제24회 총회에서 한학수 목사의 소송에 관한 이전 총회의 결의를 재론(再論)하자는 동의가 성립되어 재론하였고, "소송을 남용하지 않도록 하는 것이 총회의 입장이다."로 수정하여 소송의 길을 열어 두었다. 제23회 총회의 소송불가 결의를 뒤집은 것이었다.

그런데, 제24회 총회에서 경북노회장 한학수 목사와 부산 온천교회 전성도 목사는 총회장에게 송상석 목사에 대한 고소장을 제출했고, 경북노회장 한학수 목사가 제출한 송상석 목사 비행에 관한 처리건은 특별재판국을 설치하여 처리키로 가결하여 총회 특별재판국이 설치되었다. 특별재판국원은 민영완(국장), 신현국(서기 및 회계), 강호준, 심군식, 박은팔, 김수복, 변종수, 손기홍, 조인태였다. 기소위원은 한학수, 전성도 목사였다. 이들은 3차례의 재판회를 열고, 12월 4일에 송상석 목사에 대하여 목사 면직을 판결했다. 총회 특별재판국은 신속하게 판결집행명령서를 경남노회에 하달하고 죄증설명서를 공고했다. 이로써 '송상석 제거'라는 목표가 달성된 셈이었다. 이 재판 과정에서 송상석의 항의서나 항변서는 검토되거나 숙의(熟議)된 흔적이 없다. 물론 비행이나 범법 사실이 있었다면 그것은 전적으로 송상석 목사의 책임이다.

송상석 목사의 면직 판결은 곧 심각한 논란을 일으켰고, 신문 지상을 어지럽게 장식했다. 경남(법통)노회는 이 판결에 강력하게 항거했다. 이를 예견한 듯이, 1974년 3월에 이미 경남(법통)노회를 대신할 정화노회가 조직되었고, 그해 4월 정기노회를 개최하여 '경남정화노회 100회'라고 명명했다. 이는 특별재판국을 설치하기 5개월 전이었다. 후에 (1975.5.) 이 노회는 '경남계승노회'(노회장 옥치정)로 불렸고, 2주 후 총회사무국은 이 새로 조직한 계승노회가 경남(법통)노회를 대체하는 노회라고 인정하고, 계승권 인정 지시문을 전국 노회장과 경남노회 산하 교회에 발송했다.

이제 분열은 불가피하게 되었다. 1975년 9월 제25회 총회가 부산 남교회당에서 개최되었다. 총회는 기존의 경남(법통)노회가 아닌 새로 조직된 계승노회 총대를 공식적인 총대로 받아들였다. 이는 1951년 5월, 부산 중앙교회에서 열린 제36회 속회 총회와 똑같은 상황이었다. 당시 대한예수교장로회 총회(총회장 권연호)는 기존의 경남노회를 무시하고 김길창 중심의 급조 경남노회를 합법적인 총대로 받아들여 고려신학교 중심의 경남노회를 배척했었는데, 그 경우와 똑같은 일이 일어난 것이었다. 결국 송상석을 지지했던 경남(법통)노회는 행정보류를 선언했고, 곧 고신교회 본류로부터 분리되어 '반고소 고려측'으로 출발했다. 송상석의 제명이 가져온 교회 분열이었다. 예견된 일이었으나 아무도 이 분열을 막으려 하지 않았다. 이때 다시 회자된 말이 "갈 사람 가고 있을 사람 있으라", 곧 "고우 맨 고우(go men go), 있을 맨 이즈(is men is)"였다. 분열도 불사하겠다는 것이었다.

그로부터 50년이 지났다. 그때의 일을 어떻게 평가할 수 있을까? 그 대립과 쟁투, '너 죽고 나 살자'라는 심리적 격투, 고소측과 반고소측으로의 교회 분열은 불가피했던 것일까? 그것이 교회의 본질과 사명을 지키기 위한 고투이며 믿음의 선한 싸움이었을까? 역지사지의 심정으로 서로를 배려할 수는 없었을까? 송상석 목사는 설사 임기가 남아 있다 하더라도 이사장직을 깨끗이 포기할 수 없었을까? 재판은 공정하고 법과 규정에 충실했을까? 이 책에 게재된 각종 문서가 이에 관해 대답해 줄 것이다. 평가와 판단은 독자의 몫이다.

반고소라는 기치를 내 걸고 고신 본류를 떠났던 반고소 고려측, 특히 경남노회 중심의 반고소 고려측은 1982년 2월에 고신 본류로 복귀했다. 고신교회(교단)을 떠난 지 8년 만이었다. 양측이 합동할 때 '고소 문제'는 논의되거나 합의되거나 정리되지 않았다. 조건 없는 합동이었다. 이는 고소 문제가 분열의 진정한 이유가 아니었음을 양측이 입증한 것이었다.

총회 특별재판국이 송상석 목사를 제명한 지 34년이 지난 2007년 10월, 경남(법통)노회를 계승한 마산노회는 고 송상석 목사 복권을 58회 총회에 청원키로 결의하였고, 2008년 2월 14일 개최된 총회운영위원회는 마산노회의 청원에 따라 송상석 목사 해벌을 만장일치로 결의했고, 그해 9월 22일, 서울 영천교회에서 개최된 제58회 총회는 송상석 목사의 해벌을 결의했다. 송상석 목사 면직은 해제되었다. 고인에게는 무의미한 결정이겠지만.

참고문헌

『경남법통노회 100년사, 1916-2016』 경남법통노회, 2-16.

『경동노회40년사』 경동노회, 2003.

고려(반고소) 역사편찬위원회. 『고려25년사』 경향문화사, 2002.

고려파역사판찬위원회. 『반고소 고려총회40년사』 총회출판국, 2018.

『대한예수교장로회총회 총회록, 1952-1960』 대한예수교장로회총회 출판부, 1961.

『대한예수교장로회총회 총회회록, 1961-1970』 대한예수교장로회총회 출판부, 1971.

『대한예수교장로회총회 총회회록, 21회』 대한예수교장로회총회 출판부, 1972.

『대한예수교장로회총회 총회회록, 22회』 대한예수교장로회총회 출판부, 1973.

『대한예수교장로회총회 총회회록, 23회』 대한예수교장로회총회 출판부, 1974.

『대한예수교장로회총회 총회회록, 24,25회』 대한예수교장로회총회 출판부, 1976.

미래교회포럼 편. 『고신교회1, 어디서 와서 어디로 가고 있는가』 미포, 2014.

_____. 『고신교회2, 어디서 와서 어디로 가고 있는가』 미포, 2014.

류윤욱. 『역사는 잠들지 않는다』 쿰란출판사. 2011.

_____. 『빛되신주 내 길을 비추소서』 한국교회와역사연구소, 2021.

신재철. 『불의한 자 앞에서 송사하느냐?』 쿰란, 2014.

이상규. "고신대학 40년사, 1946-1986," 「논문집」 14, 고신대학 출판부, 1986.

_____. 『한상동과 그의 시대』 SFC, 2006.

_____. 『교회쇄신운동과 고신교회의 형성』 생명의 양식, 2016.

송상석. 『법정소속과 종교재판』 경남법통노회, 1976.

허순길. 『고려신학대학원 50년사』 고려시학대학원출판부, 1996.

_____. 『한국장교회사』 대한예수교장로회총회 역사편찬위원회, 2002.

〈첨부〉

기독 신자간의 불신법정 소송문제 연구

(1975. 3.)

하찬권 목사

원 저자의 글에 나타난 오자는 바로 잡았으나 원문은 아래에 그대로
전재한다. 약간의 오기, 오늘과 다른 각주 방식, 참고문헌 정리 방식
도 원문 그대로 두었다. 단지 칼빈(Calvin)이나 그로사이드(F. W. Groheide)
의 영문표기가 기계적으로 반복된 경우, 중복 표기이므로 일부 삭제
하였다.

머리말

> 果然 聖經 및 標準文書들이 信者對 信者가 敎會法을 무시하고 不信
> 法廷에 起訴함을 용납하고 있는가?(고전 1절-8절)

회고하건데 1945년 8월 광복을 맞은 이 땅은 정치적 혼란과 도덕
적 부패 그리고 특히 종교적으로 난무하던 자유풍은 파죽지세로 지상
교회를 휩쓸어 어지럽힐 때 1946년 9월 20일 일제의 무자비한 탄압 속

에서도 진리를 사수하시다 출옥하신 종들에 의한 진리의 파수대인 고려신학교의 탄생과 1951년 9월의 진리의 터전인 본 교단의 출범은 마치 노아 시대에 홍수로 천하에 높은 산이 덮이고 물이 온 땅에 창일했을 때 시체의 바다 위에 외롭게 홀로 떠 하나님의 인도만을 바라보던 의인 노아의 방주를 연상케 하였다. 어언간 29개 성상을 넘기까지 갖은 파란역경의 여정 속에서도 교단의 생명이요 자랑인 진리파수의 사명은 하나님 앞과 인류 앞에 보람스럽고 장하게 과시하여 왔다.

그러나 진리의 터전에 굳게 섰던 파수대는 30년의 고개를 넘지 못한 채 불행하게도 1973년 6월 14일 "고려신학교 전학장 한상동 목사의 주재하에 신학적으로 본 법의 적용문제[1]"라는 논문에서 신자대 신자가 불신법정에 소송을 제기함이 성경적이라는 것을 선포함에 따라 제기된 형사소송이 믿는 형제를 투옥시킴으로써 진리파수를 위해 옥고를 당하시다 출옥하신 목사님께서 이제는 반대로 믿음의 형제를 투옥시킨 결과를 초래하였고 하나님의 말씀(고전 6:1-8)은 고소자들에 의하여 짓밟히게 되고 하나님의 영광은 그들에게 탈취되어 29년간 닦아온 교단의 보람과 빛나는 공적, 그리고 500여 교회의 수많은 성도들의 맑은 신앙양심에 오염을 끼게 하더니 설상가상으로 1974년 제24회 총회에서는 "소송에 관한 제23회 총회의 결의는 시정되어야 한다[2]"라는 결의를 총회 본석에서 전격적으로 처리되어 성도간의 불신법정 소송이 신앙적이 아니라는 "제23회 총회 결의는 우리의 교리 표준(신앙고백, 대요리문

---

1. 경남노회 공개항의서, 「기독신보」 1975년 1월 21일 자.
2. 논문지 "소송에 관한 제 23회 총회결의는 시정되어야 한다," p. 3.

답, 소요리문답)에 위배된 결의임으로 다음과 같이 수정 결의하다. 사회 법정에서의 성도간의 소송행위가 결과적으로 부덕스러울 수 있음으로 소송을 남용하지 않도록 하는 것이 총회의 입장이다[3]"하고 보다 고차원적인 교묘한 논법으로 변장하여 교단의 순결(純潔)한 신앙노선을 불순(不純)하게 흐려놓아 진리교단의 상을 잃게 하고 진리와 의의 소리보다 비진리와 불의의 소리가 높아져감으로써 29년간의 교단의 애용구호인 진리파수운동이란 미명의 구호는 애석하게도 비진리옹호운동으로 전락되고 국제적 교계에서 유례없는 새로운 모형의 신기루(Mirage)를 낳고 만 것이다. 참 하늘의 하나님께서 비통하실 참극이 아닐 수 없다.

　　마치 1966년 유명한 신학자 토마스 알티저(Thomas J. T. Altzer)에 의하여 기독교 무신론복음(The Gospel of Christian Atheism)이 제창되고 이어서 바울 반 버렌(Paul van Buren)과 가브리엘 바하니안(Gabriel Vahanian)과 하비 콕스(Harvy Cox) 등의 급진적 자유주의 학자들에 의하여 사신신학(死神神學, God is dead theology)[4] 운동이 전개되고 이 운동은 각양 매스콤을 통하여 삽시에 전 세계를 놀라게 함에 대하여 극한 증오와 통분함으로 그들을 저주하여 왔던 우리 교단과 신학이 이제는 하나님의 말씀을 무시천대(無視賤待)함은 성경무시신학(聖經無視神學)운동을 주장하는 격이 아니라고 누구가 반증할 것인가? 결국에는 하나님이 죽었다고 주장하는 사신신학이나 하나님의 말씀의 권위를 무시하는 성경무시신학(聖經無視神學)은 "이 말씀은 곧 하나님이시라"(요 1장 1절)라는 근본적인 원리에서 볼 때 양자는 유사

---

3. 대한예수교 장로회(고려) 제24회 총회촬요 제33 결의건, p. 3.
4. *Christ in our place* by Paul van Buren, pp. 81~83.

(類似)한 신학사상이 되고 만다는 결론이 필자(筆者)에게는 내려진다.

몹시 안타까운 일이다. 우리 교단에는 훌륭한 학자님들과 유능한 선배 목사님들도 많이 계시기에 많은 강한 반발을 예상하고 온 지 오래되었으나 선배님들의 필적침묵(筆的沈默)에 기다리다 못하여 초라한 사람이 진리 파수의 사명감에 못 이겨 하나님의 말씀의 편을 들어 미숙한 필(筆)을 잡게 된 것이다. 불초한 사람이 본지에 취급한 것은 전기(前記)한 논문지 '신학적으로 본 법의 적용문제'와 '소송에 관한 제23회 총회결의는 시정되어야 한다'에서 주장한 대로 과연 성경과 표준문서들이 신자대 신자가 교회법을 거치지 않고 불신법정에 형사 및 민사 소송을 제기하여 믿는 형제를 투옥시킴을 용납하고 있는가를 살펴본 것이다.

끝으로 바라는 것은 본 교단의 신학사상이 혼란을 보여 교단의 근본상을 잊어가는 이 말세적인 징조의 소용돌이 속에서 염려하시고 조용히 기도하시는 현명하신 선배 제현과 일선 동역자, 그리고 진리를 사랑하며 수호하시는 주 안에 있는 형제들에게 목양과 신앙생활에 적은 도움이라도 되기를 바라는 것이다.

1975년 3월 10일
서울제일교회 목사 하찬권

차례

제1장 법의 개념

자연세계는 춘하추동 사시가 항상 변화하면서도 그사이에 일정한 법칙이 있어 그 질서가 정연(整然)히 유지되어 동편에서 뜬 해는 서편으로 지며 물은 낮은 편으로 흐르는 등 자연계의 법칙이 있으니 이것이 곧 자연적 법칙이다. 한편 인간 사회 생활에서도 각종 법칙이 있다. 이 사회법칙이 없으면 그 사회가 하루도 사회로서 존립(存立)할 수 없는 것이다. 이와 같이 사회에서 마땅히 해야 할 것이라고 인정(認定)되는 것이 사회질서 유지를 위한 법칙이니 이것이 곧 규범적 법칙(規範的法則)인 것이다. 이와 같이 자연계에서도 자연적 법칙(自然的法則)이 있어 '사실상 그러하다'(It is true)는 관계를 표시하는 곧 존재의 법칙이 있고, 인간사회에서도 규범적 법칙이 있어 '마땅히 그러해야 한다'(It must be)라는 관계를 표시하는 당위의 법칙이 있는 것이다. 그리고 법의 근본 목적은 성격상으로 인간의 행위가 그 법칙에서 이탈하려고 할 때 이를 이탈하지 못하도록 미리 예방하고 불행히도 범했을 때에는 부득이함으로 이를 규율(規律)하여 사회의 질서를 세워나가는데 이 규범적 법칙의 근본 의의가 있는 것이지 계획적으로 인간을 징벌하고 해하기 위하여 규범한 것은 아니다.

따라서 우리 기독교회는 모든 법칙도 물론 이 규범적 법칙에 속하는 것이다. 그 근본적 실례로써 하나님께서 인간을 창조하시고 규범적 법칙을 세우셨으니 그 근본 목적이 인간의 행복을 위한 것이며 "여호와께서 우리에게 이 모든 규례를 지키라 명하셨으니 이는 우리로 우리 하나님 여호와를 경외하여 항상 목을 누리게 하기 위하심이며 또 여호와께서 우리로 오늘날과 같이 생활하게 하려 하심이라"(신 6장 24절). 불행의 원인인 범죄를 막기 위하여 세운 것이지 인간을 해롭게 하여 징벌하기 위한 악한 수단으로 세우신 것이 아니라(창 2장 15-17절)는데 그 근본 의의가 있다.

나아가서 여호와께서 또한 입법자이신 동시에 법의 시행자이시며 재판장이시라(사 33장 22절)고 하셨고, 자연세계는 자연의 법칙으로 다스리시고 인간에게는 신불신간(信不信間)에 당신의 근본 유일무이(唯一無二)하신 규범법칙인 성경(聖經) 말씀으로 다스리시기 때문에 모든 인간은 현세에서나 내세(來世)에서도 영원히 없어지지 않는(마 24장 35절) 하나님의 법인 성경말씀의 심판을 벗어날 자는 없는 것이다(계 20장 15절). 그런고로 이 세상 모든 규범은 원칙상으로 근본법규이신 하나님의 말씀의 법을 중심으로 만들어져야 할 것이다. 그렇다고 하면 하나님의 백성인 우리 성도들이야 말할 것도 없이 하나님의 말씀의 규범 하에서 생의 일체를 통제받아야 한다는 것은 삼척동자인들 물어볼 필요를 느끼겠는가? 반면에 표준문서는 불완전한 문서로서 보조적인 참고서이며 세상 그 어떠한 규범들도 하나님의 정확무오하신 말씀의 규범보다 선행하거나 병행하거나 또는 능가할 수 없음을 알면서도 하나님의 말씀의 권위보다 표준문서와 세상법에 절대권을 부여하여 성경의 권위를 무시하는 엄청난 일을 감행한 것은 망령된 일로서 하나님 앞과 만천하 성도들에게 규탄받기에 합당하다고 사려(思慮)하는 바이다.

제2장 성경에 나타난 소송의 종류와 그 분해

무엇보다도 먼저 우리가 명확히 알아야 할 것은 성경 중에 나타나 있는 소송들의 종류에는 여러 가지가 있다는 것과 그 한계가 명확히 규정되어 있다는 것이다. 그러나 이것을 무분별적이며 무질서하게 혼용함으로써 신앙생활에나 사회생활에 있어서 막대한 파멸을 초래하여 하나님의 영광을 가리우고 복음사업에 암초(暗礁) 역할을 하기 마련이기 때문에 더욱이 우리 교단이 처한 현시점에서는 신중한 고찰과 정확한 시책이 있어야 한다.

1. 신자간의 불신법정 소송문제

A. 교단이 같을 때의 소송문제

고전 6장 1절-8절에서 명확한 지시를 유일하게 보여준다. 이 제목은 현재 우리 교단이 범한 문제의 소송 사건이 바로 여기에서 위배된 것인데 정확히 알아야 할 것은, 같은 교단 내의 신자대신자(信者對信者)의 문제는 여하를 막론하고 그 처리순서와 방법은 마태 18장 15절-17절의 권징법과 사도행전 15장 1절-29절의 총회법의 과정을 벗어나거나 무시할 수 없다는 것이다. 여기에서 벗어나면 성경을 위반하는 행위가 되기 때문이다. 그 이유의 설명은 다음 나타나는 신약성경의 고찰이란 제목에서 상론하겠으므로 여기에서는 간단한 분해만을 하고 지나간다.

B. 신자간의 불신법정 소송의 가능한 길

(a) 마태 18장 17절, "만일 그들의 말도 듣지 않거든 교회에 말하고 교회의 말도 듣지 않거든 이방인과 세리와 같이 여기라" 곧, 범죄자가 교회에서 권면하여도 목이 곧아 계속 회개치 않고 불순패역하면 이방인과 같이 출교시킬 것이며, 출교되어 불신자와 같이 간주된 자에게 대하여서는 불신법정에 소송을 제기할 수 있다는 것이다. 그 이유는 그 패역한 자는 교회의 법을 무시하고 불순종하기 때문이다.

(b) 웨스트민스터 신앙고백(The Westminster Confession of faith) 제30장 4절에 "교회의 직원은 먼저 훈계함으로부터 시작하고 그다음에는 얼마 동안 주의 성찬에 대한 참석을 정지하고 범죄의 성격과 본인의 과실에 따라서는 교회에서 제명하기도 한다"(살후 3장 6, 14, 15절)고 하였고,

(c) 사도행전 15장 1절-29절, "초대교회 예루살렘 총회에 대한 규범이나 기독교 최초의 총회요 민수기 11장 16절의 예(例)에 준하는 것이요 교회와 성도간의 중대한 사건은 모두 이 예루살렘 총회의 결의에 따른 것이다"[5] 여기에서 이단자나 배교자로 정죄되어 출교된 자는 신자들에 의하여 불신법정에 소송될 수 있다는 것이다(웨스트민스터 신앙고백[The Westminster Confession of faith] 제31장 3조 참조).

C. 교단이 다를 때의 소송문제

역시 고전 6장 1절-8절에 해당하는 소송행위이다. 다만 전자와 차이가 있는 것은,

5, *Machen's Notes on Galatians by Skilton*, pp. 90~95.

ⓐ 피차가 응할 수 있는 일정한 상회(上會)가 없으므로 상회의 법적 해결(행 15장 1절-29절)을 기대할 수 없다는 것이다.

ⓑ 이와 같은 입장에서는, 피차간에 상대방의 신앙이 이단적인 교단 소속신자이거나, 불신자와 차이가 없는 거짓 교인인 것이 공적으로 판명된(자기 소속 교단 내의 상회에서) 자이면 불신법정에 소송할 수 있다는 것이다.

ⓒ 그렇지 않고 정당한 신자일 경우에는 타교단간의 신자일지라도 부득이 고전 6장 7절대로 "차라리 불의를 당하는 것이 나으며 차라리 속는 것이 낫다"는 결론 밖에는 별도리 없을 것이다.

2. 신자대 불신자간의 불신법정 소송문제

이는 마태 22장 21절의 "그런즉 가이사의 것은 가이사에게, 하나님의 것은 하나님께 바치라 하시니" 이에 따라서,

ⓐ 불신자는 교회의 법에 제재받을 이유도 없고 받지도 않으니 그들이 제재를 받는 가이사 법인 세상법정으로 가서 해결을 보는 것이 원칙이다(롬 13장 1절-7절 참고).

ⓑ 사도행전 25장 10절의 "바울이 가로되 내가 가이사의 재판자리에 섰으니 마땅히 거기서 심문을 받을 것이라. 당신은 잘 아시는 바에 내가 유대인들에게 불의를 행한 일이 없나이다." 여기에서 분명한 것은 바울이 악한 불신 유대인들에게 피소된 상태에 있다는 것이다. 그러니 이 입장에서 바울은 무죄함으로 억울하여 가이사에게 재심을 청하는 입장인 것이니 곧 행 25장 11절대로 "… 네가 가이사에게 호소했으니 가이사에게 갈 것이라 하니라." 그러니 어쨌든 신자인 바울이 불

신자인 악한 유대인들을 걸어 상소한 것은 분명한 것이다.

그런데 "신학적으로 본 법의 적용문제"[6]란 논문에서 바울의 이 소송을 인용하여 같은 교단 내의 신자간의 형사소송 문제와 결부시켜 불신법정에 신자간의 소송이 성경적임을 억지로 변호한 것은 좌우분별을 못하는 어린아이의 변론과 같다.

3. 불신자대 신자간의 불신법정 소송문제

마태 5장 25절, "너를 송사하는 자와 함께 길에 있을 때에 급히 사화하라. 그 송사하는 자가 너를 재판관에게 내어주고 재판관이 관예에게 내어주어 옥에 가둘까 염려하라." 이는 분명히 불신자가 신자를 불신법정에 고소하는 행위이며, 이와 같은 경우에서는,

ⓐ 신자가 국가의 법을 순종하여야 한다. 또한 순종 아니할 수도 없는 것이다. 법에서 강제적인 권력을 발동할 수 있기 때문이며 로마서 13장 1절-7절의 주석에서 그로사이데(F. W. Groheide)도 "순종할 것을 말하였다."[7]

그런데 "신학적으로 본 법의 적용문제"[8]에서 말한 것은 본 성경구절(마태 5장 25절)을 인용하여 신자간의 불신법정 소송에 적용하고 예수님께서도 이것을 인정하셨다고 잘못된 논리를 전개한 것이다.

ⓑ 마태 27장 12절, "대제사장들과 장로들에게 고소를 당하되 아무

---

6. "신학적으로 본 법의 적용문제," p. 5.

7. *The New International Commentary on the N. T. Commentary on the First Epistle to the Corinthians* by F. W. Grosheides, p. 113.

8. "신학적으로 본 법의 적용문제," p. 3.

대답도 아니하시는지라." 여기에서도 "신학적으로 본 법의 적용문제"에서는 "예수님께서 고소당하신 것과 법정에서 침묵하시고 순종하신 것은 그 법과 재판 제도를 정당한 것으로 시인했다."[9]고 하면서 이 사실을 인용하여 신자간의 불신법정 소송행위가 성경적이라고 변명한 것은 잘못이다. 그 이유는 이 사건은 분명히 그리스도를 하나님의 아들로 불신하고 저주하는 대제사장들과 장로들이 예수님을 불신법정에 소송한 것이다. 그런고로 본 교단의 소송행위는 완전히 다른 류(類)에 속하는 것이며, 이와 같은 불신자가 신자를 걸어 기소한 경우에는 이유여하를 막론하고(지지하든 반대하든 간에) 복종 아니할 수 없는 것이다. 예수님께서도 그 법적 처사가 정당하고 하나님 법에 합당하다 해서 침묵하신 것이 아니라, 불합당하고, 인정할 수 없는 불의한 사건이요, 불의한 재판관이지만 강제적인 집행으로 당해진 것에 불과한 것이다. 만일 예수님 자신이 그 부당한 소송을 당하신 것과 불의한 법관 앞에서 재판받는 것이, 하나님의 법에 합당하다고 인정하셨다면, 그 예수님께서 어찌하여 고린도전서 6장 1절-8절의 말씀을 주실 수 있을까. 어쨌든 억지 해석임에 재언할 필요가 없다.

---

9. 8)과 동일

제3장 신자간의 불신법정 소송의 성경적 고찰

1. 구약성경의 고찰

　아담으로부터 모세시대에 이르기까지 약 2,500년간은 성경이 없었던 시대였다. 그러나 1491 BC경 모세시대(출애굽기 17장 14절)부터 처음으로 성경을 갖게 된 것이다. 하나님께서 모세에게 말씀을 주신 이후부터 이스라엘은 신정국가(神政國家)로서 입법자이신 하나님께서 사자들을 세워 당신의 율법을 중심하여 사법과 행정의 일체를 관할 통치한 것이기 때문에 불신법정이란 존재할 수도 없었고, 존재하지도 않았고, 오직 하나님께서 세우신 신정법정(神政法庭) 뿐이었다. 예를 들면,

　(a) 신명기 16장 18절-20절의 "너희 하나님 여호와께서 네게 주시는 각성에서 네 지파를 따라 재판장과 유사들을 둘 것이요 그들은 공의로 백성을 재판할 것"이라고 했다.

　(b) 신명기 1장 17절-18절에는 "재판은 하나님께 속한 것인즉 스스로 결단하기 어려운 일이 있거든 내게 돌리라. 내가 들으리라 내가 너희 행할 모든 일을 그때에 너희에게 다 명하였다."고 했고

　(c) 대하 19장 5절-8절, "너희 재판하는 것이 사람을 위함이 아니요 여호와를 위함이니 너희가 재판할 때에 여호와께서 너희와 함께 할찌니라."

　(d) 이사야 59장 2절, "의로운 재판은 내게 구하라."

　(e) 민수기 11장 16절 여호와께서 모세에게 70인의 유사를 모아 함께 판단하셨다.

　이상의 예와 같이 불신법정은 구약성경에서는 찾을 수 없다는 것

은 재고할 필요가 없다. 그럼에도 불구하고 "신학적으로 본 법의 적용 문제"[10]에서는 출 18장 13절-27절과 21장 1절-25절을 인용하여 신자 간의 불신법정 소송문제에 결부시킨 것은 있을 수 없는 일이다.

2. 신약성경의 고찰

"신학적으로 본 법의 적용"[11]에서 말한 대로 예수님께서 대제사장들과 장로들에게 고소를 당하였을 때 주님께서 침묵하신 것이 불신법정의 재판이 옳은 것으로서 인한 것이라고 한 데 대하여 칼빈은 말하기를, "주님께서 대답지 않으시고 침묵하신 것은 그리스도의 무흠한 사실을, 재판장은 한마디의 변명이 없어도 밝히 보았기 때문에, 알고 있는 재판장에게 구태여 대답할 필요가 없었다는 것이지 그 재판 자체가 옳다고 시인한 것은 아니다. 그리고 그리스도의 침묵은 우리의 죄값으로 도수장으로 끌려가는 어린양과 같이(이사야 53장 7절) 수동적으로 끌려가는 모습이다."[12]라고 하였다. 도수장으로 끌려가는 양이 옳다고 자원하여 가는 양이 어디 있단 말인가? 주님은 결코 그 법과 재판을 옳게 시인한 것은 아니다. 그러나 이것보다도 가장 중대하고 근본적인 것은 주님께서 땅 위에 계실 때에 친히 교훈하신 것이다.

A. 주님께서 직접 교훈하신 말씀

ⓐ 주님께서 친히 가르치신 주기도문 중에 "우리가 우리에게 죄지

---

10. "신학적으로 본 법의 적용문제," p. 2.
11. "신학적으로 본 법의 적용문제," p. 3.
12. *Calvin's New Testament Commentaries Matthew*, p. 180.

은 자를 사하여 준 것 같이 우리 죄를 사하여 주옵시고,"(마태 6장 12절)

ⓑ 주님께서 계속하여 경고하시기를 "너희가 사람의 과실을 용납치 않으면 너희 천부께서도 용서치 않으시리라"(마태 6장 14절).

이상의 두 구절은 다 같은 의미를 나타낸 말씀이다. 그러면 여기에서 칼빈(John Calvin)의 해석을 보기로 한다. "진실로 우리가 무쇠보다 더 굳은 사람이 아니라면 이 권고(勸告)는 우리를 부드럽게 만들고 또한 우리를 형제들의 죄를 용서함에 호응하게 만들 것이다."[13]라고 하여 이 주님의 권고의 말씀을 듣고도 형제의 죄를 용서하지 않는 사람들은 곧 그 심령이 무쇠같이 굳어진 심령이라고 한 뜻이다. 그리고 계속 해석하여 말하기를, "만일 하나님께서 우리들의 무수한 죄악들을 매일 용서하시지 않으셨다면 우리들은 헤아릴 수 없을 만큼 여러 번 죽었어야 할 것을 안다."[14]고 하였다. 그렇다면 우리들이 믿는 형제의 죄를 용서하여 주지 않은 일의 증거가 드러났다면 하나님께서도 그 사람을 용서하지 않으시고 죽일 죄인으로 단정하고 계신다는 말씀이니 우리들은 그 용서하지 않은 단서가 만천하에 드러났을 뿐 아니라 그 형제를 용서치 못한 것을 성경적이라고 주장하며 심지어는 "하나님이 소송을 하였다"[15]라고 주장하는 사람이 있으니 이와 같은 사람들은 마땅히 교회의 법으로 처리되어야 할 것이다. 그리고 계속하여 칼빈은 말하기를, "하나님의 사죄(赦罪)를 승인받는 유일한 길은 우리들의 형제들

---

13. *Calvin's New Testament Commentaries Matthew*, translated by A. W. Morrison, p. 214.

14. *Ibid* p. 214, "If God did not daily condone our various sins, we know that we should have died countless times."

15. "긴급제한 성명발표," 1974년 9월 14일 제23회 총회장 강용한.

이 우리를 거스리고 반대하는 그 어떠한 죄일지라도 우리는 그 형제들을 용서하는 것뿐이다."[16]라고 하였으니, 형제들을 불신법정에 고소하고 투옥시킨 죄의 사죄(赦罪) 받을 유일(唯一)의 길은 그 형제의 죄를 즉시 용서하고 하나님 앞과 사람들 앞에 회개하기 전에는 하나님 앞과 성도들 앞에 영원히 정죄되어 있다는 결론인즉 신성한 하나님의 교회의 권징은 이러한 사람들의 소행을 결코 묵과(默過)해서는 안될 것이다.

ⓒ 또 주님께서 일만 탈란트의 빚을 주인에게 탕감받은 자가 형제에게 가서 자기에게 백 데나리온의 적은 빚을 진 형제를 용서하지 않음으로 주인이 이르기를, "악한 종아, 네가 빌기에 내가 네 빚을 전부 탕감하여 주었거늘 내가 너를 불쌍히 여김같이 너도 네 동관을 불쌍히 여김이 마땅치 아니하냐 하고, 주인이 노하여 그 빚을 다 갚도록 저를 옥졸(獄卒)들에게 붙이니라"(마태 18장 23절-35절).

칼빈은 여기에 대하여 말하기를, "만일 우리가 특별히 형제들에게 있는 많은 허물을 용서하여야 한다면, 그들이 우리들의 소유물을 훔쳐 가서 사용할 때에 우리 자신들은 자비와 긍휼에 대한 빠른 판단을 하기가 어렵기 때문에 주님께서 적합한 비유로서 그의 교훈에 따르도록 한 것이다."[17] 이 말은 형제가 나의 소유물을 훔쳐간 것을 발견했을 때에 용서를 할까 말까 하고 망설이게 되는 경우가 있을 때에 주신 비유로서 망설일 필요도 없이 즉시 용서하라는 말씀으로 해석했다. 그렇다. 우리 성도들은 그리스도의 보혈로 속죄함을 받고 그리스도의

---

16. *Calvin's New Testament Commentaries Matthew*, translated by A. W. Morrison p. 214. "The only law of admission to His forgiveness is that we pardon our brothers for any sin against us."

17. *Calvin's N. T. Commentaries Matthew*, translated by T. H. L. Parker, p. 235.

지체인 형제의 적은 허물을 용서치 못하면 주님께서 용서치 않은 자를 옥(獄)에 가두겠다는 말씀이다. 그럼에도 불구하고, 형제를 용서는 고사하고 투옥을 시켜놓고도 잘했다고 계속 주장할 수 있을까?

ⓓ 주님의 교훈을 끝으로 한 곳만 더 생각해 보기로 하자. "새 계명을 너희에게 주노니 서로 사랑하라. 내가 너희를 사랑한 것 같이 너희도 서로 사랑하라. 너희가 서로 사랑하면 이로써 모든 사람이 너희가 내 제자인 줄 알리라."(요한복음 13장 34절 -36절).

칼빈은 말하기를, "우리들 자신과 이웃의 사랑은 물과 불보다 더 일치하지 않는다."[18]고 하여 성도간의 사랑의 식어짐을 표현한 것이다. 계속하여 말하기를 "그래서 누구든지 진실로 그리스도에게 속하기를 원하며 하나님에 의하여 인정되기를 원하는 사람은 마땅히 그의 전생활이 형제들을 사랑하는 것을 형성하고 가리키며 그 자신이 이것을 부지런히 선동하지 않으면 안 된다."[19]고 하였다.

따라서 형제의 허물을 용서하고 사랑하는 일을 조성하고 사랑할 것을 타인에게 가리키고 부지런히 그리고 열심으로 형제 사랑할 것을 선동해야 하는 그것이 곧 그리스도의 제자(弟子)가 되는 자격증(資格證)과 같은 것이란 뜻이다. 반대로, 형제의 허물을 용서하고 사랑함은 고사하고 형제의 허물과 죄를 불신법정에 고소하고 형제를 투옥시키는 사람은, 곧 그리스도의 제자가 될 자격이 없다는 말이다. 그렇다면 그리

---

18. *Calvin's N. T. Commentaries to the Gospel accorvling to St. John, Part two*, translated by T. H. I. Parker p. 71.

19. Calvin's N. T. Commentaries to the Gospel accorvling to St. John part two, translated by T. H. I. Parker p. 71. "Whoever then, desires truly to belong the Christ and to be acknowledge by God must form and direct his whole life to loving the brethren and stir himself up to this diligently."

스도의 제자의 자격증(資格證)도 없는 사람들이 그리스도의 제자들을 가르칠 수 있겠으며 먹일 수 있겠단 말인가? 오히려 그리스도의 제자들에게 가서 배워야 하고 봉사를 받아야 당연한 논리적인 귀결(歸結)이 아니겠는가?

B. 진리의 말씀에 대한 도전행위이다

마태 17장 5절, "이는 내 사랑하는 아들이요 내 기뻐하는 자니 너희는 저의 말을 들으라."고 하신 대로 제자가 된 하나님의 자녀들은 하나님의 말씀에 절대복종하는 것이 생명이요 따라서 진리의 말씀을 거스리며 반항하는 것은 영원한 죽음이란 말이다.

ⓐ 사도바울은 말하기를, "누구든지 진리를 거스려 아무것도 할 수 없고 오직 진리를 위할 뿐이니"(고후 13장 8절)라고 하였다. 여기에 "우리는 진리를 거스려 아무것도 할 수 없고"란 말은 헬라 원문에는 "*οὐ-γαρ δυνάμεθα τι κατά τῆς ἀληθειας*"(for we have no power against the truth), 곧 우리는 진리를 반대할 권한을 갖지 않는다는 의미이다. 말빈 빈센트(Marvin R. Vincent)는 말하기를, "인간은 진리의 면전(面前)에 가고야 말기 때문에 진리를 거스리고 반항하면 반드시 실패할 것이요. 인간은 진리를 대항하기에는 너무도 무능하다. 이와 같이 진리를 거스리는 경우 우리는 반드시 하나님 앞에서 부인당할 것이다."[20]라고 하였고, 또한 유명한 개혁주의 보수신학자 필립 휴그스(Philip E. Hughes)는 말하기를, "바울이 여기 기록한 것은 특별히 기독교 목사의 직무 수행에 빛을 던져주

---

20. *World Study in the New Testament* by marrin R. Vincent p. 360.

는 것이다."[21]라고 한 것은 곧 진리는 하나님의 종들이 양을 인도하는 데 유일최대(唯一最大)의 등불이니 이 등불을 거스리고 파괴하는 자는 자신이 소경처럼 어두워질 것이요 소경이 하나님의 양무리를 인도할 수 없다. 뿐만 아니라 진리를 거스리고 반항하는 자는 '사탄'(σαταναϛ 번역하면 (英) adversary 곧 반대자란 뜻[마태 16장 23절])이라고 하였다. 우리는 베드로가 실수함으로 준엄한 책망을 받은 것을 명심하여 진리를 거스려 반항해서는 결코 안될 것이요 거스려 반항했으면 즉시 철저히 회개하고 고쳐야 한다.

ⓑ 야고보는 말하기를, "그러나 너희 마음속에 독한 시기와 다툼이 있으면 자랑하지 말라. 진리를 거스려 거짓말 하지 말라."(야고보 3장 14절)라고 했다. 이에 관하여 칼빈은 "독한 시기와 다투는 사람의 때 심령의 기본 형태가 이 악의 원천인 것을 지적했다."[22] 그리고 계속하기를 "우리가 하나님의 아들들이란 것을 정직하게 자랑하기를 원한다면 우리들의 형제와 더불어 확실하고 정당하게 행동할 것을 말했다."[23] 이는 형제와 더불어 정당한 사랑을 하지 않고 시기하고 다투는 사람은 곧 하나님의 아들이 아니라는 것을 드러내는 것이란 말이요, 진리를 거스림은, 곧 거짓말함이란 뜻이다.

---

21. *The International Commentary on the N. T. on the Second Epistle to the Corinthians* by Philip E. Hughes, p. 483.

22. *Calvin's New Testement Commentary Mathew*, translated by A. W. Morrison p. 293.

23. *Ibid*.

C. 하나님의 무서운 심판을 받는 일이다

끝으로 우리 주님께서 세상에 계실 때에 직접 형제사랑과 형제봉사에 대하여 설명적으로 쉽게 말씀하신 것을 다 같이 생각해 보기로 하자.

ⓐ "또 왼편에 있는 자들에게 이르시되 저주를 받은 자들아 나를 떠나 마귀와 그 사자들을 위하여 예비된 영원한 불에 들어가라."(마태 25장 41절) 이는 최후 심판의 광경이니 어떠한 사람들에게 내린 심판인지 계속 본문을 읽어보면 알 것이니,

ⓑ 곧, "내가 주릴 때 너희가 먹을 것을 주지 아니하였고 나그네 되었을 때에 영접하지 아니하였고 벗었을 때에 옷 입히지 아니하였고, 병들었을 때와 옥에 갇혔을 때에 돌아보지 아니하였느니라."(마태 25장 42절-43절)라고 하였다. 여기에서 특히 형제가 옥에 갇히면, "그 형제에게 한 그것이 곧 내게 한 것이니라."(마태 25장 45절)라고 하셨다. 여기 내 형제 중에 지극히 작은 자 하나에게 한 것도 곧 주님께 한 것이라고 하여 지옥불에 들어가라고 했으면 지극히 적은 자도 아니요, 한 사람도 아닌, 집사와 목사 두 분을 고소하고 옥에까지 가두었다면 그 사람들은 어디로 가야만 하나님의 바른 심판이겠는가?

ⓒ "저희는 영벌에 들어가라 하시니라."(마태 25장 46절). 여기 형제를 사랑치 않고 돌아보지 아니한 것이, 하나님을 떠나 마귀와 그 사자들을 위하여 예비된 영원한 지옥불에 들어가라고 한 조건이 된 것을 똑똑히 보고 깨달아야 할 일이다. 그리고 계속하여 주님께서 그 형벌 받은 이유를 설명하신 것을 읽어만 보면 누구나 주석도 필요 없이 알 수 있다.

"이에 임금이 대답하여 가라사대 내가 진실로 너희에게 이르노니 이 지극히 작은 자 하나에게 하지 아니한 것이 곧 내게 하지 아니한 것이니라 하시리니 저희는 영벌에 들어 가리라." 사랑과 봉사보다 도리어 형제를 고소하여 옥에 넣은 것은 이 얼마나 두렵고 놀라운 일인가를 깊이 깨닫고, 성도간의 불신법정 소송을 성경적이라고 주장하시는 분들은 속히 취소하며 회개하고 돌아올 것을 기도할 일이다.

3. 고전 6장 1절-8절의 고찰

가장 중대하고 실제적인 문제는 여기에서 그 절정을 이루고 있다. 그 이유는 신구약성경 중에서 유일명확(唯一明確)하게 같은 교단 내에서 교회의 법을 거치지 않고 신자 간에 불신법정 소송을 제기한 것(본 교단 문제와 동일함)과 이 문제에 대하여 세밀하게 취급하면서도 구절마다 선명하고 단호한 결정을 내렸으며 결국에는 정죄함으로 우리들에게 바른 판단을 보여주시기 때문이다. 그러면 여기에서는 특별히 장로교의 창설자이시며 개혁자이신 요한 칼빈(John Calvin)과 그 신학사상을 이어받은 개혁파 보수주의 신학자이신 그로사이데(F. W. Grosheide) 두 분의 설명과 주장을 소개하기로 한다. 먼저 "신학적으로 본 법의 적용문제"[24]에서 칼빈의 주석을 인용하여, 칼빈은 성도간의 불신법정 소송을 허용하나 남용만을 금한 것으로 말하였고, 다시 같은 논문[25]에서 그로사이데(F. W. Grosheide) 주석[26]을 인용하여 그로사이데 역시 소송을 허용한 것

---

24. "학적으로 본 법의 적용문제," p. 7.
25. "신학적으로 본 법의 적용문제," p. 6.
26. F. W. Grosheide, *Commentary on the First Epistle the Corinthians*, pp. 132~139.

으로 말하였다. 그러면 그것이 두 학자들의 사상을 바로 표현한 것인지 여기에서 알아보기로 하자.

칼빈은 그의 주석, 고전 6장 1절-8절의 서문에서 말하기를 "바울은 지금 고린도 교인들의 소송에 관하여 범한 허물을 지적하여 본문 1절-8절은 두 가지 종류의 견책들로서 첫째는 고린도 교인들 간의 싸움이 불신법관 앞에 고소됨에 있으니 그들은 복음의 악명(惡名)을 주었고 또한 공적 조소(公的 嘲笑)의 재료를 만든 것이요, 둘째는 기독신자 간에 권리침해를 당했을 때 상대자들을 해롭게 하려고 하는 행위는 그것이 어떤 종류의 싸움이든 간에 차라리 손해를 보고 당하는 것이 나은 것이다. 그래서 첫째 부분은 특수한 것이요 둘째 부분은 일반적인 것이다."[27] 그로사이데 역시 그의 주석 서두에서부터, "고린도 교인들은 신자라고 하면서 신자간의 일들을 불신재판정에 제기한 것은 잘못된 것임을 강력히 공포한다."고 하였다.

A. 6장 1절, "너희 중에 누가 다른 이로 더불어 일이 있는데 구태어 불의한 자들 앞에서 송사하고 성도 앞에서 하지 아니하느냐"

그로사이데(F. W. Groshcide)는 말하기를 우리는 헬라 재판관들 가운데 뇌물수급(賂物收給)의 악풍이 많았다는 것을 생각한다. "그러나 이것이 중심된 일이 아니라 그보다 중요한 것은 기독교인들은 불신법정에 갈 수 없다는 것이다. 바울의 경고의 근본적 사상은 불신재판관에게는 하나님의 나라 일들이 알려져 있지 않음으로 불신재판관은 기독신

---

27. Calvin's N. T. Commentories The First Epistle of Paul to the Corinthians. p. 117.

자들의 사건들을 판단할 수 없다는 사상(思想)인 것이다."(We might think of the evil of bribery which was not uncommon among Greek judges. But this can not have been the main thing for else the Christians would not have gone to the Pagan law courts. The ground of Paul's warning is the thought that a pagan judge can not decide in a case between Christians since he is not acquainted with the things of the Kingdom of God)[28]라고 강력히 경고한 근본사상을 원문 그대로 정확히 소개하였으니 변명은 할 수 없다. 따라서 바울은 고전 2장 8절에서도 그의 사상을 정확히 발표하였으니 곧 "이 지혜는 이 세대의 관원이 하나도 알지 못하였나니 만일 알았더면 영광의 주를 십자가에 못박지 아니하였으리라."고 하였다. 그러나 "바울은 형제간의 사건이 아니면 불신법정소송을 금한 것은 아니다."[29]라고 그로사이데(F. W. Grosheide)는 말하였다.

칼빈(John Calvin)의 글을 보자. "너희 중에 누군가, 이것은 견책의 제일부이다, 만일 누군가 형제와 더불어 논쟁이 있으면 마땅히 믿는 법관 앞에서 해결하도록 해야 하고 불신법관들 앞에 해서는 안 된다. 그 이유는 첫째는 이미 말하였거니와 복음이 망신을 당하기 때문이며 그리스도의 이름이 곧 하나님 없는 자들의 조소거리로 드러나기 때문이니 이는 사탄에 의하여 충동된 불신자들이 항상 비상상태(非常狀態)에서 신자들의 종교 교훈 가운데서 무엇을 찾으려고 기회를 열망적으로 노리고 있기 때문이다."(This is the first part of the reproof. If anyone has a dispute with a brother, it ought to be resolved before believing judge, and not before unbelievers. Should anyone want to know why, I have already said that this is because the Gospel is discredited, and the name of Christ is exposed,

---

28. *Commentary on the Corinthians* by F. W. Grosheide, p. 133.
29. *Ibid.*

as it were, to the derision of the godless…)[30]

그리고 둘째 이유를 말하기를, "우리가 기쁨으로 불신법관들의 판결대로 형제를 복종케 할 때에 우리는 우리 형제들을 모욕하고 멸시하는 것이다. 그러나 불신자들이 법관에게 그들의 권리를 보호하기 위하여 그들의 불신법정에 기소하는 것이나 신자가 불신자들에게 신자의 권리를 보호받기 위하여 불신법정에 기소하는 것은 바울은 정죄하지 않았다. 그런고로 형제에 대하여 불신법정에 소송절차를 제정하는 발의를 취한 것은 잘못된 것이다."[31]라고 강력하고 선명하게 말하였다.

B. 6장 2절, "성도가 세상을 판단할 것을 너희가 알지 못하느냐 세상도 너희에게 판단을 받겠거든 지극히 작은 일 판단하기를 감당치 못하겠느냐?"

칼빈은 "바울은 세상 문제들에 관한 논쟁에 있어서 사건이 불신자들의 손에 들어가는 경우 신앙적으로 합당한 심판을 할 자가 신자 중에 하나도 없었다는 것은 하나님의 교회에 명예손상을 끼친 것을 보여주는 것이다. 그 이유는 성도가 온 세상일과 세상 사람들을 바로 판단할 특권을 그리스도로부터 부여받았기 때문이다."[32] (마태 19장 28절)라고 하였다.

그로사이데(F. W. Grosheide)는 "그 절은 그들의 실수의 내막을 파헤친다. 이는 하나님의 교회의 명예 훼손이다. 심판을 하는 것은 그리스도

---

30. *Calvin's New Testament Commentary The First Epistle of Paul to the Corinthians translated* by john W. Fraser. p. 117.

31. *Ibid*, p.118.

32. *Ibid*.

의 거룩한 영광과 신자들의 특권이 기대되는 특별한 몫의 책임이다."[33]라고 하여 교회의 권위를 짓밟는 망령된 소행으로 본 것이다.

C. 6장 3절, "우리가 천사를 판단할 것을 너희가 알지 못하느냐 그러하거든 하물며 세상 일이랴."

칼빈은, "너희는 우리가 천사를 심판할 것을 알지 못하느냐에서 크리소스톰(Chrysostom)은 이것을 제사장들에 관한 것으로 생각한다고 말했을 때, 칼빈(John Calvin)은 '그것은 바로 실제말씀 그대로'라고 말하고, 곧 하늘의 천사들이 하나님의 말씀에 의한 심판에 복종한다. 이유는 갈라디아 1장 8절에 하늘로부터 온 천사라도 다른 복음을 가져오면 그가 저주를 받을 것이라고 한 것을 보아서 증명된다. 고로 실제로 끝날에 우리 성도들이 사람과 악한 천사들을 심판한다."[34] 이러한 특권을 가진 하나님의 백성된 우리 성도가 우리에게 심판을 받을 어두운 불신자 앞에 심판을 청한다는 것은 너무도 수치스러우며 창피한 허물이다.

D. 6장 4절, "그런즉 너희가 세상 사건이 있을 때 교회에서 경(輕)히 여김을 받는 자들을 세우느냐"

칼빈은, "그런고로 우리 신자들이 신자들의 사건을 판결함은 불신 법관의 권위를 깎아내리는 것이 아니고 바울은 기독교인들은 근본적

---

33. *Commentary on the Corinthians* by F. W. Grosheide, p. 133.
34. *Calvin's N. T. Commentaries, The First Epistle to the Corinthian*, p. 119.

으로 불신법정을 피하여야 할 것을 정당히 일러주는 것이다."(Therefore, since we do not detract from the authority of the magistrate in reaching a decision ourselves, the apostle rightly tells Christians to keep away from the ordinary court, ie. that of unbelievers).[35]

그리고 "교회에서 경히 여김을 받는 자"(καθιχαθίξετε, Who are of no account)란 칼빈은 '불신자'를 말하였고, 그로사이데(F. W. Grosheide)는 세상 불신 법관만을 말한 것이 아니라 교인인 법관도 말하니 곧 교회에서도 불신앙적인 법관이면 거기에서도 하는 것을 반대한다."[36]라고 하였다. 그러니 소위 교회재판이라 할지라도 불신앙적인 거짓 증거로서 잘못 내린 판단은 "경히 여김을 받는 자"에 속하는 것이다.

E. 6장 5절, "내가 너희를 부끄럽게 하려 하여 이 말을 하노니 너희 가운데 그 형제간 일을 판단할 만한 지혜있는 자가 이같이 하나도 없느냐"

중대한 말은, "내가 너를 부끄럽게 하려고 말한다."는 것이다. 그로사이데(F. W. Grosheide)는 "바울은 믿는 형제들 편에서 불신법관 앞으로 가는 것은 어떠한 형태를 막론하고 모두 비난 정죄한다."(Paul condemns every form of going to court before a pagan judge on the part of brethren).[37]

"그런고로 우리는 바울이 모든 법적행위를 정죄한 것이라고는 말할 수 없다."(We can not, therefore, say that Paul condemns all legal Proceeding).[38] 이는 곧 신자대 불신자 또는 불신자대 신자의 정당한 법적 행위는 할 수 있다는

---

35. *Ibid*, p. 120.
36. *Commentary on the First Epistle to the Corinthian* by F. W. Grosheide, p. 136.
37. *Ibid*, p. 137.
38. *Ibid*.

것만을 밝히는 것이다. 그래서 불신자와 신자들의 소송의 차이를 구분한 것이다.

칼빈은 "너희 형제들 간에 일어난 작은 문제들을 우호적인 방법으로 해결하지 않고 너희가 그 성도의 명예를 불신자들에게 양도하여 버렸으니 성도의 신분에서 탈락된 수치를 들어낸 것이다."[39]라고 말하였다. 이는 형제가 형제의 허물을 용서는 고사하고 불신자 앞에서 성도의 이름을 팔아먹은 지극히 못 할 일을 한 것이다.

F. 6장 6절, "형제가 형제로 더불어 송사할뿐더러 믿지 아니하는 자들 앞에서 하느냐"

그로사이데(F. W. Grosheide)는 "신자가 형제와 같이 사랑하는 성도를 불신법정에 소송하는 것이 어떻게 가능한가? 이는 다만 그 형제를 일체 사랑하지 않는다면 소송이 가능한 것이다."[40]라고 말하였다. 그러나 이런 자는 형제를 사랑치 않는 자니 살인자와 같은 것을 의미하면서 강조하는 말이다.

G. 6장 7절, "너희가 피차 송사함으로 너희 가운데 이미 완연한 허물이 있나니 차라리 불의를 당하는 것이 낫지 아니하며 차라리 속는 것이 낫지 아니하냐"

그로사이데(F. W. Grosheide)는, "주목할만한 말이다. 이는 승리의 빛 가

---

39. Calvin's N. T. Commentaries on the First Epistle of Paul to the Corinthians, p. 121.

40. Commentary on the first Epistle of Paul to the Corinthians by F. W. Grosheide, p. 138.

운데 살고 있는 교만한 고린도 교인들은 실제적으로는 실패했다는 것을 진술하는 것이다. 이 실패는 그들이 다른 형제에 대한 그들의 소행임을 보여준 것이다. 주의 교회 안에 있는 우리는 겸손하여 그리스도의 본을 따라 주관하는 자세를 하지 말고 봉사하는 자세를 가져야 할 것인데, 고린도 교인들은 교만과 자기의 권세만을 찾고 있다."[41]고 하였다. 이 같은 것은 바로 현재 우리 교단의 모습과 동일한 것임을 우리는 각성해야 할 것이다.

칼빈은 "'너희 가운데 이미 허물이 있나니'라고 한 말은 견책의 제2부에 속한다. 바울은 그들의 허물을 들어냄에 있어서 그들이 복음을 욕되게 하고 악명으로 나타낸 것이 근본적인 것이 아니라 그들이 서로 대항하여 불신법정에 소송행위를 취함에 있다. 바울은 이것이 바로 근본적인 중대한 허물이라고 말했다."[42]라고 했다. 계속하여 말하기를, "바울이 고린도 교인들을 정죄한 것은 그들이 서로가 싸워 불신법정에 간 때문이다. 주님께서 우리들에게 가르치신 빛은 악한 일로 인하여 정복되지 말고 친절한 행실로 오히려 정복해야 한다(마 5장 44절). 바울은 개인적인 문제에 있어서도 이와 같은 방법으로 불신법정에 가는 것은 완전히 잘못인 고로 누구든지 불신법관 앞에서 자기의 권리를 보호받으려는 것은 잘못된 것이라고 한 것이다."[43]

칼빈은 계속하기를, "그들이 형제에게 손해를 가할 때만이 잘못이 아니라 또한 그 일을 오래 참음으로 인내하지 못한 것도 역시 잘못된

---

41. Ibid.
42. *Calvin's N. T. Commentaries on the First Epistle of Paul to the Corinthians*, p. 121.
43. *Ibid*, p. 121.

허물이라."[44]고 지적하였다.

H. 6장 8절, "너희는 불의를 행하고 속이는구나 저는 너의 형제로다."

칼빈은, "바울은 소송행위를 참지 못하고 한 것도 나쁘며 형제를 가해(加害)함으로 얼마나 더 나쁜 일을 더욱 행하겠느냐, 저는 너희 형제로다, 악한 자는 모든 것을 더 나쁘게 만든다. 그 이유는 만일 나쁜 일로 인하여 의심을 받고 고민하고 있는 손님이 있는데 실은 자기 형제가 그 나쁜 일을 범했다면 그 얼마나 기형적이며 잘못인가 우리는 모두가 하늘에 계신 한 아버지를 부르는 형제들이다."[45]라고 하였고,

그로사이데(F. W. Grosheide)는 "바울은 형제간의 소송 그 자체의 죄성을 지적함이 필수적인 것이었다."[46]고 하여 계속하여 "과오를 범하는 것은 죄악이니 누구든지 곧 범죄케 될 것이다."[47]라고 하였다.

이상으로서 요한 칼빈과 그로사이데의 고전 6장 1절-8절의 주석을 대체적인 요점만을 들어 소개하였다. 이 이상 더 다른 변론을 첨가시킬 필요가 없다. 그 이유는 너무도 명확하게 판단을 내려놓았기 때문이다. 자그만치 장로교의 창설자요 사상 전반에 걸쳐 주역자이시기 때문에 이 칼빈의 학설과 주장을 반대하는 것은 곧 장로교의 원리를 반대하는 것과 다름이 없다고 하여도 과언이 아닐 것이다.

---

44. *Ibid*, p. 122.

45. *Ibid*, p. 123.

46. *Commentaries on the First Epistle to the Corinthian* by F. W. Grosheide, p. 139.

47. *Commentaries on the First Epistle to the Corinthian* by F. W. Grosheide, p. 139.

제4장 웨스트민스터 신앙고백(The Westminster Confession of the Faith)의 고찰

장로교 청교도들이 지배하던 영국국회는 장기간 국왕과 싸움 끝에 1643년 국회의 감독체제를 철폐하고 웨스트민스터의회(The Westminister Assembly)라 부르고 이 회를 국회를 위한 자문위원회라고 칭하였으며 회원에는 소수의 조합교회 교인과 감독교회 교인들이 참석했으나 대다수인 무려 121명의 회원이 장로교 청교도들이었으니 장로교회적 통치형태인 통치체제가 많은 질문을 받은 끝에 1646년에 채택된 것인데 이 회에서 많은 훌륭한 칼빈주의 체제들에 의하여 (그중에는 물론 Olevianus에 의하여 암시되고 Leyden의 Coccejus에 의하여 발전된 계약신학 체제도 참여함) 연구한 끝에 이 신앙고백서를 만들어 낸 것이며, 동시에 설교주석을 위한 대요리문답서와 어린이 훈련을 위한 소요리문답서 등 두 요리문답서도 만든 것인데 우리 교단에서는 1969년 총회에서 정식으로 우리의 신앙고백으로 받아들인 것이다.

그런데 지난 1974년 9월 19일 개최된 제24회 총회 결의에, "소송문제에 관한 제23회 총회결의는 우리 교리 표준(신앙고백, 대요리문답, 소요리문답)에 위배된 결의이므로 다음과 같이 수정 결의하다. 사회법정에서 성도간의 소송행위가 결과적으로 부덕스러울 수 있음으로 소송을 남용하지 않도록 하는 것이 총회의 입장이다."라고 결의한 문제에 대하여 이것은 지나치게 잘못된 결의였음을 지적하고 그 이유를 웨스트민스터 신앙고백과 대소요리문답을 고찰함으로써 말하고자 한다.

1. 제1장 성경에 관하여

(1) 성경의 권위에 대하여

성경의 권위에 대하여 우리는 그것을 믿고 복종해야 한다. 그 권위는 어떤 사람이나 교회의 증거에 의거하는 것이 아니라 진리자체이시며 저자가 되시는 하나님께 전적으로 의거하고 있다. 그것은 하나님의 말씀이므로 우리는 그것을 받아들여야 한다(신앙고백 1장 4조).

여기에서 무엇보다도 먼저 본 신앙고백서의 근본사상 이념을 전제한 것인데, 곧 총회의 어떤 결의나 어떤 사람들에 의하여 된 표준문서나 교회의 관례(慣例)나 전통도 성경말씀을 도전하거나 전복할 수 없고, 성경말씀의 절대적 지배를 받아야 한다는 것을 규정지어 둔 것을 분명히 알아야 한다.

(2) "그러므로 종교에 관한 모든 논쟁에 있어서 교회가 최종적으로 호소할 수 있는 곳은 성경이다"(So as in all controversies of religion, the church is finally to appeal unto them 제1장 8조 2).[48]

본절에서 밝힌 것만으로도 이상 더 논란할 필요가 없게 되었다. 오늘 우리 교단 제24회 총회의 성도간의 불신법정 소송문제의 가부 문제가 성경의 판단을 받지 않고 표준문서에 의하여 결의되었으니 근본적인 잘못이요 신앙고백 자체의 내용도 원리도 알지 못하고 저지른 무서운 실수이다.

---

48. *The Westminster Confession of Faith*, 1:8.

(3) "모든 종교적 논쟁을 결정하고 교회 회의의 모든 결정과 고대학자들의 의견과 인간의 교훈과 개인의 정신문제를 감독하고 판단하시는 최고 심판자는 성경 안에서 말씀하시는 성령 외는 아무도 없다."(제1장 10조, The Suprime judge, by which all controversiers of religion are to be determined, and all decrees of councils, opinions of ancient writers, doctrine of men, and private spirits, are to be examined, and in whose sentence we are to rest, can be no other but the Holy Spirit speaking in the Scripture).

이상의 조항에서도,

① 모든 종교적 논쟁을 결정하는 것

② 교회 회의의 모든 것을 결정하는 것

③ 고대학자들의 의견

④ 인간들의 교훈

⑤ 개인의 정신문제를 감독하고 판단하시는 최고심판자는 성경 안에서 말씀하시는 곧 성경 말씀이라는 것이다.

그러나 현재 본 교단의 문제는 이상의 다섯 가지 종목 중에 속하는 것이니 곧 총회의 결의도 종교적인 논쟁도 학자들에 의하여 만들어진 표준문서와 대소요리문답도 헌법도 개개인의 정신문제도 전부가 하나님의 말씀으로 판단을 받아야 한다. 그런데 본 제24회 총회에서는 표준문서가 최고심판자가 되었으니 성경의 권위를 표준문서에다 잠간 넘겨 버렸단 말인가? 그리고 표준문서의 판단을 받았다고 하면서 어찌하여 표준문서 중에서 제일 중대한 장절은 삭제해 버렸던가? 그리고 표준문서의 근본적인 정신과 뜻은 어디에다 버리고 엉뚱한 말과 괴변으로 재주를 부리는지 이해가 가지 않는다. 그럼에도 불구하고 형제가 형제를 불신법정에 고소할 수 없다는 성경 고전 6장 1절-8절을 무시하고 고소를 감행한 것이 옳다 하며 하나님이 고소를 했다는 목사들의 신앙양심을 의심하지 않을 수가 없다.

2. 제15장 생명에 이르는 회개에 관하여

(1) 그러므로 형제나 그리스도의 교회를 중상한 사람은 사적으로든지 공적으로든지 자기의 죄에 대하여 고백하고 사과함으로써 중상을 당한 자에게 대하여 자기의 회개를 발표하도록 해야 한다. 또 중상을 당한 사람은 회개를 통해 그와 화목하고 그를 사랑함으로써 용납해 주어야 한다(제15장 6절 2-3항).

이 말씀은 범죄자들에게 사적, 혹은 공적으로 자기의 죄에 대하여 회개할 수 있는 기회를 만들어 주어 형제를 죄에서 선한 방법으로 구하여내는 방법을 말한 것이며 그 형제와 화목하고 용납하여 주며 사랑할 것을 말한 것인데 형제를 투옥시켜 놓고도 옳다고 주장한다면 분명히 본 장절에 위배되는 것이다.

3. 제20장 신자의 자유와 양심의 자유에 관하여

특별히 제20장 4절은 제24회 총회에서 신자 간의 불신법정 소송을 정당화시키는데 열쇠역을 한 문제의 장절이기 때문에 세밀한 연구와 판단이 필요한 것이라고 본다. 그러면 먼저 원문을 기록하고 한 구절씩 생각해 보기로 하자.

제20장 4절, "And because the powers which God hath ordained, and the liberty which Christ hath purchased, are not intented by

God to destroy, but mutually to uphold and preserve one another: they who, upon pretence of Christian liberty, shall oppose any lawful power, or the lawful exercise of it, whether it be civil or ecclesiastical, resist the ordinance of God. And for their publishing of such opinions, or maintaining of such practices, as are contrary to the light of nature, or to the known principles of Christianity, Whether concerning faith, worship, or conversation: or to the power of godliness: or such erroneous opinions or practices, as either in their own nature, or in the manner of publishing or maintaining them, are destructive to the external peace and order which Christ hath established in the church: they may lawfully be called to account, and proceeded against by the censure of the church, and by the power of the civil magistrate. [49]

이상의 원문을 해당 성경구절을 삽입한 대로 번역하면, "그리고 하나님께서 제정하신 권력들과 그리스도께서 값 주고 사신 자유는 하나님께서 파괴하려고 하신 것이 아니고 오히려 서로 도와서 보존하려는 것이기 때문에 기독신자의 자유를 구실삼는 어떤 사람들이 비록 세속적이든 교회적이든 간에 합법적 권력과 혹은 그 합법적 권력의 행사를 반대하는 사람은 누구나 하나님의 제정을 반대하는 것이다. 마태 12: 25, 벧전2: 13, 14, 16 롬13:1-8, 히13: 17.

그리고 그들의 그러한 의견의 발표나 그러한 실행의 지속은 자연

---

49. *The Westminster Confession of Faith*, G. 1 Williamson. p. 154.

적 직각과 믿음과 예배와 교제에 관하여 잘 알려져 있는 기독교의 원리(原理)들이나 경건의 능력에 배치되는 것이다. 그리고 그를 자신의 본성에서나 그것들을 발표하고 지속하는 방법에 있어서 그러한 그릇된 의견이나 행실은 그리스도께서 교회 안에 세우신 외적 평화와 질서를 파괴하는 것임으로 그들은 합법적으로 문책받을 것이요 교회의 권징법에 의하여 고소될 것이요, 롬1:32, 고전5:1, 5, 11, 13, 요10:11, 살후3: 14, 딤전6:3-5, 디도1:10, 11, 13, 3:10, 마태18:15-17, 딤전1:19-20, 계2:2, 14:15, 20, 3:9.

또한 세속 관리의 권력에 의하여 고소될 것이다. 사13:6-12, 롬13:3,4, 요5:10, 11, 스7:23, 28, 계17:12, 16, 17, 느13:15, 17, 21, 22, 25, 30; 왕하23:5-6, 9, 20, 21, 대하34: 33, 15:12, 13, 16, 단3: 29, 팀전2:2, 사49:23, 슥13:3.

이상의 원문을 그대로 번역하고 보니 현재 본 교단 헌법책 중에 있는 신앙고백서(The Westminster Confession of the Faith)의 번역이 원만하지 못한 것임을 알 수 있으니 그 이유를 말하면,

첫째로, "they may lawfully be called to account"를 "그들은 일반법으로 문책받을 것이요"라고 번역하였다. 그러나 여기 'lawfully'란 부사는 '합법적으로' 혹은 '정당하게'라고 번역되어야 함이 당연하며,

둘째로는 원문의 제3부분인 마지막의 절이 빠져 있는 것이니 곧, "And proceeded against by the power of the civil magistrate"이니, "그리고 세속관리의 권력에 의하여 고소될 것이다." 이상의 절이 짧은 것 같으나 실은 완전히 본 20장 4절의 제3항을 차지하고 있는 것임으로 중대한 것이 빠진 것이다.

그러니만큼 앞에 말한 'lawfully'란 말은 일반법이 아니요 세속적 일반법은 마지막 절에서 따로 취급하고 있는 것이기 때문에 이 'lawfully'란 말은 '합법적으로'라고 번역하여 곧 교회법이든지 구분없이 '합법적으로' 문책받을 것이란 것이 합당한 것이다. 그리하여 그 합법적으로 문책받는 방법과 순서를 명확히 제시했으니 곧,

첫째는, "교회의 권징법에 의하여 고소될 것이요" 둘째는, "세속관리의 권력에 의하여 고소될 것이다."라고 한 것이다. 그런고로 웨스트민스터 신앙고백(The Westminster Confession of the Faith) 제20장 4절은 제3부로 나누어져 있으니,

제1부는 기독교인의 자유를 빙자하여 범죄하는 자들의 죄를 규정한 것이요,

제2부는 범죄자들을 먼저 교회의 권징법에 의하여 처리하는 규정이요,

제3부는 교회의 권징법에 의하여 처리된 결과, 불순 패역함으로 "마태 18장 15절-17절"대로 이방인과 세리 같이 출교된 자를 세속관리의 권력인 불신법정에 넘겨 처리하는 규정을 순서적으로 밝혀 놓은 것이다.

그리고 "소송에 관한 제23회 총회결의는 시정되어야 한다."란 논문에서 신앙고백 제20장 4절을 검토한 결과 네 가지 조항을 말한 중 ③에 "교회법이나 국법을 반대하는 사람은 하나님의 규례를 반대하는 것이다"[50]라고 되어있다. 그러나 여기에서 만일에 국법이 무신론 공산

---

50. "신학적으로 본 법의 적용문제," p. 4.

주의 법이라면 하나님을 모독하고 멸시하는 무신론 공산주의 국가법을 반대한 신실한 순교자도, 하나님을 모독하고 멸시하는 국법을 반대했으니 그가 하나님의 규례를 반대했다는 말인가? 그렇지 않다. 윌리암슨(G. I. Williamson)의 말대로 "이 말은 제한된 범위에서 적용한 말이니, 곧 국법이 하나님의 말씀에 입각하여 제정된 국법의 범위 안에서이지 성경을 무시한 법을 말함이 아니다."[51] 그런고로 그 하나님을 모독하고 멸시하는 국법을 반대한, 순교자는 하나님의 규례를 반대하는 것이 아니라 오히려 하나님의 규례를 옹호하고 주장한 자인 것이다. 만일 그렇지 않다면 신사참배법을 어긴 옥중 성도들은 모두 하나님의 규례를 범했으니 치리를 해야 할 것이다.

그리고 동 논문의 20장 4절의 검토한 조항 ④에서 "교회법을 범한 사람은 교회법으로, 국법을 범한 사람은 국법으로 처벌받아야 한다."[52]고 했다. 여기서 분명히 밝힐 것은, 신자간에 일어난 문제만을 다루고 있는 것인즉 신자 간의 문제는 어디까지든지 교회의 법에 의하여 처리되어야 함을 말한 것뿐이요, 불신자와의 문제는 재언할 필요조차 없이 세속법으로 처리될 것이나 그것은 현재 문제화된 본 교단의 소송문제와는 하등의 관계가 없는 별개의 문제이다.

51. *The Westminster Confesson of Faith*, G. I. Williamson, p. 15.
52. *Ibid*, p. 4.

4. 제30장 교회의 권징에 관하여

"이 목적을 더 효과적으로 달성하기 위하여 교회의 직원은 먼저 훈계로부터 시작하고 다음에는 얼마 동안 주의 성찬에 대한 참석을 정지하고 범죄의 성격과 본인의 과실에 따라서는 교회에서 제명도 한다."(제30장 4조).

여기에서 말한 것은 교회의 권징법적 순서를 말한 것임에도 불구하고 본 교단의 소송문제는 본조항을 무시하고 감행한 것이다.

5. 제31장 총회와 공의회에 관하여

(1) "교회가 보다 나은 정치와 건덕을 위해 소위 총회나 공의회와 같은 모임이 필요하다."(제31장 1절).

이것이 행15장 2, 4, 6절의 교회의 최고 처리기관인 총회이다.

(2) "믿음에 관한 논쟁과 양심의 문제를 결정하고 하나님에 대한 공적 예배에 관해 더 좋은 질서를 위한 규칙과 질서를 설정하는 것과 교회의 정치에 관한 것과 교회정치의 실수에 대한 불평이 있을 때 그것을 받아 권위 있게 결정하는 것은 사역적으로 총회와 공의회에 속한다. 이 회에서 발표한 명령이나 결정은 그것이 하나님의 말씀에 합치되는 한 귀중하게 또는 순종하는 마음으로 받아들여야 한다. 그것은 하나님 말씀에 합치되었다는 이유에서뿐만 아니라 그 말씀 안에서 정해주신 하나님의 제도로서 권위가 부여되어 있기 때문이다."(제31장 3절).

이 말은 총회가 모든 교회에서 제기한 문제들을 받아 권위 있게 처리하고 결정하나 이 총회에서 발표한 명령이나 결정이라 할지라도 하나님의 말씀에 합치되지 아니하면 안 된다는 것을 강하게 말한 것인 즉, 성경을 위반한 소송행위를 무순 권위로서 정당하다고 감히 주장하겠는가?

(3) "사도 시대부터 일반회나 특별한 모임의 구별없이 가진 모든 대회와 공의회는 과오를 범할 수도 있으며, 사실 여러 번 과오를 범했다. 그럼으로 그 회의를 믿음과 실생활의 법칙으로 생각할 것이 아니라, 이 두 가지를 돕는 것에 사용해야 한다."(All synods or councils since the Apostle's times, whether general or particular, may err, and many have erred; therefore they are not to be made the rule of faith or practice, but to be used as on help in both. 제31장 4절).

대단히 중대하고 요긴한 장절이다. 여기에서 총회의 결의와 판결도 실수할 수도 있고 역사적으로 과오를 범했음으로, 총회의 결정이나 판결과 어떤 결의한 신조나 신앙고백도 절대적인 권위를 가진 것이 아니요, 신앙과 신앙생활의 법칙도 될 수 없고 신앙생활을 돕는 것에 사용하는 보조물인 것이요, 오직 모든 것을 절대 통제하는 법은 유일무이하신 하나님의 말씀뿐인 것을 분명히 밝혀 놓은 것이니, 그 어찌 신앙고백을 가지고 성경을 제압하고 절대권을 박탈할 수 있겠단 말인가? 그뿐 아니라 신앙고백 자체가 자신의 권위를 성경 앞에 부정하고 있지 않는가?

제5장 대소 요리문답의 고찰

본 장에서는 다만 "소송에 관한 제23회 총회결의는 시정되어야 한다"란 논문에 제시된 것에 대한 해석을 해보는 것뿐이다.

1. 141문의 '제8계명에서의 요구된 의무는 무엇이뇨?'에서 "불필요한 소송"이나, 142문의 "소송남용"은 모두가 소송은 불필요한 것이나 함부로 불법적으로 하지 말고 꼭 필요한 것은 성경적으로 신중하게 그리고 합법적으로(마태 18장 15절-17절의 절차와 행 15장과 신앙고백 20장 1조-4조, 그리고 30장 1조-4조, 31장 1조-4조, 권징조례 1장2조, 2장 7조, 9조, 10조) 할 것을 말하는 것이지, 현재 본 교단에서 범한 불법적 고소는 철저히 금한 것이다.

2. 144답 제9계명에서 요구된 의무에 답함에 "재판과 판결에 있어 진리만을 말하며"란 말은, 만일 이상과 같은 성경말씀에 위배되지 않는 합법적인 재판 석상에서 증거하는 사람은 반듯이 진리만을 말하라는 것이지 그것이 성도 간에 불신법정에서 진리만을 말하라는 것이 아니다.

3. 145문에 '제9계명에서 금지된 죄들은 무엇입니까?'에 대답하는 중 "공적 재판사건에서 해치는 모든 일들이며…"는 무슨 재판이든 모두 금한 것이 아니다. 그러나 다만 신자 간의 불신법정에 소송하는 과정을 두고 한 말은 아니다.

맺는 말

끝으로 "신학적으로 본 법의 적용문제"에서 칼빈의 기독교강요 제 4권 20장 18-21절(John Calvin's Institutes of the Christian Religion, Book IV Chapter XX, 18-21)[53] 을 인용하여 신자간의 불신법정 소송문제에 적용시켜 정당성을 주장한 것은 너무도 지나친 잘못임을 증명하고 결론을 맺고자 한다.

그러면 『칼빈기독교강요』를 원문 그대로 소개하는 것이 제일 정확한 증명이 되기 때문에 원문을 밝혀본다. "The usual objection, that law-suits are universally condemned by Paul(1 cor. vi. 6), is false. It may easily be understood from his words, that a rage for litigation prevailed in the Church of Corinth to such a degree, that they exposed the Gospel of Christ, and the whole religion which they professed to the calumnies and cavils of the ungodly. Paul rebukes them, first for traducing the Gospel to unbelievers- by the intemperance of their dissensions; and secondly, for so striving with each other while they were brethren."(Book IV chapter xx, 21). 이를 대체로 번역하여 보면, "법적 소송들이(고전 6장 6절) 바울에 의하여 보편적으로 정죄된 것을 부단히 반대하는 것은 틀린 것이다. 그것은 고린도교회 안에서 유행하던 고소에 대한 분노가 그렇게 심한 정도의 말씀들에서 쉽게 이해할 수 있으니 곧 그들이 기독교의 복음과 또한 그들이 믿는 전체의 종교가 비방하는 자들과 불경건한 자들에게 험잡힘과 수치를

---

53. 신학적으로 본 법의 적용문제, p. 13.

들어내기 때문이다. 바울은 첫째는 그들의 분쟁의 폭음으로 말미암아 불신자들에게 복음을 중상시키는 것을 비난하고, 둘째는 그들이 믿는 형제들이었으면서도 서로가 그렇게 싸운다는 것이다.[54] 이상으로서 다시는 더 설명이 필요 없다고 본다. 그래도 이의가 있으면 성경과 그리고 칼빈과 더불어 싸울 것뿐이다.

그런고로 ① 소송문제는(성경 고전 6장 1절-8절), 마태 18장 15절 17절의 원리대로 신자 간의 불신법정 소송은 결코 불가하며 정죄 받을 일이요, ② 교회의 법대로 상회에 소송할 것이며 그 소송마저도 남용하지 말 것이며 신중을 기할 것이요, ③ 상회에 소송을 제기하였을 경우 재판정에서 진리대로 말할 것이며, ④ 상회의 판결이 이방인과 세리와 같이 처리판결 났을 경우 자유로 불신법정에도 고소할 수 있으니 이와같은 경우에서만이 불신법정에 소송제기함이 가능한 것인즉, 곧 신자대 불신자의 불신법정 소송이란 류(類)에 속하는 소송이다.

제7회 총회에서 예배당 소송문제에 대하여 많은 논란 끝에 정치부보고에, "현하 예배당 건물 소송문제는 지금까지 되어진 결과를 보아 피차 덕이 되지 못하니 이 문제를 믿는 형제끼리 적극 해결하기 위하여 위원 5인을 공천부에 맡겨 선정함이 좋겠다."를 채택하였다(제7회 총회록 pp. 135~136).

이 예배당 건물 소송문제는 상대가 교단이 다른 자유주의 교단이었으니 성경적으로 또한 교회법적으로 상회가 없으니 상대방의 행위가 불신앙적으로 나옴으로 부득이하여 세속법정에 민사소송을 제기

---

54. *Calvin's Institutes of the Christian Religion Book* Chapter XX 21.

한 것으로 안다. 이런 경우의 소송제기는 금번 본 교단의 소송제기와는 완연한 차이가 있다. 그러나 제7회 총회의 결의도 성경 고전 6장 7절 말씀에 위배됨으로 잘못된 결의를 한 것으로 안다.

그런고로 웨스트민스터 신앙고백 제31장 4절대로, "공의회는 과오를 범할 수도 있으며 사실은 과오를 범했다."는 조문에 의하여 제7회 총회의 결의를 빙자하여 금번 소송문제 역시 정당성을 주장한다면 이 무서운 과오는 역사의 심판을 면치 못함은 물론이요 끝날에 하나님 앞에 후회할 일이 될 것이다.

그런고로 성경과 표준문서는 공히 신자 간의 불신법정 고소하는 행위는 이유 여하를 막론하고 용납하지 않으니 "소위 사회법정에서의 성도간의 소송행위가 결과적으로 부덕스러움으로 소송을 남용하지 않도록 하는 것이 총회의 입장이다."라고 한 결의는 반대로 "사회법정에서의 성도간의 소송행위는 성경과 신앙고백과 대소요리문답에 위배됨으로 이유 여하를 막론하고 용납할 수 없는 것이 고신 총회의 입장이다."라고 수정되어야 한다는 명확한 결론이 나온다.

끝으로 본 논평을 마침으로써 몇 가지 경고와 약속을 남기고자 한다.

① 1972년 8월, 본인이 재미(在美) Faith 신학교에서 수학 당시 교수단과 함께 뉴 저지주(New Jersey)에 있는 프린스턴(Princeton)신학교에 가서 프린스턴아 하나님께 돌아오라! 하는 문서를 뿌리면서 회개를 촉구한 적이 있다. 우리 교단 중에서도 성경 말씀을 무시하고 형제를 불신법정에 고소하고 투옥을 시켜놓고도 '하나님이 하셨다'라고 소리치는

인사와 그 소송의 정당성을 고집하는 형제는 즉시 하나님의 말씀으로 돌아오기만을 강력히 촉구하고 경고를 드리며,

② 본 논설지로 인하여 반론을 제기하는 이가 있으면 다시 지면으로 대답할 것이며,

③ 본 논제(本論題) 하에 어느 단체나 교회나 기관을 막론하고 설명이나 강의를 요하면 언제든지 쾌히 응할 것을 약속하는 바이다. "이르시기를 너희는 가만이 있어 내가 하나님 됨을 알지어다. 내가 열방과 세계 중에서 높임을 받으리라."(시편 46편 10절).

1975년 3월 17일
서울 제일교회에서
담임목사 하찬권

참고문헌

1. *Calvin's New Testament Commentary, The Epistle of Paul to the Romans,* translated by R. Mackenzie

2. *Calvin's New Testament Commentary, The First Epistle of Paul to the Corinthians,* translated by john W. Fraser.

3. *The New International Commentary on the New Testament, The Epistle to the Romans,* by John Murry.

4. *Calvin's Institutes,* by John Calvin.

5. *The New International Commentary on the New Testament Commentary on the First Epistle to the Corinthians* by F. W. Grosheide.

6. *Machen's Notes on Galation's* by Skilton.

7. *Calvin's New Testament Commentary Mathew,* translated by A. W. Morrison.

8. *Calvin's New Testament Commentary, The Gospel According to St. John,* translated by T. H. L. Parker.

9. *Calvin's New Testament Commentary on Matthew,* translated by T. H. L. Parker.

10. *Calvin's New Testament Commentary, The Second Epistle of Paul to the Corinthians,* translated by T. A. Smail.

11. *Calvin's New Testament Commentary on James,* translated by A. W. Morrison. 12. Word Study in the New Testament by Vincent.

13. *The English Man's Greek New Testament.*

14. *A Greek-English Loxicon of the New Testament And other Early Christian Literature* by W. Barer.

15. *The Westminster Confession of the Faith* G. 1 Williamson.

16. *Christ in our Place* by Paul Van Buren.

17. *Altizer and Some Modern Alternative* by Thomas Altizer.

18. *Christian Witness in a Secular Age* by Thomas Altizer.

19. *Allan A. MacRae's Notes of the History of the Christian Church.*

20. *The Larger Catechism in the Constitution of the Bible Presbyterian Church.*

21. 『대한예수교 장로회(고려) 헌법』

22. 대한예수교 장로회(고려) 제24회 총회 촬요.

23. 논문, "신학적으로 본 법의 적용문제"

24. "소송에 관한 제23회 총회결의는 시정되어야 한다."

25. "총회 특별재판국 재판안건에 대한 사실진상조사 결과 발표 공개항의서," 경남노회, 1975년 1월 12일.

26. '긴급제안 성명발표'(1974년 9월 14일), 제23회 총회장 강용한.